明末名臣 盧象昇

被世人所遺忘的抗清英雄

龍騰 著

他的一生,是一段慷慨激昂的抗清史詩;
他的功蹟,足以與悲劇英雄袁崇煥比肩;
他的名字,卻長久地被淹沒在晚明混亂的馬蹄聲中——

目錄

序

自序

第一章　步入「衰敝期」的明王朝
　　第一節　晚明皇帝怠政與黨派紛爭　　　　　　　　15
　　第二節　萬曆帝的貪婪與斂財　　　　　　　　　　23
　　第三節　起義和遼患日趨嚴重　　　　　　　　　　28

第二章　盧象昇的生平（上）
　　第一節　重孝有宏志的青少年時代　　　　　　　　40
　　第二節　督理臨清倉　　　　　　　　　　　　　　49
　　第三節　知府大名　　　　　　　　　　　　　　　54
　　第四節　兵備畿南三郡　　　　　　　　　　　　　57
　　第五節　撫治鄖陽　　　　　　　　　　　　　　　63

第三章　盧象昇的生平（下）
　　第一節　由巡撫湖廣到總理五省　　　　　　　　　71
　　第二節　總督宣大山西軍務　　　　　　　　　　　83
　　第三節　傾力主戰殉命疆場　　　　　　　　　　　93

目錄

第四章　盧象昇的軍事策略
　　第一節　用兵籌餉之策　　　　　　　　　125
　　第二節　「靖寇綏民」之措　　　　　　　137
　　第三節　其他軍事策略　　　　　　　　　147

第五章　鄖陽和宣雲屯田
　　第一節　鄖陽屯田　　　　　　　　　　　151
　　第二節　宣雲屯田　　　　　　　　　　　159

第六章　鄖撫和宣督的標兵建設
　　第一節　督撫標兵的增設和擴編　　　　　179
　　第二節　總督標兵的軍事訓練　　　　　　196

第七章　盧象昇在官場的上下左右關係
　　第一節　盧象昇與崇禎帝和楊嗣昌的關係　210
　　第二節　盧象昇與同僚間的關係　　　　　218
　　第三節　盧象昇與部下的關係　　　　　　225

結語

附錄一：盧象昇身後評語輯錄

附錄二：盧象昇生平大事記

附錄三：滿門忠烈—宜興盧象昇家族抗清簡記

附錄四：盧象昇作品輯錄

　　一、詩　　　　　　　　　　　　　　　272
　　二、詞（詩餘）　　　　　　　　　　　279
　　三、文（傳、墓誌銘、記）　　　　　　281
　　四、疏牘（奏議、公牘）　　　　　　　288
　　五、書（私人書信）　　　　　　　　　292

附錄五：《明大司馬盧公年譜》

參考文獻

後記

目錄

序

　　龍騰畢業於歷史所，後成為鑽研中國古代史博士生，跟隨我讀博士學位。畢業論文選題我們一起商定，研究明末宣大山西總督盧象昇。

　　明代博士論文選題，應該說範圍很廣，人物研究也是選題之一。以明代歷史人物作為博士論文研究對象，比較理想的選擇方案，一般應選取對明代有一定影響的人物；研究資料比較豐富，最好有文集或奏議彙編；履歷豐富，功業突出；人物評價不至於太糾結。當然，不少明代人物選題，已有人做過。典型與否，都是相對的，對於博士生來說，選題時注意揚長避短很重要。

　　龍騰文筆很好，長於敘事。這也是選取歷史人物為研究對象的原因之一。

　　龍騰以明末名臣盧象昇為博士論文選題，經過資料蒐集和實地調研，完成了博士論文寫作。在其博士論文中，概述了盧象昇生活的時代背景，考察了盧象昇的生平仕宦經歷，研究並分析了盧象昇軍事策略、屯田成績、標兵建設以及官場中的上下關係。

　　研究人物離不開時代背景的照應，歷史人物都是在特定歷史時期發揮作用，只有瞭解當時的背景，才能更深入認識和評價歷史人物。龍騰在第一章宏觀地交代了盧象昇所處的時代背景。

　　人物研究自然要研究生平履歷。龍騰系統考察了盧象昇不同時期任職經歷、推行的措施、主要政績等。重要歷史人物的研究往往涉及所任官職及該官職掌。龍騰在博士論文及以博士論文為基礎的著作中，探討了盧象昇歷任官職的職掌，結合職掌考察其居官作為及主要政績。這樣的處理，有助於增強人物研究相關內容的深度和學術底蘊。

　　盧象昇是明末軍制建設的代表性人物之一。1985 年出版的《盧象昇疏

序

牘》，為我們研究盧象昇以及明末軍制若干問題提供了便利。盧象昇居官後期，明末大起義風起雲湧，清軍（後金）多次進攻關內。明王朝的統治風雨飄搖，大廈將傾。他人生最後的任職是宣大山西總督。任該職期間，他在宣大三鎮推進屯田，特別是整頓軍屯頗有成效。

明代軍屯從地區或屯軍來源分，主要有衛所屯田、邊鎮關營屯田等。從軍屯組織形式分，包括衛所及關營等軍戶屯田、軍伍集體營田等。關於營田的解釋，有不同說法，王毓銓先生解釋為士兵集體耕種為營田（王毓銓：《明代的軍屯》）。依此標準看，盧象昇直轄的宣大總督標兵帶頭屯田，為明代軍隊營田典範。

盧象昇對標兵的建設也值得研究，龍騰在本書中專設一章，研究盧象昇編練標兵的經過及成效。明代標兵始設於嘉靖二十五年，創立者為嘉靖間宣大總督翁萬達。

明代軍制起初以衛所製為主，隨後衛所軍分別承擔屯田、守城、巡捕、造軍器、漕運、邊操、京操和海防等多項任務。其中，防守和常操等軍隊由總兵等鎮戍將領統領，隨後這些選自衛所（也包括招募等）的防守、常操、作戰軍隊由總兵、副總兵、參將、游擊和守備等分別統領。總兵負責一鎮防務，副總兵協助總兵，參將分守一鎮下面的分轄區，稱為一路。其下守備等負責某一城堡附近防區，直接對參將負責。游擊將軍往來增援，一般聽總兵及巡撫節制。隆萬時期，薊鎮增至三協，協守副總兵相當於原來的分守參將。隨後北邊其他鎮也不同程度設立了協守副總兵。

總兵直轄軍隊稱正兵（在督撫標兵設立後改稱標兵），副總兵直轄兵馬稱協，參將直轄兵馬稱為援兵，守備等所統兵稱守兵。起初督撫無直轄的標兵，但督撫也是文職將帥，無直轄兵馬情況下可能出現彈壓不力、難以赴前線指揮等情況，於是在嘉靖二十五年前後宣大總督標兵建立，隨後巡撫等也建立標兵，其他官員或機構也設標兵，標兵有「泛濫」傾向。督撫標兵在其

8

設立後，成為邊鎮精銳，參將等所統軍隊素質和地位有下移趨勢。

　　盧象昇在前任宣大總督基礎上，擴編宣大總督標兵，加強訓練。《盧象昇疏牘》中有關奏疏，也透露了總督標兵編制的相關訊息。這些內容在龍騰的這部著作中都有反映。

　　最後一章，龍騰對盧象昇在官場中的人際關係進行了考察，特別是對盧象昇與崇禎帝、楊嗣昌和東林人士的交往及關係分別進行了有益分析。

　　希望龍騰的這部專著《明末名臣盧象昇研究》，能引起人們對盧象昇其人及明代軍制相關問題的進一步關注。

肖立軍

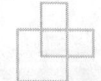

序

自序

　　本書是在我博士論文的基礎上完成的。博士畢業後，我就計劃完成這部專著。然而，近年來公司和家庭事務繁多，故終未能如願。這年春季趁工作不太忙，我便開始著手本書的寫作，之後寫作時斷時續，十月中旬終於完成初稿的提交。

　　專注於本書的寫作，首先是希望以此來紀念自己的博士學習生涯，並對自己多年的研究成果進行梳理和總結。在盧象昇研究過程中，我對盧象昇生平事蹟和明末歷史興趣漸濃。寒冬月夜，北風凜冽，胯下五明驥、孤軍抗清的盧象昇戰歿的歷史畫面不時地縈繞在我的腦海。我常常在思索：倘若盧象昇、孫傳庭等一代名臣果受重用，明王朝會否覆滅？袁崇煥、盧象昇等忠臣良將的悽慘結局對明王朝歷史走向產生了多大程度的影響？危機四伏、大廈將傾的明王朝該如何才能走出覆亡的深谷？明末諸多人物和朱明王朝的歷史悲劇留給我們後人怎樣的歷史教訓？我就是帶著這些思考進行本書的寫作的。我希望，讀者透過本書能全面瞭解盧象昇的一生作為，深化對變幻莫測的明末亂局的認知，並進一步探究是怎樣的明末大歷史造就了一代名臣盧象昇，而盧象昇之所為又如何影響和豐富了明末大歷史。同時，本書也試圖將考察盧象昇挽救時局的努力與最終失敗，作為探尋明朝最終敗亡原因的一個視角。

　　其次，我也希望，明末一代名臣盧象昇的生平事蹟能廣為人知。盧象昇一生短暫，卻在明末內憂外患的歷史畫卷上塗下了濃重的一筆。他是明末天啟、崇禎時期一位重要的地方實力派官員，歷任戶部主事、大名知府、大名兵備、鄖陽撫治、湖廣巡撫、中原五省總理、宣大山西總督（後加兵部尚書銜）等職，與明末黨爭、農民起義、明清戰爭，都有十分密切的聯繫。然

自序

而,如此一位頗有影響力的崇禎朝重臣,卻並不為世人廣知。梳理和總結民國以來盧象昇研究的學術成果,我吃驚地發現:竟然沒有一篇(部)專論盧象昇本人的學術論文或者專著。這不能不說是一件憾事。盧象昇身居要職,忠君愛國,能文兼武,人品官品俱佳,最終孤軍抗清而歿。在他的身上,始終洋溢著積極進取的精神氣質和與人為善的人文情懷,也體現了中華民族諸多優秀的傳統美德:愛國、勤政、廉潔、仁愛、勇敢。盧象昇這些優秀特質,對於當代人也不無激勵意義。

最後,這兩三年來,我新積累了一些盧象昇研究的歷史資料,為盧象昇專著的寫作奠定了堅實的基礎。2017 年 10 月下旬,在小弟龍啟峰的開車陪送下,我專程去宜興考察。在宜興縣城,我造訪了盧公祠,獲得了一些有關盧象昇的歷史資料;在盧象昇的故鄉——茗嶺嶺下村,我拜訪了盧象昇的後人,查閱了《茗嶺盧氏宗譜》(報本堂),加深了對盧象昇族譜的瞭解。此外,我又研讀了不少相關的文章和專著,如明清之際吳偉業的詩作〈臨江參軍〉、李奧的碩士論文《盧忠肅集校注》等,從而豐富了對盧象昇的認識。

本書在章節安排上,基本承襲了博士論文(正文為七大章,後附有附錄),但在內容上頗有一些更新。主要體現在:其一,書中插入了不少造訪宜興盧公祠和嶺下村的實拍照片,實現了文圖結合;其二,在盧象昇生平的最後,增加了「〈臨江參軍〉等文藝作品中的盧象昇形象」一部分,重點分析闡述吳偉業透過「史詩」〈臨江參軍〉對盧象昇的評價;其三,根據《茗嶺盧氏宗譜》內容,豐富了書的附錄部分「宜興盧象昇家族抗清簡記」的史實記載。其四,增加了附錄四「盧象昇作品輯錄」和附錄五「明大司馬盧公年譜」的兩部分內容。我把盧象昇的詩、詩餘、文(傳、墓誌銘、記)、書(私人書信)和《明大司馬盧公年譜》全文標注,附之於本書最後。我在標校時,付出了不少的心血,希望這一工作能為盧象昇的後續研究提供某些便利。

我衷心地希望,本書的問世,能給盧象昇和明末歷史研究帶來一點新

12

氣象；也渴盼它能拋磚引玉，促使盧象昇研究在不久的將來出現更多的力作。由於本人學識和精力有限，書中出現的錯誤在所難免，懇請學界方家多多指正！

自序

第一章　步入「衰敝期」的明王朝

　　盧象昇，生於萬曆二十八年（1600）三月，歿於崇禎十一年（1638）年十二月，不足39週歲而亡。他一生短暫，卻在明末內憂外患的歷史畫卷上塗下了濃重的一筆。盧象昇是明末天啟、崇禎時期一位重要的地方實力派官員，歷任戶部主事、大名知府、大名兵備、鄖陽撫治、湖廣巡撫、中原五省總理、宣大山西總督（後加兵部尚書銜）等職，與明末黨爭、農民起義、明清戰爭，都有十分密切的聯繫。目前，有諸多記載盧象昇生平事蹟的較為豐富的歷史文獻資料，如《盧象昇疏牘》（有盧象昇所作近200篇奏疏和公牘），此外還有《明大司馬盧公年譜》、《忠肅集》、《茗嶺盧氏宗譜》等。然而，到目前為止，對盧象昇專門研究成果還十分缺乏，這與其在明末歷史上的地位很不相符。本書即從原始文獻的研究切入，同時結合時人和後人的研究論述，希望讀者對盧象昇的生平事蹟有個較為全面的瞭解，以深化對複雜多變的明末政治時局的認知；進一步探究是怎樣的明末大歷史造就了一代名臣盧象昇，而盧象昇之所為又如何影響和豐富了明末大歷史。同時，本書也試圖將考察盧象昇挽救時局的努力與最終失敗，作為探尋明朝最終敗亡原因的一個視角。

　　盧象昇之所為與之所不為，皆離不開他所處的具體的歷史環境，那麼，盧象昇所處的歷史環境如何呢？

第一節　晚明皇帝怠政與黨派紛爭

一、萬曆和天啟怠政

　　萬曆朝後期，皇帝怠政已經十分嚴重。後人在總結明亡之教訓時，多涉

第一章　步入「衰敝期」的明王朝

及萬曆怠政，如清人稱：「明之亡，不亡於崇禎之失德，而亡於神宗之怠惰，天啟之愚駿。」[1] 孟森亦有相似結論：「明之衰，衰於正、嘉以後，至萬曆朝則加甚焉。明亡之徵兆，至萬曆而定。」[2] 當代明史學者王天有持有類似之觀點，他將明朝歷史分為四個歷史階段：開創期、腐化期、整頓期和衰敝期；他認為，「從明神宗萬曆十年（1582）至明思宗崇禎十七年（1644），是明朝的衰敝期」。[3]

萬曆十年（1582年），張居正死，萬曆帝親政，起初他還頗有些勵精圖治的態勢。當朝官員海瑞，曾對他稱頌不已：「自張居正刑犯以後，乾綱獨斷，無一時一事不唯小民之念。」[4] 然而，萬曆十四年（1586年）秋，萬曆帝竟然開始「連日免朝」。禮部主事盧洪春，質疑皇帝因身體健康之故免朝，並諷諫萬曆帝，惹惱了皇帝，遭到廷杖革職的處罰。[5] 此後，萬曆帝怠政愈加頻繁，尤其在「國本之爭」事件發生後，他甚至與群臣關係勢如水火。對於萬曆怠政的狀況，孟森曾有論：「帝既不視朝，不御講筵，不親郊廟，不批答章奏，中外缺官亦不補。」[6]

學界對於萬曆帝長期怠政之因，已有探討。閻崇年認為，萬曆怠政原因有四：擺脫戒尺、居功自傲、沒有競爭、身體有病。[7] 米智也試圖從君臣矛盾

1　《清仁宗實錄》（二），卷127，嘉慶九年甲子三月壬寅，北京：中華書局，1986年，第713頁。
2　〔清〕孟森：《明史講義》之〈萬曆之荒怠〉，北京：中華書局，2006年，第275頁。
3　王天有，高壽仙：《明史》，北京：中信出版集團，2017年，第388頁。
4　《明神宗實錄》卷171，萬曆十四年二月甲申，臺北：中央研究院歷史語言研究所校印本，第3108頁。
5　湯綱，南炳文：《明史》，上海：上海人民出版社，1991年，第662頁。
6　〔清〕孟森：《明史講義》之〈萬曆之荒怠〉，北京：中華書局，2006年，第292頁。
7　閻崇年：《明亡清興六十年全集》，北京：中華書局，2006年，第16—18頁。或又見閻崇年：《明亡清興六十年》講座之二，《萬曆怠政》，中央電視臺第十頻道：《百家講壇》影片系列節目。

16

第一節　晚明皇帝怠政與黨派紛爭

的角度，來論述怠政之因；[8] 美籍華人史家黃仁宇，則從中國傳統道德的層面，來論述萬曆怠政之因，並提出：「中國兩千多年來，以道德代替法制，至明代而極，這就是一切問題的癥結。」[9] 筆者以為頗有些可資之處。

另外，我們還可以從萬曆帝的性格和心理的角度，分析他長期怠政的原因。幼年時期的萬曆帝，生活在李太后、張居正和馮寶的交相訓教之中，個人的天性和興趣被強行壓制。比如，他曾與小太監在宮中嬉戲，被馮寶狀告至李太后處，並遭到太后跪罰。萬曆帝自然對他們三人十分敬畏，閻崇年稱這三人是懸在小萬曆頭上的「三把戒尺」。萬曆帝少年時的天性和愛好遭到扼殺，在其內心深處便產生了一種叛逆心理。[10] 而一旦「三把戒尺」的威力不存，萬曆帝可能就會井噴式地自我放縱，甚至會對曾限制其自由的人實施報復。同時，親政的萬曆帝要有一番作為，也必須徹底消除「三把戒尺」的影響。或許，親政後的萬曆帝就是基於這種複雜心理的影響，才最終決定清除張居正、馮寶集團的政治影響。當然，萬曆帝不可能對自己的母親痛下狠手；更何況，他親政後，李太后也逐步放鬆了對兒子的管教。然而，「倒張運動」的結局卻事與願違，萬曆帝對朝臣道德說教的虛偽產生了很大的厭惡。不久後，爆發的立太子的國本之爭，最終使萬曆帝與朝臣的矛盾激化了。他無法擯棄歷史形成的傳統道德觀念和封建宗法制度，只好採取了逃避群臣的做法：深居內宮，不問朝政。正如為《萬曆十五年》寫書評的歐蒲臺所言：「在其皇帝角色裡表現活力的所有嘗試遭到普遍反對後，萬曆走上了罷工的道路，全身心地去陪伴鄭貴妃。」[11]

8　米智：《從君臣矛盾看萬曆皇帝怠政的原因》，《黑龍江史志》，2014 年第 21 期。

9　（美）黃仁宇：《萬曆十五年》，北京：中華書局，2006 年增訂紀念版，附錄《自序》第 3 頁。

10　閻崇年：《明亡清興六十年》（彩圖珍藏版），北京：中華書局，2008 年，第 16—17 頁。

11　（美）歐蒲臺：《萬曆：漫長的怠政時代》，原載於《紐約客》1981 年 10 月號，作者系美國作家 John Updike，通譯「厄普代克」，即為歐蒲臺。又見於黃仁宇：《萬曆十五年》附錄 3，北京：中華書局，2006 年增訂紀念版，第 298 頁。

第一章 步入「衰敝期」的明王朝

　　同樣,天啟帝的怠政也絲毫不亞於乃祖萬曆帝。諸多史籍都稱其嗜好工匠造作之事,而將朝政委於寵宦魏忠賢等人。對此,明人筆記《先撥志始》、《酌中志餘》、《曠園雜誌》和《三朝野紀》皆有記述。如《三朝野紀》有云:「上性好走馬,又好小戲;好蓋房屋,自操斧鋸鑿削,巧匠不能及,又好油漆匠。凡手使器具,皆內官監、御用監辦進,日與親近之臣涂文輔、葛九思輩朝夕營造。造成而喜,不久而棄;棄而又成,不厭倦也。當其斤斫刀削,解衣盤礡,非素昵近者,不得窺視。王體乾等每伺其經管鄙事時,即從旁傳奏文書。奏請畢,即曰:『爾們用心行去,我知道了!』所以太阿下移,忠賢輩操縱如意,而呈秀、廣微輩通內者,亦如枹鼓之捷應也。」[12] 陳登原更稱天啟帝為「頑童」,「熹宗好走馬、好水戲、好起造,凡此等等,皆是頑童行徑」[13]。既然熹宗如此愛玩,那就無心朝政了,朝中出現的權力真空自然就由他寵信的閹黨集團來填補了。而魏閹集團趁機鞏固自己的政治勢力,拉攏原東林黨官員的敵對派,打擊以東林黨為核心的正直官員,使業已存在的門戶黨爭進一步激化。

二、門戶黨爭的形成和延續

　　萬曆怠政,加之其他因素,朝野出現了門戶黨爭,而天啟怠政則加劇了黨爭的激烈程度,使明末朝政更加混亂,社會危機急遽加深,加速了明王朝的覆滅。

　　張居正被清算後,那些曾經因上諫忤逆而被貶官的官員們,皆先後被萬曆帝重新重用;朝中也沒有權臣再嚴控言路。因此,朝廷的諫言之風再次高漲。起初,有些官員對張居正一黨進行參劾,同時向皇帝表明自己的政治立場。萬曆怠政後,他們又對萬曆帝違背帝王之道的諸多做法進行諫諍,以表

12　〔清〕李遜之:《三朝野紀》卷3,《明代野史叢書》,北京:北京古籍出版社,2002年,第67頁。
13　陳登原:《國史舊聞》第3分冊,北京:中華書局,1980年,第264頁。

第一節　晚明皇帝怠政與黨派紛爭

忠貞。例如，在「爭國本」中，不少朝臣都涉入其中。總體來看，對於這些諫諍，起初，官員們或許是堅持封建倫理綱常，較少摻雜派系的利益之爭，但後來則出現了門戶之爭。[14] 萬曆二十一年（1593年）的癸巳京察事件，則成為引發明末門戶之爭的火藥桶。明末文人文秉曾評說「癸巳京察」事件：「門戶之禍堅固而不可拔，自此始也。」[15] 門戶之爭亦有愈演愈烈之勢。

朝中官員在議事中，往往依籍貫、師承關係等，按照各自的利益需求，結成相對穩定的不同利益集團，便形成了所謂的「黨」，如宣、崑、浙、楚、齊黨和東林黨。一般來說，前者五黨實為官場利益而形成的不同的政治集團；後者則是有正義感的在野士大夫，以無錫東林書院為聯絡基地，形成的群眾性組織，後來朝中一些正直的官員也與之相呼應，便演變成一個有政治利益訴求的政治集團，後被政敵稱為「東林黨」。[16] 東林黨不僅代表了江南中小地主階級的利益，甚至還始終支持並參與市民階級反對封建特權的鬥爭。[17]

萬曆末，黨爭激烈，周嘉謨出任吏部尚書後，吏治狀況才有所好轉。《明史》載：「神宗末，齊、楚、浙三黨為政，黜陟之權，吏部不能主。及嘉謨秉銓，唯才是任。光、熹相繼踐祚，嘉謨大起廢籍，耆碩滿朝。向稱三黨之魁及朋奸亂政者，亦漸自引去，中朝為清。」[18] 從此，三黨官員利盡而散，轉

14　湯綱，南炳文：《明史》，上海：上海人民出版社，1991年，第682—684頁。
15　〔明〕文秉：《定陵注略》卷3，〈癸巳大計〉，北京大學出版社影印抄本。谷應泰在《明史紀事本末》中卻說，明末門戶之爭始於顧憲成為代表的東林黨的形成。謝國楨和商傳則認為，門戶黨爭與張居正有關，「從居正的奪情之爭起，朋黨政治也漸成明廷政治之主流。居正去世後，黨爭遂興」（商傳：《走進晚明》，北京：商務印書館，2014年，第85頁）。文秉、谷應泰和商傳等人皆從不同角度分析得出了不同的結論。其實，明末門戶黨爭的出現並非緣於某一具體事件，它本身就是一個漸進的過程。
16　湯綱，南炳文：《明史》，上海：上海人民出版社，1991年，第707—709頁。
17　李小林、李晟文主編：《明史研究備覽》，天津：天津教育出版社，1988年，第132—133頁。
18　〔清〕張廷玉等：《明史》卷241，列傳卷129，〈周嘉謨傳〉，北京：中華書局，

第一章　步入「衰敝期」的明王朝

而投靠權勢方熾的魏閹集團。所以，啟、禎年間的朝中黨爭主要在閹黨和東林黨之間進行。

由於東林黨官員的積極努力，明熹宗終於順利地入繼大統。所以，天啟初年，朝中的東林黨官員勢力大盛，出現了「東林勢盛，眾正盈朝」[19]的局面。[20]然而，東林黨人卻專注於以「三案」為焦點，打擊政敵，以報萬曆末年所遭受其他黨派迫害之仇，反而矯枉過正，樹敵更多。不久，羽翼漸長的魏閹集團利用熹宗的恩寵與昏庸，代替東林黨人掌握了朝政大權。[21]從天啟四年（1624年）至天啟末，閹黨集團與東林黨人之間的黨爭十分慘烈。結果，東林黨人遭到沉重的打擊，朝野出現了閹黨一派獨大的局面。

崇禎帝即位不久，開始欽定逆案，對閹黨勢力進行清算，魏忠賢等人被遣戍甚至處死，東林黨官員再次受到重用，原來被魏閹集團排擠的東林或親東林官員相繼歸朝任事。然而，崇禎帝卻是一位勤政嗜權的皇帝，他希望朝野臣工能「化異為同」，共濟時局，並嚴禁臣屬結黨相爭。據《明史》載：「陛下明旨曰：『分別門戶，已非治徵』，曰『化異為同』，曰『天下為公』。」[22]所以，雖然東林黨人重返朝政，但未再形成天啟初「東林盈朝」的局面。同時，閹黨勢力雖遭清算，但還有不少殘黨隱而不發，甚至得到了與東林黨人有隙的首輔大臣溫體仁的保護。[23]終崇禎一朝，東林黨及有「嗣東林」之稱的復社，與閹黨集團仍然明爭暗鬥。然而，由於崇禎帝馭下甚嚴，門戶黨爭並沒有發展至左右朝政的地步。

　　　　1974年，第6259頁。
19　〔清〕張廷玉等：《明史》卷243，列傳卷131，〈趙南星傳〉，北京：中華書局，1974年，第6299頁。
20　湯綱，南炳文：《明史》，上海：上海人民出版社，1991年，第845—846頁。
21　湯綱，南炳文：《明史》，上海：上海人民出版社，1991年，第852頁。
22　〔清〕張廷玉等：《明史》卷265，列傳卷153，〈倪元璐傳〉，北京：中華書局，1974年，第6837頁。
23　湯綱，南炳文：《明史》，上海：上海人民出版社，1991年，第917—922頁。

20

第一節　晚明皇帝怠政與黨派紛爭

三、明末門戶黨爭的惡果

　　明末黨爭對當時的朝政造成了很壞的影響。孟森曾評述：「神宗時廟堂無主，黨同伐異，以徼利而為之，至是以閹為主，趨利者歸於一途，故只有閹黨非閹黨之別。欲知當時之君子，大率為閹所戮辱之人；欲知當時之小人，但觀崇禎初所定附閹之逆案。」[24] 孟森將明末朝野的政治勢力大體分為兩類：閹黨集團，為小人；為閹黨打擊者，即東林黨或相依附者，為君子。這種分類大體上說明了朝臣中君子與小人之別，這確實較符合萬曆末至天啟朝之實情。然而崇禎朝以後，閹黨受挫東林再興，門戶之爭依然激烈，這仍攪亂了明末的政治秩序，加速了明亡。對明末黨爭的形成與危害，陳登原亦有概括：「明人門戶之習，始於神宗之世，熹之童騃，思之剛愎，自更激之，使成巨流，至於亡國，蓋猶未已。」[25]

　　萬曆、天啟荒政和門戶黨爭，使萬曆朝以後的吏治變得更加腐敗，連不問政事的萬曆帝都感喟不已：「目今四方吏治，全不務講求荒政、牧養小民，止以搏擊風力為名聲，交際趨成為職業。費用侈於公庭，直呼遍於閭里。……如此上下相蒙，釀成大亂，朕甚憂之。」[26]

　　政治腐敗與軍事腐敗是互為裡表的。萬曆中後期，軍隊的腐敗程度亦十分嚴重。各級軍官貪腐賄賂公行，更強化了朝野文官早已形成的門戶黨爭，也嚴重危害著北部邊疆的軍事防禦。各級將領還隨意剋扣糧餉、役使兵力，平時疏於練兵，戰時往往虛報戰功甚至殺良冒功。由於將領們的腐化，各地邊防十分虛弱，士兵也兵器缺乏、衣不蔽體，正如盧象昇視察宣大邊口時所云：

24　〔清〕孟森：《明史講義》之〈萬曆之荒怠〉，北京：中華書局，2006 年，第 292 頁。
25　陳登原：《國史舊聞》第 3 分冊，北京：中華書局，1980 年，第 261 頁。
26　《明神宗實錄》卷 269，萬曆二十二年正月己亥，臺北：中央研究院歷史語言研究所校印本，第 5000 頁。

第一章　步入「衰敝期」的明王朝

迄今逋餉愈多，饑寒迫體，向之那錢借債，勉製弓矢槍刀，依然典且賣矣。多兵擺列武場，金風如箭，餒而病，僵而仆者，且紛紛見告矣。每點一兵，有單衣者，有無袴者，有少鞋襪者，臣見之不覺潸然淚下。如此光景，何以責成？[27]

與皇帝怠政、吏治敗壞、軍隊腐敗相伴隨的是財政的崩潰。萬曆帝揮霍無度、官員貪腐盛行、軍費開支日增，導致國庫空虛。能反映明代財政狀況的四庫—太倉庫、節慎庫、太僕寺庫和光祿寺庫，其庫藏在萬曆後期，亦有下滑趨勢，太倉庫和太僕寺庫皆剩餘僅八萬兩銀，而節慎庫與光祿寺庫卻早已告罄。[28] 另外，專門儲存米穀的京、通兩倉的儲存量在明末亦大為減少。據《明神宗實錄》統計，張居正改革後的萬曆十一年（1583 年）底，兩倉「實在糧共一千八百一十八萬五千四百石有奇，每年軍匠在官人等實支本色米二百二十萬石」，「京倉積米足支八九年」。[29] 至萬曆三十年九月，「京倉實在之數四百四十八萬餘石，僅足二年之支」[30]。這種財政匱乏的狀況，從萬曆末直到天啟、崇禎兩朝，始終沒有根本的改變。

萬曆帝怠政，卻未失政，他始終控制著國家的最高權力。所以說，怠政只是一種形式，漠視國家利益而僅關注於私利才是實質。萬曆帝的奢侈貪婪，更加重了國家財政的匱乏和階級矛盾的對立。

27　〔明〕盧象昇：《盧象昇疏牘》卷 9，〈西闕晉邊摘陳切要事宜疏〉，杭州：浙江古籍出版社，1985 年，第 253 頁。

28　湯綱，南炳文：《明史》，上海：上海人民出版社，1991 年，第 806—812 頁。

29　《明神宗實錄》卷 144，萬曆十一年十二月甲子，臺北：中央研究院歷史語言研究所校印本，第 2684—2685 頁。

30　《明神宗實錄》卷 376，萬曆三十年九月癸未，臺北：中央研究院歷史語言研究所校印本，第 7077 頁。

22

第二節　萬曆帝的貪婪與斂財

萬曆帝的奢侈斂財，在眾多封建帝王中也是出名的。作為一國之君，萬曆帝坐擁天下，竟還處心積慮地斂財，罔顧國家大事，況且，他在位時間竟長達四十八年。有如此君主，明朝國祚焉能不衰？《明史》稱：「故論者謂明之亡，實亡於神宗。」[31]

一、奢侈之行無以復加

關於萬曆帝的貪婪斂財，史籍記載頗多。樊樹志稱他「是一個心理變態者，生性嗜酒好色、貪財好貨、逢人疑人、逢事疑事」。[32] 孟森也曾論及萬曆帝之貪財：「神宗天性好貨，嗣此遂以聚斂造成亡國之釁。當時構居正及馮保之罪，唯言其多藏為最動帝聽。」[33] 又言：「帝以好貨流聞，至謂受閹人金寶而不能問其罪，……觀後來帝之舉措，唯利是圖。」[34] 朱東潤如是評論萬曆帝：「神宗是高傲，但是同時也是貪婪。一個小農的外孫，禁不住金銀財寶的誘惑。」[35]

貴為一國之君，竟對張居正和馮保的私藏有著濃厚的興趣，對賄賂自己的閹黨卻不問其罪，足見萬曆帝貪婪之甚。與貪婪成性相裡表的是他極其奢靡的生活作風，這主要體現在：

（一）對金銀珠寶無休止的奢求

商品經濟的發展，刺激了明中後期歷朝皇帝對黃金的需求。雲南一帶有

31　〔清〕張廷玉等：《明史》卷 21，本紀第 21，《神宗二》，北京：中華書局，1974 年，第 295 頁。
32　樊樹志：《帝王心理：明神宗的個案》，《學術月刊》，1995 年 1 期。
33　〔清〕孟森：《明史講義》之〈萬曆之荒怠〉，北京：中華書局，2006 年，第 286 頁。
34　〔清〕孟森：《明史講義》之〈萬曆之荒怠〉，北京：中華書局，2006 年，第 289 頁。
35　朱東潤：《張居正大傳》，西安：陝西師範大學出版社，2009 年，第 341 頁。

第一章 步入「衰敝期」的明王朝

金礦，每年須給宮中貢納一定數額的黃金，以供給宮中消費，而不納於國庫。雲南貢金在嘉靖以前即已有之，但那時還是臨時性的攤派，數額也不固定。嘉靖七年（1528年），規定雲南年奉內庫一千兩黃金。自嘉靖十三年始，又定年例金兩千兩。之後，隆慶帝和萬曆帝也曾多次要求增加雲南貢金，但因遭到朝野大臣的反對而作罷。後來，萬曆帝終於不顧朝臣反對，強制將貢金額增加到五千兩，「至萬曆二十一年，加三千，共五千兩」[36]。從此，萬曆帝未再減免過雲南貢金的數額。天啟二年（1622年），為緩和日益尖銳的階級矛盾，明熹宗才接受葉向高之諫，廢除了雲南貢金制度。[37] 按雲南貢金五千兩計算，萬曆帝在位的中後期長達二十八年，僅從雲南掠奪的貢金竟多達十四萬兩。年例貢金制度給雲南人民帶來了長期的沉重負擔。

此外，萬曆帝還花費巨金，大肆召買珠寶。萬曆二十六年（1598年），吏科給事中吳文燦上疏，批評萬曆帝耗費巨資召買珠寶之做法：「買珠之價，動至四十萬，及戶部執奏，僅姑緩進其半，而尤嚴續進之旨，非所以明儉德也。」[38] 由於召買數字太大，致使次年的珠寶市場的供應關係出現了紊亂，商人從中漁利，珠寶價格有猛增至五至六倍甚至二十倍者。[39]

有關宮中生活用品的需求，萬曆以後也與日俱增。宮中許多內庫，所儲存的各地土貢而來的物資，如香、蠟、油、漆、絲、綿諸物，以前多能滿足宮用。但萬曆以後，各地土貢遠不及所用，於是就命令大肆召買，僅萬曆即位初的前十三年，所用召買銀即多達七十餘萬兩。不少大臣上諫勸止，也遭

36　《明神宗實錄》卷573，萬曆四十六年八月癸未，臺北：中央研究院歷史語言研究所校印本，第10837頁。

37　蔡敏慧：《明代中後期雲南的貢金》，《雲南民族學院學報》（哲學社會科學版），1996年第4期。

38　《明神宗實錄》卷324，萬曆二十六年七月癸巳，臺北：中央研究院歷史語言研究所校印本，第6019頁。

39　湯綱，南炳文：《明史》，上海：上海人民出版社，1991年，第730頁。

第二節　萬曆帝的貪婪與斂財

到萬曆帝的斥責。[40]

(二) 對宮中典禮及日用品講求排場

每次舉行宮廷大典，萬曆帝都不惜靡費公帑。他的愛子福王結婚的花費就多達三十餘萬兩白銀，其諸王弟弟、大小公主結婚，生母李太后加徽號，太子生子諸事項，都要花費巨資。[41]

為了供應宮廷日常御用、典禮必備和年節賞賜，各地還要按需進獻絲織品和瓷器等貢品。如萬曆二十二年，應天巡撫朱鴻謨上疏：「織造一事，凡二十年於茲，袍服之進於上供者，何翅數萬，而料價之取辦於窮民者，又何翅百萬。」[42] 為此，蘇杭地區的絲織品、山西的潞綢[43]、陝西羊絨袍服都要常年按需進貢。許多勸諫的官員也往往遭受萬曆帝的訓斥和責罰。又如，萬曆十年秋七月，詔令江西饒州造瓷器九萬六千六百多件。由於瓷器要求圖案華麗且造型精美，自然增加了製作的難度和成本。由於科道言官和江西巡撫的屢屢勸諫，萬曆帝才稍減燒造任務，然而到了萬曆十九年，當地的燒造任務又加重了許多，數目多至15.9萬餘件，並續加八萬多件。[44]

(三) 無止境的大興土木

萬曆年間，大興土木頻率之高，花費之大，是極為驚人的。對此，南炳文和湯綱在所著《明史》中，根據文獻史料製作了「萬曆十一年至四十八年

40　湯綱，南炳文：《明史》，上海：上海人民出版社，1991年，第730—731頁。
41　湯綱，南炳文：《明史》，上海：上海人民出版社，1991年，第731—733頁。
42　《明神宗實錄》卷280，萬曆二十二年十二月戊午，臺北：中央研究院歷史語言研究所校印本，第5176頁。
43　潞綢：山西古潞安州（今山西長治）等地所產。潞綢產生於何代，已經很難考據，但它曾稱雄於明代，潞安州每年向明廷進貢大量的潞綢，當地許多富商大賈也發跡於潞綢貿易，明末清初潞綢業走向萎縮。參見張舒，張正名：《明清時期的山西潞綢業》，《第十三屆明史國際學術研討會論文集》，2009年8月。
44　湯綱，南炳文：《明史》，上海：上海人民出版社，1991年，第735頁。

土木工程簡表」[45]。透過該簡表，我們可知：其一，工程興建頻繁，名目繁多。從萬曆二十二年至四十八年僅僅二十六年時間內，萬曆帝下令開工或修葺的項目，竟年均 1.54 次。其二，工程耗費巨大。恰如時人沈德符所言：「天家營建，比民間加數百倍。曾聞乾清宮窗槅一扇，稍損欲修，估價至五千金，而內璫猶未滿志也。蓋內府之侵削、部吏之扣除，與夫匠頭之破冒，及至實充經費，所餘亦無多矣。」[46] 其三，不顧大臣勸止，執意興建。工科給事中張濤、工科署科事給事中胡忻、戶科右給事中梁有年、工科右給事中宋一韓等先後勸諫，都遭到萬曆帝拒絕甚至責罰。

萬曆帝如此奢侈無度，早把張居正財政改革積攢的財富耗盡了，要繼續維持奢侈的生活，他必須設法斂財。

二、搜括太倉及太僕寺庫並派礦監稅使斂財

對於萬曆帝的貪財斂財，萬曆十七年（1589 年），大理寺評事雒於仁的批評可謂入木三分：「傳索帑金，括取幣帛。甚且掠問宦官，有獻則已，無則譴怒。李沂之瘡痏未平，而張鯨之貨賄復入。此其病在貪財也。」[47] 除了批評萬曆皇帝貪財，雒於仁還指出其斂財手段之一便是「傳索帑金」，即搜括公帑。

（一）搜括公帑

搜括公帑，就是萬曆帝向內庫以外的國庫索要公帑，以滿足一己之私。萬曆帝搜括公帑的對象主要有二：太倉庫和太僕寺庫。

內庫，主要是內承運庫等，專供皇帝和宮中的花費。萬曆帝感到內庫藏

45　湯綱，南炳文：《明史》，上海：上海人民出版社，1991 年，第 737—741 頁。

46　〔明〕沈德符：《萬曆野獲編》卷 19，〈工部〉之「京師營造」，北京：中華書局，1959 年，第 487 頁。

47　〔清〕張廷玉等：《明史》卷 234，列傳第 122，《雒於仁傳》，北京：中華書局，1974 年，第 6101 頁。

第二節　萬曆帝的貪婪與斂財

銀不夠支用，就首先想到了太倉庫。太倉庫屬於戶部，是明代的國庫。在張居正去世時，太倉庫還存銀近千萬兩，經過萬曆帝不停地索取挪用（亦有戰爭消耗諸因素），其庫藏也剩餘無幾。直到萬曆三十六年（1608 年）以後，太倉庫僅剩八萬兩，致使北部九邊的年例銀也無法撥付。所以，萬曆中後期，九邊缺餉問題十分嚴重，「太倉之匱，可知也」[48]。

太僕寺庫每年入馬價、草籽粒等銀近六十萬兩，歲出各邊年例銀約四十萬，賞賚修築諸費不到三萬，因此每年可以「剩銀二十萬，備買馬之用」[49]。也就是說，太僕寺庫存銀是用來買戰馬，以裝備騎兵的。在嘉靖、隆慶時期，該庫還存銀一千萬兩。萬曆帝揮霍無度，甚至向太僕寺庫索要銀兩。萬曆十二年（1584 年），因「秋祭山陵，賞賜各項人等」，他不顧非議，詔令兵部取「太僕寺馬價銀十萬兩應用」。[50]

萬曆帝對各庫藏的搜括可謂處心積慮，除搜括庫藏外，他還派內官親信大肆掠奪地方百姓。萬曆中後期，他屢派礦監稅使分赴各地斂財便是明證。

（二）以礦監稅使斂財

萬曆帝強行指派大量的宦官，以礦監或稅使之名，掠奪地方財富以充內庫。他不顧大臣的一再勸諫，並以各種理由，於萬曆二十四年（1596 年）開始派礦監出行採礦。數月之後，萬曆帝又「始命中官張曄徵稅通州張家灣，尋命中官王朝督征天津店租」，結果，「自是二三年間，稅使四處，多兼礦務，群臣屢諫，不省」。[51] 從史籍記載來看，從萬曆二十四年到二十七

48　《明神宗實錄》卷 502，萬曆四十年閏十一月丁亥，臺北：中央研究院歷史語言研究所校印本，第 9529 頁。

49　《明神宗實錄》卷 572，萬曆四十六年七月庚寅，臺北：中央研究院歷史語言研究所校印本，第 10788 頁。

50　《明神宗實錄》卷 152，萬曆十二年八月丙辰，臺北：中央研究院歷史語言研究所校印本，第 2818 頁。

51　〔清〕夏燮撰，王日根、李一平、李珽、李秉乾等校點：《明通鑒》卷 71，長沙：岳麓書社，1999 年，第 1997 頁。

年的三整年時間內，萬曆帝派出的礦監稅使分赴全國諸多地區，可見他斂財之急迫。

這些礦監稅使，多是貪婪之內臣，有皇帝的欽派之旨，更是驕縱不法。他們手下的辦事員，如委官、參隨等，多為奸民罪吏甚至亡命之徒，「借開採以肆饕餮，倚公役以拓私囊」[52]。他們沆瀣一氣，荼毒民眾，加深了社會危機。因而，存在礦監稅使的地方，多有規模不同的民變甚至兵變發生，其中，較有影響的是：臨清反對太監馬堂的民變，湖廣反對太監陳奉的民變，蘇州民變，江西反對太監潘相的民變，遼東反對太監高淮的民變兵變，雲南反對太監楊榮的民變兵變，福建反對太監高寀的民變等。這些抗爭的參與者主要是城鎮社會的各階級階層的民眾，從手工工人、工商業者、小商販到地方鄉紳甚至部分宗室成員，從普通市民到部分士兵、軍官甚至到某些地方官。可以說，這些抗爭運動雖然還局限於暫時的經濟利益訴求上，卻有著比較廣泛的群眾基礎。[53]

第三節　起義和遼患日趨嚴重

萬曆中後期，皇帝怠政斂財，朝野門戶黨爭，加重了吏治敗壞、軍隊腐敗和經濟匱乏之程度，最終釀成國內義軍蜂起、邊外遼患已成的局面。而這種局面一直到啟、禎兩朝，有愈演愈烈之勢。

一、官府和豪右交相盤剝民眾

嘉靖時期，「南倭北虜」嚴峻局勢，致使軍費開支劇增，加之其他因素，從嘉靖中期以後，國家財政出現嚴重赤字，此狀況持續至萬曆初年。嘉靖

---

[52]　《明神宗實錄》卷 302，萬曆二十四年九月己亥，臺北：中央研究院歷史語言研究所校印本，第 5660 頁。

[53]　湯綱，南炳文：《明史》，上海：上海人民出版社，1991 年，第 783—792 頁。

第三節　起義和遼患日趨嚴重

二十八年（1549年），「是時邊供繁費，加以土木禱祀之役月無虛日，帑藏匱竭。司農百計生財，甚至變賣寺田，收贖軍罪，猶不能給，乃遣部使者括逋賦，百姓嗷嗷，海內騷動」[54]。明穆宗「自即位以來，歲取太倉銀入承運庫供採辦，視嘉靖末徵求愈急，而中官復趣之，庫藏為之一竭」[55]。

張居正改革一時扭轉了財政匱乏的局面。然而，萬曆中期之後，國家財政再次出現匱乏局面。萬曆中期發生的「萬曆三大征」持續近十年，耗費國庫銀兩一千餘萬兩，將張居正改革所積累財富盡數耗盡。工科給事中王德完曾上疏曰：「近歲寧夏用兵，費百八十餘萬；朝鮮之役，七百八十餘萬；播州之役，二百餘萬。」[56] 再加之萬曆帝的奢侈消費、吏治的腐敗，因此萬曆中後期，「國計大匱」是不爭的事實。在啟、禎兩朝，財政匱乏局面更加嚴重。明政府卻採取飲鴆止渴的做法，不斷加重盤剝百姓，以消弭財政危機。

（一）官府加派日趨繁重

早在萬曆帝前期，政府就已有許多加派。萬曆十四年（1586年）時，大學士申時行上〈陳安民之要〉，痛陳各種加派之害：「比年以來，漸有加派。……方今財詘民窮，唯正之供尚不能繼，額外之派又何以堪！」[57] 萬曆帝根本不聽，加派仍舊。援朝抗倭之役和平定楊應龍的播州之役後，皆有加派。萬曆末，為了對付遼東的進攻，明廷又連續三次加派「遼餉」，萬曆四十八年（1620年）三月，「通前二次加賦，共增九釐賦五百二十萬」。[58] 這

54　《明世宗實錄》卷351，嘉靖二十八年八月己亥，臺北：中央研究院歷史語言研究所校印本，第6339頁。

55　〔清〕夏燮撰，王日根、李一平、李珏、李秉乾等校點：《明通鑒》卷65，長沙：岳麓書社，1999年，第1836頁。

56　〔清〕張廷玉等：《明史》卷235，列傳第123，〈王德完傳〉，北京：中華書局，1974年，第6132頁。

57　《明神宗實錄》卷172，萬曆十四年三月庚子，臺北：中央研究院歷史語言研究所校印本，第3121頁。

58　〔清〕夏燮撰，王日根、李一平、李珏、李秉乾等校點：《明通鑒》卷76，長沙：岳

第一章　步入「衰敝期」的明王朝

些數額僅為加派之數，並不包括原有賦稅額數，另外還有不少項目並未計其中，比如前文所述的雲南貢金和礦監稅使的肆意勒索。值得一提的是，地方官員在徵收時，還有其他名目的份外科派，比如徵收銀兩或糧食時的耗羨加收。徵收賦稅的各級經辦者，也多在徵收時徇私舞弊，勒索納稅者。這種勒索也成了人民的沉重負擔，萬曆十七年（1589 年）七月，湖廣道御史林道楠曾指陳其弊：「乃正耗之外，又要加耗，鋪墊之外，又要加銀……每一石折罰則多至三斗，買御道有錢，遮攔門官有錢……種種難以枚舉……此白糧也，自彼處運至京師，率三石而致一石，至京上納而復遭此無端之需索，若不設法禁止，受累何窮！」[59]崇禎三年（1630 年）十二月，兵部尚書梁廷棟也稱：「（遼餉以外）一歲之中，陰為加派者，不知其數。」[60]

天啟年間，由於宮廷耗費不減，遼東邊事開支又增，面對中央各庫藏早已告罄之窘狀，明熹宗又據南京操江御史范濟世所奏，詔令各地外庫所儲銀兩輸解至京：「朕思大工肇興，所費宏鉅，今殿工雖不日就緒，但所欠各項價銀已幾至二十萬矣。況全遼未復，兵餉浩煩，今若不盡力稽查，多方博訪，則大工必至耽誤，而邊疆何日紓寧？……朕覽南京操江憲臣范濟世兩疏所陳，鑿鑿可據。其所管應天、揚州八府等處庫貯銀兩，前已有旨，著盡行起解。……足為大小臣工模範。」[61]地方省府州縣之外庫所儲銀兩，本來應供地方急需之用，倘若盡行解京，必有損於地方財政。

崇禎朝的財政狀況則更加糟糕。面對內憂外患的危局，崇禎帝無暇實施鼓勵生聚之策，仍採取了屢屢加派賦稅的做法。僅就籌措軍費而言，崇禎時

麓書社，1999 年，第 2130 頁。

59　《明神宗實錄》卷 213，萬曆十七年七月乙丑，臺北：中央研究院歷史語言研究所校印本，第 4000 頁。

60　〔清〕夏燮撰，王日根、李一平、李斑、李秉乾等校點：《明通鑒》，長沙：岳麓書社，1999 年，第 2277 頁。

61　《明熹宗實錄》卷 70，天啟六年四月丁丑，臺北：中央研究院歷史語言研究所校印本，第 3338—3339 頁。

第三節　起義和遼患日趨嚴重

期便有三大項加派：其一，為「遼餉」的增額。萬曆末，遼餉加派為每畝加徵銀九釐，崇禎四年始，每畝再加銀三釐，結果共增銀一百六十五萬多，連同原遼餉額和其他雜項銀兩，該年遼餉總額竟高達1029.9602萬兩。其二，為開徵的「剿餉」。崇禎十年（1637年），兵部尚書楊嗣昌提出兩百八十萬兩銀的征發額，是為「剿餉」，該加派實施了兩年。其三，為「練餉」。崇禎十二年（1639年）開徵，總額為七百三十萬兩銀。[62] 這些繁重的加派，最後都分攤到以農民為主體的人民群眾身上，使他們生活多難以為繼，「怨聲沸京城，呼崇禎為重徵」[63]。

從萬曆、天啟到崇禎三朝，越來越浩繁的加派，逐漸將廣大人民逼到了生死存亡的邊緣。除了少數貪墨不法的文官武將和地方豪強，普通民眾，甚至包括不少官兵，生活狀態也多十分悽慘。

關於崇禎朝實施的屢次增徵加派，學者吳思將其與義軍蜂起、帝死明亡相聯繫，以「U」型死彎的比喻進行形象的闡釋。他認為，崇禎帝透過一次次加派，獲得了大量的錢糧和兵員，鎮壓義軍也屢屢取得成功。這恰如「U」型山谷一樣，戰事一路順利，直下山谷，但接近山谷時卻又變得越來越困難。此時，無休止的加派極大的激化了社會矛盾，更多的底層民眾生活極度貧困，被迫揭竿而起。原來崇禎帝的所有加派努力，卻又催生出更多的反叛者，反叛的規模和強度愈來愈大，反叛的暴力逐漸超越了明王朝加派獲得的暴力。最終，崇禎帝和明王朝就被這「U」型彎勒死了。吳思稱這個「U」型彎為「崇禎死彎」，它曾在中國兩千多年歷史上反覆出現，並勒死了不少人和王朝。[64]

（二）地主豪右驕縱不法

除了官府的肆意剝削之外，民眾還要遭受地主豪強的欺凌和壓榨。地主

62　湯綱、南炳文：《明史》，上海：上海人民出版社，1991年，第931—932頁。
63　〔明〕李清：《三垣筆記》，〈筆記上·崇禎〉，北京：中華書局，1982年，第3頁。
64　吳思：《血酬定律 潛規則》，北京：中國工人出版社，2007年，第238—241頁。

第一章　步入「衰敝期」的明王朝

豪右的驕縱不法，最突出的表現就是大肆兼併土地。

萬曆帝經常賞賜皇族權臣大量良田。萬曆四十二年（1641年），萬曆帝賜給就藩洛陽的福王朱常洵良田兩萬頃，河南之地不足，還要取山東、湖廣的良田湊足。[65] 除了朱常洵，其他諸王，如潞王等也曾得到萬曆帝類似的賜田。萬曆十九年四月，萬曆帝竟賜給壽陽公主護墳地就一千多頃，「給壽陽公主護墳地土一千多頃」[66]。天啟年間，錢嘉徵曾參劾權監魏忠賢十大罪，其一就是「尅剝」，並稱「忠賢封公，膏腴萬頃」。[67] 崇禎末年，崇禎帝姑母榮昌大長公主在順天、保定與河間三府擁有「賜田及自制地土」達三千七百餘頃，她還自稱「僅足糊臣俱（巨）家之口」。[68] 在皇帝、諸王、權宦和皇戚的縱容下，各地大小豪右掠奪民田更是肆無忌憚。無地或少地的農民，對豪右占田也是無可奈何。

這些大小豪右在地方都是有一定的經濟實力和政治背景的，他們還往往勾結甚至控制地方官，操縱地方司法；倘若地方官不與之為伍，豪右勢力甚至可以利用自己的社會影響力，排擠或誣陷地方官。萬曆十七年（1589年）十月，吏部員外郎趙南星指出，當今四大害之一，就是鄉官把持地方官府。他舉例說：「如原任渭南知縣張棟，治行無雙，以裁抑鄉官，竟被讒毀，不得行取。」[69] 甚至豪右縉紳中的生員學子們，也常結黨滋事，干預政事。萬曆

65　朱紹侯、張海鵬、齊濤：《中國古代史》（下冊），福州：福建人民出版社，2004年，第242頁。

66　《明神宗實錄》卷235，萬曆十九年四月戊戌，臺北：中央研究院歷史語言研究所校印本，第4359頁。

67　〔清〕計六奇著，魏得良、任道斌點校：《明季北略》卷3，〈錢嘉徵參魏忠賢十大罪〉，北京：中華書局，1984年，第81頁。

68　〔民國〕中國中央研究院歷史語言研究所編：《明清史料·丙編》，第3本，《榮昌大長公主揭帖》，上海：商務印書館，1936年，第264頁。

69　《明神宗實錄》卷216，萬曆十七年十月戊戌，臺北：中央研究院歷史語言研究所校印本，第4048頁。

第三節　起義和遼患日趨嚴重

四十二年九月，禮部右侍郎何宗彥稱：「邇年士風日頹，法紀陵夷。以猖狂為氣節，以結黨為豪舉。……把持官府，武斷鄉曲。」[70]

二、明末義軍迭起

由於官府和豪右的交相盤剝以及天災的頻繁發生，民眾的生活十分艱難。萬曆十六年（1588年）四月，大學士申時行奏稱：「頃者天鳴地動，水潦旱干，歲屢不登，人至相食。」[71]又如萬曆二十九年（1601年）五月，直隸巡按何爾健亦有疏曰：「阜平縣民張世成以餓甚，手殺其六歲兒，烹兒食之。」[72]萬曆中期的禮部尚書馮琦亦疏言：「數年以來，災警薦至。秦晉先被之，民食土矣；河洛繼之，民食雁糞矣；齊魯繼之，吳越荊楚又繼之，三輔又繼之。老弱填委溝壑，壯者輾轉就食，東西顧而不知所往。」[73]這次記載的受災地區幾乎遍及全國。

一個政治相對清明的社會，對於基層社會的治理應該是有序的。即使天災來臨，有效的社會管理機制和賑濟措施也往往能減輕其災難程度，及時恢復正常的社會秩序。然而，當社會腐敗非常嚴重的情況下，政府應對災荒的措施就顯得極為低效，瀕於死亡邊界的人們只好為生存而抗爭。其實，「人相食」之喪失人性和衝破道德底線的悲慘現象，又何嘗不是底層民眾面臨劫難時而採取的一種無奈的抗爭表現呢？當此種情況得不到有效的解決而持續發

70　《明神宗實錄》卷524，萬曆四十二年九月戊寅，臺北：中央研究院歷史語言研究所校印本，第9878頁。

71　《明神宗實錄》卷197，萬曆十六年四月乙丑，臺北：中央研究院歷史語言研究所校印本，第3717頁。

72　《明神宗實錄》卷359，萬曆二十九年五月丙寅，臺北：中央研究院歷史語言研究所校印本，第6718頁。

73　〔明〕陳子龍等輯：《明經世文編》卷440，〈馮北海文集一〉，〈為災旱異常備陳民間疾苦懇乞聖明亟圖拯救以收人心以答天戒疏〉，北京：中華書局，1962年，第4818頁。

第一章 步入「衰敝期」的明王朝

生時,「揭竿而起」必然會成為他們最後的選擇,而這種被迫激發出來的反抗力量是無窮的,它曾經埋葬了歷史上諸多貌似強大的王朝。

(一) 民變

萬曆時期,底層群眾的起義此起彼伏,如前文所述反對礦監稅使的抗爭。另外,還有幾起規模較大的民變。萬曆十四年(1586年),車宗孔領導的饑民搶奪富商麥糧的起義,與官軍在淇縣、汲縣抗爭。萬曆十六年,梅堂和劉汝國領導的饑民在湖廣安徽等地進行「鏟富濟貧替天」的抗爭。萬曆四十三年到四十五年,山東安丘、蒙陰、沂州、昌樂、濟南等地都發生了零星的起義。河南盧氏縣礦徒於萬曆十八年、靈寶礦徒於萬曆四十四年也發動了暴動。萬曆中後期,陝甘寧地區的回民還舉行了多次大起義。此間還屢屢發生利用封建迷信和民間宗教的起義,如:萬曆十七年的李圓朗、二十八年的趙古元、三十二年的吳建、三十四年的劉天緒、四十六年的李文等,都率眾進行起義。[74]

天啟年間,也發生了多次民變和起義。據《明通鑒》載,天啟四年(1624年)十二月,「兩當民變,殺知縣牛得用」[75]。據《明熹宗實錄》載:天啟六年八月至十二月,陝西起義者從陝西到四川,與官兵展開流動作戰;天啟六年底,廣西潯州胡扶紀領導了起義;天啟七年初,桃園縣起義者攻陷縣城;天啟七年三月,澄城饑民起義,殺死催徵的知縣張斗耀。在方志中,還有許多地方起義的零星記載。天啟朝有白蓮教徒領導的大起義,如天啟二年(1622年),山東的徐鴻儒和北直隸的於弘志先後領導的大起義。[76] 以上所述萬曆至天啟朝的起義和暴動,都是勞動群眾為了生活所迫而進行的抗爭,反映了當時社會尖銳的階級矛盾,但它們都沒有形成強大的反抗力量,最後被

74　湯綱,南炳文:《明史》,上海:上海人民出版社,1991年,第825—832頁。

75　〔清〕夏燮撰,王日根、李一平、李斑、李秉乾等校點:《明通鑒》卷79,長沙:岳麓書社,1999年,第2209頁。

76　湯綱,南炳文:《明史》,上海:上海人民出版社,1991年,第890—893頁。

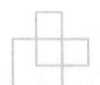

第三節　起義和遼患日趨嚴重

官軍逐一鎮壓了。

天啟末至崇禎初，陝北和陝中災荒不斷，饑民無以為生，這兒成了明末大起義的首發地，義軍暴動的星星之火，迅速形成燎原之勢，燃遍了全國。天啟七年春澄縣饑民殺死知縣的暴動，竟成為明末大規模農民起義的肇始。不久後，府谷縣的王嘉胤、安塞人高迎祥、膚施人張獻忠和米脂人李自成等，紛紛聚眾舉事。[77]明末農民大起義終於全面爆發，並最終推翻了明王朝。

（二）兵變

明朝自嘉靖以後，兵變事件逐漸增多。以萬曆時期為例，湯綱、南炳文的《明史》中，列舉了自萬曆十一年（1613年）至四十八年間的十餘起兵變事件。筆者認為，這些兵變的基本特徵有：多發生在邊鎮，如宣府、大同、延綏、薊州、陝西等；以萬曆末年為頻繁，僅萬曆四十三年到四十八年就發生了六次之多；起因多為缺糧拖餉，或者將領占役或侵吞銀兩。

在天啟朝，尤其是在崇禎朝，士兵嘩變現象也很多。天啟元年（1621年），發生了多起援遼士兵中途嘩變的事件。天啟四年，杭州、福寧先後爆發兵變。崇禎元年（1628年）夏，遼東寧遠官兵因缺餉饑餓，遂群起嘩變，他們甚至捉住了遼東巡撫畢自肅，並逼其自殺。崇禎二年底至三年初，山西勤王兵嘩於京畿，甘肅勤王兵嘩於安定。崇禎八年，川兵嘩變，總兵鄧玘被焚死。崇禎九年，寧夏饑兵嘩變，殺死巡撫王揖，等等。[78]有三點需要特別說明：兵變幾乎都源於乏餉甚至是饑餓；崇禎朝的兵變異常頻繁，以至於「饑軍嘩逃，報無虛日」[79]；不少嘩變的士兵，還參加了崇禎時期的農民義軍，甚至因知兵而成為義軍將領，這無疑增強了義軍的戰鬥力。

77　朱紹侯、張海鵬、齊濤：《中國古代史》（下冊），福州：福建人民出版社，2004年，第248頁。

78　顧誠：《明末農民戰爭史》，北京：光明日報出版社，2012年，第20—21頁。

79　〔民國〕中國中央研究院歷史語言研究所編：《明清史料乙編》，第9本，〈兵科行〈兵科抄出兵科都給事中張縉彥題〉稿〉，上海：商務印書館，1936年，第874頁。

三、明末遼東邊患已成

遼東邊患,是指位於遼東的後金(崇禎九年後改為清)政權,對明末邊境造成的重大軍事威脅。

(一)努爾哈赤建立後金政權

遼東的建州女真一部首領努爾哈赤,於萬曆十一年(1583年)起兵,歷時三十餘年統一女真大部。萬曆四十四年正月,努爾哈赤自立為汗,建「大金」政權,史稱後金。

努爾哈赤統一女真各部並建立後金政權,的確離不開他本人優秀的軍事才幹和政治智慧。而萬曆中後期,由於萬曆怠政和政治軍事的腐敗,明政府疏於對女真各部的控制也是重要的因素。孟森將張居正之死稱為明朝「醉夢期」開始的標誌,認為努爾哈赤就是在「醉夢期」中成就了未來清朝的基業。他在《萬曆怠政》中有一段精闢的論述:

居正之卒在萬曆十年,明年追奪官階,又明年籍其家,子孫慘死狼藉。其時代明之清室,清太祖已於萬曆十一年弄兵於塞外,蠶食坐大,遂移國祚。經過三十餘年,中朝始竟不知有此事,後漸聞其強而羈縻之。至萬曆四十餘年稍稍傳說,已立國僭號,亦不以為意,直至入犯遼、瀋,然後舉國震驚。廟堂若有留心邊事如居正其人,何至憒憒若此?故居正沒而遂入醉夢期間矣。[80]

孟森的分析是很有見地的。張居正歿於萬曆十年(1582年),朝中失去了一位知邊事的威權人物,而遼東的後金此時卻悄然崛起,努爾哈赤也在不斷地擴充軍事實力。尤為嚴重的是,萬曆十九年(1591年),鎮守遼東已達20餘年的名將李成梁被罷職,「迨成梁去遼,十年之間更易八帥,邊備益馳」[81]。此間,遼東防務也開始潰壞。

80　〔清〕孟森:《明史講義》,北京:中華書局,2006年,第287頁。
81　〔清〕張廷玉等:《明史》卷238,列傳第126,〈李成梁傳〉,北京:中華書局,

第三節　起義和遼患日趨嚴重

(二) 後金進攻明朝

萬曆四十六年（1618年）四月，努爾哈赤舉行誓師大會，頒布「七大恨」告天，率兩萬八旗兵征明，竟然兵不血刃地襲取了撫順，同時，還攻占了明軍的五百個屯堡，獲人畜三十多萬。[82] 明廷丟城損將，朝野震動，連常年怠政的萬曆帝都感嘆：「遼左覆軍隕將，虜勢益張，邊事十分危急。」[83]

萬曆四十七年（1619年），明廷任命楊鎬為遼東經略，督率十萬餘明軍，從南、西、北、東南四個方向殺向赫圖阿拉城。明軍人數雖多，但將士久不操練，將驕兵餒，所以貿然進兵，勝算不大。努爾哈赤透過暗探掌握了明軍的部署後，決定先以精兵攻擊杜松率領的西路明軍。據史載：「時兵未發而師期先泄，建州得預為備，曰：憑爾幾路來，我只一路去。」[84] 結果，西路軍被分割殲滅，杜松戰死。接著，後金兵又殲滅了馬林所部北路軍和劉綎所部東南路軍。唯有李如柏所部南路軍拚命逃回。薩爾滸決戰，以明軍慘敗而告終。明軍總兵力88550餘人（不含朝鮮軍一萬餘人），將官陣亡310餘人，軍丁陣亡45870餘人，損失馬、騾、駝共計28600餘匹。[85]

薩爾滸一戰，明軍僅在四天時間裡便損失過半。之後，明朝對後金作戰，由策略進攻轉為策略防禦。對於此戰，黃仁宇有中肯的評述：「結束了明帝國在遼東的軍事優勢。滿民族因之抬頭，其後成為明王朝之勁敵。」[86]

天啟元年（1621年），努爾哈赤又攻占了瀋陽和遼陽，並遷都遼陽，以

1974年，第6191頁。
82　湯綱，南炳文：《明史》，上海：上海人民出版社，1991年，第1004—1006頁。
83　《明神宗實錄》卷568，萬曆四十六年四月丙辰，臺北：中央研究院歷史語言研究所校印本，第10692頁。
84　〔清〕谷應泰：《明史紀事本末》「補遺」卷1，〈遼左兵端〉，北京：中華書局，1977年，第1412頁。
85　〔明〕王在晉：《三朝遼事實錄》卷1，上海：上海古籍出版社，2002年。
86　（美）黃仁宇：《萬曆十五年》附錄2，〈1619年的遼東戰役〉，北京：中華書局，2006年增訂紀念版，第271頁。

第一章　步入「衰敝期」的明王朝

便進一步向河西地區推進。遼東邊患已經形成。次年，後金於廣寧之役再敗明軍，後又遷都瀋陽。天啟六年（1626年），後金在寧遠之戰中敗於袁崇煥所部明軍，努爾哈赤負傷後不久死去。崇禎二年（1629年），皇太極親率大軍由蒙古繞道入關，威脅京師，不久退出關外。馳援京師的薊遼督師袁崇煥卻被崇禎帝處死。之後，後金（清）又多次破關攻明，明廷遼東邊患日趨嚴重。

　　總之，萬曆、天啟帝的怠政，加劇了明末黨爭，並由此加促了明末政治、軍事的腐敗及財政經濟的崩潰，導致了崇禎初年全國性大起義的爆發；與此同時，遼東的後金政權也危及明政權的存在。在「內憂」與「外患」破壞力的疊加影響下，明王朝的大廈終於轟然倒塌。明末名臣盧象昇，就生活在明王朝迅速走向「衰敝」的亂世裡。年少即有宏志的他，要實現報效國家的抱負，必然需要去解決時代所賦予的消弭「內憂外患」的歷史任務。

第三節　起義和遼患日趨嚴重

第二章　盧象昇的生平（上）

　　在今江蘇省宜興市老城東隅，有一座盧公祠，祭奠著宜興歷史上一位英雄人物，即明末名臣盧象昇。祠內殿門檐下正中高懸「忠孝文武」匾額，兩邊柱聯是一幅耐人尋味的輓聯，上聯曰：無嗣昌不過郭汾陽，下聯曰：有廷麟乃成岳武穆。該輓聯將盧象昇與唐宋時期的名將郭子興和岳飛相併列，足見其重要的歷史地位。無獨有偶，清代黃道讓曾為湖南提督塔齊布，撰輓聯一副：「溯七百餘里潭州，八日捷，五日更捷，何物井蛙自大，妄說飛來，奇哉今古雙忠武；數三十九歲名將，岳家哀，盧家尤哀，唯公戎馬善終，允膺恩遇，愧殺宋明兩思陵。」[1] 此聯中的塔齊布和岳飛、盧象昇一樣，皆三十九歲而亡，且都英名蓋世。在黃道讓看來，盧象昇更是值得後人哀悼的悲情英雄。

圖 2-1：盧忠肅公祠門口石牌　　　　圖 2-2：盧忠肅公祠內殿門

1　〔清〕吳恭亨撰，喻岳衡點校：《對聯話》卷6，〈哀挽一〉，長沙：岳麓書社，1984年，第161頁。

第二章　盧象昇的生平（上）

　　盧象昇是明末崇禎時期一位著名的歷史人物，他進士出身，能文兼武，二十四歲便步入仕途，歷任戶部主事、大名知府、大名兵備、鄖陽撫治、湖廣巡撫、五省總理和宣大總督，為官帶兵，功績顯赫。然而，如此一位明末重臣，卻因觸犯明廷高層而戰歿於疆場，不由得令人扼腕嘆息。筆者希望透過探究其人生歷程，進而研究其在明末歷史上的地位；亦從另一個側面，更深刻地瞭解明末社會狀況和明朝敗亡之因。

　　本書將盧象昇的生平介紹分為上、下兩部分，生平（上）敘述他從青少年時代到撫鄖期間事，探討他是如何由一位心繫天下的少年成長為能文兼武的一代撫臣的。盧象昇此時期的艱苦磨煉，為之後不久身兼數省軍政大權、成為一代名臣奠定了堅實的基礎。

第一節　重孝有宏志的青少年時代

　　盧象昇，字建斗，號九臺，一字斗瞻，又字介瞻，常州宜興（今屬無錫）人，據考證為「（東）漢尚書（盧）植之後……」[2]盧植為涿郡（今河北涿州市）人，為東漢末年名臣和著名的經學家。「初唐四傑」之一的盧照鄰、中唐「韓孟詩派」代表詩人盧仝、北宋初名士盧顥皆為盧象昇之先祖。盧象昇的始遷祖盧湛，初為浙江鄞縣人，南宋初年曾任宜興縣知縣，因此遷至今天的宜興之茗嶺村。盧湛為盧氏始遷祖之說，在宜興地方志和盧氏族譜裡都有明確的記載。據《增修宜興縣舊志》載：「盧湛，鄞縣人，建炎中任（宜興知縣）。」[3]盧湛「舉賢才，授義興[4]尹，因著籍焉。居之茗嶺，稱茗嶺盧氏，是為盧氏始遷祖」。[5]《茗嶺盧氏宗譜》亦有載：「由浙江鄞縣為宜興縣令，遂居茗嶺，是

2　〔清〕陳鼎：《東林列傳》卷5，〈盧象昇傳〉，揚州：廣陵書社，2007年，第93頁。
3　〔清〕阮升基、寧楷等編纂：《增修宜興縣舊志》卷5，〈歷代職官考〉，嘉慶二年刻本。
4　義興，即「宜興」，據《增修宜興縣舊志》載：晉代宜興縣曾改為義興郡。
5　〔清〕盧安節編，〔清〕任啟運校定：《明大司馬盧公年譜》，清光緒元年重刻本，北

第一節　重孝有宏志的青少年時代

為盧氏始遷祖，載郡邑志。」[6]

盧象昇的七世祖盧端智，字唯睿，號茗峰，行宰一，為元泰定四年（1327年）進士，並授宜興學正。高祖盧元京，字道宗，號竹岡，為當地名士，「性孝友，勤義方，志尚高遠」[7]。他為盧氏曾祖盧誠，字勉之，號戀岡，曾為儀封縣（今河南蘭考）知縣。祖父盧立志，字仁甫，一字商衡，號荊玉。始遷宜興縣之張渚鎮，舉萬曆十三年乙酉（1585年）應天鄉試，為常熟教諭，歷官儀封、南康（今江西贛州西）兩縣令，政績顯達，德才皆為鄉里稱頌，故為鄉人立祠奉祀。

盧象昇之父盧國霦，字公嶼，號昆石，為「邑諸生」（明清時代，凡經考試取入府、州、縣學的生員，通稱諸生）。盧象昇母親為李太夫人。盧國霦育有四子：長子盧象昇；次子盧象恆，字恆斗（邑諸生）；三子盧象晉（邑諸生），字錫侯，一字晉侯，號魯山；幼子盧象觀，字幼哲，號九錫（崇禎癸未進士，南明時抗清殉國）。明亡後，盧象晉、盧象觀拒絕與清政權合作，為鄉里敬重，乾隆丙寅年（1746年），與兄長盧象昇同時「崇祀鄉賢」[8]。自盧象

京圖書館編：《北京圖書館藏珍本年譜叢刊》第62冊，北京：北京圖書館出版社，1999年，第285—286頁。盧象昇在〈冠帶善士完予公墓誌銘〉裡開章便稱：「吾族為玉川公仝後，而世族於宜興之茗山，於是相傳為茗苓盧氏云。」參見〔明〕盧象昇：《忠肅集》卷1，《文淵閣四庫全書》影印本，別集類，第1296冊，臺北：商務印書館，1983年版，第602頁。

6　《茗嶺盧氏宗譜》卷7，《大宗世系總圖》，報本堂影印本，宣統辛亥重修。
7　〔清〕盧安節編，〔清〕任啟運校定：《明大司馬盧公年譜》，清光緒元年重刻本，北京圖書館編：《北京圖書館藏珍本年譜叢刊》第62冊，北京：北京圖書館出版社，1999年，第287頁。
8　〔清〕盧安節編，〔清〕任啟運校定：《明大司馬盧公年譜》，清光緒元年重刻本，北京圖書館編：《北京圖書館藏珍本年譜叢刊》第62冊，北京：北京圖書館出版社，1999年，第287頁。在中國古代，「崇祀鄉賢」是國家對有作為的官員和社會賢達去世後的一種褒揚方式。明清時各州縣皆有鄉賢祠，以供奉歷代鄉賢人物，官方作祭亦有一套完整的祭祀儀式。這也是古代封建政府對民間進行社會教化的一種重

第二章　盧象昇的生平（上）

昇的祖父以降，唯有盧象昇身居顯位，生前曾官拜總督宣大山西軍務，並加銜兵部尚書兼都察院右副都御史。

在清末重修的盧氏宗譜裡，盧顥為第一世，始遷祖為第五世，盧象昇的高祖盧元京為第十七世（同時為居宜興第十三世）。盧象昇一代，即為盧氏第二十一世，亦為居宜興之第十七世。[9]

明萬曆二十八年（1600 年），即農曆庚子年的三月初四日，盧象昇誕生於宜興張渚鎮的鎖前橋。盧象昇虛歲六歲時，「始入小學」，「師事族父茗荄」，[10] 這是盧象昇求學的開始。文獻中有關盧象昇的傳記，如《明史》、《東林列傳》、《罪唯錄》、《忠義錄》及《史外》等，記載多指盧象昇成年以後事，而對其早年經歷，或語焉不詳，或記載靈異傳聞，或乾脆略去。筆者在清人盧安節、任啟運等人編訂的《明大司馬盧公年譜》中找到了有關盧象昇幼時的諸多記載，從中我們也能管窺這位亂世英雄成長的某些軌跡。

盧象昇生於中國傳統的士大夫世家，深受儒家思想（理學）的浸染，重忠孝保名節的觀念可謂根深蒂固。青少年時期的儒家教育，對他的一生有著極為深刻的影響。盧象昇自幼就注重修身養性，以忠孝節義規範自己的言行，並逐步樹立了經略天下之志。

青少年時期的盧象昇極重孝道。據《明大司馬盧公年譜》載，萬曆三十四年（1606 年）秋，盧母李太夫人因事恚怒不已，終日不食，身體虛

要方式。

9　《茗嶺盧氏宗譜》卷 7，《大宗世系總圖》、《二長房世系總圖》，報本堂影印本，宣統辛亥重修。

10　〔清〕盧安節編，〔清〕任啟運校定：《明大司馬盧公年譜》，清光緒元年重刻本，北京圖書館編：《北京圖書館藏珍本年譜叢刊》第 62 冊，北京：北京圖書館出版社，1999 年，第 287 頁。古代的小學，一般為啟蒙教育，是古代教育體系中的最基層教育階段，在明代往往為私塾或者義學來承擔，當然有時與官方的教育體系發生某些關聯，這便是社學。參見陳時龍：《論明代社學性質的漸變與明清小學學制的繼承》，2009 年 9 月，《教育史研究》創刊 20 週年論文集（3），《中國教育制度史研究》。

第一節　重孝有宏志的青少年時代

弱。眾人勸解無效，虛歲僅七歲的盧象昇便立跪於床前，謹慎侍奉母親。「公跪床下，力為解釋，流涕被面。」李太夫人終被兒子的孝行感動，「太夫人異之，為公一餐」。[11] 又如，萬曆四十五年（1617 年），盧象昇正在宜興城東讀書，離家鄉約七十里地。一日，忽聞父親崑石公重病，盧象昇心急如焚，決定立即返回故里。此時正值黃昏時刻，況且途經一深谷叢林，不時有虎豹出入。然而，歸心似箭的盧象昇，全然無視所面臨之危險，一夜奔跑，次早趕到家。據史籍載：「力疾歸里，雞鳴抵舍所，歷巉岩深谷箐竹間，出入虎穴略無顧畏。」[12] 這足見盧象昇之至孝與至勇。

盧象昇與祖父感情頗深，對其亦孝敬有加。早年的盧象昇受祖父的教育影響較大。祖父荊玉公（盧立志）為鄉試舉人出身，曾任常熟教諭，歷任儀封、南康縣令，才、德、政頗佳。祖父為官上任，盧象昇也經常隨往，並接受了嚴格的儒學教育。天啟元年（1621 年），虛歲僅二十二歲的盧象昇，參加應天鄉試[13]得中第二十九名。當喜訊傳來、親朋慶賀時，祖父荊玉公悚然

11　〔清〕盧安節編，〔清〕任啟運校定：《明大司馬盧公年譜》，清光緒元年重刻本，北京圖書館編：《北京圖書館藏珍本年譜叢刊》第 62 冊，北京：北京圖書館出版社，1999 年，第 288 頁。

12　〔清〕盧安節編，〔清〕任啟運校定：《明大司馬盧公年譜》，清光緒元年重刻本，北京圖書館編：《北京圖書館藏珍本年譜叢刊》第 62 冊，北京：北京圖書館出版社，1999 年，第 290 頁。

13　鄉試為明代一級科舉考試，考中者為「舉人」，有機會補缺做官。關於明代科舉考試的層級，學術界有諸多觀點，較為盛行的四種觀點是：其一，只有鄉試、會試和殿試三級制（王凱旋：《明代科舉制度考論》，瀋陽：瀋陽出版社，2005 年，第 76 頁）；其二，以三級製為主體，即除了由低級到高級的三階段鄉試、會試和殿試，還有一種附加的庶吉士的遴選階段，它發生在殿試以後，在二甲、三甲的進士之間中進行，此遴選考試，並非常舉（參見吳宣德《中國教育制度通史》卷 4，《明代卷》，濟南：山東教育出版社，2000 年，第 458、477 頁）；其三，由童生試、鄉試、會試和殿試組成的四級制，正統年間增加了童生試，作為參加鄉試的必經階段（瀏海峰：《科舉制與「科舉學」》，貴陽：貴州教育出版社，2004 年，第 85 頁）；其四，由科考、

第二章　盧象昇的生平（上）

日：「家世寒貧，一孫幸捷，何德以堪之？」並對盧象昇「督課益力」。可見，祖父的良好教育對盧象昇成才有重要的影響。盧象昇對祖父之孝一如父母。不久，荊玉公親送象昇北上，行至長江邊，象昇看到祖父外貌清瘦，牽其衣不忍別，荊玉公曰：「行矣！若成名，展吾未竟，便不愧家學，何戀戀為？」[14] 象昇不得已，才愴然離去。《重刊宜興縣舊志》之〈英烈傳〉還記載了少年象昇救祖的故事。萬曆四十年（1612年），「赴南康任」的荊玉公失足墮入江中，盧象昇即刻大聲疾呼，荊玉公因而得救。然而，筆者卻未能在正史或其他典籍裡找到類似的記載，甚至在對象昇早年記述頗詳的《明大司馬盧公年譜》裡竟也無片言敘述。所以，筆者認為，此記載似為虛言溢美之論，但其內容卻與少年象昇的思想作為是相吻合的。天啟二年（1622年）二月二十九日，荊玉公病逝於任上，此時的盧象昇剛參加完會試，聞知祖父去世的訃告，「號泣奔喪」。盧象昇的父母因為居喪哀痛，消瘦了許多，全家人也沉浸於悲痛之中。盧象昇不僅要克制住自己的喪親之痛，還「率諸弟間請（父母）節哀」。[15]

盧象昇是一位純孝之人，即便在他出仕為官時，依然如是。他在征剿叛亂的戰場上，作家書〈家訓三首〉，叮囑妻妾「體吾心以媳代子」，「小心以事親上」，[16] 以替自己在家鄉照顧雙親。後來，盧象昇在宣大總督任上，曾經接

鄉試、會試、殿試和庶吉士考試構成的五級制（郭培貴：《明代科舉的發展特徵與啟示》，《清華大學學報》，哲學社會科學版，2006年第6期）。

14 〔清〕盧安節編，〔清〕任啟運校定：《明大司馬盧公年譜》，清光緒元年重刻本，北京圖書館編：《北京圖書館藏珍本年譜叢刊》第62冊，北京：北京圖書館出版社，1999年，第291頁。

15 〔清〕盧安節編，〔清〕任啟運校定：《明大司馬盧公年譜》，清光緒元年重刻本，北京圖書館編：《北京圖書館藏珍本年譜叢刊》第62冊，北京：北京圖書館出版社，1999年，第292頁。

16 〔明〕盧象昇：《忠肅集》之〈寄訓室人〉、〈寄訓副室〉，《文淵閣四庫全書》影印本第1296冊，臺北：商務印書，1983年，第607頁。

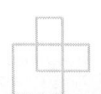

第一節　重孝有宏志的青少年時代

父親到府上小住一段時間。然而父親卻不久後死於返鄉途中,這給盧象昇以沉重的精神打擊。之後,盧象昇在總督任上幾乎沒再有什麼政治作為,他至少連續上疏五次,乞懇回鄉守孝,其言辭切切,令人潸然淚下。另外,盧象昇為官後為叔祖父盧立亮所作墓誌銘,對其人品極為推崇,而首推其孝道:「公生二十五齡,友泉公即見背,悲號痛隕,殆不能生。事母李太孺人,備諸艱苦,孤嫠自倚,罄慈孝於一門,此宗黨所共稱者。」[17]盧象昇稱盧立亮「純孝篤友」,其實也正印證了自己也是純孝之人。

　　盧象昇少年時期就有遠大志向。幼年時期的象昇就體現出了他的馭眾才能。萬曆三十四年(1606年),祖父荊玉公在儀封為官時,盧象昇從父母隨居官舍。官舍院內有一大水池,年僅七歲的象昇做首領,率領十餘兒童在水池周圍做打仗遊戲,並以規約號令諸夥伴,儼然一位軍隊統帥。有個夥伴違反規約,他便將其捆綁拷責,小夥伴因疼痛大叫。荊玉公聞聲趕到,斥責象昇,但卻覺得自己孫子非同常人,「以此奇公」。[18]萬曆四十一年(1613年),盧象昇隨祖父喬遷新居於新橋之湄隱園[19],讀書甚為刻苦。他讀《孟子》時,見文中有「生於憂患死於安樂」之語,便陷入了深深的憂思。在習讀唐代張巡和北宋岳飛的歷史事蹟時,奮然長嘆:「吾得為是人足矣!」[20]這足見少年盧象昇對於歷史英雄人物的推崇和敬重。或許,此時的盧象昇已經樹立了捨

17　〔明〕盧象昇:《忠肅集》之〈冠帶善士完予公墓誌銘〉,《文淵閣四庫全書》影印本第1296冊,臺北:商務印書,1983年,第602頁。

18　〔清〕盧安節編,〔清〕任啟運校定:《明大司馬盧公年譜》,清光緒元年重刻本,北京圖書館編:《北京圖書館藏珍本年譜叢刊》第62冊,北京:北京圖書館出版社,1999年,第288頁。

19　湄隱園是盧象昇少年讀書地,當時並無此名,崇禎十一年(1638年),盧象昇在宣大總督任上作〈湄隱園記〉,才為之起名。

20　〔清〕盧安節編,〔清〕任啟運校定:《明大司馬盧公年譜》,清光緒元年重刻本,北京圖書館編:《北京圖書館藏珍本年譜叢刊》第62冊,北京:北京圖書館出版社,1999年,第289頁。

第二章　盧象昇的生平（上）

身報國的志向。萬曆四十三年（1615年）的一天，盧象昇正沉浸於讀書，突然北門外喧囂聲不絕，原來此時有顯貴達官過境，車仗排場非凡。眾人紛紛跑去圍觀，之後仍交相讚歎不已。讀書聲不輟的盧象昇突然停下來，嚴肅而淡定地說：「人不患不貴，患曠貴。」[21] 眾人聞聽不語，自行慚愧，竟對盧象昇有些敬怕。盧象昇淡泊名利，認為那些顯貴如果不能盡其職而效命國家，也不過形同糞土。

青少年時期的盧象昇，讀書重在學以致用，且文武兼修。雖然明朝已面臨著內憂外患的社會危機，但表面上還呈現出短暫的繁榮景象，人們似乎還缺乏憂患而生的意識。學子們由於「時承平日久」，因而「工習舉業」。大家紛紛死讀《四書》、《五經》，演習八股，以備科舉爭功名為要。而此時的盧象昇，「獨日究經史於古將相名臣之略，軍國經治之規尤悉心焉」。[22] 盧象昇讀書的重點卻是將相名臣之治國大計，尤偏重軍事。清初文人邵長蘅曾評論盧象昇早年為學之況：「為學務博涉，講求經濟，不欲以文士名顧。偶一下筆，伉健有氣名，能文章家不過也。」[23]《明史》也稱他「少有大志，為學不事章句」[24]。

更難能可貴的是，讀書之餘，盧象昇竟還練習武備。由於資料的缺乏，我們不詳其青少年時期習武的經歷，但他後來長期征戰、奮勇攻殺的武藝必

21　〔清〕盧安節編，〔清〕任啟運校定：《明大司馬盧公年譜》，清光緒元年重刻本，北京圖書館編：《北京圖書館藏珍本年譜叢刊》第62冊，北京：北京圖書館出版社，1999年，第289頁。

22　〔清〕盧安節編，〔清〕任啟運校定：《明大司馬盧公年譜》，清光緒元年重刻本，北京圖書館編：《北京圖書館藏珍本年譜叢刊》第62冊，北京：北京圖書館出版社，1999年，第290頁。

23　〔清〕邵長蘅：《明大司馬盧忠烈公傳》附《盧忠烈公遺事》，〔清〕徐景曾纂修：《順德府志》卷16，〈藝文下〉，乾隆十五年刻本。

24　〔清〕張廷玉等：《明史》卷261、列傳第149，〈盧象昇傳〉，北京：中華書局，1974年，第6765頁。

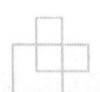

第一節　重孝有宏志的青少年時代

然與年少時的勤苦練武密不可分。今陳列於宜興市博物館裡的一把鏽跡斑斑的大刀，長 3.13 公尺、重 136 斤，據說即為盧象昇早年時的練功刀。[25] 這表明，早年的盧象昇，修文兼武，學以致用，以期將來能實現其治國平天下的抱負。《明史》和《東林列傳》等史籍，對盧象昇為官後有武才亦有述及，「象昇雖文士，善射，嫻將略，能治軍」[26]。盧象昇的弓矢等武藝當然離不開早年時的勤學苦練。

25　在不少論及盧象昇的網頁資料中，都提及他早年練功刀一事，如：http：//bbs.dataodu.com/forum.php？mod=viewthread&tid=10685846 等。網頁中附有該練功刀的圖文資料。2017 年 10 月，筆者造訪盧忠肅公祠，結識了盧忠肅公祠的工作人員朱再平先生（筆名「路邊」），他講解了該練功刀的經歷。據說，盧象昇去世後，該練功刀被盧家人從河北運回宜興，安放在位於張渚鎮嶺下村的盧氏家族故居門前 300 餘年，激勵著盧家後人為國盡忠。20 世紀 50 年代，出於對文物保護工作的重視，村民把這把盧象昇練功刀送給宜興市文物管理委員會（當時，該文管會設於太平天國王府內），直到 2016 年，該練功刀被移交給市博物館。多年來，前來參觀盧象升練功大刀的市民不計其數，更有許多外地遊客慕名前來。然而，筆者在歷史文獻中暫未能找到盧象昇練功刀的相關記載。
26　〔清〕張廷玉等：《明史》卷 261，列傳第 149，〈盧象昇傳〉，北京：中華書局，1974 年，第 6759 頁。

第二章　盧象昇的生平（上）

圖 2-3：盧象昇早年的練功刀

盧象昇不久便考取了進士。天啟二年（1622 年），他虛歲二十三歲，順利透過了會試和廷試（殿試）。二月「中會試三百八名」，當時的考官為「主考禮部尚書兼文淵閣大學士隨州何公宗彥、禮部尚書兼文淵閣大學士秀水朱公國祚，同考為吏部科給事中濱州薛公鳳翔」[27]；並於三月參加殿試，「登文震孟榜二甲二十五名」[28]。天啟二年（1622 年）壬戌科殿試中，共有 408 名考生中進士：一甲賜進士及第者三名，二甲賜進士出身者七十七名，三甲賜同進士出身者三百二十九名。依照常規，盧象昇可以留在京城等候皇帝和吏部的遴選，直接做庶吉士或者外放做官。殿試是在三月舉行，而二月二十九

27　〔清〕盧安節編，〔清〕任啟運校定：《明大司馬盧公年譜》，清光緒元年重刻本，北京圖書館編：《北京圖書館藏珍本年譜叢刊》第 62 冊，北京：北京圖書館出版社，1999 年，第 291 頁。

28　〔清〕盧安節編，〔清〕任啟運校定：《明大司馬盧公年譜》，清光緒元年重刻本，北京圖書館編：《北京圖書館藏珍本年譜叢刊》第 62 冊，北京：北京圖書館出版社，1999 年，第 291 頁。然而，筆者查詢其他史料，發現盧象昇為二甲第 55 名，參見朱寶炯、謝沛霖：《明清進士題名碑錄索引》，上海：上海古籍出版社，1980 年，第 2599 頁。現姑存兩說，以待進一步考證。

日，盧象昇的祖父荊玉公剛好病逝。或許殿試成績揭曉後，盧象昇已聞知喪訊。於是，「公（盧象昇）釋褐，後聞訃，號泣奔喪」[29]。盧象昇與祖父感情頗深，他以行孝為先，及時回家守喪。直到兩年後，盧象昇才被明廷授為戶部主事。

盧象昇注意以儒家倫理道德規範自己，不圖美色。天啟三年（1623年），盧象昇之妻汪氏病重，汪夫人因為無力侍奉雙親，懇請盧象昇娶妾自副，然象昇亦以祖父新逝為由相拒。直到汪夫人「病益篤，遂力請於君」，盧象昇才同意，但他「猶不御，但令襄婦職而已」。[30] 同年，盧象昇過維揚（揚州的別稱），一位美姬願意委身於他，卻被他嚴詞拒絕：「吾豈以精神銷粉黛耶？」[31] 盧象昇正色拒美的故事，在其他盧象昇傳記中，亦有類似記載。明末，東南地區的社會風氣較為開放，娶美納妓甚至成了當時某些士大夫的嗜好。盧象昇不近女色，的確是難能可貴的。

總之，青少年時期的盧象昇，志存高遠，勤學自律，能文兼武，重孝輕色，為將來成為一代名臣奠定了良好的基礎。

第二節　督理臨清倉

天啟四年（1624 年）至七年（1627 年），盧象昇任職戶部，重點督理臨

29　〔清〕盧安節編，〔清〕任啟運校定：《明大司馬盧公年譜》，清光緒元年重刻本，北京圖書館編：《北京圖書館藏珍本年譜叢刊》第 62 冊，北京：北京圖書館出版社，1999 年，第 292 頁。

30　〔清〕盧安節編，〔清〕任啟運校定：《明大司馬盧公年譜》，清光緒元年重刻本，北京圖書館編：《北京圖書館藏珍本年譜叢刊》第 62 冊，北京：北京圖書館出版社，1999 年，第 292 頁。

31　〔清〕盧安節編，〔清〕任啟運校定：《明大司馬盧公年譜》，清光緒元年重刻本，北京圖書館編：《北京圖書館藏珍本年譜叢刊》第 62 冊，北京：北京圖書館出版社，1999 年，第 292 頁。

第二章　盧象昇的生平（上）

清倉。初入仕途的盧象昇政績卓著，獲得朝廷和地方百姓的一致讚賞。這也為之後主政大名府積累了豐富的從政經驗。

進士及第後兩年，即天啟四年（1624年）二月，盧象昇被「授戶部貴州司主事，於八月督臨清倉」[32]。這是年僅二十五虛歲的盧象昇進入仕途的開始。

此時，明王朝政局十分混亂，以太監魏忠賢為首的宦官集團把持了朝政，致使朝中正直的大臣多遭貶斥。萬曆朝後期逐步形成的東林黨，利用民間講學和參政議政的時機，不斷批評閹黨朝政，提出刷新吏治、開放言路等革新主張。這兩派政治集團間的鬥爭十分激烈。在天啟帝的縱容下，魏忠賢、客氏[33]為首的閹黨集團擊潰了東林黨。為了個人的仕途，絕大多數官員

---

[32] 〔清〕盧安節編，〔清〕任啟運校定：《明大司馬盧公年譜》，清光緒元年重刻本，北京圖書館編：《北京圖書館藏珍本年譜叢刊》第62冊，北京：北京圖書館出版社，1999年，第292頁。關於戶部貴州主事的設置及職掌，現作一補充介紹。明代戶部，除了尚書、左右侍郎、司務之設，還對應十三布政司設有十三清吏司，每清吏司各設郎中一人、員外郎一人，主事二人。宣德年間又增設貴州司主事一人，仍為正六品。十三司「各掌其分省之事，兼領所分兩京、直隸貢賦，及諸司、衛所祿俸、邊鎮糧餉，並各倉場鹽課、鈔關」。其中，貴州司「帶管上林苑監，寶鈔提舉司，都稅司，正陽門、張家灣各宣課司，德勝門、安定門各稅課司，崇文門分司，在京濟州、會州、富峪三衛，及薊州、永平、密雲、昌平、易州各鎮，臨清、許墅、九江、淮安、北新、揚州、河西務各鈔關」（張廷玉：《明史》卷72，〈職官志一〉，北京：中華書局，1974年，第1739、1741、1743頁）。可見，督理臨清倉實屬貴州司份內職責。

[33] 所謂的「客氏」，即指天啟皇帝朱由校幼時的乳母兼保姆。這在明代史籍裡多有介紹。客氏原為北直隸定興人，碰巧被選為泰昌帝之子——萬曆帝孫子的乳母。客氏在宮中陪伴天啟帝16年，直至天啟帝長大成人。天啟帝即位後，客氏依仗皇帝對自己情感上的依賴，拒絕離宮。她飛揚跋扈，為禍後宮，而且還與閹黨頭目魏忠賢互相勾結，弄權亂政，陷害忠良，加劇了天啟朝混亂腐朽的政局。閻崇年稱之為「乳保客氏」，並對客氏與天啟帝、魏忠賢的關係及其品行多有敘述。參見閻崇年：《明亡清興六十年全集》，北京：中華書局，2006年，第196—198頁。

第二節　督理臨清倉

紛紛依附於魏閹集團。但盧象昇是一位正直清廉的官員，他「獨絕請謁，外補臨清」[34]。從此，盧象昇督理臨清倉長達三年多時間。此時的盧象昇，官拜戶部主事，品級正六品，級別不算高，但所督理的臨清倉卻地位很重要。

臨清糧倉，是明末大運河沿線一處重要的糧倉。明宣宗時期，在臨清運河碼頭東北向地勢較高處建起了臨清倉，後世又擴建了廣積倉、常盈倉。《明史·食貨志》載：「宣德中，增造臨清倉，容三百萬石。」[35]。臨清、廣濟、常盈三大倉，合計倉廒竟達八百多間，這些倉廒的管理和守衛工作自然異常重要。臨清倉同廣濟倉、常盈倉一樣，皆屬於中央機構管轄，因而戶部在臨清設有督儲分司，專門管理倉儲工作。

督理臨清倉之職也堪稱肥缺，可盧象昇是一位清廉的官員。他一到任上，即「以其餘閒就賢士大夫，商確時政，並釐剔主藏官吏之積弊，凡清出侵蝕本色若干石，銀若干兩以佐軍興，爾尤加意於支收」[36]。他還堅決澄清吏治：「初，各省本色解至胥吏……而吏獲侵牟。公更立程法，至即收兌權概甚平，吏不敢私，輿情便之。」[37] 此時河南大旱，人民苦不堪言，但臨清倉積糧甚多，據《東林列傳》載：「而河南大旱，無現糧，積逋五載。民間至揭瓦負楹棄兒鬻婦，猶不得飽，正供未遑計也。」[38]《明大司馬盧公年譜》亦云：

34　〔清〕盧安節編，〔清〕任啟運校定：《明大司馬盧公年譜》，清光緒元年重刻本，北京圖書館編：《北京圖書館藏珍本年譜叢刊》第62冊，北京：北京圖書館出版社，1999年，第292—293頁。

35　〔清〕張廷玉等：《明史》卷79，志第55，〈食貨三〉，北京：中華書局，1974年，第1924頁。

36　〔清〕盧安節編，〔清〕任啟運校定：《明大司馬盧公年譜》，清光緒元年重刻本，北京圖書館編：《北京圖書館藏珍本年譜叢刊》第62冊，北京：北京圖書館出版社，1999年，第293頁。

37　〔清〕盧安節編，〔清〕任啟運校定：《明大司馬盧公年譜》，清光緒元年重刻本，北京圖書館編：《北京圖書館藏珍本年譜叢刊》第62冊，北京：北京圖書館出版社，1999年，第293頁。

38　〔清〕陳鼎：《東林列傳》卷5，〈盧象昇傳〉，揚州：廣陵書社，2007年，第93—

第二章　盧象昇的生平（上）

「河南久旱，米價騰躍，逋負（積欠的稅賦）甚多，而臨清積粟百萬。」[39]盧象昇初步表現出他睿智靈活的施政才能，「請令中州（指河南一帶）納米一石改折銀一兩，輸之臨清，以倉粟相抵」[40]。而《明熹宗實錄》所述略有不同：

　　戶部復臨清監督主事盧象昇議，……合無如象昇議，將山東、河南所欠額糧，自萬曆四十二年起至天啟元年止，除奉恩詔蠲免年分外，每石折銀八錢，先解本倉，以聽本部別項支用。至於天啟二年以後糧米，仍徵本色，不得一概混折，以虛外庾，聽該倉嚴行督徵，如期登報，以備考核。上是之。[41]

　　盧象昇請求：從萬曆四十二年（1614 年）至天啟元年（1621 年），山東、河南所欠額糧，除部分依詔蠲免外，每石折銀 8 錢，並解至臨清倉；天啟二年以後糧米，仍征本色。盧象昇所請得到了皇帝的批准。透過如此變通，地方饑荒得到一定的緩解。盧象昇的做法為皇上賞識，「得旨允行」[42]。民間也不斷傳頌他的為政佳績，「豫迨一清官，民稱快」[43]。

　　此外，對於藩王擾民的做法，盧象昇也進行了有力的回擊。當時，三位

---

　　94 頁。

39　〔清〕盧安節編，〔清〕任啟運校定：《明大司馬盧公年譜》，清光緒元年重刻本，北京圖書館編：《北京圖書館藏珍本年譜叢刊》第 62 冊，北京：北京圖書館出版社，1999 年，第 293 頁。

40　〔清〕盧安節編，〔清〕任啟運校定：《明大司馬盧公年譜》，清光緒元年重刻本，北京圖書館編：《北京圖書館藏珍本年譜叢刊》第 62 冊，北京：北京圖書館出版社，1999 年，第 293 頁。

41　《明熹宗實錄》卷 66，天啟五年十二月丙子，臺北：中央研究院歷史語言研究所校印本，第 3110 頁。

42　〔清〕盧安節編，〔清〕任啟運校定：《明大司馬盧公年譜》，清光緒元年重刻本，北京圖書館編：《北京圖書館藏珍本年譜叢刊》第 62 冊，北京：北京圖書館出版社，1999 年，第 293 頁。

43　〔清〕盧安節編，〔清〕任啟運校定：《明大司馬盧公年譜》，清光緒元年重刻本，北京圖書館編：《北京圖書館藏珍本年譜叢刊》第 62 冊，北京：北京圖書館出版社，1999 年，第 293 頁。

第二節　督理臨清倉

藩王到封地去，排場盛大，「三藩就國，藩艘噪呼，等於盜賊」。盧象昇便「豫置布囊運米，峙涯舟及水，次即令滿載，藩艘亦服其能，戒勿停擾，而猾吏不得為奸」。[44]

天啟七年（1627年）三月，盧象昇因政績顯著升戶部山西司員外郎，官秩從五品，仍管臨清倉。盧象昇此間督理倉務的表現，「最稱上意」。「故增秩守大名」。[45]甚至盧象昇的親人也被朝廷封賞，「覃恩封父崑石公承德郎戶部主事，封母李氏、贈妻汪氏皆安人」[46]。

此間，盧象昇再次表現出為官剛直不阿的道德風範。天啟末年，魏閹集團權勢如日中天，諸多臣僚出於政治利益的考量，紛紛為魏忠賢建造「生祠」。天啟六年（1626年）閏六月，浙江巡撫潘汝楨上疏，請求為魏忠賢建立生祠。此後一年多時間，全國為魏忠賢造生祠達四十處，可謂勞民傷財。[47]時任山東巡撫的李精白，也積極為魏忠賢修建生祠，並邀請盧象昇署名參與，卻遭到拒絕：「非關吏所敢知也。」[48]在魏閹權勢熏天的天啟年間，盧象昇仍保持著獨立自清的政治節操，這真是難能可貴的。

作為戶部官員，盧象昇督理臨清糧倉，政績卓然。他自守清廉，抑制貪腐，惠恤饑民。所以，盧象昇不僅贏得了民間「清官」之美譽，還獲得了朝

44　〔清〕陳鼎：《東林列傳》卷5，〈盧象昇傳〉，揚州：廣陵書社，2007年，第94頁。
45　〔清〕盧安節編，〔清〕任啟運校定：《明大司馬盧公年譜》，清光緒元年重刻本，北京圖書館編：《北京圖書館藏珍本年譜叢刊》第62冊，北京：北京圖書館出版社，1999年，第294頁。
46　〔清〕盧安節編，〔清〕任啟運校定：《明大司馬盧公年譜》，清光緒元年重刻本，北京圖書館編：《北京圖書館藏珍本年譜叢刊》第62冊，北京：北京圖書館出版社，1999年，第293—294頁。
47　樊樹志：《大明王朝的最後十七年》，北京：中華書局，2007年，第13—14頁。
48　〔清〕盧安節編，〔清〕任啟運校定：《明大司馬盧公年譜》，清光緒元年重刻本，北京圖書館編：《北京圖書館藏珍本年譜叢刊》第62冊，北京：北京圖書館出版社，1999年，第294頁。

廷的認可。

第三節　知府大名

　　從天啟七年（1627年）到崇禎三年（1630年）大約三年期間，盧象昇任大名知府，他勤於清理冤獄、加強治安，政績卓異。

　　天啟七年（1627年）三月，盧象昇因政績顯著，奉旨「管大名府事」[49]。六月，盧象昇與繼任官員交接完畢，即刻赴任大名知府。八月，再奉旨加山東按察司副使銜，官居正四品。《明熹宗實錄》對這次加銜及原因有載：「加直隸大名府知府盧象昇山東按察司副使職銜，照舊管事。以其管臨清倉三年，積羨數千，清逋三萬一千有奇，業經敘錄三次，奉旨加秩，以示風勵也。」[50] 足見朝廷對盧象昇理政才能的認可。

　　大名府因歷史積弊太多，多奸吏冤獄，這對盧象昇自然是個不小的挑戰。象昇初到大名，「值軍興徵發如雨」，同時積壓的獄訟案牘堆滿府衙，民困難舒。盧象昇表現出果斷幹練的為政之風，將積壓的獄訟集中處理，重審疑案冤獄，「公晝治公事，夜讞疑獄。期月之間刑清政簡，吏民親愛」[51]，「恤冤獄十七事，全活甚眾」[52]。同年，由於盧象昇為政清廉，家人再次被朝廷

49　〔清〕盧安節編，〔清〕任啟運校定：《明大司馬盧公年譜》，清光緒元年重刻本，北京圖書館編：《北京圖書館藏珍本年譜叢刊》第62冊，北京：北京圖書館出版社，1999年，第294頁。

50　《明熹宗實錄》卷87，天啟七年八月乙未，臺北：中央研究院歷史語言研究所校印本，第4198頁。

51　〔清〕盧安節編，〔清〕任啟運校定：《明大司馬盧公年譜》，清光緒元年重刻本，北京圖書館編：《北京圖書館藏珍本年譜叢刊》第62冊，北京：北京圖書館出版社，1999年，第294頁。

52　〔清〕盧安節編，〔清〕任啟運校定：《明大司馬盧公年譜》，清光緒元年重刻本，北京圖書館編：《北京圖書館藏珍本年譜叢刊》第62冊，北京：北京圖書館出版社，1999年，第296頁。

第三節　知府大名

封賞,「覃恩累封崑石公中憲大夫、山東按察司副使,封母、妻及贈元配皆恭人」。[53]

大名府在唐、五代和兩宋時期是北方重鎮,所處之地為平原地帶,水陸交通便利;位於今河北、河南與山東之間,西南為當時著名的大都市開封府,軍事地位十分重要。然而宋以後,由於漳河泥沙淤積導致河水不斷泛濫,造成明初的大名府遷往舊址以西八里之外,規模也大為縮小。元世祖開通山東境內的會通河後,大名的漕運地位迅速降低,而位於其南的臨清,因地處運河沿岸則一躍而成為新的商業都市。[54] 所以在明代,其經濟地位已經大為下降,反而成為貧窮多盜之地。

天啟末至崇禎初,社會政治非常腐敗,民生經濟十分凋敝。遼東邊患不斷,廣大人民承擔著各種賦稅和無止境的加派,以至於生活貧困無助甚至顛沛流離。全國性的自然災害導致了大饑荒的發生,這更加深了人民的苦難。無以為生的廣大底層群眾,終於揭竿起義,而這些源於貧民的義軍,也會危害地方治安。

盧象昇初仕大名府,就擒拿了當地義軍首領馬翩翩。大名府為畿輔重地,臨近山東、山西和河南三省,歷來為屏衛京師的軍事要塞。崇禎初年,便不時有小股義軍輾轉至此,「初,遼事急,饑民所在為寇,而開滑壞接晉豫,群盜分布窟匿,聚則焚劫,散則竄伏,官兵不能討」[55]。其中,「時巨盜馬翩翩以大家子為群盜淵藪,稱九省通家,部眾攫人道上,人莫敢仰視」[56]。

53　〔清〕盧安節編,〔清〕任啟運校定:《明大司馬盧公年譜》,清光緒元年重刻本,北京圖書館編:《北京圖書館藏珍本年譜叢刊》第 62 冊,北京:北京圖書館出版社,1999 年,第 295 頁。
54　孫堯奎:《試論大名府的興衰》,《青海社會科學》,2000 年第 4 期。
55　〔清〕盧安節編,〔清〕任啟運校定:《明大司馬盧公年譜》,清光緒元年重刻本,北京圖書館編:《北京圖書館藏珍本年譜叢刊》第 62 冊,北京:北京圖書館出版社,1999 年,第 295 頁。
56　〔清〕陳鼎:《東林列傳》卷 5,〈盧象昇傳〉,揚州:廣陵書社,2007 年,第 94 頁。

第二章　盧象昇的生平（上）

馬翩翩在當地有著廣泛的群眾基礎，他登高一呼，各地饑民皆雲集響應。盧象昇剛赴任大名半年，便利用諜報人員深入義軍中，智擒首領馬翩翩。對此，《明大司馬盧公年譜》稱：「自是畿南搹息，枹鼓希鳴。」[57]

崇禎二年（1629年）十月，皇太極親率大軍繞開袁崇煥精心布置的寧錦防線，取道遼西，經過蒙古的哈喇慎部，迅速突破喜峰口以西的長城關口，相繼攻陷遵化、遷安等地，直逼北京城。崇禎皇帝猝不及防，即刻傳詔天下，令各地兵馬火速入京勤王。由於崇禎二年為農曆己巳年，史稱這次後金入侵事件為「己巳之變」。十一月中旬，後金大軍逼近京城外圍，並於先一步到達的袁崇煥所部明軍進行了一場激戰。與此同時，各地勤王兵也陸續趕來。經過幾天激戰，皇太極認為即刻滅明很不現實，便大肆飽掠一番，隨即引兵東撤。後金鐵騎千里躍進，明軍竟然毫無還手之力，這暴露了明朝北部邊防還很脆弱，明軍的指揮和作戰能力也比較孱弱。這次「己巳之變」，至少還產生了兩個直接結果：一是，崇禎帝中了皇太極的反間計，處死了薊遼督師袁崇煥；二是，身為大名知府的盧象昇，展現出他的治軍才能。

盧象昇此時聞知後金入侵，便立即招募勇士入京勤王。至於勤王兵的人數，史籍記載有些出入。《明大司馬盧公年譜》稱：「八月京師戒嚴，公募壯士應詔勤王，民裹糧而從者三千人。」[58] 然《明史》卻稱「募萬人入衛」。[59] 其實，即使從大名臨時徵募數千鄉勇入京，也並非易事。這只鄉勇部隊入京時，後金部隊已經撤離北返，因此並沒有發生戰事。所以，對於此次入衛，

57　〔清〕盧安節編，〔清〕任啟運校定：《明大司馬盧公年譜》，清光緒元年重刻本，北京圖書館編：《北京圖書館藏珍本年譜叢刊》第62冊，北京：北京圖書館出版社，1999年，第295—296頁。

58　〔清〕盧安節編，〔清〕任啟運校定：《明大司馬盧公年譜》，清光緒元年重刻本，北京圖書館編：《北京圖書館藏珍本年譜叢刊》第62冊，北京：北京圖書館出版社，1999年，第296頁。

59　〔清〕張廷玉等：《明史》卷261，列傳第149，〈盧象昇傳〉，北京：中華書局，1974年，第6759頁。

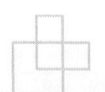

所有史籍記載都語焉不詳。後金大肆入侵，邊防潰敗，明廷急需忠君報國之人。盧象昇以文官身分統兵，兼之忠勇雙全，正是明廷所需要的人才。因而，回到大名府不久，盧象昇即升遷為兵備。從此，盧象昇才真正踏上戎馬倥傯的軍旅生涯。

總之，盧象昇以按察副使之銜知府大名，政績是顯著的。他平冤獄、定叛亂，安撫一方百姓；還為朝廷籌遼餉，並「以遼餉功進一級」[60]。此外，他還招募鄉勇，入京勤王。他不久即升遷為大名兵備，掌管畿南三郡之軍政事務。

第四節　兵備畿南三郡

從崇禎三年（1630年）至崇禎七年三月，歷時四年時間，盧象昇擔任大名兵備道。明代大名（今河北大名）、廣平（今河北永年）、順德（今河北邢臺）三郡，當時位於京畿地區的南部，並稱「畿南三郡」，它們緊鄰山東、山西、河南三省，是京師的南大門。盧象昇任大名兵備期間，加強武備，保境安民，從而使畿南三郡秩序井然。

兵備兼管衛所和府縣，負責軍事、司法、治安等方面。盧象昇任大名兵備後，由於正值明末義軍攻掠三郡一帶，所以，他的主要任務就是鎮撫義軍。

為了保境安民，盧象昇組建了「天雄軍」。盧象昇有較強的軍事才幹，史載：「生而白皙，臞似不勝衣，而膊獨骨，負殊力」[61]；「雖文士，善射，

60　〔清〕盧安節編，〔清〕任啟運校定：《明大司馬盧公年譜》，清光緒元年重刻本，北京圖書館編：《北京圖書館藏珍本年譜叢刊》第62冊，北京：北京圖書館出版社，1999年，第296頁。

61　〔清〕陳鼎：《東林列傳》卷5，〈盧象昇傳〉，揚州：廣陵書社，2007年，第93頁。

第二章　盧象昇的生平（上）

嫺將略，能治軍」[62]。他認為：要獲得戰功，必須有一隻忠勇的作戰部隊。被委以整飭大名、廣平、順德三府兵備之重任的盧象昇，選拔鄉勇，勤於訓練，終於組建了一支驍勇的地方民兵部隊，號稱「天雄軍」[63]。之所以稱為天雄軍，是因為大名府舊稱「天雄」，據《明季北略》介紹：「大名府屬北直，唐曰天雄，宋曰大名。」[64]

關於這支「天雄軍」，筆者始終未查到創建的詳細記載。後世不少文章和書籍對該「天雄軍」稱頌有加，過讚其戰鬥力；甚至把崇禎二年入衛京師的「募萬人」當成了「天雄軍」。筆者以為，盧象昇在畿南及周邊征討義軍，應該就是依靠的這支武裝；其戰鬥力如何，囿於文獻史料的缺乏，卻無從得知。但據《盧象昇疏牘》裡所述，此支軍隊應該屬於地方民兵系列，因長期跟隨盧象昇征戰，地位類似於大名兵備之標兵，「臣昔備兵大名，尚有馬步快壯千二百人」[65]。另外，崇禎二年入衛京師的「募萬人」，應並非「天雄軍」，因為盧象昇率募兵入京勤王，是他在大名就任知府之時；而「天雄軍」則為盧象昇兵備大名之時招募組成。

崇禎六年（1634年）正月，雲集於山西的義軍，跨越太行山脈，一部東犯畿南地區。明末義軍多興起於西北大地，尤其集中於多災荒的陝西中北部，如王嘉胤、王自用、高迎祥、李自成、張獻忠等部。然而隨著社會危機的加深，各地民變如燎原烽火，迅速遍及西北各省。但義軍起初勢力較弱，且往往各自為戰，極易被官兵各個擊破。各股義軍只好避實擊虛，進行流動

62　〔清〕張廷玉等：《明史》卷261，列傳第149，〈盧象昇傳〉，北京：中華書局，1974年，第6759頁。

63　〔清〕張廷玉等：《明史》卷261，列傳第149，〈盧象昇傳〉，北京：中華書局，1974年，第6759頁。

64　〔清〕計六奇，魏得良、任道斌點校：《明季北略》卷11，〈盧象昇戰功〉，北京：中華書局，1984年，第170頁。

65　〔明〕盧象昇：《盧象昇疏牘》卷1，〈請設主兵疏〉，杭州：浙江古籍出版社，1985年，第8頁。

第四節　兵備畿南三郡

作戰,各地難以為生的饑民也相繼加入。據不完全統計,當時史籍所提及的各股義軍領袖人物竟幾近三百人。[66]他們為了躲避官府對其家人的迫害,往往隱姓埋名,使用諢名或綽號。起初,僅僅在秦、晉、豫一帶的義軍首領,就有數十位。《明季北略》羅列了一些義軍首領名號:「賊首之有名號者,在秦則稱紫金梁(王和尚)、滿天星、蠍子塊、老回回、一字王(劉小山)、邢管隊、領兵王、整齊王、闖塌王(劉姓)、過天星(張五)、南營八大王、八爪龍(徐姓)、西營八大王(張獻忠)、二隊八大王、不沾泥、混世王、曹操、亂世王、八隊闖將(張姓)、張飛、九條龍、五條龍、賀雙全、高總管等二十四家。晉、豫則稱英王、王鎮虎、朱溫、趙令軍、曹操、過天星、吳計、郝光、混天星、荊聯子、過江王、混世王、大膽王、征西王、福壽王、齊天王、密靈王、閻和尚、上天龍、出獵雁、黑心虎、搜山虎、新一字王、北營八大王、混天王、上天王、領兵王、閻王、老邢、四隊、六隊、八隊、闖塌天、順義王等三十二營。各擁眾數萬,少者萬計,蹂躪直省無虛日。時李自成方依闖王高氏,與劉良佐自結一隊,號闖將,名不大著。」[67]

崇禎三年(1630年)春,陝西的義軍遭到官府的鎮壓,便陸續向東渡河進入山西,當地饑軍也紛紛參加。陝西三邊總督楊鶴對義軍的招撫政策失敗後,明廷又急調洪承疇等主「剿」派官員加強了對義軍的鎮壓。山西的義軍只好繼續東向越過太行山,向畿南一帶活動。崇禎六年(1633年)年初,義軍出現在真定(今河北正定)和順德(今河北邢臺)兩府,明廷震驚。據《綏寇紀略》載,給事中孟國祚上疏:「畿南咽喉重地,順德為大平原,千里直走京師,非有河山為之蔽也。」為了保護京師安全,明廷立即抽調通州兵和昌平兵各兩千人,會同保定總兵梁甫所屬八千人和部分山西兵馬,配合大名兵

66　洪煥椿:《明末農民戰爭史略論》,南京:江蘇人民出版社,1962年,第29—31頁。
67　〔清〕計六奇撰,魏得良、任道斌點校:《明季北略》卷9,〈賊首名號〉,北京:中華書局,1984年,第143頁。

第二章　盧象昇的生平（上）

備道盧象昇對流入畿南的義軍進行圍殲。[68]

　　崇禎六年（1633年）正月始，盧象昇會同他部明軍，圍攻進入畿南一帶的義軍主力，並在臨城（今河北邢臺、正定之間）西山一帶大獲全勝。史載：「別賊復闌入西山，大略順德、真定間，大名道盧象昇力戰卻賊。」[69] 義軍無奈，「別入大名南，民皆守堡，賊無所得」[70]。可見，義軍在盧象昇的轄區內是很被動的。他們準備南下攻打滑縣（今河南北部），卻被盧象昇偵知，盧象昇便在中途榛莽中埋伏重兵，「賊至猝發，大破之」[71]。三月，盧象昇馳援臨洺關（今屬河北永年，邯鄲北），在摩天嶺再次大敗義軍，義軍遂潰散而逃。盧象昇接著視察飽受戰亂之苦的鄉民，軍民皆為之感奮。四月，義軍困頓無路，屯集於順德之小西天山中，盧象昇駐軍內丘西的東皇寺，與前來應援的游擊董維坤合圍義軍，取得大捷。義軍又敗走臨城（今隸屬於邢臺市）西山，受到盧象昇和董維坤南北夾擊。盧象昇先設伏於石城（順德臨城西南）南，同時親率三百名精兵追擊。此役中，盧象昇身先士卒，奮勇殺敵。他追至一危崖前，義軍恃高射箭拋石，他的部下紛紛落馬倒斃，本人額頭也中箭。據載，發箭射中盧象昇者，乃此股義軍之首「蠍子塊」，「蠍子塊善射，發三矢，一矢落象昇貂領，一矢殪中軍，一矢從象昇眉間過。鏃眉有血痕，賊駭曰：盧公似有三眼，真神人也。（賊）不敢逼。」[72] 然而，盧象昇毫不退卻，棄馬

68　顧誠：《明末農民戰爭史》，北京：光明日報出版社，2012年，第63—64頁。

69　〔清〕張廷玉等：《明史》卷309，列傳第197，〈流賊傳〉，北京：中華書局，1974年，第7951頁。

70　〔清〕盧安節編，〔清〕任啟運校定：《明大司馬盧公年譜》，清光緒元年重刻本，北京圖書館編：《北京圖書館藏珍本年譜叢刊》第62冊，北京：北京圖書館出版社，1999年，第298頁。

71　〔清〕盧安節編，〔清〕任啟運校定：《明大司馬盧公年譜》，清光緒元年重刻本，北京圖書館編：《北京圖書館藏珍本年譜叢刊》第62冊，北京：北京圖書館出版社，1999年，第298—299頁。

72　〔清〕陳鼎：《東林列傳》卷5，〈盧象昇傳〉，揚州：廣陵書社，2007年，第94頁。

第四節　兵備畿南三郡

步戰,與敵兵短兵搏鬥。隨軍皆與敵軍奮勇力戰。《明史》也有載:「象昇提刀,戰益疾。賊駭走,相戒曰:盧廉使遇即死,不可犯。」[73] 從此,義軍聞盧象昇之名,皆驚駭失色,並給他取了諢號「盧閻王」。之後,義軍在石城南又遭盧象昇伏擊,大敗。次日,盧象昇又擊潰敵軍於青龍岡。他的得力助手、游擊董維坤卻在冷水村(順德臨城西)遭到義軍的圍困,重傷陣亡,盧象昇心情悲愴,並作詩文哭祭之。同年秋,義軍進犯沙河(今隸屬於邢臺市)之丹井及順德以西,盧象昇率軍騎馳而往,再獲全勝。不久,義軍屯駐武安(今隸屬於邯鄲市)。武安並非盧象昇的轄區,但盧象昇仍「移師連戰,前後斬其豪十一人及其支黨甚眾,收回男女二萬人」[74]。盧象昇在西山及周圍接連大捷,使軍心振奮。盧象昇傾力攻掠義軍,結果,「三郡之民,安堵者數歲」[75]。義軍只好渡黃河南下,進入中原,《明史》稱「賊懼,南渡河」[76]。對於盧象昇畿南平叛的表現,清初武進人邵長蘅有簡短而確切的評價:「公深沉有大略,即之溫溫儒者。顧獨精悍,便騎射,性能勞苦。蹋陣雄呼,萬騎辟易,雖古名將無以過。賊讋公威名。」[77]

從此,盧象昇擅長軍事的名聲迅速傳開,「象昇以是有能兵名」。[78]

---

73 〔清〕張廷玉等:《明史》卷261,列傳第149,〈盧象昇傳〉,北京:中華書局,1974年,第6760頁。

74 〔清〕盧安節編,〔清〕任啟運校定:《明大司馬盧公年譜》,清光緒元年重刻本,北京圖書館編:《北京圖書館藏珍本年譜叢刊》第62冊,北京:北京圖書館出版社,1999年,第300頁。

75 〔清〕張廷玉等:《明史》卷261,列傳第149,〈盧象昇傳〉,北京:中華書局,1974年,第6759頁。

76 〔清〕張廷玉等:《明史》卷261,列傳第149,〈盧象昇傳〉,北京:中華書局,1974年,第6760頁。

77 〔清〕邵長蘅:《明大司馬盧忠烈公傳》,〔清〕徐景曾纂修:《順德府志》卷16,〈藝文下〉,乾隆十五年刻本。

78 〔清〕張廷玉等:《明史》卷261,列傳第149,〈盧象昇傳〉,北京:中華書局,1974年,第6760頁。

第二章　盧象昇的生平（上）

　　盧象昇於亂世中重武備倡文治，堅持以民為本。據載，盧象昇曾追殺義軍至廣平，百姓聞知，便紛紛湧向廣平郡城避難。守官懼怕義軍混入百姓進城，閉關不納，結果，「民數萬悲號動野」。盧象昇急忙趕到，與守官交涉，才放入避難百姓。盧象昇對守官說：「民為國本，何得閉戶棄之？寇來，我為爾扞。」[79]結果，盧象昇「徹夜巡行城外，不下馬解帶。明晨賊遁，廣民以安」[80]。盧象昇臨危不亂，既保護了百姓，又親自巡城禦敵，消除了廣平守官的顧慮。

　　盧象昇深受當地百姓愛戴，以至於崇禎七年（1634年）盧象昇離任時，出現了畿南三郡萬人慟哭相送的感人場面，「七年甲戌，……畿南三郡士民相向慟哭。謀伏闕上書留公，而公已單車就道，數萬人遮道啼呼，騎不得前。公慰諭良久，士民伏地，哭不能起，公為之動容，眾乃具肩輿請公坐乘。群牽挽之，左右執香爐，送至五百里外，臨河乃返」[81]。明末清初的孫承澤，在《四朝人物考》中也論及畿南百姓對盧象昇的崇敬情形：「公兩官畿南，惠施三郡。生之日，家設一壇，歲時瞻禮；死，合謀叩閽，除地為祠，歲時伏臘奉祀，不分少長男女皆為流涕，甚有痛其亡發狂疾死者。」[82]以上記載或許有誇張之處，但也足以說明盧象昇於大名兵備任上，頗得民心。

79　〔清〕陳鼎：《東林列傳》卷5，〈盧象昇傳〉，揚州：廣陵書社，2007年，第94頁。
80　〔清〕陳鼎：《東林列傳》卷5，〈盧象昇傳〉，揚州：廣陵書社，2007年，第94—95頁。
81　〔清〕盧安節編，〔清〕任啟運校定：《明大司馬盧公年譜》，清光緒元年重刻本，北京圖書館編：《北京圖書館藏珍本年譜叢刊》第62冊，北京：北京圖書館出版社，1999年，第300—301頁。
82　〔清〕盧安節編，〔清〕任啟運校定：《明大司馬盧公年譜》，清光緒元年重刻本，北京圖書館編：《北京圖書館藏珍本年譜叢刊》第62冊，北京：北京圖書館出版社，1999年，第301頁。

第五節　撫治鄖陽

崇禎七年（1634年）四月，盧象昇赴任鄖陽巡撫，直到崇禎八年（1635年）六月調任湖廣巡撫，歷時一年多。此間，盧象昇負責安定鄖疆，平定義軍，受到明廷的肯定。

一、鄖陽撫治的設置

鄖陽，多山林而交通閉塞，成為周邊流民謀生之地。據《明史紀事本末》載，鄖陽位於「荊、襄之上游」，古稱「麇國」，「春秋時為楚附庸」。此處歷來多叛亂，「元至正間，流賊作亂，終元世，竟不能制」。明初，鄧愈率大軍趕走當地屯民，「禁流民不得入」，以防民變。然而，該地「界湖廣、河南、陝西三省間，又多曠土。山谷陀塞，林箐蒙密中有草木，可採掘食」。可見，此地資源豐富，可以謀生。正統年間，「歲饑，民徙入不可禁」。各地流民常屯聚此處叛亂，錦衣千戶楊英便奏請及時遣散流民，但沒得到明廷批准。[83] 明成化元年（1465年），荊（荊州）、襄（襄陽）流民首領劉千斤和石龍、劉長子、苗龍等聚眾起兵，他們以鄖陽山區為據點，四處攻掠。不久，提督湖廣軍務白圭率兵平定了這次起義。接著，荊、襄另支流民首領李鬍子也起兵，很快也被官兵鎮壓。成化十二年（1476年）二月，「命都御史原傑經略鄖陽，撫定流民」。[84] 在官員文會、原傑等人的奏請下，明廷決定對荊、襄、鄖（鄖陽）一帶實行有效的管轄。成化十二年（1476年）十一月，「開設湖廣鄖陽府，即其地設湖廣行都司、衛、所及縣」，當地流民「其願留者九萬六千餘戶，許各自占曠土，官為計丁力限給之，令開墾為永樂，以供賦役，置郡縣統之」。經過湖廣、陝西、河南三省交界地方重劃區界，確定鄖陽府「以統

83　〔清〕谷應泰：《明史紀事本末》卷38，北京：中華書局，1977年，第561頁。
84　〔清〕谷應泰：《明史紀事本末》卷38，北京：中華書局，1977年，第566頁。

第二章　盧象昇的生平（上）

鄖（鄖陽）、房（房縣）、竹山、竹溪、鄖西、上津六縣」。[85] 明廷命吳遠為首任鄖陽知府，吳道宏代替原傑為第二任鄖陽撫治。

鄖陽撫治以撫綏荊襄流民為要，其地位與各省巡撫相當。對此，明中期的陸容，在概述督撫之設時有云：「內署銜不同者……鄖陽等處曰撫治，蓋主流民也。」[86] 明末清初的文秉也說：「奉憲、孝二宗敕旨：撫旨管轄地，三省巡撫不得干預。」[87] 然而，鄖陽撫治的轄區前後略有調整，其具體範圍在撫治赴任之時的敕書裡往往都有明確說明。一般來講，鄖陽撫治所轄範圍，包含湖廣、陝西和河南三省各一部分，甚至有時還包括四川夔州一部。因此，鄖陽撫治所轄之地，更像是依地理形勢而粗略劃定的軍事轄區。

我們僅以成化十二年和萬曆十八年兩個時期鄖陽撫治轄區的區域作比較，它們共有的轄區有：鄖陽府、襄陽府、荊州府、漢中府、西安府和南陽府，但鄖陽撫治初設時的轄區更廣，還包括安陸府和夔州府。

二、平定轄區內義軍

崇禎七年（1634年）三月，盧象昇因畿南政績卓異，升遷為鄖陽撫治，其職銜全稱為「欽差提督軍務兼撫治鄖陽等處地方都察院右僉都御史」[88]。

接旨後，盧象昇迅速料理交接事務，於二十六日兼程赴任，單騎經南陽府葉縣，於四月十五日抵達襄陽府。盧象昇被調往鄖陽重鎮，執掌此地軍政要務，有兩個重要的原因。其一，盧象昇在畿南三郡的卓越政績引起了朝廷的注意。他「靖寇」、綏民皆有成效，這使得由山西流入畿南的義軍無法立

85　〔清〕谷應泰：《明史紀事本末》卷38，北京：中華書局，1977年，第567—568頁。
86　〔明〕陸容：《菽園雜記》卷9，北京：中華書局，1985年，第107頁。
87　〔明〕文秉：《烈皇小識》（外一種），《明代野史叢書》，北京：北京古籍出版社，2002年，第92頁。
88　〔明〕盧象昇：《盧象昇疏牘》卷1，〈到任謝恩書〉，杭州：浙江古籍出版社，1985年，第1頁。

第五節　撫治鄖陽

足，只好渡黃河南下。義軍從此開始活躍於河南北部、西部，甚至一部肆虐於陝西、四川和湖廣交界。

其二，各路義軍隊伍的迅猛發展，也迫使明廷及時揀選幹練大員前往平定。崇禎六年（1633年），明廷派重兵鎮壓了山西境內各股義軍之後，又調集各路重兵雲集晉、豫和畿輔三地之交，圍堵流入山西境內的義軍。山西各股義軍曾一致推舉「紫金梁」王自用為首，統一行動。然而，同年五月王自用死去，義軍又各自為戰，時分時合，亦有幾股義軍輾轉於畿南和豫北一帶。總的來說，義軍此時受到官軍的嚴厲鎮壓。不少義軍以詐降為手段，暗中聯合進行策略轉移。同年十二月二十四日，大部義軍利用黃河冰封之際，分三路大舉渡河，進入豫西澠池縣。此時，河南境內接連四年大旱，到處出現嚴重饑荒，而地方官卻催征不止，致使中原一帶出現大饑荒，貧民為了生存，紛紛加入義軍隊伍。崇禎時詩人姜垓，有不少描寫民生疾苦的詩篇，「避亂饑饉填城野，餘生僅免誰知者」[89]，道出了人民所遭受的戰亂饑荒之苦。從此，義軍的勢力蔓延到中原地區。河南境內的義軍，一路部眾十萬在首領「掃地王」、「滿天星」等率領下，西進陝西，南下四川。另一路由首領高迎祥、李自成、馬守應、張獻忠等率領，進入豫西的盧氏山區，許多當地貧窮的礦工爭先加入義軍，並引導義軍經內鄉、鄧州、淅水南下，攻入湖廣的鄖陽、襄陽地區。崇禎六年底至七年正月，該路義軍接連攻陷鄖西、上津、房縣、保康諸縣，「直走空虛無人之地」。義軍的這次軍事行動，震動了明廷。當時撫治鄖陽的官員正是盧象昇的同鄉、宜興人蔣允儀，他只有標兵五百名，兵寡餉乏，「束手無策，上書請死而已」。[90]

如前文所述，鄖陽山區位於楚、蜀、豫、陝四省交界，榛莽叢生，人煙稀少，交通閉塞。盧象昇也曾多次提及鄖陽之窮，「鄖屬地方古稱天獄，蓋甚

89　〔明〕姜垓：《流覽堂詩稿殘編》卷1，〈丹陽雪中逢黃正色〉，高洪鈞編：《明清遺書五種》，北京：北京圖書館出版社，2006年，第4頁。
90　顧誠：《明末農民戰爭史》，北京：光明日報出版社，2012年，第64—70頁。

第二章 盧象昇的生平（上）

言其淒涼困苦險阻艱難也。況遭寇患，情景愈益不堪」。[91]然而，鄖陽後有大片叢林可退守，前有漢江水道可通往江漢流域，在戰亂時期則為兵家必爭之地，所以極易遭受戰火的破壞。

崇禎時期，義軍主力多次進入鄖陽山區，與官軍周旋作戰。鄖陽撫治，要在朝廷臨時委派的軍政要員（如陳奇瑜、熊文燦、楊嗣昌等）的統籌下，協同湖廣巡撫和總兵官，聯合進行軍事行動。[92]盧象昇這次撫治鄖陽的轄區範圍，如其所言「照得督屬鄖、襄、荊、南、漢五郡，及興、商二州，襟帶萬山，控扼三省」[93]，《明大司馬盧公年譜》也稱：「鄖無專轄，以湖廣之鄖陽、荊州、襄陽，河南之南陽，陝西之漢中及商雒二州屬焉。」[94]明廷命盧象昇撫治鄖陽，望其能配合新任「五省總督」陳奇瑜，鎮壓輾轉於此的各地義軍。

陳奇瑜，從崇禎五年（1632年）至七年（1634年）任延綏巡撫，因征剿義軍有功，為明廷重用。崇禎七年（1634年），由於民變蜂起，各省、鎮官員各自為戰，明廷急需一位有名望的大員，統一各地官員征「剿」之權。據《明史》載：「廷議諸鎮、撫事權不一，宜設大臣統之，多推薦洪承疇。以承疇方督三邊，不可易，乃擢奇瑜兵部右侍郎兼右僉都御史，總督陝西、山西、河南、湖廣、四川軍務，專辦流賊。」[95]當時，專事「剿」殺義軍的陝西

---

91 〔明〕盧象昇：《盧象昇疏牘》卷2，〈募軍開屯疏〉，杭州：浙江古籍出版社，1985年，第23頁。

92 徐永安：《鄖陽撫治歷史階段的劃分》，《三峽大學學報》（人文社會科學版），2013年第2期。

93 〔明〕盧象昇：《盧象昇疏牘》卷3，〈鄖寇初平十議〉，杭州：浙江古籍出版社，1985年，第39頁。

94 〔清〕盧安節編，〔清〕任啟運校定：《明大司馬盧公年譜》，清光緒元年重刻本，北京圖書館編：《北京圖書館藏珍本年譜叢刊》第62冊，北京：北京圖書館出版社，1999年，第301頁。

95 〔清〕張廷玉等：《明史》卷260，列傳第148，〈陳奇瑜傳〉，北京：中華書局，

第五節　撫治鄖陽

巡撫練國事、河南巡撫玄默（即元默）、湖廣巡撫唐暉和鄖陽撫治盧象昇皆受其節制。後來，陳奇瑜所納降之陝南義軍復叛，他便委罪於練國事等人，自己亦終遭彈劾而獲罪。

五省總督，專為統一各省鎮壓義軍之事權而設，陳奇瑜為首任五省總督。明代總督之初設則為正統年間事，「正統六年正月，以兵部尚書王驥總督軍務」[96]。最遲至明憲宗時期，總督即有節制巡撫之趨勢。如《明憲宗實錄》載：「敕左都御史王越專居固原，總督諸路軍馬。……左都御史王越通達有奇，可提督軍務兼理錢糧，仍乞假以便宜之權，使陝西、甘、寧、延綏等處總兵、巡撫等官悉聽節制。」[97]

明代巡撫的權力，正如盧象昇所言：「在各省撫臣，以兵馬錢糧為職掌，以居重馭輕為事權，以臂指相承為調度。」[98] 可見，明末撫臣的職權，重在軍政和財政方面。盧象昇撫治鄖陽，亦應相仿。加強地方軍事防禦，配合他部官兵甚至主動出擊鎮壓義軍，就成了他此時最重要的任務。

盧象昇初到鄖陽，便與義軍遭遇，雙方進行了一系列的激戰。崇禎七年（1634 年）五月，大肆劫掠鄖陽之後進入四川的一部義軍，遭到官軍堵截後又折回湖廣，並屯駐於房縣、竹山一帶（一說黃龍灘）。這應該為張獻忠、李自成兩部匯合後的一股義軍。新任總督五省軍務的陳奇瑜，檄調各路官軍於陝州（今河南陝縣）南下鄖陽地區鎮壓義軍。盧象昇配合總督陳奇瑜，分道進山林夾擊義軍，「時諸路兵集，而鄖屬無餉，且自鄖至竹皆巉岩絕磴，轉運甚艱。公百計籌畫供億無缺，而所將士卒連戰皆捷，斬馘五千六百有奇，

1974 年，第 6730 頁。
96　〔清〕龍文彬：《明會要》卷 34，〈職官六·總督總制〉，北京：中華書局，1956 年，第 596 頁。
97　《明憲宗實錄》卷 124，成化十年春正月癸卯，臺北：中央研究院歷史語言研究所校印本，第 2375 頁。
98　〔明〕盧象昇：《盧象昇疏牘》卷 1，〈投閣部揭〉，杭州：浙江古籍出版社，1985 年，第 15 頁。

第二章　盧象昇的生平（上）

賊遂竄漢中」[99]。《明史》也記載這次大會戰的碩果：「自烏林關、巴家溝、石泉壩、康寧坪、獅子山、太平河、竹木砭、箐口諸處，連戰皆捷，斬馘五千六百有奇，漢南寇幾盡。」[100] 之後，盧象昇趕至上津，繼續搜捕逃亡至津、鄖一帶的義軍。他此時作有〈梅歸山〉絕句一首：「披星介馬身雖頓，拂水捎雲意自閒。曆落層崖最幽處，支公不用買山錢。」[101] 盧象昇進攻義軍，儘管「披星介馬層崖最幽處」，但還是充滿了「拂水捎雲」般的樂觀和自信。

遭到陳奇瑜和盧象昇夾擊而大敗的張獻忠等部義軍，又西進陝西南部，卻誤入漢中棧道地區的高山險峻之地，此時陰雨天連綿七十餘日，出口又被官軍堵死。崇禎七年（1634 年）六月，義軍決定接受招撫。這次招撫由崇禎帝批准、兵部尚書張鳳翼贊同並由陳奇瑜全權負責。然而，義軍受降是一種策略，走出困境的張獻忠等部繼續聯絡各部義軍，迅即又發動了叛亂，從陝南四處攻伐，「始縱橫不可制矣」。[102] 陳奇瑜因此被參劾下獄，受到輔臣溫體仁庇佑而謫戍邊地，《明史》稱其「詔除名，錦衣衛逮訊，九年六月謫戍

99　〔清〕盧安節編，〔清〕任啟運校定：《明大司馬盧公年譜》，清光緒元年重刻本，北京圖書館編：《北京圖書館藏珍本年譜叢刊》第 62 冊，北京：北京圖書館出版社，1999 年，第 304 頁。

100　〔清〕張廷玉等：《明史》卷 261，列傳第 149，〈盧象昇傳〉，北京：中華書局，1974 年，第 6760 頁。引文所述之地名，筆者未能逐一查到其歸屬情況，但可以大體判斷：皆位於秦楚之交的漢南地區，相距不甚遠；其中，烏林關屬於今日之平利縣，其餘位於今旬陽縣以北。

101　〔明〕盧象昇：《忠肅集》卷 1，《文淵閣四庫全書》影印本，集部 6，第 1296 冊，臺北：商務印書館，1983 年，第 595 頁。

102　顧誠：《明末農民戰爭史》，北京：光明日報出版社，2012 年，第 71—72 頁。關於此次義軍被圍困之事，顧誠認為，被圍困之義軍，有張獻忠、蠍子塊和張妙手部，有無李自成和高迎祥部還有待證實；被圍困之地，在漢中地區無疑，但車箱峽一地實無法考證。參見顧誠：《明末農民戰爭史》，北京：光明日報出版社，2012 年，第 73—75 頁。

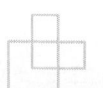

第五節　撫治鄖陽

邊」[103];《明通鑒》亦稱「奇瑜罪當死,以體仁庇之,未幾,僅謫戍邊」[104]。

同年(1634年)十月,據塘報奏稱,義軍攻打陝南商雒等處。盧象昇僅有標兵五百人,加新募毛兵六百人共一千一百人,便派標下中軍都司李玉華,裏餉督兵一千人馳援商雒;之後又派鎮篸營副將楊正芳從上津入洛南馳援。商雒戰役歷時一月,雖取得諸多勝利,甚至斬殺一義軍頭目「飛天虎」,但盧象昇的愛將楊正芳及麾下領兵指揮張上選也戰死沙場。盧象昇悲痛不已,上疏為表其敘功並表達了惋惜愧疚之情。十二月,「賊二十萬犯鄖陽」,盧象昇所部僅有數百人,但他堅守城堡以待敵。義軍迫近城池時,遭遇到官軍事先埋伏的火雷。結果,「殲其精銳無算,賊乃繞西北角盡力攻之」。盧象昇沉著冷靜,決計以奇制勝。待到夜深時刻,他僅率手下數百人馬,全巢出動襲擊義軍大營,並令城中老弱百姓吶喊助威,「老弱乘城呼聲震山谷」,城外的義軍也不知城中人馬多寡,「賊驚駭,棄輜重走」。義軍渡江北逃,為預先布置於江中的鐵蒺藜所阻,進退兩難,又遭沿途鄉勇的襲擊和盧象昇所率鄖兵追殺,「賊大恐,三日夜走宛葉」。盧象昇進駐南陽以防義軍再次侵擾,不久又回到鄖陽,「正月,公自南陽還」。[105]然而,盧象昇離開南陽之後,義軍再次捲土重來,他們繞過盧象昇的防區,從豫西南一帶經河南汝寧府(治所為汝陽,即今汝南縣)東入安徽,攻克潁州。義軍一路勢如破竹,不久即攻破中都鳳陽,使明廷大為震驚。[106]為此,崇禎帝驚悚不已,「下詔罪己,減

---

103 〔清〕張廷玉等:《明史》卷260,列傳第148,〈陳奇瑜傳〉北京:中華書局,1974年,第6732頁。
104 〔清〕夏燮撰,王日根、李一平、李珽、李秉乾等校點:《明通鑒》,卷84,長沙:岳麓書社,1999年,第2320頁。
105 〔清〕盧安節編,〔清〕任啟運校定:《明大司馬盧公年譜》,清光緒元年重刻本,北京圖書館編:《北京圖書館藏珍本年譜叢刊》第62冊,北京:北京出版社,1999年,第307頁。
106 中都鳳陽乃朱明王朝的「龍興」之地,明初即定為中都,明太祖朱元璋之父母即安葬於此。朱元璋稱帝后在家鄉鳳陽大興土木,高規格為父母重修陵墓,還按照京師標

第二章　盧象昇的生平（上）

膳撤樂。隨命逮鳳陽巡撫楊一鵬、巡按吳振纓下之獄」[107]。

總之，由於受到良好的家庭和學校教育，盧象昇自青少年時期就樹立起宏大志向。中進士後，他逐步進入仕途，為官清廉奉公，政績斐然；平定地方叛亂，屢受明廷嘉獎。尤其在大名和鄖陽任上，他積累了豐富的政治軍事經驗，為以後為官奠定了堅實的基礎。

準修建了諸多宮殿，可謂富麗堂皇。同時，還在此處設置中都留守司，常駐重兵守陵。另外設置了鳳陽巡撫和鎮守太監，足見明代統治者對鳳陽皇陵的重視。農民軍在遭受明官軍鎮壓後，共議攻打鳳陽城，也是為了振奮軍心，破壞「龍脈」，從心理上打擊明統治者。事實上，農民軍攻克鳳陽，掘毀皇陵，焚燒皇陵享殿和龍興寺，給明廷極大震動，崇禎帝也異常驚悚，下「罪己詔」，並逮捕責任人。關於這次參與攻掠鳳陽皇陵的起義軍所屬，晁中辰認為是高迎祥、李自成和張獻忠部為主。參見晁中辰：《李自成大傳》，濟南：山東人民出版社，2000年，第61—66頁。

[107] 〔明〕文秉：《烈皇小識》（外一種），《明代野史叢書》，北京：北京古籍出版社，2002年，第111頁。

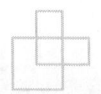

第三章　盧象昇的生平（下）

本章專述盧象昇後期為官之事。從崇禎八年（1635年）六月盧象昇奉旨巡撫湖廣，到崇禎十一年（1638年）十二月戰歿於鉅鹿賈莊，歷時三年半時間。此間，盧象昇又先後任五省總理和宣大總督，甚至加銜兵部尚書，他由一名專治一府一省的官員旋即升遷為兼管數省軍政大權的朝廷重臣，進入了他宦海生涯中的巔峰時期。崇禎十一年（1638年）秋，清兵再度破關而入，盧象昇奉命總督天下援兵入衛，最終孤軍奮戰，殉命疆場。

第一節　由巡撫湖廣到總理五省

崇禎八年（1635年）六月，盧象昇奉旨巡撫湖廣，三個月後又遷為五省總理，之後約三個月，身兼楚撫和五省總理兩職。該年底，他才辭去楚撫一職而專任五省總理之職。直到崇禎九年（1636年）九月下旬，他又奉旨總督宣大、山西軍務。盧象昇在楚撫和五省總理任上，歷時一年多的時間。此間，盧象昇仍致力於鎮壓義軍，一度使義軍遭受重創。

崇禎八年（1435年），「五月，天子以公守鄖功，進右副都御使，巡撫湖廣，駐兵襄樊，以防秦寇」。此處所記五月，筆者以為應為六月。[1]盧象昇

1　〔清〕盧安節編，〔清〕任啟運校定：《明大司馬盧公年譜》，清光緒元年重刻本，北京圖書館編：《北京圖書館藏珍本年譜叢刊》第62冊，北京：北京圖書館出版社，1999年，第308頁。關於盧象昇任湖廣巡撫的時間，該引文稱為五月，張廷玉的《明史・盧象昇傳》亦如此記載，筆者以為欠妥。《盧象昇疏牘》卷4〈到任謝恩疏〉提及下旨巡撫湖廣的時間為六月：「崇禎八年六月十四日，準吏部咨，為缺官事，該本部等衙門會推，奉旨：是，盧象昇遷都察院右副都御史，巡撫湖廣等處地方，兼提督軍務，寫敕與他，欽此。」盧象昇本人的疏牘應該比後人編寫的年譜和傳記更具有可信度，所以本文採用六月之說。

第三章　盧象昇的生平（下）

由鄖撫遷任楚撫乃至五省總理，正是義軍攻掠陝西和河南態勢猛烈之時，同月，「賊連勝秦兵，分部出關，官吏望風逃奔，郡縣皆沒，遂長驅入中州，三楚震動」。[2] 義軍還進一步危到楚地的安全。盧象昇因為在鄖地禦敵有功，再次被明廷揀選，責以鎮壓義軍更重的事權。

一、明代「總理」稱謂

崇禎八年（1635年）九月，盧象昇奉旨就任「五省總理」。「總理」之職，多出現於近代以後。咸豐十一年（1861年），清政府於《北京條約》簽訂後，專設涉外機構「總理衙門」，其長官為總理各國事務衙門王大臣。[3] 這大概是近代中國有「總理」之稱的開始。晚清新政時，清末責任內閣的首領也稱總理大臣；1905年，孫中山先生在日本東京創建中國同盟會，被推為總理（同盟會首領）。民國時期，北洋政府國務院的首領稱國務總理。其實，在古代亦有「總理」之謂。盧象昇之前即有「總理河道」之職。張豔芳認為，此職在於管理京杭運河的河道和漕運，她指出，「明代的總理河道，又稱總督河道、總管河道大臣、總河、督河等，專門負責運河事務的管理，是中央設立的管理運河的最高官職，對明代的運河發展及漕運暢通起著舉足輕重的作用」。[4] 王樟則認為，「總理河道」之職除了管理河道和漕運，還兼有治軍、治民、治吏的職責。總理河道從成化年間的首設到正德年間成為常設職官，經歷了一個曲折的發展過程，由臨時性的差遣逐步走向制度化。[5] 筆者查考《崇禎實錄》，

2　〔清〕盧安節編，〔清〕任啟運校定：《明大司馬盧公年譜》，清光緒元年重刻本，北京圖書館編：《北京圖書館藏珍本年譜叢刊》第62冊，北京：北京圖書館出版社，1999年，第308頁。

3　吉正芬：《晚清外交體制研究（1861—1901年）—總理衙門與外交大臣》，四川大學2006年碩士論文。

4　張豔芳：《明代總理河道考》，《齊魯學刊》，2008年第3期。

5　王樟：《試論明代總河的產生》，《中國水利》，2007年第4期。又見王樟：《明代總河研究》，湘潭大學2008年碩士論文。

第一節　由巡撫湖廣到總理五省

也屢屢發現「總理」一詞，但多數指總理河道之職。總兵官馬世龍和滿桂等武將雖多次冠以「總理」之名，但也僅僅表示「總領理率」之意。與盧象昇同期的孫傳庭，曾被任命陝西三邊總督，在《崇禎實錄》中，有時冠以「總督」，亦有時冠以「總理」，所以，孫傳庭的總理之稱不算是新職名。

而盧象昇新任之職「總理」，不同於以前之「總理河道」，屬於明廷臨時性的差遣官職，專為總數省之軍權以鎮壓義軍而設。盧象昇是第一位五省總理。對此，清修《明史》有載：「總理南直隸、河南、山東、湖廣、四川軍務一員。崇禎八年設，以盧象昇為之，與總督或分或並。」[6]明末清初人張岱亦有載：「本朝無總理官，有之自盧忠烈始。」[7]連盧象昇本人也說：「唯是總理之設，首自臣始。」然而，新設之五省總理，並無衙門和人員編制，「當日苦無一兵一馬，並衙門官吏人役」[8]。自崇禎八年九月初設五省總理，到崇禎十二年八月楊嗣昌以大學士督師湖廣，之間曾有三任五省總理：盧象昇、王家禎和熊文燦。之後五省總理即被廢止。筆者以為，明廷新設五省總理之職，有三個突出特徵：臨時差遣，不常設；為鎮壓蔓延於中原一帶義軍而設；總攬數省軍權，避免各地征「剿」事權不統。可見，明廷設置「五省總理」的軍事意圖是非常顯明的。

二、督「剿」中原義軍

崇禎八年（1635年）上半年，洪承疇在關中「圍剿」義軍，屢戰屢敗，義軍的力量重新發展起來。八月，數十萬義軍由陝西轉入河南，標誌著洪承

6　〔清〕張廷玉等：《明史》卷73，志第49，〈職官二〉，北京：中華書局，1974年，第1775頁。

7　〔清〕張岱：《石匱書、石匱書後集》卷15，〈盧象昇列傳〉，《續修四庫全書》影印本第320冊，上海：上海古籍出版社，2001年，第522頁。

8　〔明〕盧象昇：《盧象昇疏牘》卷6，〈恭報理標兵馬疏〉，杭州：浙江古籍出版社，1985年，第114頁。

第三章　盧象昇的生平（下）

疇關中消滅義軍的計劃徹底破產。而從此，河南一帶，也開始成為各股義軍縱橫馳騁的戰場。至此，義軍便擁有兩個活動中心，即關中陝西和中原河南一帶。鎮壓義軍的明軍主力在關中，而河南恰好是明軍軍事力量薄弱地帶。崇禎帝有鑒於此，決定加強中原地區的征「剿」力度。於是，明廷決定，委派幹練重臣盧象昇統領中原諸省官兵，與掌控西北官兵的督臣洪承疇，「分工協作」，合力征討各地義軍。[9]

崇禎八年（1635年）九月初九日，盧象昇接到五省總理的委任旨，「盧象昇著以巡撫職銜，加總理直隸、河南、山東、川、湖等處軍務，統領各兵」[10]。但是該旨卻是在八月份下達的，「八月，……命巡撫盧象昇總理直隸、河南、山東、四川、湖廣等處軍務」[11]。從此，鎮壓義軍的兩位明廷重臣，密切配合，調動關內各路軍馬，專門征討，「洪承疇督剿西北，盧象昇督剿東南。如賊入秦，盧象昇督兵進關合圍掃蕩」[12]。盧象昇就任五省總理後，轄區和權力擴大了許多，這便於他整合五省官軍，施展其平叛大計。

（一）入豫征討

盧象昇總理五省一整年，為朝廷攻打義軍立下戰功。盧象昇是在崇禎八年（1635年）十月初八日才正式赴總理之任的。赴任以前，正逢河南的洛陽、汝州遭受義軍進攻，盧象昇便率大軍背道入豫征討義軍，「以關寧總兵祖大樂、援剿總兵祖寬、東協副總兵李重鎮隸戲下，督兵入豫」[13]。十一月，聞

9　段超：《明代韜略》，武漢：（長江出版傳媒）崇文書局，2018年，第250—251頁。

10　〔明〕盧象昇：《盧象昇疏牘》卷4，〈辭總理五省軍務疏〉，杭州：浙江古籍出版社，1985年，第72頁。

11　《崇禎實錄》卷8，崇禎八年八月己亥，《明實錄》附錄2，臺北：中央研究院歷史語言研究所校印本，第260頁。

12　〔明〕盧象昇：《盧象昇疏牘》卷4，〈辭總理五省軍務疏〉，杭州：浙江古籍出版社，1985年，第72頁。

13　〔清〕盧安節編，〔清〕任啟運校定：《明大司馬盧公年譜》，清光緒元年重刻本，北京圖書館編：《北京圖書館藏珍本年譜叢刊》第62冊，北京：北京圖書館出版社，

第一節　由巡撫湖廣到總理五省

知南陽一股義軍欲襲擊楚地皇陵，盧象昇不敢怠慢，又緊急返回擊潰義軍。而此時，「豫賊南營八大王招引西來大賊高迎祥、李自成等所稱闖王、闖將、闖塌天、順天王、掃地王、一字王者共十三營，大者二三萬，小者六七千，屯據汝城西南」。盧象昇只好又折回汝州，督率部兵五千，「命副將李重鎮、雷時聲、周元汝等合營進剿」。[14] 激戰一夜，勝負未決，盧象昇遣都司朱文進、陳其美等，「齎乾糒分賚將士」，結果官軍士氣大振，「眾聞咸憤踴」。盧象昇的官軍終於大敗義軍，斬敵首數百級，生擒義軍頭目「自來虎、湧虎、公山虎、張新兒」等，奪得大砲二門，繳獲戰利品無數。致使「賊奔魯山（今河南汝陽東南部）東南」。十二月，高迎祥、李自成攻陷光州之南城，盧象昇追敵至信陽，又在確山（今河南汝南西南）取得大捷，「總理盧象昇次信陽，遣副將祖寬破賊高迎祥、李自成，大敗之於確山，斬五百六十四級」。[15] 此時的五省總理盧象昇，與五省總督洪承疇，分別負責鎮壓義軍於東南和西北，互相配合。史籍對盧象昇有如此評論：「而公尤精白任事，撫循將士，能得其死力，故所向有功，及連破巨寇，威震海內，天子於是益知公可屬大事。」因而，同年底，盧象昇「進兵部右侍郎加督山陝，賜尚方劍，便宜行事」，[16] 成了「七省總理」。此時的盧象昇，集全國七省軍權於一身，深受明廷和崇禎帝的倚重。

由於「流寇」始終未能平定，崇禎帝憂鬱不已，便「齋居武英殿，素服

1999 年，第 308 頁。

14　〔清〕盧安節編，〔清〕任啟運校定：《明大司馬盧公年譜》，清光緒元年重刻本，北京圖書館編：《北京圖書館藏珍本年譜叢刊》第 62 冊，北京：北京圖書館出版社，1999 年，第 310 頁。

15　〔清〕夏燮撰，王日根、李一平、李斑、李秉乾等校點：《明通鑒》卷 84，長沙：岳麓書社，1999 年，第 2339 頁。

16　〔清〕盧安節編，〔清〕任啟運校定：《明大司馬盧公年譜》，清光緒元年重刻本，北京圖書館編：《北京圖書館藏珍本年譜叢刊》第 62 冊，北京：北京圖書館出版社，1999 年，第 311—312 頁。

第三章 盧象昇的生平（下）

減膳撤樂」。崇禎九年（1636年）正月元旦，盧象昇與諸臣上表稱：「臣等暴師，經年不能摧殄凶醜，貽君父宵旰憂，罪萬死。請大駕還宮，御常服，嘗法膳。」結果，「上優詔答焉」。[17]

（二）滁州大捷

不久，義軍諸部紛紛聯手，合力進犯中原地區。從崇禎九年（1636年）的正月到七月，在長達半年的時間內，闖王高迎祥為首的義軍勁旅，從圍困長江北岸的廬州（今安徽安慶）始，接連征戰於江北、南直之廣大區域，攻打位於今魯蘇皖豫四省交界的諸多城池，轉戰於廣闊的河南省內，最後又隱退於楚豫陝三省之間的鄖陽一帶大山中。各地官軍也分路圍攻，前堵後追，雖有不小的勝利，但也元氣大傷。廣大人民飽受兵燹之災，無以為生，繼續加入義軍隊伍，這無疑又加強了義軍的軍事實力。

關於這次轉戰江淮地區的義軍首領和人數，許多傳記語焉不詳或相互牴牾，據參與鎮壓義軍的盧象昇所奏：「除闖將、混天星等已經督臣剿撫並用，殲散奔逃。而闖王於去年十二月內，自秦中突汝洛，自汝洛奔江淮，其眾不下四五萬人。又有曹操、搖天動、滿天飛、南營八大王等附之，為數幾於十萬。」[18]「自秦中突汝洛，自汝洛奔江淮」的義軍中，主要是「闖王」高迎祥部。[19] 另外，「曹操」羅汝才和「八大王」張獻忠、「闖塌天」劉國能等部眾也

17　〔清〕陳鼎：《東林列傳》卷5，〈盧象昇傳〉，揚州：廣陵書社，2007年，第97頁。
18　〔明〕盧象昇：《盧象昇疏牘》卷5，〈剿蕩愆期聽候處分並陳賊勢兵情疏〉，杭州：浙江古籍出版社，1985年，第108頁。
19　然而，之後的不少史籍，甚至現代流行的部分教材卻認為，「自秦中突汝洛，自汝洛奔江淮」的義軍隊伍就是李自成部。之所以造成這種錯誤認識，可能與研究者對一手史料的掌握不夠全面有關，或可能誤把「闖王」當成「闖將」。高迎祥被捕殺之前，「闖王」還是他的專有稱號，李自成此時號為「闖將」，李自成稱「闖王」則是高迎祥死後的事情。對此，《明季北略》亦有載：「時李自成方依闖王高氏，與劉良佐自結一隊，號闖將，名不大著。」（計六奇撰，魏得良、任道斌點校：《明季北略》卷9，〈賊首名號〉，北京：中華書局，1984年，第143頁）盧象昇是這次鎮壓農民義軍的

第一節　由巡撫湖廣到總理五省

依附於「闖王」部，卻都不包括「闖將」李自成所部。此時的李自成一部，已被「督臣」（西北總督洪承疇）「殲散奔逃」。

崇禎九年（1636年）正月，「丁未朔，總理盧象昇大會諸將於鳳陽」[20]，部署「圍剿」中原義軍的方略。高迎祥諸部義軍圍困廬州，繼而攻陷含山、和州（今安徽和縣），並圍困滁州城，並直接威脅到陪都南京和南京、鳳陽等處皇陵的安危。盧象昇自然不敢怠慢，決定與義軍進行決戰。《明通鑒》有載：「而總理盧象昇在西沙河，聞警，遣副將祖寬將邊軍為前鋒，游擊羅岱以火器三營為後勁，躬率麾下三百騎居中督戰。」[21] 關於滁州會戰的戰況，許多史籍記載頗詳，雖然內容互有牴牾，但可以肯定的是，戰況十分慘烈。據《明史》載，滁州大會戰第一大戰即是城東五里橋之戰，「象昇率總兵祖寬、游擊羅岱救滁州，大戰城東五里橋，斬賊首搖天動，奪其駿馬。賊連營俱潰，逐北五十里，朱龍橋至關山，積屍填溝委塹，滁水為不流」[22]。明末義軍經常數股甚至數十股合夥作戰，至少「搖天動」一支義軍也參與了這場會戰。高迎祥的精銳部隊遭受官軍重創，明人文秉稱「五里橋之戰，祖寬殺賊近萬人」[23]。由《明史》所載「朱龍橋至關山，積屍填溝委塹，滁水為不流」來看，在朱龍橋（屬於滁州，在今安徽省滁縣西北五十里）一帶亦應有戰事發生。另據《東林列傳》載，盧象昇聞警，「命祖寬、羅岱等分兩翼殺賊，

　　主要指揮者，他的這份奏議寫於事發時的崇禎九年五月，所以，其真實性應是毋庸置疑的。
20　〔清〕夏燮撰，王日根、李一平、李琺、李秉乾等校點：《明通鑒》卷85，長沙：岳麓書社，1999年，第2342頁。
21　〔清〕夏燮撰，王日根、李一平、李琺、李秉乾等校點：《明通鑒》卷85，長沙：岳麓書社，1999年，第2343頁。
22　〔清〕張廷玉等：《明史》卷261，列傳第149，〈盧象昇傳〉，北京：中華書局，1974年，第6761頁。
23　〔明〕文秉：《烈皇小識》（外一種），《明代野史叢書》，北京：北京古籍出版社，2002年，第138—139頁。

第三章　盧象昇的生平（下）

追敗之於朱龍橋，橫屍枕藉，水為填咽不流。象昇復躬援枹鼓，大呼直前搏賊。賊披靡，再斬首六百七十餘級，奪獲騾馬無算。」[24] 可見，在五里橋和朱龍橋一帶，均曾發生過慘烈的戰鬥。滁州會戰，官軍取得大捷，這與盧象昇親臨戰場、鼓勵士氣不無關係。

先前在大名時，盧象昇曾因殺敵手段之狠博得了「盧閻王」之名，我們也可以從此次戰役中窺見一斑。滁州大戰之後，義軍殘部向北、向西突圍，盧象昇乘勝追擊，義軍一路損兵折將，「乃北趨鳳陽，圍壽州，突潁、霍、蕭、碭、靈璧、虹，窺曹、單。總兵劉澤清拒河，乃掠考城、儀封（今河南蘭考東）而西。其犯亳者，折入歸德。永寧總兵官祖大樂邀擊之，賊乃北向開封。陳永福敗之朱仙鎮，賊遂走登封，與他賊合，分趨裕州、南陽。象昇合寬、大樂、岱兵大破之七頂山（屬南陽府，今南陽市方城縣境內）。」[25] 盧象昇便令部將祖大樂和祖寬陳兵汝寧和鄧州，自己殿後追擊，希望徹底剿滅這股義軍。盧象昇此時還遣使告知湖廣巡撫王夢尹、鄖陽撫治宋祖舜說：「賊疲矣，東西邀擊，前阻漢江，可一戰殲也。」[26] 然而，這兩位官員疏於防範，致使義軍殘部再次由光化（今湖北老河口）渡漢水逃入鄖陽山區。盧象昇深知，義軍一旦入山，則無異於縱虎歸山，必將貽害無窮。他的策略目標很清楚：殺敵務盡，不留後患。此時楚、豫兩省的義軍及高迎祥主力部隊都隱藏於秦楚豫三省間的叢山中，盧象昇積極部署，令總兵秦翼明、副將雷時聲由南漳、谷城剋期入山征討。秦、雷兩人在山道裡抄敵人後路襲擊時，遭到敵軍的激烈反撲，雷時聲戰死。此時，官兵欲進山征討也遇到了許多現實問題：義軍藏匿於萬山叢林中，難覓蹤跡；官兵有不少騎兵，不善於山地游擊戰；

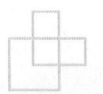

24　〔清〕陳鼎：《東林列傳》卷 5，〈盧象昇傳〉，揚州：廣陵書社，2007 年，第 98 頁。
25　〔清〕張廷玉等：《明史》卷 261，列傳第 149，〈盧象昇傳〉，北京：中華書局，1974 年，第 6761 頁。
26　〔清〕張廷玉等：《明史》卷 261，列傳第 149，〈盧象昇傳〉，北京：中華書局，1974 年，第 6761 頁。

天氣轉暖,「山氣薰蒸,(官兵)多染疾疫」[27];官軍長期逗留,徒靡糧餉,甚至有嘩變可能。盧象昇也深知「楚賊阻山石木,難以制勝」,[28] 決定部署部分將士於鄖陽、襄陽一帶,以扼制義軍反撲,自己統領「關寧勁卒」[29] 入河南繼續征戰。

(三) 征討高迎祥部

滁州會戰後,官兵在戰事上處於較為主動的位置。但此時河南出現大饑荒,民變蜂擁而起,官兵糧餉也十分貧乏。洪承疇和盧象昇商議軍情大計,認為豫、楚一帶的義軍主力皆已逃往鄖陽一帶叢林中,暫時無法根除;秦地義軍又來勢洶洶,在關中平原一帶有剝膚之患,而關中地勢平曠,利於盧象昇的關寧軍隊縱橫徵剿。所以他們決計合兵西向,專討秦地義軍。盧象昇便督祖寬、李重鎮揮師西進入關,配合洪承疇的秦軍鎮壓義軍。在洪承疇、盧象昇密切配合下,官軍取得一系列大捷,其中值得一提的就是俘獲義軍勁旅首領、闖王高迎祥。

在明末大小數百股義軍中,高迎祥部應該說是最為強悍的。他率軍長期在西北、中原和江淮一帶作戰,部眾作戰彪悍異常,許多股義軍都曾與之協同作戰,屢屢打亂官軍的圍攻部署,他也被稱為「闖王」。明代兵科給事

---

27 〔清〕盧安節編,〔清〕任啟運校定:《明大司馬盧公年譜》,清光緒元年重刻本,北京圖書館編:《北京圖書館藏珍本年譜叢刊》第 62 冊,北京:北京圖書館出版社,1999 年,第 315 頁。

28 〔清〕盧安節編,〔清〕任啟運校定:《明大司馬盧公年譜》,清光緒元年重刻本,北京圖書館編:《北京圖書館藏珍本年譜叢刊》第 62 冊,北京:北京圖書館出版社,1999 年,第 315 頁。

29 關寧勁卒:「關」是指山海關,「寧」指寧遠,山海關、寧遠、錦州等遼土是明軍防禦後金的屏障,關寧勁旅是明廷在遼東地區組建的一支戰鬥力頗強的部隊,其建制為步、騎兼有,以騎兵為主,因而有人也籠統地稱之為「關寧騎兵」。它是明末最精銳的部隊之一,堪與後金騎兵正面交鋒。明廷曾令祖寬、李重鎮督率數千關寧軍隊入內地鎮壓義軍,並一度充任盧象昇的五省總理標兵,盧象昇稱之為「關寧勁卒」。

第三章　盧象昇的生平（下）

中常自裕和五省總理盧象昇，在奏議中都稱高迎祥部為義軍諸部中最強者，「至各股大寇，唯闖王、闖將、闖塌天最強」[30]。崇禎九年初，高迎祥部曾在江淮地區被盧象昇部擊潰。最後，高迎祥餘部逃回豫西南，並會合闖塌天、蠍子塊所部義軍轉入秦南漢中、興安（今陝西安康）一帶，伺機襲擊官兵。洪承疇把征討的目標也鎖定了高迎祥部。崇禎九年（1636年）七月中旬，高迎祥部出師盩屋（今陝西周至縣）黑水峪，屯駐仙遊寺。洪承疇和陝西巡撫孫傳庭率大軍尾隨而來，雙方展開激戰。此時，盧象昇所部配合洪、孫所部官軍，負責防備於豫西一帶，截斷了高迎祥等部出潼關進入中原的去路。[31] 結果。高迎祥部遭到孫傳庭部的襲擊，加之官兵對義軍進行誘降瓦解，致使高迎祥為部下出賣而被捕。高迎祥被捕，對明末各地義軍都是一個沉重的打擊。之後，許多義軍首領紛紛受撫變節，甚至包括當時著名的義軍首領張妙手和「蠍子塊」等。

關於闖王高迎祥被俘殺的問題，還有另一說法。據《明大司馬盧公奏議十卷》附傳和《明末忠烈紀實》所載，闖王高迎祥為盧象昇標下驍將祖寬所殺，盧象昇從朝廷「圍剿」義軍大局考慮，決定將殺高迎祥之功讓於西北總督洪承疇。這兩書所載，內容極其相似，而前者所載尤詳。文中記載，崇禎九年（1636年）夏，盧象昇入秦地，會同洪承疇共商「圍剿」大計。盧象昇行軍至潼關時，偵知被圍困的高迎祥部正在野外覓食，於是派出部將祖寬，襲殺了高迎祥。此時，洪承疇正被朝廷嚴旨切責，「時承疇三被詔責，奪五階，罪且不測」[32]。倘若洪承疇被朝廷逮捕，就會破壞好不容易形成的洪承疇於西北、盧象昇於東南聯合「圍剿」義軍的良好局面。於是，盧象昇請祖

30　〔明〕盧象昇：《盧象昇疏牘》卷5,〈剿蕩愆期聽候處分並陳賊勢兵情疏〉，杭州：浙江古籍出版社，1985年，第108頁。

31　顧誠：《明末農民戰爭史》，北京：光明日報出版社，2012年，第91—92頁。

32　〔明〕盧象昇：《明大司馬盧公奏議十卷》，《四庫未收書輯刊》第2輯第25冊，清道光九年刻本，北京：北京出版社，2000年，第262頁。

第一節　由巡撫湖廣到總理五省

寬讓功於洪承疇，以贖洪承疇之罪。起初，祖寬不樂意，盧象昇於是曉之以理：「麾下稱宿將，何憂尺寸？今讓之，獲全朝廷右臂，免天子西顧憂，他日必有忠義之報。」[33] 盧象昇還向祖寬下拜，直到祖寬應諾，「公（盧象昇）下拜，寬急掖公，公不起。寬曰：唯命。公乃起。」[34] 結果，洪承疇以殺高迎祥之功奏報，才得以復官職，並再獲朝廷恩寵。這種說法，還散見於其他一些史籍中。[35] 然而，孫傳庭在《鑒勞錄》中，載有獻俘疏文，疏末還有詔旨回覆。[36] 所以，高迎祥應視為被孫傳庭所俘，而非為祖寬所殺，盧象昇懇請祖寬讓功於洪承疇之事，實屬子虛烏有。當代學者也普遍認為，孫傳庭不停地對高迎祥追擊設伏，瓦解義軍，才導致了高迎祥被俘犧牲。[37] 然而，孫傳庭能生擒闖王高迎祥，自然離不開盧象昇所部明軍的密切配合。

然而同年六、七月份，義軍又乘虛衝出山叢，攻破竹西、竹溪、鄖西諸縣，鄖陽、襄陽駐防的官兵竟無力抵禦。義軍甚至焚燬武當太和宮，襄陽城岌岌可危，楚撫王夢尹告急。盧象昇聞警，急速渡淅河而南，經南陽至襄陽

33　〔清〕徐秉義著，張金正校點：《明末忠烈紀實》卷10，杭州：浙江古籍出版社，1987年，第128頁
34　〔明〕盧象昇：《明大司馬盧公奏議十卷》，《四庫未收書輯刊》第2輯第25冊，清道光九年刻本，北京：北京出版社，2000年，第263頁。
35　記載盧象昇部將祖寬陣前殺死高迎祥的史籍還有：許德士的《荊溪盧司馬殉忠實錄》；康熙二十九年《信陽州志》卷5，〈王星璧傳〉；同治五年《鄖縣志》卷10所收錄的儲欣〈明盧忠烈公傳〉等。
36　《孫傳庭疏牘》有載：「（崇禎九年七月）二十七日，總督洪承疇會同臣題為撫臣標兵先戰挫賊，狡賊窮遁山中，臣等再督官兵肆圖力戰，仰仗天威，生擒大賊頭闖王，剿黨散協，恭報奇捷事。奉旨：已有旨了。……賊渠解京，著擇的當員役，沿途撥兵嚴防，毋致疏虞。該部知道。」參見〔明〕孫傳庭：《孫傳庭疏牘》附錄一，〈鑒勞錄〉，崇禎九年七月，杭州：浙江人民出版社，第154頁。
37　王天有和崇晁中辰等即持此觀點，參見王天有，高壽仙：《明史》，北京：中信出版集團，2017年，第475頁。又參見晁中辰：《李自成大傳》，濟南：山東人民出版社，2000年，第81—82頁。

第三章　盧象昇的生平（下）

追擊。義軍再次遁逃，返回鄖陽叢山中。直到九月，盧象昇依然在鄖陽、襄陽一帶追殺逃亡於楚地的義軍，「九月，追賊至鄖西」[38]。

崇禎九年（1636年）夏，官軍鎮壓義軍頗有成效，各股義軍的軍事活動隨著高迎祥的被捕瞬時沉寂下來。不僅陝西諸部義軍先後被鎮壓或者招撫，連豫、楚一帶各部義軍，也因盧象昇不懈的追殺而紛紛流亡於楚西北的深山之中，「凡臨潼、邠州、渭南、韓城、華州諸處，承疇隨地嚴兵阻賊，象昇又屢獲奇勝，（義軍）期旦暮可平」。[39]

然而，就在各路官兵相互配合，即將把各部義軍平定之時，遼東的清兵再次破關入侵，京師戒嚴。盧象昇只好奉命入京師勤王。從此，盧象昇離開了征討義軍的戰場，開始致力於防備清兵入侵的北疆邊防事務。盧象昇的調離，對陷入低谷的各地義軍自然是個特大喜訊。史籍對盧象昇離職造成的後果，多有評述，如《明史》載「既行，賊遂大逞，駸駸乎不可復制矣」[40]；《東林列傳》亦稱「自象昇歸朝，關兵回鎮，賊亦大舉入秦，中原不以殄賊為事矣」[41]。從此，各股義軍又東山再起，並漸次席捲整個中部、北部和西部中國，直到明朝滅亡。清代文人汪有典的評論更是直接：「公赴宣雲，賊復蔓延，秦、晉、豫、楚，在在糜爛。繼公者，為熊文燦，迎合中朝，一意主撫，盜玩弄若嬰兒傀儡，飼虎豢狼，咆哮突出，連衡並部，卒以亡明。悲哉！」[42] 汪有典不僅指出盧象昇調離導致義軍迅即蔓延的嚴重後果，還批評了繼任者實施招撫政策的荒謬，甚至導致了明朝的滅亡。明王朝覆滅的原因

38　〔清〕張廷玉等：《明史》卷261，列傳第149，〈盧象昇傳〉，北京：中華書局，1974年，第6762頁。

39　〔清〕陳鼎：《東林列傳》卷5，〈盧象昇傳〉，揚州：廣陵書社，2007年，第99頁。

40　〔清〕張廷玉等：《明史》卷261，列傳第149，〈盧象昇傳〉，北京：中華書局，1974年，第6762頁。

41　〔清〕陳鼎：《東林列傳》卷5，〈盧象昇傳〉，揚州：廣陵書社，2007年，第99頁。

42　〔清〕汪有典：《史外》卷4，〈盧忠烈傳〉，周駿富輯：《明代傳記叢刊》綜錄類31，臺北：明文書局，1991年，第458頁。

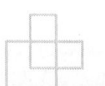

較為複雜（根本還在於明末政治的腐敗），不能單純歸為招撫政策，但該評論也足以說明盧象昇在征剿義軍中的重要作用。

第二節　總督宣大山西軍務

崇禎九年（1636年）十月，盧象昇正式赴任宣大山西總督。在兩年半的時間裡，盧象昇從鄖陽撫治到湖廣巡撫，再到五省總理，最後遷為宣大總督，職權漸次加重。宣大總督的職責重在防範蒙古和女真各部游騎的侵犯，當然在崇禎朝，隨著內患加重，有時也要分兵鎮壓義軍。

從崇禎九年（1636年）十月初北上赴任，到崇禎十一年（1638年）十月初入京勤王，盧象昇在總督任上恰好兩年。從此，他的主要對手，已由腹地的義軍轉換為北部邊外的各游牧民族，主要是蒙古各部和遼東的女真各部。而已經強大起來並與明廷為敵的清政權，更成為盧象昇防備的重點對象。他此間的職責就是加強北部邊疆的軍事防務，隨時防範來自遼東清兵的進攻。為此，他殫精竭慮，致力於為明王朝尋求江山永固的良策。盧象昇任職約兩年，所上奏議共127篇，平均不到六天就上疏一次，足見他有多麼勤政！奏議內容也包羅萬象，涉及邊鎮防務、兵營建設、民族關係、軍事策略和屯政建設等等，其中不乏真知灼見。盧象昇忠君愛國之情可見一斑。

宣大總督，全稱為「總督宣大、山西等處軍務兼理糧餉一員」[43]。對宣大總督從正統至隆慶年間的置設沿革情況，清修《明史》亦有所論述：「正統元年，始遣僉都御史巡撫宣大。景泰二年，宣府、大同各設巡撫，遣尚書石璞總理軍務。成化、弘治間，有警則遣。正德八年設總制。嘉靖初，兼轄偏、保。二十九年，去偏、保，定設總督宣大、山西等處銜。三十八年令防

43　〔明〕李東陽等撰，申時行等重修：《大明會典》卷128，〈鎮戍三‧督撫兵備〉，揚州：廣陵書社，2007年，第1828頁。

第三章　盧象昇的生平（下）

秋日駐宣府。四十三年，移駐懷來。隆慶四年，移駐陽和。」[44] 隆慶以後，宣大總督便轄宣府、大同、山西三撫（巡撫）三鎮（總兵）。三鎮歷來常遭受外族的侵擾，「山西故代北，大同古云中地，素稱難守。宣府於漢時為上谷，其地坦平，南逼陵京，尤為要害，頻年敵騎蹂躪，迄無寧日」[45]。明末邊患日益加劇，擔任宣大總督實在不是一個好差事。

崇禎九年（1636年）九月二十二日，盧象昇奉旨「仍以兵部左侍郎兼都察院右僉都御史，總督宣大山西等處地方軍務兼理糧餉」，替代前任總督梁廷棟，並賜尚方劍以便宜行事。同時，崇禎帝催他「星速到任料理，不得少延」。[46] 此時的盧象昇，正在中原一帶和洪承疇配合默契，忙於圍攻陷入低谷的義軍。崇禎帝如此急迫地調離盧象昇，與不久前的清兵再次大舉進攻有關。同年六月底，清兵由長城要塞喜峰口毀關而入，暴露了明朝北部邊防空虛的弱點。雖然清兵早於八月底即已退出山海關，但明廷仍認為，急需揀選一幹練大員即刻上任，負責宣大一帶防務，以阻止清軍再次破關而入。軍功卓著的盧象昇便成了最佳人選。

就盧象昇新晉宣大總督的職責與權限，敕書裡都有較為明確的界定。盧氏宗譜裡有收錄的朝廷下達的特敕原文：「今特命爾總督宣大山西等處地方軍務兼理糧餉，在於適中緊要地方駐紮，經略一應邊務。不時往來調度各鎮將，官兵相機戰守，務要聲勢聯絡，彼此應援。各該鎮封疆巡撫以下官員，悉聽節制；官軍臨陣不用命者，自都指揮而下，許以軍法從事。諸凡事情，

44　〔清〕張廷玉等：《明史》卷73，志第49，〈職官二〉，北京：中華書局，1974年，第1773—1774頁。

45　〔清〕盧安節編，〔清〕任啟運校定：《明大司馬盧公年譜》，清光緒元年重刻本，北京圖書館編：《北京圖書館藏珍本年譜叢刊》第62冊，北京：北京圖書館出版社，1999年，第317頁。

46　〔明〕盧象昇：《盧象昇疏牘》卷6，〈謝恩到任疏〉，杭州：浙江古籍出版社，1985年，第113頁。

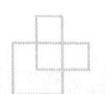

第二節　總督宣大山西軍務

有應與各鎮巡官計議者，從長計議而行。」[47] 可見，在諸多封疆大吏中，宣大總督一職，位高權重。但盧象昇對升任宣大總督之事，並非欣然接受。

關於盧象昇被揀任為宣大總督一事，清人汪有典以為，內閣首輔溫體仁忌恨盧象昇，故意將宣大總督這一苦差事留給他。汪有典所著《史外》有云：「是時，當國者溫體仁忌公功，以公南人，不習邊塞，改置重地，增其擔負，緩則背之，急則殺之，其本謀也。」[48] 然而，此論卻在其他較有影響的史籍中未見記載，我們也未發現有盧、溫結怨的史料。當然，以明末官場險惡之實情來看，盧象昇很可能受到了他人的排擠，雖然未必是溫體仁。就調任宣大總督一事，盧象昇確實深感不滿，他曾向好友傾訴官場之險惡：「後得宣雲，中外皆為某稱苦。曾幾何時，而忽有為不情之語者，此不足有無輕重，但世道人心至此，豈不太欹險哉。」[49]

一、屢閱邊口與整頓防務

盧象昇是一位質樸務實的將官。他接旨後，請求陛見皇上，獻計獻策。然而，崇禎帝卻沒有允許，仍催其即刻上任。盧象昇便於崇禎九年（1636年）十月初一日在居庸關恭設香案，行禮謝恩，以表忠心。之後十餘日，他開始巡防沿途的邊口，瞭解宣府各地的駐防實情，「徑從居庸歷岔道、懷隆、宣府各邊口，以便經營條奏」[50]。盧象昇行事低調，他摒棄了地方官迎接的慣例，獨自騎馬巡閱邊境，向當地老兵百姓調查邊口防務和民生疾苦，獲得了治邊的一手資料。關於盧象昇這次赴任宣大總督的情形，史載：「故事大督

47　《茗嶺盧氏宗譜》卷1，〈恩綸志〉，宣統年間報本堂重修。
48　〔清〕汪有典：《史外》卷4，〈盧忠烈傳〉，周駿富輯：《明代傳記叢刊》綜錄類31，臺北：明文書局，1991年，第457頁。
49　〔明〕盧象昇：《忠肅集》卷2，〈與少司成吳葵庵書八首〉，《文淵閣四庫全書》影印本，集部6，第1296冊，臺北：商務印書館，1983年，第617頁。
50　〔明〕盧象昇：《盧象昇疏牘》卷6，〈謝恩到任疏〉，杭州：浙江古籍出版社，1985年，第113頁。

第三章　盧象昇的生平（下）

行塞，分馬纛左右翼，傳呼飛斾蔽空，十里外行人屏匿，裨師以下親屬橐鞬伏謁道旁。公至，盡撤之。控騎行六百里，日呼堡上老兵詢人民疾苦，官吏賢否，及邊塞失事狀。老兵意公為偏裨也，狎公言甚悉，自是公得備知宣東情勢。」[51]盧象昇在他的奏議中，提及這次巡查的大小關口有四十餘處，列舉出的關口名字就有十九處之多。盧象昇總督宣大時的奏議，皆源於對客觀實際的調查分析，所以能較為真實的反映明末宣大邊鎮的現狀。

盧象昇回到治所，根據所調查的邊口情況，初步制定了邊鎮防務條例，公示於所屬將官，並許以三個月為期試行。同時以邊鎮條例規範部屬，並進行考核獎懲。崇禎十年（1637年）二月，盧象昇再次巡閱邊備，整飭防務。他罷免了疏於防務的將領，如副將張韜、守備王國棟、閆師周等，對於其他副將以下的邊將，視其功過分別獎懲有差。盧象昇為官帶兵，作風雷厲風行、獎罰嚴明，因此各所屬邊鎮將士爭相稱頌，軍容振肅。

盧象昇屢屢巡閱邊口，整頓各邊鎮的防務工作。如上文所述，盧象昇於赴任伊始，便大規模巡視各邊鎮。崇禎十年（1637年）五月中旬，盧象昇接到來自關寧、薊遼及宣大等多處塘報，稱在宣府以東數百里外薊鎮一帶，「有大營兵馬，煙塵屯聚」，「□（應為虜等字樣，因清初文網嚴密，原書即如此，下同）騎從老河沿西行，蹤跡有三四里寬，看係大舉之形，入犯薊宣之路」。[52]可以推測，清兵正伺機攻掠遼東邊疆。盧象昇駐守宣鎮，職在護衛東邊的京師和帝陵重地，自然不敢怠慢，隨即派部將「前營游擊朱尚義領兵一千二百五十員名，於初十日分駐永寧；後營游擊李昌齡領兵一千二百五十

51　〔清〕盧安節編，〔清〕任啟運校定：《明大司馬盧公年譜》，清光緒元年重刻本，北京圖書館編：《北京圖書館藏珍本年譜叢刊》第62冊，北京：北京圖書館出版社，1999年，第317—318頁。

52　〔明〕盧象昇：《盧象昇疏牘》卷8，〈塘報緊急□情疏〉，杭州：浙江古籍出版社，1985年，第207頁。

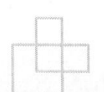

第二節　總督宣大山西軍務

員名,於初七日分駐懷來」[53]。他本人也於同月十一日,「自陽和東馳,十五日至懷來,十七日至柳溝,謹將南山主客戰守之兵親為閱視簡練,指授防援」[54],「抵宣東,安插標兵於懷來、永寧等處,仍偏歷柳溝、岔道、灰嶺口、張家口、大山口一帶」。[55] 這一次巡邊駐防,盧象昇率督各路兵馬嚴陣以待,以防清兵進攻。宣鎮以東直到南山一帶,實為京師和皇陵屏障,一旦有失,後果十分嚴重。這不僅關係到明王朝的安危,就連盧象昇等官員也會因護衛不利而被論罪。所以,盧象昇的總督衙門駐地和巡防重心卻一直在宣鎮及以東。就如盧象昇本人所言:「微臣一身既須兼顧三鎮,猶欲緊護南山。」[56]崇禎十年(1637年)六月,他又一次巡視邊鎮,重點仍在宣東一帶,「二十七日親督步騎標兵,激勵將士,從新平、新河、膳房、張家等口沿邊而東,力圖戰守」。[57] 從中我們也能體會到盧象昇致力捍衛京師重地的良苦用心。另外,清(後金)騎兵也有時由其他邊口內犯,如在盧象昇總督宣大以前,「崇禎七年,□由大同邊入,崇禎八年,□亦由大同邊入」[58]。當然,作為宣大山西三鎮總督的盧象昇,也要兼顧所有轄區邊口的防禦,「微臣一身,不敢不慮週三鎮,茲於(崇禎十年)八月十六日仍督節制中、左、右三營騎兵,自

53　〔明〕盧象昇:《盧象昇疏牘》卷8,〈標旅分防南山疏〉,杭州:浙江古籍出版社,1985年,第208頁。

54　〔明〕盧象昇:《盧象昇疏牘》卷8,〈標旅分防南山疏〉,杭州:浙江古籍出版社,1985年,第208頁。

55　〔明〕盧象昇:《盧象昇疏牘》卷8,〈南山修築墩臺疏〉,杭州:浙江古籍出版社,1985年,第208頁。

56　〔明〕盧象昇:《盧象昇疏牘》卷8,〈邊情疏〉,杭州:浙江古籍出版社,1985年,第216頁。

57　〔明〕盧象昇:《盧象昇疏牘》卷8,〈邊情疏〉,杭州:浙江古籍出版社,1985年,第216頁。

58　〔明〕盧象昇:《盧象昇疏牘》卷6,〈密陳邊計疏〉,杭州:浙江古籍出版社,1985年,第140頁。

第三章　盧象昇的生平（下）

東而西，沿邊巡飭，且以兼顧晉云」[59]。又如，盧象昇「十一月由大同巡山西各邊，奏成兵缺餉情形，奉旨譴責撫臣」[60]。

　　盧象昇為官一向寬和馭下，只要部屬能改過自新，他也多能包容。然而，對於屢教不改、嚴重違紀之部屬，他也毫不寬貸。《玩弁正法疏》裡便記載了盧象昇嚴懲部屬的一次經歷。崇禎十年（1637年）七月下旬，盧象昇騎馬巡視永寧路靖胡邊堡，此處系屏衛南山最緊要之處，他「介馬戎衣，馳至其地，查東河口守軍六十名，止二十七名在焉，怠玩異常，不勝痛恨。靖胡守備張燮、提邊把總費自強，百般支飾，詞窮而後伏辜」。費自強拒絕認錯，「全不以信地為事」。經查實，費自強向不以邊事為念，屢犯軍法，於是，盧象昇「將費自強斬首號示」，對其他犯法者也一併責罰，「守備張燮捆打一百棍，革任究擬，另招具奏。離信軍丁三十三名，亦各捆打一百，取軍令狀在案，再有違犯，盡行正法」。[61] 其實，盧象昇一生殺敵無數，卻很少處死部屬，「兩奉尚方，未嘗敢輕戮一人」。然而，他身處岩疆危時，若不嚴懲屢犯重罪之部下，就無法嚴明軍紀、整飭邊防。所以盧象昇以為，這是「戮一人以全千萬人」。[62]

　　盧象昇新任宣大總督時，宣大邊鎮邊防積廢，軍民窮不聊生，這些弊政都不是短期內就能改變的。其前任梁廷棟，任事半年來，「素諳邊情，自知無

59　〔明〕盧象昇：《盧象昇疏牘》卷9，〈申報現在軍情疏〉，杭州：浙江古籍出版社，1985年，第231—232頁。

60　〔清〕盧安節編，〔清〕任啟運校定：《明大司馬盧公年譜》，清光緒元年重刻本，北京圖書館編：《北京圖書館藏珍本年譜叢刊》第62冊，北京：北京圖書館出版社，1999年，第326頁。

61　〔明〕盧象昇：《盧象昇疏牘》卷9，〈玩弁正法疏〉，杭州：浙江古籍出版社，1985年，第226頁。

62　〔明〕盧象昇：《盧象昇疏牘》卷9，〈玩弁正法疏〉，杭州：浙江古籍出版社，1985年，第226頁。

第二節　總督宣大山西軍務

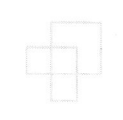

下手處，遂至驚憂吐血，病骨支離」[63]。可見，梁廷棟面對邊地危局竟「無從下手」。盧象昇對宣大邊防之難還是很清醒的，但他有一股拚勁，更有一顆忠君報國之心。所以，儘管在任上艱辛，盧象昇還是「事事實做，以報皇上簡任之隆恩」[64]。他總督宣大兩年，致力於三鎮各邊口的屯政、練兵和防務，邊鎮防務能力大有提高。而此時，有兩件意外的事變，卻徹底改變了盧象昇的心境和命運。這兩件事變是：盧象昇之父突然病逝，清兵再次進攻京師。

二、五疏乞「丁憂」

關於父親崑石公的病逝及其對盧象昇的影響，一般史籍記載較為簡略，即便《明大司馬盧公年譜》亦載之不詳：「（崇禎十一年）五月，公丁外艱。崑石公於十年秋視公於陽和，二月自陽和歸里，公遣王夫人隨侍，遂終於旅次。時四月十八日也。訃聞，公辟踴投地，幾不欲生。」[65]《盧象昇疏牘》記載盧父之死的文字則較多。盧象昇將父親去世的經過介紹得很清楚，更表達出自己的極度悲傷眷念之情。盧象昇是一位崇尚孝道的儒士，但由於多年來為官在外，軍務繁忙，而無法盡人子之孝。崇禎十年（1637年）秋，盧象昇便接父親到總督治所陽和生活。次年二月，崑石公因水土不服開始返鄉，四月十八日，病逝於濟寧途中。五月初一日，盧象昇聞悉噩耗，悲痛萬分。他接連上疏五道，懇求皇上允許他離職丁憂。

「丁憂」之制，是中國古代的一種居喪禮制。它自西漢草創以來，歷經無

63　〔明〕盧象昇：《盧象昇疏牘》卷7，〈請恤故督梁廷棟疏〉杭州：浙江古籍出版社，1985年，第170頁。

64　〔明〕盧象昇：《盧象昇疏牘》卷6，〈謝恩到任疏〉，杭州：浙江古籍出版社，1985年，第113—114頁。

65　〔清〕盧安節編，〔清〕任啟運校定：《明大司馬盧公年譜》，清光緒元年重刻本，北京圖書館編：《北京圖書館藏珍本年譜叢刊》第62冊，北京：北京圖書館出版社，1999年，第328頁。

第三章　盧象昇的生平（下）

數朝代之更替，幾乎與整個封建社會相始終。由於該制度的規範對象是古代官員，因而與中國古代選官制度有著密不可分的關係。[66] 我國諸多王朝統治者皆倡導以「孝道」立國，官府甚至制定了許多守孝的禮儀規定。明代尤其重視以孝立國，特別強調有父母喪的官員必須丁憂，且不得輕易被奪情或起復。記載「丁憂」之制頗詳的《大明會典》有云：「國初令：百官聞喪，不待報即去官。」[67]《明會要》亦有載，「正統十二年，令：內外大小官員丁憂者，不得奪情起復」；「景泰二年九月，禁諸司起復」；「（正德十六年）命：自今喪親不得奪情」。[68] 並規定文官丁憂時間為二十七個月（從「聞喪」時計算，不計閏月）[69]。但在明末，由於軍事形勢的嚴峻，文武官員被奪情或起復繼任，也是常有的事情。

盧象昇疏請丁憂的言辭令人悲惋不已，他在〈聞訃乞奔喪第一疏〉講道：

臨終之日，含視無一親人，止三四家僮相隨答應，衣衾棺槨，百事不周，去臣家鄉尚千七百餘里，淒其旅襯，情景難堪，行道聞之，亦皆淚下，傷心哉！臣此時既立就死地，以幽魂隨父於九原，猶恨其晚。乃尚苟延性命，視息人間，止以亡靈待殯，寡母在堂耳。徒跣奔葬，萬難姑待。封疆大事，佇望新臣。……先於就近各撫臣中欽命一員署理總督事務，俾臣得早一日奔赴父喪，臣子子孫孫均戴聖恩罔極矣。[70]

盧象昇在奏疏裡除了敘述其父病逝之情形外，還談及三層意思：其一，

66　馬國華：《從「哀毀」到「匿喪」—論古代官員對丁憂態度的變化》，《河北經貿大學學報》（綜合版），2000 年第 1 期。

67　〔明〕李東陽等撰，申時行等重修：《大明會典》卷 11，〈丁憂〉，揚州：廣陵書社，2007 年，第 205 頁。

68　〔清〕龍文彬：《明會要》卷 18，〈禮〉13，「奪情」，北京：中華書局，1956 年，第 302—303 頁。

69　趙克生：《明代丁憂制度述論》，《中國史研究》，2007 年第 2 期。

70　〔明〕盧象昇：《盧象昇疏牘》卷 10，〈聞訃乞奔喪第一疏〉，杭州：浙江古籍出版社，1985 年，第 283 頁。

第二節　總督宣大山西軍務

為父親的離世而極度傷心；其二，只為殯送父親和侍奉寡母才「苟延性命」；其三，懇求皇上揀選新臣代己署理總督。應該說，盧象昇與父親的感情是極深的。因此，父親的去世對他的身心健康的摧殘是很大的。盧象昇又在〈乞奔喪第四疏〉論及自己因此而患重病時說：「今日大故在身，含悲飲血，忽於十二、十三兩日發暈三番，昏迷不省人事，日夜怔忡。……乃十四、十五兩日，飲食難進，腹脹氣沖胸膈之間，如石如火，醫官僕從嘆息，謂無人形，臣之命旦暮未可知矣。」[71]

當然，盧象昇上疏的最終目的是儘快奔喪，以盡人子之孝。而盧象昇也是一位真性情的士大夫，他的疏牘內容應該能較真實地反映他當時的心境實情。盧象昇連續五次上疏專請丁憂，在之後的邊務奏疏中也不時地懇辭皇上，「俾臣照舊以左侍郎原秩候代奔喪」。結果，崇禎帝不僅沒有應允，反而於七月初一日，下旨準盧象昇「著著加兵部尚書職銜，照舊總督候代」。[72]《明大司馬盧公年譜》亦載：「七月進公兵部尚書，衰墨防秋，贈公祖父尚書官，贈祖母元配，封母妻皆夫人，予崑石公祭一壇。」[73]這說明，朝廷一面對盧象昇及家人恩典有加，另一面仍需他繼續效命邊疆。筆者以為：盧象昇之所以未能丁憂返鄉，緣於時值秋防之際，遼東清兵隨時會叩關而入。崇禎帝從軍事全局考量，認為盧象昇總督宣大的作用至少暫時是無可替代的。

此間，儘管盧象昇在任上仍恪守職責，謹慎如常，但從他諸多奏議內容進行分析，他已經沒有了之前那種面臨困境仍泰然處之的積極姿態。例如在

71　〔明〕盧象昇：《盧象昇疏牘》卷10，〈乞奔喪第四疏〉，杭州：浙江古籍出版社，1985年，第286頁。

72　〔明〕盧象昇：《盧象昇疏牘》卷11，〈辭尚書職銜疏〉，杭州：浙江古籍出版社，1985年，第294頁。

73　〔清〕盧安節編，〔清〕任啟運校定：《明大司馬盧公年譜》，清光緒元年重刻本，北京圖書館編：《北京圖書館藏珍本年譜叢刊》第62冊，北京：北京圖書館出版社，1999年，第329頁。

第三章　盧象昇的生平（下）

〈請飭秋防疏〉中說：「防秋大事，勉力任之。」[74]

筆者以為，即使後來盧象昇不入京勤王，他在宣大任上也似乎難有較大作為。畢竟，盧象昇為父喪之事所紛擾，已經勉為其難了。而此時的盧象昇，似有一種油盡燈枯、生命將盡的預感。他在入衛抗清的生命最後時刻，始終抱著必死的決心，這種置生死於度外的悲壯情懷令人扼腕感嘆！可見，盧象昇對待生命由積極進取到消極避世態度的轉變，應該緣於其父之死而引發的連鎖反應。

三、再次入京勤王

如果說，父親之死使盧象昇精神上深受打擊的話，那麼之後不久的清兵犯境事件則徹底改變了他的命運。

在盧象昇總督宣大之前，清兵就曾多次由此處攻入內地，「崇禎七年，□由大同邊入，崇禎八年，□亦由大同邊入；崇禎九年，□由宣府邊入，內地不勝其蹂躪，陵京因此以震驚」[75]。總督宣大期間，由於盧象昇十分重視各關口的防禦，清兵再未有從宣大各邊口大規模內犯。然而，小規模的清兵游騎也不時地出擊侵擾。盧象昇在崇禎十一年（1638年）六月的兩份奏疏中，也提出清兵將於秋季大舉犯境的可能性。他在〈請飭秋防疏〉裡，稱「日來頻見關寧塘報，謂□於七月間大舉西行」[76]；在〈飭防援明戰守疏〉中，又稱「據關寧塘報，□上緊餵馬，其為大舉無疑」，並結合宣邊獨石口、大同威遠邊外的塘報內容分析，提出「秋來草茂，□□易於長驅」。[77] 以後的形勢發展

74　〔明〕盧象昇：《盧象昇疏牘》卷11，〈請飭秋防疏〉，杭州：浙江古籍出版社，1985年，第292頁。

75　〔明〕盧象昇：《盧象昇疏牘》卷6，〈密陳邊計疏〉，杭州：浙江古籍出版社，1985年，第140頁。

76　〔明〕盧象昇：《盧象昇疏牘》卷11，〈請飭秋防疏〉，杭州：浙江古籍出版社，1985年，第292頁。

77　〔明〕盧象昇：《盧象昇疏牘》卷11，〈飭防援明戰守疏〉，杭州：浙江古籍出版社，

證明，盧象昇的判斷還是很正確的。

　　崇禎十一年（1638年）九月，皇太極派多爾袞、岳托為大將軍，分統左、右翼清軍十餘萬伐明。清兵「入牆子嶺、青口山，殺總督吳阿衡，毀正關，至營城石匣，駐於牛蘭」。[78] 牆子嶺位於北京密雲東八十里，嶺上築石城，城樓為磚石結構，堅固無比。附近山頂上有烽火臺，可以將敵情迅速傳達給明軍。清兵突破牆子嶺，自然震動了明廷。

　　關鍵時刻，崇禎帝又想到了盧象昇。他即刻下詔，第三次賜盧象昇尚方寶劍，令其總督各地勤王之援兵。盧象昇接旨後馳疏京城，請辭所任：「臣才非軍旅，愚戇任事，誼不辭難。但自臣父奄逝長途，哀亂回惑，五官非復昔時。兼以苫凷之身臨三軍上，金鼓不靈，觀瞻不聳，恐非國家之利。」[79] 結果，懇請被駁回。盧象昇只好仍領兵部尚書銜，率宣、大、山西三鎮總兵楊國柱、王樸、虎大威入衛京師，十月初三日夜抵達京郊昌平鎮。此時，他已身處抗清前線，除了與清兵奮力廝殺，似乎別無選擇。

第三節　傾力主戰殞命疆場

　　這是盧象昇一生中第三次、也是最後一次入京勤王。崇禎二年、九年兩次入京時，後金（清）兵在肆掠一番後已經退出京畿地區，所以他沒有參與戰事。這一次則不同，清兵來勢兇猛，而他的宣府駐地離京師頗近，一場惡戰似乎難以避免。從崇禎十一年（1638年）十月初三日赴京勤王，到十二月十二日戰歿沙場，盧象昇在京畿一帶兩個多月。此間，盧象昇不管是覲見崇

　　 1985年，第293頁。
78　〔清〕張廷玉等：《明史》卷261，列傳第149，〈盧象昇傳〉，北京：中華書局，1974年，第6762頁。
79　〔清〕盧安節編，〔清〕任啟運校定：《明大司馬盧公年譜》，清光緒元年重刻本，北京圖書館編：《北京圖書館藏珍本年譜叢刊》第62冊，北京：北京圖書館出版社，1999年，第329頁。

第三章　盧象昇的生平（下）

禎帝，還是會晤權臣楊嗣昌和權監高起潛，面對清兵壓境之危局，態度始終是「主戰」。然而，由於明廷主和避戰，亦處處掣肘，盧象昇被迫與清兵精銳孤軍奮戰，最終以身殉國。

一、與楊嗣昌的戰和之爭

盧象昇一向反對與清兵議和，此般議論在其疏牘裡並不少見。他在疏中強調：「夫他夷可撫，□□斷斷不宜輕撫。何也？順逆之形，真偽之故應權也。」[80] 在盧象昇看來，其他邊疆民族部落是為了一時利益才偶爾犯邊，可以透過開市封賞等辦法安撫之，而清兵則是欲圖謀明廷疆土，所以只有以武力手段應對之。盧象昇這次督兵勤王，就是抱定與清兵決戰的信念赴京的。

（一）明廷與清（後金）議和試探

崇禎十一年（1638 年）十月初四凌晨，崇禎帝在武英殿召見了盧象昇。崇禎帝急切問及對清方略，盧象昇所答甚為明了：「臣意主戰不主撫。」崇禎帝為之一動，稍作沉默後，低聲說：「外廷有是言，朕未之許也。」[81] 盧象昇正言進諫：「臣有戰而已，慎勿中樞掣肘臣。」[82] 他所言之中樞，即指當時執掌兵部事的大學士楊嗣昌。之後，崇禎帝仍讓盧象昇與楊嗣昌和監軍太監高起潛相商軍務。

崇禎帝戰和方略未定，這次平台召見並未取得實質性成效。《明通鑒》

80　〔明〕盧象昇：《盧象昇疏牘》卷 10，〈密報邊情籌控禦三著疏〉，杭州：浙江古籍出版社，1985 年，第 268 頁。

81　〔清〕盧安節編，〔清〕任啟運校定：《明大司馬盧公年譜》，清光緒元年重刻本，北京圖書館編：《北京圖書館藏珍本年譜叢刊》第 62 冊，北京：北京圖書館出版社，1999 年，第 330 頁。對於這次平台召見，《明史‧盧象昇傳》第 6763 頁亦有相似的記載：「帝召對，問方略。對曰：臣主戰。帝色變，良久曰：撫乃外廷議耳，其出與嗣昌、起潛議。」可見，一向對清主戰的崇禎帝此時已經有主和的傾向了。

82　〔清〕查繼佐撰，倪志雲、劉天路點校：《明書》（《罪唯錄》），列傳卷 9（上），〈盧象昇傳〉，濟南：齊魯書社，2014 年，第 1615 頁。

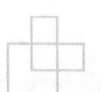

第三節　傾力主戰殞命疆場

分析了崇禎帝此時對清戰和的矛盾心態:「上心知大清兵銳甚,力不敵,而恥言和,故委廷議以答象昇。」[83] 此時崇禎帝傾心於與清和議,但卻羞於啟齒,便將戰和之策推給臣下解決。

　　崇禎帝繼位以來,對後金(清)多採取敵對之策,不少對後金有議和傾向的大臣,都遭到崇禎帝的嚴厲斥責甚至處死。崇禎二年(1629年),「己巳之變」之後,薊遼督師袁崇煥因為有與後金議和通敵之嫌疑,所以被逮捕磔殺。其實,絕大多數大臣也都以儒家正統自稱,他們堅持「華夷之辨」,對後金(清)政權極為敵視。所以,若有人提出議和之策,必然遭到眾臣僚的圍攻。然而,實力不斷增強的後金對關內虎視眈眈,蔓延全國的起義也直接威脅到明朝的統治秩序,這種外患內憂的局面,是極度虛弱的明王朝難以同時應對的。崇禎十年(1637年),崇禎帝「奪情復起」丁憂在家的楊嗣昌為兵部尚書,以應對國內危局。楊嗣昌所上之〈敬陳安內第一要務疏〉,正式向崇禎帝提出他的「安內方可攘外」之策:「流寇禍腹心之內,中之甚深。……以故臣言必安內方可攘外。」[84] 其奏疏之核心,就是認為明廷不能對清兵和義軍同時作戰,鎮壓內亂才是解除明廷的心腹之患。一向以邊患為急務的崇禎帝,也對楊嗣昌連稱「恨用卿晚」[85]。

　　此時,遼東的皇太極也有向明廷議和的傾向。對於皇太極的議和目的,史家亦有多種不同說法。由於議和都是祕密進行的,所以清代以後所修正史中自然不會詳論此事。或許,皇太極是出於策略考慮,認為短期內滅掉明朝實在是力不從心,也想透過議和麻痺明廷,從而悄悄地積蓄實力,並伺機再

83　〔清〕夏燮撰,王日根、李一平、李珽、李秉乾等校點:《明通鑒》卷86,長沙:岳麓書社,1999年,第2381頁。

84　〔明〕楊嗣昌著,梁頌成輯校:《楊嗣昌集》卷9,〈敬陳安內第一要務疏〉,長沙:岳麓書社,2005年,第201頁。

85　〔清〕張廷玉等:《明史》卷252,列傳第140,〈楊嗣昌傳〉,北京:中華書局,1974年,第6510頁。

第三章　盧象昇的生平（下）

發兵入關。但事實上是：皇太極曾經三次同意與明廷派來的使臣磋商議和條款。第一次發生在天啟末崇禎初年，皇太極和明廷代表袁崇煥進行了多次磋商，並商談了議和條件，最終因明廷沒有積極的回應而和談失敗；第二次發生在崇禎十一年（1638年）春季，也就是在這次清兵大舉進攻前的數月；最後一次則發生在崇禎十五年（1642年）。

內閣大學士、兵部尚書楊嗣昌向崇禎帝上〈敬陳安內第一要務疏〉，委婉地提出與清政權和議的主張，崇禎帝也頗為認同。為了減少朝野官員的反和議阻力，此次議和（明廷稱之「和款」）是在極為隱蔽的情況下進行的。楊嗣昌授意駐錦州監軍太監高起潛、遼東巡撫方一藻，委派謦者周元忠等人前往瀋陽向皇太極進行議和嘗試，皇太極也派大學士和周元忠進行商談。之後，楊嗣昌屢屢上疏，請崇禎帝定奪。崇禎帝始終沒敢應允，他一是懼怕朝臣無休止的反議和抗爭；二是無法放下天朝皇帝的尊嚴；三是不敢承擔議和所衍生的所有後果。所以，這次議和嘗試又胎死腹中。

議和失敗後，崇禎十一年（1638年）秋，清兵大規模攻掠明廷邊境，並很快深入到京畿一帶和山東內地。盧象昇傾力主戰並戰死沙場，就發生在此次清兵大舉進攻期間。

（二）因主戰而受制

但這次明廷「請款」的消息還是泄露出去了。在覲見崇禎帝前，盧象昇已經風聞楊嗣昌、高起潛與清兵主和之事。他頓足而嘆，憤恨不已，但對崇禎帝的和戰態度並不知情。崇禎帝雖然有議和傾向，但還是顧慮重重，他亟需獲得文武大臣，尤其是盧象昇等重臣的支持。當他得知盧象昇堅決主站的表態後，頗有些失望，對議和更沒有信心了。

十月初四日，盧象昇覲見結束，楊嗣昌便邀請他如密室，商談對清軍務。楊嗣昌直接提出對清議和之策，遭到盧象昇訓斥：「城下之盟，《春秋》

第三節　傾力主戰殞命疆場

恥之,此語不可使天下聞也。」[86] 次日,崇禎帝命盧象昇再次與楊嗣昌、高起潛磋商軍情於安定門,盧象昇仍不諱己見:「敵人強來而不能困,使得意去,後日益輕中國,宋事可鑒也。愚意唯以一戰決之。」[87] 初六日,崇禎帝命人攜內府帑金,到昌平駐地犒師,至深夜,內臣又「賫金數萬,銀花三千,幣五百犒師」。初八日,又賜「御馬百、太僕馬千,銀鐵鞭五百」。獲得皇上的如此厚重的犒軍賞賜,盧象昇以為崇禎帝是支持自己的抗清主張的。他感嘆道:「聖君神武。紛紛言撫者何為也?庸臣誤國一至此乎?」[88] 他認為,主和之策僅為部分大臣的決定,便更堅定了對清主戰之決心。

　　盧象昇和楊嗣昌在對清和戰問題上各執一詞,矛盾逐漸激化。盧象昇在以後的作戰過程中,處處受楊嗣昌掣肘。在楊嗣昌的影響下,明廷決定:一是把數萬關寧精銳調歸監軍太監高起潛統管,這就嚴重削弱了盧象昇的兵力[89];二是命盧象昇移兵與高起潛會合於通州。《國榷》對此記載較詳:「(因

86　〔清〕盧安節編,〔清〕任啟運校定:《明大司馬盧公年譜》,清光緒元年重刻本,北京圖書館編:《北京圖書館藏珍本年譜叢刊》第 62 冊,北京:北京圖書館出版社,1999 年,第 330 頁。

87　〔清〕盧安節編,〔清〕任啟運校定:《明大司馬盧公年譜》,清光緒元年重刻本,北京圖書館編:《北京圖書館藏珍本年譜叢刊》第 62 冊,北京:北京圖書館出版社,1999 年,第 330—331 頁。

88　〔清〕盧安節編,〔清〕任啟運校定:《明大司馬盧公年譜》,清光緒元年重刻本,北京圖書館編:《北京圖書館藏珍本年譜叢刊》第 62 冊,北京:北京圖書館出版社,1999 年,第 331 頁。

89　對於分兵一事,《明季北略》有不同於《明大司馬盧公年譜》的解釋:「觀軍使(應為監軍太監高起潛)遣書沮之,謂:聞雪夜下蔡州,未聞以月夜,且奇師尤宜用寡。種種阻撓。象昇疏請分兵,嗣昌撥宣、雲、晉三鎮屬之,號稱二萬,以短兵氣,象昇刻期戰,誓師葷華,淋漓慷慨,涕泣如雨。」盧象昇決計夜襲清營駐地,高起潛聞知,對盧象昇冷嘲熱諷,並不配合他的夜襲行動。盧象昇感覺和太監高起潛無法合作,擔心自己的決策受其阻撓,遂決定與之分兵行動。楊嗣昌也支持分兵方案。所以,盧象昇感嘆:「樞部不過欲總監撓我師期耳。」參見〔清〕計六奇撰,魏得良、任道斌點校:《明季北略》卷 14,〈盧象昇戰死〉,北京:中華書局,1984 年,第

第三章　盧象昇的生平（下）

總監高起潛種種阻撓）象昇請分兵，楊嗣昌以宣府、大同、山西兵屬象昇，號二萬。象昇尅期誓師於鞏華城，慷慨涕下如雨。嗣昌不能平，思阻之，擬旨令赴通州就總監高起潛，象昇不赴。」[90]

對於楊嗣昌的分兵之策，盧象昇曾經表示過強烈的質疑：「敵若留兵輟我，而分眾南下，則我反在其後，不救不可，救之不及，奈何？」楊嗣昌的回答有些武斷：「京師重兵所在，敵必不敢越而南。」盧象昇仍不相讓：「敵既南下，蔓延滋長，為憂方大，京師雖有重兵，不能邀截使不下也。」盧象昇面對清軍這次強大的攻勢，應該說是很清醒的。他認為兵力分散會導致對清作戰出現兩線應對的困境，並預言清軍可能會以部分兵力牽制明軍，而另部繞京師南下侵略。楊嗣昌雖未能有效反駁盧象昇，但還是分其部眾。事實證明，盧象昇的預言是正確的，「大清兵果於廿五日從順義開營南向，廿六日發精騎由壩上大馬房直指東直門」。[91]

對楊嗣昌的策略，盧象昇很無奈，他仰天長嘆：「彼不過欲總監撓我師期耳。」[92] 真是一語中的。盧象昇受命以兵部尚書銜督師天下勤王兵，軍事指揮權卻大受限制。楊嗣昌如此箝制盧象昇，其目的就是逼其放棄主戰立場。另外，楊嗣昌的做法也應該得到崇禎帝的默許，「嗣昌於是劾奏公不先計而後戰，遇大敵無持重，非廟勝之冊，不可從。上由是不施公議，而督師之權分矣」。[93] 由於楊嗣昌的暗中彈劾，盧象昇也逐漸失去了崇禎帝的信任。

---

245 頁。

90　〔明〕談遷著，張宗祥校注：《國榷》卷96，思宗崇禎十一年，北京：中華書局，1958年，第5820頁。

91　〔清〕盧安節編，〔清〕任啟運校定：《明大司馬盧公年譜》，清光緒元年重刻本，北京圖書館編：《北京圖書館藏珍本年譜叢刊》第62冊，北京：北京圖書館出版社，1999年，第332頁。

92　〔清〕陳鼎：《東林列傳》卷5，〈盧象昇傳〉，揚州：廣陵書社，2007年，第102頁。

93　〔清〕盧安節編，〔清〕任啟運校定：《明大司馬盧公年譜》，清光緒元年重刻本，北京圖書館編：《北京圖書館藏珍本年譜叢刊》第62冊，北京：北京圖書館出版社，

第三節　傾力主戰殞命疆場

盧象昇的一向戰術是：集中優勢兵力，出奇制勝。這一戰術的實現需要兩個條件：指揮權由本人掌握，有相對足夠的兵力。此時的盧象昇，不僅軍事指揮權受制於人，而且掌握的兵力十分有限。盧象昇所統率之兵，只有宣大三鎮的不足兩萬兵馬，而之後又兩次分兵：「會陳新甲至，復分兵與之」[94]；「又以云、晉警，趣出關，王樸竟引兵去」[95]。最後，欽命總督天下勤王兵馬的盧象昇，僅僅「提五千殘卒」[96]。

盧象昇的處境是極為艱難的。他早已向崇禎帝承諾主戰，退兵自保是不可能的。手中老弱殘兵僅有五千，難以抗衡數萬清兵鐵騎；策略決策，又受制於人，「事無不中制」[97]。盧象昇當時的苦悶與絕望之心境，是可想而知的。他當然不敢指責崇禎帝，但一見楊嗣昌便火冒三丈。盧象昇十五日率軍「至順義，襲牛欄」，十七日值楊嗣昌到軍營，「公責以阻師養禍之罪」。楊嗣昌羞憤交加：「公直以尚方劍加我矣。」盧象昇反唇相譏：「既不奔喪，又不力戰，身當齒劍何暇加人？」[98] 盧象昇擁有崇禎帝所賜尚方寶劍，有對犯法的一般文武官員先斬後奏之權。楊嗣昌當然非同一般官員，盧象昇也不可能隨意誅殺朝廷重臣。他們只是以尚方寶劍表達各自的情緒而已。盧、楊皆為被皇上「奪情復起」之重臣，既然不能盡孝，就應移孝作忠，為朝廷分

1999 年，第 332 頁。
94　〔清〕夏燮撰，王日根、李一平、李斑、李秉乾等校點：《明通鑒》卷 86，長沙：岳麓書社，1999 年，第 2382 頁。
95　〔清〕張廷玉等：《明史》卷 261，列傳第 149，〈盧象昇傳〉，北京：中華書局，1974 年，第 6764 頁。
96　〔清〕夏燮撰，王日根、李一平、李斑、李秉乾等校點：《明通鑒》卷 86，長沙：岳麓書社，1999 年，第 2384 頁。
97　〔清〕陳鼎：《東林列傳》卷 5，〈盧象昇傳〉，揚州：廣陵書社，2007 年，第 102 頁。
98　〔清〕盧安節編，〔清〕任啟運校定：《明大司馬盧公年譜》，清光緒元年重刻本，北京圖書館編：《北京圖書館藏珍本年譜叢刊》第 62 冊，北京：北京圖書館出版社，1999 年，第 331 頁。

第三章　盧象昇的生平（下）

憂。盧象昇認為，現在唯有矢志抗清才是盡忠於皇上，而楊嗣昌一意主和，干預軍務，就是不忠不孝。盧象昇當面指責和諷刺楊嗣昌，結果，「嗣昌益恨之」[99]。

二、孤軍戰歿

（一）唯求一戰而死

盧象昇儘管舉步維艱，但從不避難怯陣。多年來，他征戰沙場時，都身先士卒，毫不退卻。盧象昇的英勇鬥志是令人欽佩的，這也是他不同於明末多數文臣武將之處。恰如清人邵長蘅所論：「顧獨精悍，便騎射，性能勞苦。蹋陣雄呼，萬騎辟易，雖古名將無以過。」[100]

對於盧象昇抗清的情況，幾乎所有涉及盧象昇傳記的史籍，都記載甚詳，然其內容卻多有牴牾。筆者對各種史料作一大致的梳理，以明盧象昇抗清之經過。崇禎十一年（1638年）十月十四日，盧象昇誓師鞏華（位於今北京昌平區），十五日，率師至順義，並襲擊了駐守在牛欄山（今屬北京順義）一帶的清兵。「十四日，公誓師鞏華，十五日率師至順義，襲牛欄。」盧象昇夜襲牛欄一事，在《明大司馬盧公年譜》和《明史》、《罪唯錄》、《忠義錄》、《東林列傳》等本傳中，幾無記載。在《明季北略》和〈盧大司馬紀實〉、《青門簏稿》及《崇禎實錄》中雖有載，然所載內容大同小異，似乎源於同一史料。盧象昇是一位善於使用奇兵奔襲之術的官員，他決計對駐守於牛欄一帶的清軍實行夜襲。盧象昇「召諸帥約曰：刃必見血，人必帶傷，馬必喘汗，違者斬。令各選勁卒，期八月十五夜分四路襲營」[101]。總監太監高起潛卻遺

99　〔清〕陳鼎：《東林列傳》卷5，〈盧象昇傳〉，揚州：廣陵書社，2007年，第102頁。

100　〔清〕邵長蘅：《明大司馬盧忠烈公傳》，〔清〕徐景曾纂修：《順德府志》卷16，〈藝文下〉，乾隆十五年刻本。

101　《崇禎實錄》卷11，崇禎十一年冬十月甲午，《明實錄》附錄2，臺北：中央研究院歷史語言研究所校印本，第344頁。

第三節　傾力主戰殞命疆場

書阻之，譏諷盧象昇月夜襲敵之謀，「聞雪夜下蔡州，未聞以月夜，且奇師尤宜用寡」[102]。更有甚者，高起潛還將盧象昇的襲敵之計洩露出去，有關記載似有些含糊其詞，「令甫下，起潛遺書尼之，且漏師明」[103]；「兵以高監洩其謀，於牛欄旁，晝即遇□」[104]。我們從諸多記載中，可以查到或推斷出，這次夜襲應發生於十月十五日。雖然，《崇禎實錄》載「期八月十五夜分四路襲營」，但筆者以為實屬傳抄或刻印之誤，因為此記載存於「崇禎十一年冬十月甲午」之條目下。這次夜襲行動，因沒有得到高起潛的配合，所以收效甚微。

十月二十五日，清兵一部由順義南下，兵鋒直指東直門，「大清兵果於廿五日從順義開營南向，廿六日發精騎由壩上大馬房直指東直門」。盧象昇面對清兵的頻繁進攻，「日夜督兵力戰」。十一月三日夜，清兵移兵土城以北（今北京市德勝門西北），盧象昇與之「戰於土城關」。[105] 初四日，「又戰於西直門，獲巨炮十數」。結果，「大清兵拔營而退」，盧象昇請求乘勝追擊，然而，「公卿首鼠兩端，或言追或言守，日中奏上，至初五日晡時始報，從公議」。可見，清兵勁旅所向披靡，明廷的文武官員都被打怕了，無人敢迎戰。即使清兵戰敗，明軍也不敢追擊掩殺。明軍這次又喪失了追擊殲敵的時機。接著，清兵分三路南下，形成犄角攻勢，「一由淶水略易州（今河北易縣），一由新城略雄縣，一由定興俱會於保定」。敵兵來勢洶洶，盧象昇臨危不懼，初九日，「進據保定，命諸將分道出擊，大戰於慶都（今河北望都），

---

102 〔清〕計六奇撰，魏得良、任道斌點校：《明季北略》卷14，〈盧象昇戰死〉，北京：中華書局，1984年，第245頁。

103 〔清〕邵長蘅：《青門籐稿·盧忠烈公傳》，〔清〕王文燾修，〔清〕張志奇續修：《宣化府志》卷24，《宦跡志下·明》，清乾隆八年修、二十二年訂補重刊本。

104 〔明〕盧象昇：《明大司馬盧公奏議十卷》，附錄之〈盧大司馬紀實〉，《四庫未收輯刊》第2輯第25冊，清道光九年刻本，北京：北京出版社，2000年，第268頁。

105 〔清〕盧安節編，〔清〕任啟運校定：《明大司馬盧公年譜》，清光緒元年重刻本，北京圖書館編：《北京圖書館藏珍本年譜叢刊》第62冊，北京：北京圖書館出版社，1999年，第332頁。

第三章　盧象昇的生平（下）

獲級三百」。此戰大捷給鼓舞了明軍士氣，「公自將馬步卒屢戰有功，軍聲甚振」。[106]

　　盧象昇取得小規模戰役的勝利，在很大程度上緣於他的人格魅力。他作戰時總是一馬當先，毫不避讓，這必然會鼓舞將士的作戰勇氣。他也習慣與部屬患難與共，比如，由於楊嗣昌等人的阻撓，「時軍中絕糧五日矣，公亦不食，士卒以公素有恩紀，至饑餓不能起，終無叛志」[107]。而且，這支軍隊還是盧象昇從宣大任上帶來的舊部屬，將士們也樂意與之生死相隨，所以盧象昇所率之軍，戰鬥力相對較強，「衝鋒陷陣，軍律甚整」[108]。

　　然而，盧象昇矢志於忠君報國，卻沒有換來明廷君臣的理解與支持。盧象昇總督天下兵馬之銜也名不副實。他所掌管的全部兵馬不足五千，其中還有不少老弱殘兵；由於中樞重臣楊嗣昌的干預，他自己的軍事指揮策略也不能得到有效貫徹。除此以外，某些朝野大臣也從中作梗，甚至不足五千人的軍餉都成了大問題。《明大司馬盧公年譜》對此記載頗詳，「嗣昌以政府兼兵部事數撓公權，有司又希指絕公餉，使不前」[109]。看來不止楊嗣昌本人，連同「有司」也希望斷絕盧象昇的兵餉。十一月十七日，盧象昇進兵完縣（今河北順平縣），糧餉缺乏。但是，「清宛令左其人，饋餉不前，轉戰至真定（今

106　〔清〕盧安節編，〔清〕任啟運校定：《明大司馬盧公年譜》，清光緒元年重刻本，北京圖書館編：《北京圖書館藏珍本年譜叢刊》第 62 冊，北京：北京圖書館出版社，1999 年，第 332—333 頁。關於清兵三路南下路線，《明史·盧象昇傳》則載「一由定興攻安肅（今河北徐水）」，與《年譜》稍有不同，蓋因安肅在明代屬於保定府。

107　〔清〕盧安節編，〔清〕任啟運校定：《明大司馬盧公年譜》，清光緒元年重刻本，北京圖書館編：《北京圖書館藏珍本年譜叢刊》第 62 冊，北京：北京圖書館出版社，1999 年，第 334 頁。

108　〔清〕張廷玉等：《明史》卷 261，列傳第 149，〈盧象昇傳〉，北京：中華書局，1974 年，第 6764 頁。

109　〔清〕盧安節編，〔清〕任啟運校定：《明大司馬盧公年譜》，清光緒元年重刻本，北京圖書館編：《北京圖書館藏珍本年譜叢刊》第 62 冊，北京：北京圖書館出版社，1999 年，第 333 頁。

第三節　傾力主戰殞命疆場

河北正定），真督張其平（偃師人，崇禎十二年以罪伏法）閉閫遏餉，公移書兵部告急，不應，時軍中絕糧五日矣」，以至於士卒都「至饑餓不能起」[110]。《明史·盧象昇傳》也提到「巡撫張其平閉閫絕餉」[111]。對於不足五千人的抗清隊伍，楊嗣昌及所掌管的兵部、清苑縣令、真定巡撫張其平等，卻不願滿足其基本的兵餉之需，著實令人寒心。即便如此，諸臣僚還爭相彈劾盧象昇，「總監方某密疏，公糜餉逗留，撫按守臣爭誣公按兵不救，於是奉詔切責公」[112]。由於某些臣僚的參劾，不明真相的崇禎帝對盧象昇頗有些不滿。

此時，京畿地區已經連續失守真定、河間等十幾處州縣，清軍所到之處燒殺搶掠，明軍多數一戰即潰。在此種形勢下，困境中的盧象昇所能取得的勝利都是非常有限的，他再怎麼英勇和睿智，恐怕也難以扭轉明軍整體慘敗的局勢。時任內閣首輔的劉宇亮卻主動請纓，願去前線督察軍情，為皇上分憂。崇禎帝大喜過望，即刻下令將陣前的盧象昇免職，由劉宇亮代之總督天下兵馬。劉宇亮聞之大懼，他只是打算象徵性地到前線「督察」軍事而已。他不懂軍事，難堪禦敵重任，於是便求助於楊嗣昌。楊嗣昌說服崇禎帝，稱陣前換將為兵家大忌，還應由盧象昇總督軍事，劉宇亮可前往督察軍情。崇禎帝雖然收回成命，但仍認為，正是盧象昇的失職，才導致十餘州縣慘遭兵燹之災。他於是下詔斥責盧象昇，令其戴罪立功，[113]「遂落象昇尚書銜，以

---

110 〔清〕盧安節編，〔清〕任啟運校定：《明大司馬盧公年譜》，清光緒元年重刻本，北京圖書館編：《北京圖書館藏珍本年譜叢刊》第 62 冊，北京：北京圖書館出版社，1999 年，第 334 頁。
111 〔清〕張廷玉等：《明史》卷 261，列傳第 149，〈盧象昇傳〉，北京：中華書局，1974 年，第 6764 頁。
112 〔清〕盧安節編，〔清〕任啟運校定：《明大司馬盧公年譜》，清光緒元年重刻本，北京圖書館編：《北京圖書館藏珍本年譜叢刊》第 62 冊，北京：北京圖書館出版社，1999 年，第 334—335 頁。
113 樊樹志：《大明王朝的最後十七年》，北京：中華書局，2007 年，第 203 頁。

第三章 盧象昇的生平（下）

侍郎督師」[114]。

可以說，此時的盧象昇，正面臨著生死考驗，其處境，已經相當險惡，恰如他曾在〈答陸筼修方伯〉中所言：「今日居官，何啻墮於九淵！」[115] 他現在有三個敵人：一是外部的敵人，即強大的清兵精騎；二是朝野臣工的暗中掣肘，甚至還有崇禎帝的猜忌；三是饑餓，將士嚴重缺糧。對於盧象昇來說，每個敵人都是致命的。「移孝作忠」的盧象昇，已被「奪情」而無法盡孝，此時卻又難於盡忠。對於一位忠臣來說，最大的打擊恐怕就是源於皇帝的不信任。或許，崇禎帝對他的猜忌和「切責」，才是他的最大敵人。他以後的奮勇殺敵其實就是以死明志，其慘烈的結局也是在他的預料之中的。

對於難以改變的困境，盧象昇還有一條路：正如多數明末抗清將領一樣，逃或降。然而，這都有悖於他的個性和價值觀。盧象昇在疏牘裡，屢屢表明心志：一心盡忠，不計榮辱是非，置生死於度外。他在〈與某書〉中說：「昇今日亦唯肝腦塗地，以自附於純臣之末而已，成敗利鈍，毀譽是非，久已置之度外。」[116] 毫無疑問，盧象昇寧死不降；若戰敗或逃跑，就怕也難免一死。所以說，盧象昇毫無退路，只有奮力殺敵，戰死沙場。至少這樣可以獲得身後美名揚。

戴罪立功的盧象昇心灰意冷，只求與清兵一戰，死而後已。他率領僅有的「宣鎮楊國柱、晉鎮虎大威手下殘卒五千」，「次宿三宮野外」[117]。盧象昇駐軍確切地點不詳，但應屬於畿中、畿南一帶。他曾兵備大名，在畿南三郡理

---

114 〔清〕陳鼎：《東林列傳》卷5,〈盧象昇傳〉，揚州：廣陵書社，2007年，第102頁。
115 〔明〕盧象昇：《盧象昇疏牘》卷12,〈答陸筼修方伯〉，杭州：浙江古籍出版社，1985年，第321頁。
116 〔明〕盧象昇：《盧象昇疏牘》卷12,〈與某書〉，杭州：浙江古籍出版社，1985年，第322頁。
117 〔清〕盧安節編，〔清〕任啟運校定：《明大司馬盧公年譜》，清光緒元年重刻本，北京圖書館編：《北京圖書館藏珍本年譜叢刊》第62冊，北京：北京圖書館出版社，1999年，第336頁。

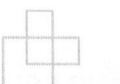

第三節　傾力主戰殞命疆場

刑獄掌軍事，頗得民心。三郡百姓得知盧象昇駐軍於此，紛紛趕赴軍營，並良言相勸：

天下洶洶且十年，明公出萬死不顧一生之計為天下先。乃奸臣在內，孤忠見嫉。三軍捧出關之檄，將士懷西歸之心，棲遲絕野，一飽無時。脫巾狂噪，雲帥其見告矣。明公誠從愚計，移軍廣順，召集義師。三郡子弟喜公之來，皆以昔非公死賊，今非公死兵，同心勠力，一呼而裹糧從者可十萬，孰與只臂無援，立而就死哉！[118]

顯然，三郡百姓已清楚盧象昇的艱難處境，都自願應徵入伍，隨同官軍殺敵。其言辭之懇切、鬥志之激昂，令盧象昇感動不已。然而，盧象昇非常清醒，他認為若棄地而移兵三郡，有逃跑之嫌疑，再被朝臣糾劾，後果亦不堪設想；即使移兵南下募兵，也無法根本改變這次明軍慘敗的大局。更何況，盧象昇也不願意連累三郡百姓。他泣然流涕，答道：「父老意甚厚，雖然，自與賊抗大小數十百戰，未嘗挫衂，今者分疲卒五千，大敵西衝，援師東隔，敗亡立見，若委而去之，貽君父憂吾弗為耳。食竭力盡有死而已，毋徒累父老為也。」[119] 結果，三郡百姓「眾號泣雷動」，紛紛為盧象昇募捐助餉，「各攜床頭斗粟餉軍，或遺棗一升，曰：公煮為糧。」[120]

畿南三郡萬民的擁戴，給身處絕境中的盧象昇些許慰藉。此時，竟還有一位官宦知己也在關注著他的命運。楊廷麟，時任庶吉士編修及經筵直講官，冒死上疏崇禎帝，斥責楊嗣昌、高起潛誤國，請求委盧象昇以軍事指揮

118　〔清〕張廷玉等：《明史》卷 261，列傳第 149，〈盧象昇傳〉，北京：中華書局，1974 年，第 6764 頁。

119　〔清〕盧安節編，〔清〕任啟運校定：《明大司馬盧公年譜》，清光緒元年重刻本，北京圖書館編：《北京圖書館藏珍本年譜叢刊》第 62 冊，北京：北京圖書館出版社，1999 年，第 336—337 頁。

120　〔清〕盧安節編，〔清〕任啟運校定：《明大司馬盧公年譜》，清光緒元年重刻本，北京圖書館編：《北京圖書館藏珍本年譜叢刊》第 62 冊，北京：北京圖書館出版社，1999 年，第 337 頁。

第三章　盧象昇的生平（下）

全權。他上疏道：「南仲在內，李綱無功；潛善秉政，宗澤殞恨。臣願陛下赫然一怒，專命督臣盧象昇集諸路援師，不從中制，社稷幸甚，天下幸甚。」[121]

楊廷麟以兩宋時期之故事，來暗喻時政：內有權臣當道，外無將帥之功。楊嗣昌聞之大怒，以楊廷麟知兵事為藉口，疏請崇禎帝「改廷麟兵部主事，贊畫行營」。[122] 楊嗣昌明知盧象昇危在旦夕，此舉就是要楊廷麟去軍營送死。從楊嗣昌對待臣僚的諸多做法中，可以看出：楊嗣昌的心胸的確不夠寬廣。楊嗣昌當時是崇禎帝最信任的權臣，竟不能協調文武官員的矛盾，充分發揮其才能，卻黨同伐異、睚眥必報，必然會使朝政更加糜爛，加速明王朝的滅亡。

盧象昇很清楚，他和楊廷麟以及部屬的生命都危在旦夕。他很欣賞楊的品格和才氣，不希望楊也死於亂軍之中，便告訴楊廷麟：「子同死，亡益。」[123] 剛巧此時軍中糧餉用盡，盧象昇便派楊廷麟去真定乞糧，「（崇禎十一年十二月）初十日，遣楊廷麟乞糧於陝撫孫傳庭（振武衛人，時入援，駐兵真定）」。十二月十一日，盧象昇進駐鉅鹿賈莊。當地生員姚東照，「助糧七百斛，士氣稍振」。而此時的監軍太監高起潛，就駐兵五十里之外的雞澤（今河北雞澤縣），擁有數萬關寧軍隊。盧象昇派人聯絡，期望次日清晨合兵一處，與清兵決戰。然而，高起潛不應，「起潛得檄，東走臨清」。[124] 高起潛避敵而

121　〔清〕盧安節編，〔清〕任啟運校定：《明大司馬盧公年譜》，清光緒元年重刻本，北京圖書館編：《北京圖書館藏珍本年譜叢刊》第 62 冊，北京：北京圖書館出版社，1999 年，第 334 頁。

122　〔清〕張廷玉等：《明史》卷 261，列傳第 149，〈盧象昇傳〉，北京：中華書局，1974 年，第 6764 頁。

123　〔明〕朱溶：《忠義錄》卷 3，〈盧象昇傳〉，高洪鈞編：《明清遺書五種》，北京：北京圖書館出版社，2006 年，第 532 頁。

124　〔清〕盧安節編，〔清〕任啟運校定：《明大司馬盧公年譜》，清光緒元年重刻本，北京圖書館編：《北京圖書館藏珍本年譜叢刊》第 62 冊，北京：北京圖書館出版社，1999 年，第 337 頁。關於楊廷麟乞糧一說，還見於《罪唯錄》、《東林列傳·盧象昇

第三節　傾力主戰殞命疆場

逃，更使盧象昇處於孤軍奮戰的境地。

(二) 賈莊決戰

盧象昇兵寡糧乏，因而力求儘早與清軍決戰。他的部隊是少數幾支抗清官軍中的一支，因此，尋求與盧象昇所部作戰並殲滅之，也就成了清兵作戰的目標之一。這也決定了這場決戰的必然性和殘酷性。崇禎十一年（1638年）十二月十一日晨，盧象昇「自誓必死」，便走出營帳，「四面拜」，向部眾正言道：「吾與將士同受國恩，患不得死，不患不得生。」眾官兵「皆泣，莫能仰視」。[125]之後，盧象昇率師出征，「師至蒿水橋，遇大清兵。象昇將中軍，大威帥左，國柱帥右，遂戰」[126]。激戰一天，雙方傷亡人數相當。深夜，盧象昇回營帳。十二日晨，清兵以優勢兵力將明軍的賈莊大本營層層包圍，「吏士殊無人色」，而盧象昇明知此戰必死無疑，仍冷靜布陣，誓與清兵決戰。他「氣彌厲，周視整兵，查夷傷，治戰具，易麾幟，為圜陳」，「南、北、中布巨炮，挾以弩矢，隅中開壁迎敵，士皆殊死戰。至日昳，炮盡矢窮，公命去備，以短兵薄戰。大清兵縱精騎夾攻之，士卒多死。大威挽公馬出圍，公按劍曰：『將軍死，綏有前無卻』。遂躍馬馳入陣，中四矢三刃乃僕」。[127]

關於盧象昇戰死的經過，有關史籍記載頗為詳細。這場戰役從十一日晨

傳》等史籍，甚至《明史·楊廷麟傳》也有記載：「象昇喜，即令廷麟往真定轉餉濟師。」但唯有《明史·盧象昇傳》未記載楊廷麟乞糧真定之事，而只載楊乞援師於高起潛：「起潛擁關、寧兵在雞澤，距賈莊五十里而近，象昇遣廷麟往乞援，不應。」（張廷玉等：《明史》卷261，列傳第149，〈盧象昇傳〉，北京：中華書局，1974年，第6765頁）

125　〔清〕陳鼎：《東林列傳》卷5，〈盧象昇傳〉，揚州：廣陵書社，2007年，第102頁。
126　〔清〕張廷玉等：《明史》卷261，列傳第149，〈盧象昇傳〉，北京：中華書局，1974年，第6765頁。
127　〔清〕盧安節編，〔清〕任啟運校定：《明大司馬盧公年譜》，清光緒元年重刻本，北京圖書館編：《北京圖書館藏珍本年譜叢刊》第62冊，北京：北京圖書館出版社，1999年，第338—339頁。

第三章　盧象昇的生平（下）

到次日午後，幾乎沒有間歇。戰爭中，盧象昇先是動用了火炮、弓弩，直到炮盡矢窮，後又短兵搏戰，部眾皆殊死廝殺，清兵縱鐵騎夾擊。可見戰鬥之慘烈！部將山西總兵虎大威曾勸盧象昇突圍，遭到拒絕，盧象昇反問道：「男子不死疆場，乃死西市耶？」[128] 可以想像，盧象昇在生命的最後，應該能預見：即使能突圍，自己也會遭受朝廷的嚴懲。盧象昇是一位無畏的鬥士，屢屢在極其艱險的條件下深入敵陣，即使面對清兵精銳也毫無畏懼。然而，他卻害怕朝中某些官員，常借用忠君報國的名義，隨意彈劾他人，使許其他多文官武將行事屢遭掣肘甚至罷官下獄。他更畏懼的則是喜怒無常的崇禎帝，不少文武官員瞬間就失寵被殺。盧象昇在臨死前，或許會憶起抗（後）金名臣、薊遼總督袁崇煥的悲慘下場。袁崇煥曾屢次被明廷委以軍事重任，卻最終遭到崇禎帝的猜忌而死。所以，盧象昇認為，自己若不戰死，下場也可能會和袁崇煥相似。與盧象昇同時代的李清也推論：「若象昇不死，必為肆市之魁矣。」[129]

　　武人愛駿馬，似乎也天經地義。在盧象昇戰死之時，有文獻提及他胯下戰馬「五明驥」，見盧象昇戰死後仍悲鳴不已，一時不願離去，「是夜所乘馬，嘶鳴氣蕭瑟」[130]。這在正史裡卻未見記載。然而，盧象昇天生酷愛良馬確是無疑的。對此，《明史》有載：「象昇好畜駿馬，皆有名字。嘗逐賊南漳，敗。追兵至沙河，水闊數丈，一躍而過，即所號五明驥也。」[131] 這匹「五明驥」，為盧象昇平定義軍立下諸多戰功。盧象昇征戰勞苦，自然離不開戰馬。他在

---

128 〔明〕朱溶：《忠義錄》卷3，〈盧象昇傳〉，高洪鈞編：《明清遺書五種》，北京：北京圖書館出版社，2006年，第533頁。

129 〔明〕李清：《三垣筆記》，〈筆記上‧崇禎〉，北京：中華書局，1982年，第11頁。

130 白一瑾：《明清鼎革中的心靈史—吳梅村敘事詩人形象研究》，《附錄一：吳梅村部分敘事詩註釋》，天津：天津人民出版社，2008年，第180頁。詩文中的「所乘馬」，即盧象昇所擁有的十匹良馬之一「五明驥」。

131 〔清〕張廷玉等：《明史》卷261，列傳第149，〈盧象昇傳〉，北京：中華書局，1974年，第6766頁。

第三節　傾力主戰殞命疆場

征戰期間，自購五匹良馬，加上御賜寶馬五匹，剛好十匹。盧象昇對駿馬的酷愛之情，也滲透於在其詩作〈十驥詠〉中，他為這 10 匹馬各自賦詩一首，以示憐愛。盧象昇在詩作〈十驥詠〉的詩首就講明了這點：「余頻年征討，蓋以馬為足者也，頃帥師入衛。兩足俱苦，濕毒裹瘡，而馳解鞍即臥，更以馬為性命者也。間遇良駟，傾囊購之，得駿凡五。今上復賜以御廄，五十選其最者什一從余，朝夕以拜君恩。每當鐵騎長嘶，輒想書生故業，聊為東家施作〈十驥詠〉，敢就正登壇作者。」[132]

關於盧象昇戰死的原因，《明季北略》有較為令人信服的概括：「象昇所以死有六。一與嗣昌相左，二與起潛不協，三以弱當強，四以寡擊眾，五無餉，六無援。然後五者，皆嗣昌奸謀所致，雖然殺象昇之身於一時者嗣昌也，成象昇之名於千載者亦嗣昌也。君子正不必為人咎矣。」[133] 計六奇的分析極有見地，同時認為，楊嗣昌與盧象昇不和是盧象昇敗亡的首要原因。其實，盧象昇敗亡，根源還在最高決策者崇禎帝。他對盧象昇的猜忌促戰和策略失當，才將盧公逼上了以死殉國的不歸路。

三、死後餘波

賈莊之戰，盧象昇所部官軍幾乎全軍覆沒，他也身負四箭三刀而死。他的部屬掌牧官楊陸凱（盧象昇為大名道，將其拔置幕下，楊從軍捍賊，積功至游擊將軍）為保護其屍體，竟伏於屍體後背，也身中二十四箭而死。盧象昇的部將張岩與侍僕顧顯也一同陣亡，部將虎大威、楊國柱突圍逃脫。對此，《明通鑒》有載：「（盧象昇）身中四矢三刃，遂仆，掌牧楊陸凱懼眾殘其屍而伏其上，背負二十四矢以死。僕顧顯者亦殉，一軍盡沒。宣府參將

---

132 〔明〕盧象昇：《忠肅集》卷 1，《文淵閣四庫全書》影印本，別集類，第 1296 冊，臺北：商務印書館，1983 年版，第 595 頁。
133 〔清〕計六奇，魏得良、任道斌點校：《明季北略》卷 14，〈盧象昇戰死〉，北京：中華書局，1984 年，第 247 頁。

第三章　盧象昇的生平（下）

張岩陷陣死,唯大威、國柱得脫。」[134] 三天後,已突圍的副將劉欽返回戰場尋找盧象昇的屍首。劉欽仔細查找,「屍殘缺,血汙不可辨,獨兩屍重累,上負二十四矢,就而視之,則楊陸凱也。伏地一屍,麻衣裹甲衣,有督兵砆篆」[135],雖然血肉模糊,但從甲衣內的喪服和隨身總督印信,就可知是盧象昇的屍首。劉欽大慟,將屍首抬到新樂縣。楊廷麟聞訊趕來,將屍首迎入真定城東關,「為公盥面刮髮,憂怒目瞋視,凜凜如生」[136]。然而,當地守臣卻裝不認識盧象昇,楊廷麟大怒,「集兵民視之,皆號泣曰:『此我盧公也。』」[137] 盧象昇之死震驚了畿南三郡的百姓,「三郡之民聞之,哭失聲」[138],「雨泣曰:『盧公死,誰恤我者?』競除地立祠,每有疾病輒此禱祀求福。甚有痛其亡,發狂疾死者。」[139] 盧象昇生前為三郡百姓尊崇,身後竟也被奉為神靈。

　　盧象昇府中有位同鄉幕客,名叫許德士,當時因病滯留於保定,聞知盧象昇死訊後,「力疾趨赴,墮馬折指不前」。崇禎十二年(1639年)年春,許德士抱病趕至真定,「攀公棺而哭之,至不能起」。真定守臣一向畏懼楊嗣昌,不同意為盧象昇殮屍的請求,許德士主動承擔殮屍的政治後果,他憤慨

134　〔清〕夏燮撰,王日根、李一平、李珽、李秉乾等校點:《明通鑒》卷86,長沙:岳麓書社,1999年,第2385頁。
135　〔清〕盧安節編,〔清〕任啟運校定:《明大司馬盧公年譜》,清光緒元年重刻本,北京圖書館編:《北京圖書館藏珍本年譜叢刊》第62冊,北京:北京圖書館出版社,1999年,第339頁。
136　〔清〕盧安節編,〔清〕任啟運校定:《明大司馬盧公年譜》,清光緒元年重刻本,北京圖書館編:《北京圖書館藏珍本年譜叢刊》第62冊,北京:北京圖書館出版社,1999年,第340頁。
137　〔清〕盧安節編,〔清〕任啟運校定:《明大司馬盧公年譜》,清光緒元年重刻本,北京圖書館編:《北京圖書館藏珍本年譜叢刊》第62冊,北京:北京圖書館出版社,1999年,第340頁。
138　〔清〕張廷玉等:《明史》卷261,列傳第149,〈盧象昇傳〉,北京:中華書局,1974年,第6765頁。
139　〔清〕陳鼎:《東林列傳》卷5,〈盧象昇傳〉,揚州:廣陵書社,2007年,第103頁。

第三節　傾力主戰殞命疆場

地說：「倘訶，請以我說。」終於，盧象昇的屍體在他死後兩個月，「以二月八日大斂」[140]

盧象昇殉難後，卻沒有贏得明廷應給予的賞恤，甚至連屍骨都未能及時入殮，這緣於以楊嗣昌為代表的明政府的態度。盧象昇生前抗清，遭到楊嗣昌的非難；他死後，楊嗣昌還要嫁禍於他。楊嗣昌的態度使得多數官員對盧象昇之死避而不談。順德知府於穎曾將盧象昇的死訊奏陳，也遭到楊嗣昌的冷落。楊嗣昌希望的奏報內容是：盧象昇未死。這樣，他就會把明軍兵敗的責任推及於盧象昇，從而減輕自己應承擔的責任。有大臣誣陷盧象昇逃跑或者降清，楊嗣昌聞之則喜。楊嗣昌決定深入調查盧象昇的下落，於是，錦衣衛旗尉俞振龍等奉命前往偵伺。諸多史籍都或詳或略地記載了俞振龍寧死不從楊嗣昌的故事。如《明大司馬盧公年譜》載：「振龍等還，白公死事狀，且言公忠精，宜加褒恤。嗣昌聞之不喜，以振龍契勘不實，下於理窮治，死獄中。振龍臨死，無一言但，呼『天可欺，盧公不可欺』而絕，聞者皆為隕涕。」[141]《明通鑒》亦有載：「（俞振龍）歸言『象昇實死』。嗣昌怒，鞭之三日夜，且死。張目曰：『天道神明，無枉忠臣』。於是天下聞之，無不歔欷恚嗣昌矣。」[142]

與盧象昇同時期的抗清文人、嘉興人高承埏在《自靖錄考略》中也有類

140　〔清〕盧安節編，〔清〕任啟運校定：《明大司馬盧公年譜》，清光緒元年重刻本，北京圖書館編：《北京圖書館藏珍本年譜叢刊》第62冊，北京：北京圖書館出版社，1999年，第341頁。

141　〔清〕盧安節編，〔清〕任啟運校定：《明大司馬盧公年譜》，清光緒元年重刻本，北京圖書館編：《北京圖書館藏珍本年譜叢刊》第62冊，北京：北京圖書館出版社，1999年，第340頁。除了《明大司馬盧公年譜》，《明史‧盧象昇傳》、《史外‧盧忠烈傳》、《忠義錄‧盧象昇傳》、《東林列傳‧盧象昇傳》以及《罪唯錄‧盧象昇傳》等皆載有俞振龍之事，雖然詳略有差，細節或有牴牾，但基本內容無大出入。

142　〔清〕夏燮撰，王日根、李一平、李琛、李秉乾等校點：《明通鑒》卷86，長沙：岳麓書社，1999年，第2385頁。

第三章　盧象昇的生平（下）

似的記載。盧象昇陣亡後，千總張國棟以事情報至兵部，楊嗣昌以加刑相逼，令其稱盧象昇逗留不戰。張國棟不肯，為盧象昇大呼鳴冤：「刑則願刑，死亦願死，忠臣而以為逗留，力戰而以為退怯，上天難欺也！」楊嗣昌最後只好把張國棟釋放。[143] 俞振龍、張國棟仗義實奏，卻慘遭迫害，也凸顯了楊嗣昌心胸狹窄的一面。

高起潛和劉宇亮，本應與盧象昇協同作戰，他們又是怎樣抵禦清兵和對待盧象昇的呢？監軍太監高起潛，分領關寧軍隊數萬人，得到盧象昇乞援的消息後，立即拔師離去，移駐於臨清與濟寧間。《國榷》有載：「高起潛聞之，欲西遁，皇遽仍東行二十里，值敵伏，師潰……起潛僅以身免。」[144] 當聞知盧象昇戰歿後，高起潛卻祕而不言。不久，清兵圍攻濟南，高起潛仍不發援兵，結果濟南城陷，德王被俘。高起潛為逃避責任，竟誣陷已自殺殉難的守城御史宋學朱，稱宋學朱仍未死，其行徑與楊嗣昌對待盧象昇之做法相類。真相暴露後，宋學朱仍未受朝廷撫卹，而高起潛依舊受到明廷重用。崇禎十七年（1644 年），高起潛仍為監軍，卻又棄關而走。南明福王在江南建政時，他又被召為京營提督，不久便投降清兵。[145] 首輔劉宇亮，僅是為了討好崇禎帝才請纓督察軍事的，其實也是貪生怕死之輩，「甫至保定，聞象昇戰沒。偵者報，大清兵將至，相顧無人色，急趨晉州避之」。晉州知州陳弘緒閉門不納，遭到劉宇亮馳疏彈劾，然晉州百姓卻「詣闕訟冤」，「帝自是疑宇亮不任事，徒擾民矣」。崇禎十二年（1639 年），「九卿科道僉議宇亮玩弄國憲，

---

143 〔清〕盧安節編，〔清〕任啟運校定：《明大司馬盧公年譜》，清光緒元年重刻本，北京圖書館編：《北京圖書館藏珍本年譜叢刊》第 62 冊，北京：北京圖書館出版社，1999 年，第 340—341 頁。

144 〔明〕談遷著，張宗祥校注：《國榷》卷 96，思宗崇禎十一年，北京：中華書局，1958 年，第 5826 頁。

145 〔清〕盧安節編，〔清〕任啟運校定：《明大司馬盧公年譜》，清光緒元年重刻本，北京圖書館編：《北京圖書館藏珍本年譜叢刊》第 62 冊，北京：北京圖書館出版社，1999 年，第 337—338 頁。

第三節 傾力主戰殞命疆場

大不敬」，劉宇亮終被「削籍，卒於家」。[146] 高起潛和劉宇亮一味避戰，根本不施援於盧象昇；盧象昇戰死後，他們又都漠然視之，高起潛仍受到明廷的重用。由此，我們不難理解，明軍為何會屢屢敗於清兵。

清軍這次入關之戰，進一步拖垮了虛弱的明王朝。清兵攻掠畿輔、山東等地達半年之久，直到崇禎十二年（1639年）三月，清兵才由青山口出長城北歸。清軍這次入塞，大獲全勝。據多爾袞、杜度等疏報：「自北京至山西界，復至山東，攻濟南府破之，蹂躪數千里，明兵望風披靡，克府一州三縣五十七，總督宣大盧象昇戰死，擒德王朱由□、郡王朱慈□、奉國將軍朱慈黨、總督太監馮允升等，俘獲人口五十餘萬，他物稱是。」[147]《明通鑒》亦有載：「是役也，凡深入二千里，三十三戰皆捷，下畿輔州縣城四十有三，……下山東府州縣十八，……俘獲人口四十六萬有奇，乃自青山口旋師。」[148] 崇禎帝也意識到東北防務實在空虛，於是便詔令洪承疇統率西北精銳留防薊遼前線。山西巡撫孫傳庭因對抗詔令而被猜忌下獄。西北地區的兩位重臣洪承疇、孫傳庭離開駐防地後，使得西北防務十分薄弱。這為西北和中原戰場上沉寂多時的義軍東山再起創造了條件。崇禎十年（1638年）四月，曾巡撫福建平倭有功的熊文燦，為楊嗣昌所薦，被任命為兵部尚書兼右副都御史，代王家禎總理中原五省軍務。楊嗣昌和熊文燦軟硬兼施，專力對付各地義軍。楊嗣昌還提出了「四正六隅」[149] 的策略，積極剿殺義軍。崇禎

---

146 〔清〕盧安節編，〔清〕任啟運校定：《明大司馬盧公年譜》，清光緒元年重刻本，北京圖書館編：《北京圖書館藏珍本年譜叢刊》第62冊，北京：北京圖書館出版社，1999年，第335頁。
147 〔民國〕趙爾巽等撰：《清史稿》卷3，〈本紀三‧太宗二〉，北京：中華書局，1977年，第67頁。
148 〔清〕夏燮撰，王日根、李一平、李珽、李秉乾等校點：《明通鑒》卷86，長沙：岳麓書社，1999年，第2389頁。
149 《廿二史札記》有載：「及崇禎中，流賊充斥，楊嗣昌則建四正六隅之說，以陝西、河南、湖廣、江北為四正，四巡撫分剿，而專防延綏、山西、山東、江南、江西、

第三章　盧象昇的生平（下）

十一年（1638年）五月，熊文燦招撫了張獻忠、劉國能所部義軍，各地起義暫時陷入低潮。但是，張獻忠休整一年後，又在谷城起兵反明，並與李自成等義軍首領，再次在西北和中原戰場上掀起起義的高潮。熊文燦因招撫之策的徹底失敗而下獄，舉薦者楊嗣昌擔心受懲治，只好主動請往湖廣督師鎮壓。然而，楊嗣昌征討一年半也毫無效果。官軍卻被張獻忠、羅汝才、李自成等部義軍，採用「以走致敵」的戰術，在湖廣、蜀、秦、豫戰場上將官兵拖得筋疲力盡。同時，楊嗣昌依然和在朝中一樣，沒有處理好與部屬的關係，導致明軍將領左良玉、賀人龍、鄭崇儉等或稱病避戰，或隔岸觀火，沒有很好的助攻義軍。崇禎十四年（1641年）正月，李自成占領洛陽，處死福王朱常洵，二月，張獻忠用計攻陷襄陽城，處死了襄王朱翊銘。本已「憂勞病瘁」的楊嗣昌聞訊，驚悸萬分，不久去世。[150]

四、揚名身後

楊嗣昌之死，使得盧象昇身後正名有了可能。崇禎十二年（1639年）二月八日，盧象昇的屍骨得以收殮，其弟盧象晉伏闕上書請恤，無果；同年秋，盧象昇的靈柩回歸故鄉。崇禎十三年，盧象昇之妻王氏向明廷請恤，又不許；

四川，為六隅，六巡撫分防而協剿，是謂十面之網，而總督、總理二臣隨賊所向，專征討，其後竟不能滅賊。」參見〔清〕趙翼：《廿二史札記》卷36，《明史》「四正六隅」條，北京：中國書店出版社，1987年。

150 樊樹志：《大明王朝的最後十七年》，北京：中華書局，2007年，第104—116頁。關於楊嗣昌之死，很多人認為是畏罪自殺，有服毒、自縊不同說法。其中明人王世德「自縊死」之說影響較大，「（十三年庚辰）闖賊陷雒陽，福王遇害。獻賊陷襄陽，襄王遇害。督師楊嗣昌自縊死。」（楊嗣昌著，梁頌成輯校：《楊嗣昌集》附錄，王世德：《崇禎遺錄》節錄，長沙：岳麓書社，2005年，第1532頁）然而，楊嗣昌臨死前兩個月時，給崇禎帝匯報軍情，憂心忡忡，自感「奄奄垂斃」。他長期督師剿敵，勞而無功，憂心忡忡導致重病在身。兩王被殺，最終使他心力交瘁而死。其子楊山松、監軍萬元吉也皆稱其病死，似乎「病死」之說則更為合理。

第三節　傾力主戰殞命疆場

不久，盧象昇弟象晉、象觀又請，仍不許。崇禎十四年三月，楊嗣昌死於湖廣任上，之後不少朝臣紛紛上疏，為盧象昇鳴冤。之後，盧象昇的歷史地位才逐漸獲得朝廷的認可。據《明大司馬盧公年譜》載，時為左都御史劉宗周，上疏言辭頗為激憤，稱「公（盧象昇）死由嗣昌，嗣昌誤國，罪不容誅，宜戮屍都市，以為人臣不忠者戒」，於是，「朝廷乃復公官，贈太子少師」。[151]《明史》亦有類似記載：「嗣昌敗，廷臣多為言者，乃贈太子少師、兵部尚書，賜祭葬，世蔭錦衣千戶。福王時，追諡忠烈，建祠奉祀。」[152]《崇禎實錄》並沒有述及如何追贈和恤典盧象昇，但也透露出明廷對其態度已經有了根本性的變化。崇禎十五年（1642年）四月，禮科都給事中沈胤培上疏：「欲求事功之臣，不若先求節義之士。如傅宗龍已恤，而盧象昇優典未沾，汪喬年忠魂莫問。事同恩義，何以使諸臣不為巧避也？」結果，「上是之」。[153] 崇禎十六年（1643年）七月，「議恤故總理盧象昇並核各死事文武官」[154]。有關崇禎朝和南明弘光朝對盧象昇歷史地位的認可，《東林列傳》和《忠義錄》本傳也均有記載：「象昇死四年，（象觀）上書訟兄冤，得贈戶部尚書、太子少師，予祭葬。又三年，改贈兵部尚書，諡忠烈，特祠。蔭一子錦衣衛，世襲百戶。」[155]「弘光改元，贈原官，諡忠烈。」[156] 以上諸史籍記載雖有一些差

151　〔清〕盧安節編，〔清〕任啟運校定：《明大司馬盧公年譜》，清光緒元年重刻本，北京圖書館編：《北京圖書館藏珍本年譜叢刊》第62冊，北京：北京圖書館出版社，1999年，第341—342頁。
152　〔清〕張廷玉等：《明史》卷261、列傳第149，〈盧象昇傳〉，北京：中華書局，1974年，第6765頁。
153　《崇禎實錄》卷15，崇禎十五年夏四月丙午，《明實錄》附錄2，臺北：中央研究院歷史語言研究所校印本，第429頁。
154　《崇禎實錄》卷16，崇禎十六年秋七月丙辰，《明實錄》附錄2，臺北：中央研究院歷史語言研究所校印本，第485頁。
155　〔清〕陳鼎：《東林列傳》卷5，〈盧象昇傳〉，揚州：廣陵書社，2007年，第104頁。
156　〔清〕朱溶：《忠義錄》卷3，〈盧象昇傳〉，高洪鈞編：《明清遺書五種》，北京：北京圖書館出版社，2006年，第533頁。

第三章　盧象昇的生平（下）

異，但可以大體上看出，崇禎帝和南明弘光帝為了抗清鬥爭的需要，已經承認了盧象昇的抗清鬥爭是忠君報國之為。在恤錄崇禎朝殉難死節之諸臣時，弘光朝還追諡盧象昇為「忠烈」。[157]

　　明朝歷史上，有不少大臣，曾為國家立功至偉卻遭到政治迫害，而後代君主在遭遇國家危難時，又想起前朝功臣，並為其鳴冤正名、復官復蔭。盧象昇的生前死後的經歷便是最好的佐證。由此，筆者不由得想到另一位大臣的遭遇。曾經變法富國、死後身敗名裂後又被恢復名譽的張居正，其命運不也是如此麼？張居正的改革，在很大程度上使財政匱乏、弊政叢生的明王朝出現了較大的轉機，但是由於萬曆帝的貪婪和張居正生前政敵的攻訐，導致了張居正死後家人處境悲慘、本人聲名狼藉的結局。可是到了明末天啟、崇禎年間，內憂外患紛來沓至，朝廷才想到了往日之功臣。明熹宗天啟二年，朝廷為張居正復原官、予祭葬，並發還沒有變賣的張家房產；明思宗崇禎年間，甚至為張家後人蔭封官位。正如學者朱東潤所言，整個萬曆一朝，無人稱道張居正；天啟、崇禎朝遭遇政治危急時刻，卻為他復職復蔭，實質上就是為了激勵當日臣工們，然而一切都太遲了。[158] 末代帝王們對張居正、盧象昇們的這種正名，自然無法重振朝綱、挽救明王朝覆滅的命運的。

　　能得到敵人敬仰的英雄才是真正的英雄。盧象昇為明王朝抗清殉難，竟屢遭當權者的漠視；已成為勝利者的清朝貴族，卻對昔日勁敵盧象昇，表現出了難得的尊崇。清定鼎天下後，一方面殘酷鎮壓抗清義士，另方面也設法籠絡各民族尤其是漢人民心。清初，統治者為宣示滿漢一家、皇恩浩蕩，甚至對已逝之前明抗清義士，亦追諡立祠，褒頌有加。順治十七年（1660

157　多數文獻記載，盧象昇被追諡「忠烈」的時間為南明弘光帝在位時，但《國榷》認為仍在崇禎朝：「（盧象昇死後）踰四年，予祭葬，贈戶部尚書，諡忠烈。」參見〔明〕談遷著，張宗祥校注：《國榷》卷96，思宗崇禎十一年十二月庚子，北京：中華書局，1958年，第5826頁。
158　朱東潤：《張居正大傳》，西安：陝西師範大學出版社，2009年，第344頁。

第三節　傾力主戰殞命疆場

年），盧象昇得以厚葬於「溧陽惠德區芥字號西窯岕」[159]。《盧忠肅公集》記載稍詳：「忠烈公墳坐落溧陽西窯岕山。八十畝辦糧，左青龍山，右白虎山，及坐身山完備外，祭田五畝二分，墳前地二畝六分。」[160] 朱再平為著名的宜興文史作家，對宜興地方志研究較為著力，他在《盧公祠記》中，也提及盧象昇祭葬之地，「公（盧象昇）柩南移，歸瀨上辰山西陶（陶，古讀窯，兩字音義相通）岕新遷盧家墳地，傍父而葬」。[161]

圖 3-1：盧象昇的墓地

---

159 〔清〕盧安節編，〔清〕任啟運校定：《明大司馬盧公年譜》，清光緒元年重刻本，北京圖書館編：《北京圖書館藏珍本年譜叢刊》第 62 冊，北京：北京圖書館出版社，1999 年，第 342 頁。
160 〔明〕盧象昇撰，〔清〕盧豪然、盧安節輯《盧忠肅公集》卷首，「墳墓坐落」，清光緒元年會稽施惠刻本。
161 路邊：《煙雨龍窯盧公祠記》，北京：團結出版社，2016 年，第 106 頁。2017 年 10 月，筆者訪盧象昇故鄉宜興茗嶺時，盧氏後人稱，他們現在已經無法查找到盧象昇墳墓的具體位置了。根據現有史料，基本可以斷定，當時盧象昇的墳塚應該是衣冠塚。

第三章　盧象昇的生平（下）

康熙二十七年（1688年），清政府在宜興當地為盧象昇建祠奉祀，「奉旨建祠於邑東，以特牢祀」，是為忠烈祠。[162] 乾隆四十一年（1776年），清廷賜盧象昇諡號「忠肅」，忠烈祠又改稱忠肅祠。咸豐四年（1854年），祠堂遭兵燹之災，同治九年（1870年）又由當地鄉紳和盧象昇後人募資重修。

除了盧象昇的故鄉宜興，在他殉難地鉅鹿賈莊亦曾建有盧公祠。賈莊盧公祠屬於私人興建，以紀念他曾屯兵保衛賈莊。據《明大司馬盧公奏議十卷》所附《賈莊建祠紀略》有詳載：「國朝乾隆八年，先祖傑夫公諱豪然令威縣，曾經鉅鹿之賈莊，見有先忠肅公專祠，詢知兩年前有孀婦姚郭氏，同伊侄孫姚成，追念公當日屯兵保護之恩，致命遂志之烈。捐宅基三畝建祠以祀，在地居民爭劇金置田十餘畝，作春秋祭費，至今報賽不輟。」[163] 另外，「乾隆皇帝又命祀廣平、大名、順德三府名宦，賜諡忠肅」[164]，所以，在賈莊和畿南三郡等地，也應有盧象昇專祠或與當地鄉宦之合祠。遺憾的是，由於長期戰亂和某種特殊因素的影響，這些祠堂遺址都沒有保留下來。我們現在能尋找到的較完整的盧公祠堂，即為2001年宜興政府重建的忠肅祠。

五、〈臨江參軍〉等文藝作品中的盧象昇形象

在歷史文獻、地方志和某些史著中，對於盧象昇生平事蹟的介紹，還是較多的。當然，這些作品多記載盧象昇抗清平叛的事蹟，且內容大同小異。對此，前文已多有所述，此處不再贅述。後代的文藝作品，也有不少敘述盧

162　〔清〕盧安節編，〔清〕任啟運校定：《明大司馬盧公年譜》，清光緒元年重刻本，北京圖書館編：《北京圖書館藏珍本年譜叢刊》第62冊，北京：北京圖書館出版社，1999年，第342頁。

163　〔明〕盧象昇：《明大司馬盧公奏議十卷》附錄，〈賈莊建祠紀略〉，《四庫未收書輯刊》第2輯第25冊，清道光九年刻本，北京：北京出版社，2000年，第273頁。

164　參見中國人民政治協商會議江蘇省宜興縣委員會文史資料研究委員會：《宜興文史資料》第6輯，〈關於盧公祠的回憶和聯想〉，宜興：政協宜興文史資料研究委員會出版，1984年，第45頁。

第三節　傾力主戰殞命疆場

象昇的生平，尤其是抗清陣亡的經歷。筆者以為，近代的蔡東藩所著《明史通俗演義》第 95 回「張獻忠偽降熊文燦，楊嗣昌陷殺盧象昇」，對盧象昇與楊嗣昌不和、抗清戰歿的敘述和評論皆頗得要領。現代歷史小說家姚雪垠的長篇歷史小說《李自成》第一卷本，〈北京在戒嚴中〉和〈盧象昇之死〉，著墨五萬餘字，講述了盧象昇入京以後的經歷。它們雖屬小說類別，但卻不同於以塑造人物性格和構造扣人心弦的故事情節為目的的普通小說，其文學、史學價值都較高。筆者以為，這些小說作品，值得歷史愛好者閱讀；自然，它們絕不可當作歷史文獻來對待。

除此以外，還有一些涉及盧象昇事蹟的小說，如當代網路寫手「當年明月」所著《明朝那些事兒》，其第七部之〈一個文雅的的人〉和〈選擇〉，就盧象昇「剿賊」和抗清戰死的經歷（尤其是後者），記敘較為詳細。該著作雖為網路小說，語言風格網路化鮮明，但是能給讀者提供了某些重新審視歷史的視角。另外如《大明龍騰》等小說，其記敘與史實懸殊太大，對於我們瞭解盧象昇和明末歷史，幾無裨益。

關於盧象昇的影視書畫類文藝作品，不僅數量較少，而且迄今為止還沒有有影響力的大作出現。1979 年，有出版社曾製作了《盧象昇抗清》的連環畫冊，算是較早的普及歷史知識的文藝作品。《中華上下五千年》大型卡通歷史故事系列影片即有〈盧象昇戰死鉅鹿〉一節（連環畫冊和影片搭配），其受眾者主要是少年兒童。可喜的是，近年來，隨著網路傳媒的發展，盧象昇的宣傳也出現了新的跡象。2015 年，電視臺製作了《悲情戰神盧象昇》節目，介紹了盧象昇短暫的一生，影片在騰訊、優酷、新浪等影片網站皆可觀賞。2018 年，窟眩影片製作的《全面戰爭紀錄片》系列影片，其中有一節〈鉅鹿之戰〉，專門介紹盧象昇。

這些文藝作品，對盧象昇的介紹，有著較大的共性：重點記述盧象昇抗清殉國，以突出讚美盧象昇的英勇正直和精忠報國之精神。這對於當今加強

第三章　盧象昇的生平（下）

對青少年進行愛國主義思想政治教育都有著重要的現實意義。

就歷代詩詞戲劇類的文學作品，以盧象昇入文的篇目更是罕見。筆者偶然間找到了一篇詩作，即明清之際的著名學者吳梅村所作〈臨江參軍〉。這是一篇長詩，專記楊廷麟和盧象昇兩人在鉅鹿之戰前後事，其文文學、史學價值都很高。作者吳梅村，為楊廷麟之友人，被時人稱為文壇魁首。他滿懷激情，將對盧象昇和楊廷麟的敬佩與讚歎之情融入〈臨江參軍〉詩文的字裡行間。在國家危難時，盧、楊所表現出的愛憎分明、視死如歸的英雄現象，即躍然於紙上；同時，我們對他們的不幸遭遇，亦不禁感嘆不已。這篇詩文為時人專記盧象昇血戰鉅鹿前後事，作者吳梅村在《梅村詩話》中也稱此詩堪為「詩史」[165]；同時，該詩作也不為諸多盧象昇研究者們所熟知。因此，筆者將該詩文摘錄於此，希望能為歷史愛好者和盧象昇研究者提供某些參考。[166]

臨江參軍

吳梅村

臨江髯參軍，負性何貞栗。上書請賜對，高語爭得失。左右為流汗，天子知質直。公卿有闕遺，廣坐憂指摘。鷹隼伏指爪，其氣常突兀。同舍展歡謔，失語輒面斥。萬仞削蒼崖，飛鳥不得立。予與交十年，弱節資扶植。忠孝固平生，吾徒在真實。

去年羽書來，中樞失籌策。桓桓尚書公，提兵戰力疾。將相有纖介，中

---

[165] 《梅村詩話》有云：「余與機部相知最深，於其為參軍周旋最久，故於詩最真，論其事最當。即謂之詩史，可勿愧。」參見〔清〕吳梅村：《梅村詩話》，上海掃葉山房，宣統三年石印。《梅村詩話》中的「機部」，指楊廷麟，吳梅村之好友，字伯祥，又字機部，臨江清江人。所以「臨江參軍」亦指楊廷麟，《明史》有其傳。

[166] 〔清〕吳偉業著，李學穎集評標校：《吳梅村全集》卷1，〈臨江參軍〉，上海：上海古籍出版社，1990年，第2—3頁。又參見白一瑾：《明清鼎革中的心靈史—吳梅村敘事詩人形象研究》，〈附錄一：吳梅村部分敘事詩註釋〉，天津：天津人民出版社，2008年，第175—181頁。

第三節　傾力主戰殞命疆場

外為危慄。君拜極言疏，夜半片紙出。贊畫樞曹郎，遷官得左秩。天子欲用人，何必歷顯職。所恨持祿流，垂頭氣默塞。主上憂山東，無能恃緩急。投身感至性，不敢量臣力。

受詞長安門，走馬桑乾側。但見塵滅沒，不知風慘慄。四野多悲笳，十日無消息。蒼頭草中來，整暇見紙墨。唯說尚書賢，與語材挺特。次見諸大帥，驕懦固無匹。逗撓失事機，倏忽不相及。變計趣之去，直云戰不得。成敗不可知，死生予所執。

予時讀其書，對案不能食。一朝敗問至，南望為於邑。忽得別地書，慰藉告親識。

云與副都護，會師有月日。顧恨不同死，痛憤填胸臆。先是在軍中，我師已孔亟。剽略斬亂兵，掩面對之泣：我法為三軍，汝實饑寒極。諸營勢潰亡，群公意敦逼。公獨顧而笑，我死則塞責。老母隔山川，無繇寄悽惻。作書與兒子，無復收吾骨。得歸或相見，且復慰家室。別我顧無言，但云到順德。

犄角竟無人，親軍唯數百。是夜所乘馬，嘶鳴氣蕭瑟。椎鼓鼓聲哀，拔刀刀芒澀。公知為我故，悲歌壯心溢。當為諸將軍，揮戈誓深入。日暮箭鏃盡，左右刀鋋集。帳下勸之走，叱謂吾死國。官能制萬里，年不及四十。

詔下詰死狀，疏成紙為濕。引義太激昂，見者憂讒疾。公既先我亡，投跡復奚恤。大節苟弗明，後世謂吾筆。此意通鬼神，至尊從薄謫。生還就耕釣，志願自此畢。匡廬何巉嶸，大江流不測。君看磊落士，艱難到蓬蓽。猶見參軍船，再訪征東宅。風雨懷友生，江山為社稷。生死無愧辭，大義照顏色。

第三章　盧象昇的生平（下）

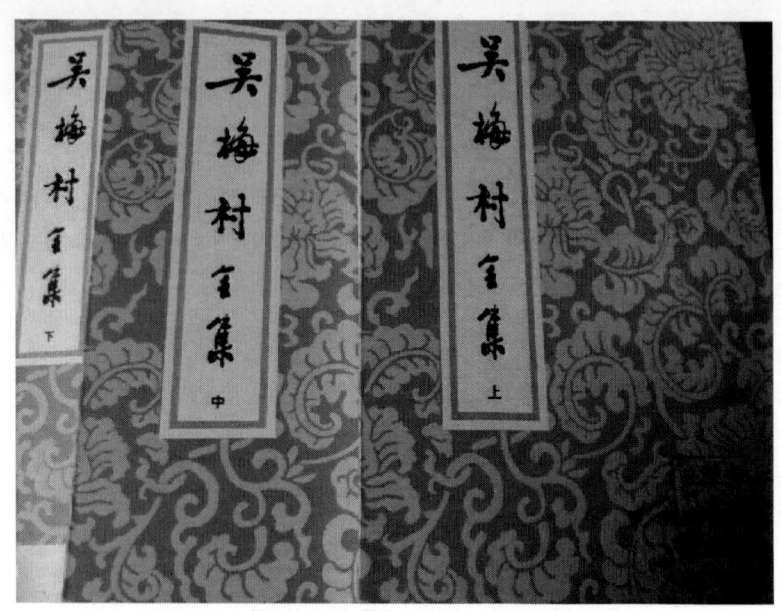

圖 3-2：《吳梅村全集》（選有〈臨江參軍〉）

　　需要說明的是，該詩文雖然是直接讚美楊廷麟，但同時也突出了盧象昇的歷史地位。甚至可以這麼理解：詩文明褒楊廷麟，暗讚盧象昇。為什麼這麼說呢？筆者如此分析：其一，該詩作描述的中心事件即是鉅鹿之戰。詩文所述為順序寫法，從戰前盧象昇與楊嗣昌失和、楊廷麟因直諫而被貶職去盧象昇營參畫軍務，到盧象昇遭受楊嗣昌、高起潛排擠而孤軍奮戰，再到最後盧象昇血戰鉅鹿而亡，所有人物和事件的介紹都是離不開鉅鹿之戰的。而盧象昇則是這場戰役的明軍一方的直接指揮者。其二，楊廷麟和盧象昇有諸多共性，如凡事以國事為重，愛憎分明且有擔當精神，耿爽直率又視死如歸，等等；楊廷麟為彈劾楊嗣昌並支持盧象昇而遭報復後才參贊盧象昇軍營，且兩人志趣相投、互相欣賞；從官品級別看，楊廷麟就是盧象昇的部屬。所以褒揚楊廷麟也意味著是盛讚盧象昇。其三，從詩文寫作時間看，應為崇禎十二年（1639 年），此時盧象昇剛剛戰死，崇禎帝和當政的權臣楊嗣昌卻一直在打擊同情盧象昇之人，結果導致盧象昇的屍體未能及時入殮，家屬得不

第三節　傾力主戰殞命疆場

到撫卹。所以，此時吳梅村作詩，也不敢明褒盧象昇，但可以透過讚譽楊廷麟來實現。其四，從篇幅來看，有三分之一以上的文字在直接講述盧象昇，間接寫盧象昇的文字也不少。其五，從寫作技巧看，詩文中大量運用了烘托和反襯之手法。比如，以楊嗣昌等對盧象昇的排擠和忌恨來反襯盧象昇的英勇正直；以夜戰時戰場上緊張而肅殺的氣氛來烘托盧象昇孤軍奮戰的悲壯場景；以楊廷麟的秉性耿直、與盧象昇友善來烘托盧象昇識人惜才、勇於擔當的優秀特質。

長詩最末一句，可謂是全詩點睛之語：生死無愧辭，大義照顏色。此言是在褒揚楊廷麟為大義而置生死於度外的高貴品格，同時不也是在謳歌盧象昇捨生取義的英雄氣概麼？

總之，自巡撫湖廣到總理五省乃至總督宣大，盧象昇對內保境安民，對外禦邊抗清；他能文兼武，「移孝作忠」，最終戰死疆場。可以說，盧象昇是明末官員的楷模。值得我們深思的是：他赤膽忠心，卻為當權者逼迫而死；他矢志抗清，卻受到清廷的敬仰。盧象昇的經歷告訴我們：在君主高度集權制度下，即便是矢志報國的忠臣孝子，也極有可能成為無辜的政治犧牲品。盧象昇留給我們後人的寶貴財富，除了諸多具有豐富的史料價值的洋溢著人道主義精神的詩詞疏牘等作品外，還有提出的諸多軍事策略，更有他致力於的官制、軍制改革。

第三章　盧象昇的生平（下）

第四章　盧象昇的軍事策略

在近十年的戎馬生涯中，盧象昇積累了豐富的軍事經驗，提出了諸多有價值的軍事策略，甚至有的已付諸作戰實踐中去。對此，筆者將重點從用兵籌餉和「靖寇綏民」兩方面，對盧象昇的軍事策略進行分析說明。

第一節　用兵籌餉之策

兵與餉的問題是戰爭中的大事，「足食足兵」是制勝之關鍵，對此，盧象昇是深諳其道的，正如他在致閣部書牘裡所言：「所謂勝著，足食足兵是已。」[1] 無論是撫鄖期間，還是在楚撫、五省總理乃至宣大總督任上，盧象昇都強調增兵和加餉的重要性。而在兵員和糧餉難以增加的現實情況下，盧象昇尤強調如何用兵和籌餉。筆者以為，「精兵合兵」與「因糧輸餉」，是盧象昇分別在楚撫和五省總理任上，總結長期作戰經驗而提出的有效之策。

一、精兵與合兵策略

（一）精兵思想

盧象昇在就任楚撫期間，提出精兵思想絕非偶然。可以說，這與楚地特殊的政治軍事地位是密切相關的。

明代之楚地或楚省，即湖廣行省，地域廣闊，約相當於今湖南、湖北兩省地域總和。盧象昇初任楚撫，正值西北諸省義軍攻掠中原，並向東、向南方向蔓延之時，而楚地亦恰位於義軍進兵所必經之地。因此，楚地一省之得失，影響甚至決定了整個明王朝政權的安危。但是，在盧象昇看來，楚地防

1　〔明〕盧象昇：《盧象昇疏牘》卷4，〈致閣部及楚中諸老啟〉，杭州：浙江古籍出版社，1985年，第70頁。

第四章　盧象昇的軍事策略

守極為薄弱，宜攻難守。增加楚省駐兵以加強防禦實為當務之急，其原因還可概括為三點：其一，從楚地歷史上看，楚省深處內地，多年無戰亂，所以此地未有常駐兵員和額餉，沒有形成有效的軍事防禦和應急體系。正如盧象昇疏中所言：「楚系腹地，前此原無額兵。……茲臣接管，方將竭澤是憂，巧炊無術。」[2] 其二，從圍攻義軍中所處的現實重要性來考量，楚省與鄖鎮地處腹裡地區，地域寬廣，與鄰省綿延相接，確實難以處處駐兵防禦。尤其北部楚豫交界，「所過應山、安陸、雲夢、孝感一帶，皆豫楚接壤之境」，「大賊有犯信陽、真陽者，有犯光山、羅山者，有犯商城、固始者，處處皆與楚中接壤，且平原四達，路徑煩多」。[3] 可以說，各要衝路徑皆須分兵駐防。其三，楚省是皇陵藩封之重地，這可是皇族和明廷所極為關注的方面。在君主專制時代，皇陵宗廟和皇親藩王的安危榮辱，要遠高於國家和人民的利益。因此，確保皇陵藩封的安全，一直是明廷軍事政策的重心。

明代的皇家陵墓，在全國有五處。其中有：位於今南京的明孝陵，「（朱元璋和皇后馬氏）葬在南京城外鐘山山下，名曰孝陵」[4]；位於今北京天壽山麓的明十三陵；分別位於今安徽鳳陽和今江蘇洪澤湖西岸的明祖陵。還有一處，就是位於今湖北省鐘祥市東郊的明顯陵，為嘉靖皇帝朱厚熜的父親恭睿獻皇帝朱祐杬和母親章聖皇太后蔣氏的合葬墓。[5] 除了顯陵之外，湖廣行省（楚省）內還有多處封藩。湖廣行省成為明代分封藩王數量最多的行省之一，他們多分布於江漢地區。[6]

2　〔明〕盧象昇：《盧象昇疏牘》卷4，〈封疆大利大害疏〉，杭州：浙江古籍出版社，1985年，第68頁。

3　〔明〕盧象昇：《盧象昇疏牘》卷4，〈恭報防禦協剿疏〉，杭州：浙江古籍出版社，1985年，第74頁。

4　吳晗：《朱元璋傳》，天津：百花文藝出版社，2000年，第323頁。

5　李斌，萬中一：《試論明顯陵在明代帝陵中的地位》，南京大學文化與自然遺產研究所：《世界遺產論壇》，2009年。

6　張大海：《明代湖廣宗藩淺述》，《理論月刊》，2008年第3期。

126

第一節　用兵籌餉之策

楚地的江漢荊襄之地實為皇陵封藩重地，一旦戰事發生，此處必然派駐重兵把守。盧象昇就任楚撫，雖然當時楚兵有限，但在部署防禦力量上，仍優先皇陵重地，「通計全楚主客官兵一萬八千人，除防陵之三千勢難他調」[7]。當要調兵北上，協助征攻打進入豫地的義軍時，他頗為糾結，最終還是決心確保陵寢安全，「今賊大勢在豫，而苗頭皆向楚，則楚兵宜迎賊以往，先須步步回顧楚疆，尤須步步回顧陵寢，勢不能捨楚而豫，示賊以瑕也」[8]。隨後疏辭楚撫時，盧象昇又指出楚地為藩、陵重地，「顧臣楚撫也，楚地之廣倍於他省，且十藩封在焉，而皇陵所繫，尤非他省可侔」[9]。他對皇陵的重視，體現了大臣對皇帝的忠誠和對皇權的敬畏，這在君主專制社會裡是可以理解的。倘若地方大員失職或無能，導致皇家陵寢宗廟或封藩被毀，往往會遭受皇帝的嚴厲懲罰。比如，崇禎八年（1635年）正月，一部義軍攻陷中都鳳陽，毀皇陵挖祖墳，令明廷大為震驚，崇禎帝隨即下罪己詔，並派重兵前往鎮壓；同時嚴懲負責該地防務的文武官員，「（六月）戊戌，誅故總督尚書楊一鵬，巡按御史吳振纓論死，既而減戍。時振纓巡視皇陵，反得末減，溫體仁內援力也」[10]。再如，崇禎十四年（1641年）正月，李自成所部攻陷洛陽，處死福王朱常洵；同年二月，張獻忠所部又占領襄陽，殺掉襄王朱翊銘。以大學士身分督師鎮壓義軍的楊嗣昌聞訊，自知罪責難逃，結果病情惡化，不久死去（一說自殺）。[11]

7　〔明〕盧象昇：《盧象昇疏牘》卷4，〈恭報防禦協剿疏〉，杭州：浙江古籍出版社，1985年，第74頁。

8　〔明〕盧象昇：《盧象昇疏牘》卷4，〈恭報防禦協剿疏〉，杭州：浙江古籍出版社，1985年，第75頁。

9　〔明〕盧象昇：《盧象昇疏牘》卷5，〈懇辭楚撫疏〉，杭州：浙江古籍出版社，1985年，第101頁。

10　《崇禎實錄》卷8，崇禎八年六月戊戌，《明實錄》附錄2，臺北：中央研究院歷史語言研究所校印本，第258頁。

11　樊樹志：《大明王朝的最後十七年》，北京：中華書局，2007年，第112—116頁。

第四章　盧象昇的軍事策略

綜上所述，楚省地廣兵寡，還要分重兵專防皇陵和藩封，其軍事防務尤顯薄弱。盧象昇在〈封疆大利大害疏〉裡說：「此時主客官兵，大約一萬八千有奇，分布勳楚要地以供會剿，已經另疏會題。夫此一萬八千者，現今捍禦鄖陽，並鎮臣秦翼明統帥之以剿賊鄖境，聽新治臣宋祖舜調度，已去九千餘。此外防護承天陵寢者三千，分扼德黃要隘者三千，微臣親督於襄、光境上會剿者亦僅三千。」[12] 他提出，兵員太少，難以禦敵，所以懇請增加楚省兵員數額。那麼，到底需要增加到多少兵員呢？盧象昇多次提到，楚地馬步兵至少要「二萬四五千」[13]，而且所募之兵，必須是精兵，「尤非兵皆精選，有一名即得一名之用」[14]。

盧象昇的這種「精兵」思想，是建立在兩個現實基礎之上的：一是，明廷和地方財力困窘，無力承擔增兵之餉，所以盧象昇請求增兵的願望往往很難得到滿足。如他撫楚時，請求增兵也多「求十而不得五」。在給親友的書信中，盧象昇所言應更為真實：「頃如停徵，如留餉，如修城，如設兵，無非一字一血，乃請十得一，豈非杯水輿薪！」[15] 因此，既然明廷沒有足夠的財力養兵，盧象昇就只好減少請兵數額，同時嚴格訓練現有軍士，以求所得之兵盡為精兵。二是，盧象昇頗通文韜武略，且善於練兵用兵。他一生征戰，常出奇制勝，以少勝多，便是明證。盧象昇練兵，與部下同甘共苦，作戰時，身先士卒，賞罰嚴明。所以，即便一群烏合士卒，經他訓練一番後，也頗具

12　〔明〕盧象昇：《盧象昇疏牘》卷4，〈封疆大利大害疏〉，杭州：浙江古籍出版社，1985年，第69頁。

13　〔明〕盧象昇：《盧象昇疏牘》卷4，〈封疆大利大害疏〉，杭州：浙江古籍出版社，1985年，第69頁。又見《盧象昇疏牘》卷4，〈致閣部及楚中諸老啟〉，杭州：浙江古籍出版社，1985年，第71頁。

14　〔明〕盧象昇：《盧象昇疏牘》卷4，〈封疆大利大害疏〉，杭州：浙江古籍出版社，1985年，第69頁。

15　〔明〕盧象昇：《盧象昇疏牘》卷12，〈與少司成吳葵庵書八首〉，杭州：浙江古籍出版社，1985年，第323頁。

第一節　用兵籌餉之策

戰鬥力。

(二) 合兵策略

關於「合兵」策略，盧象昇撫楚時所上〈陳會剿大端並量請馬匹疏〉中有專門論述，並在其他奏議中亦有相關闡釋。楚省兵寡，難以抵得住數萬甚至十數萬義軍進攻。所以，他提出「兵宜急籌其合」的策略。

有關合兵之策的依據，盧象昇在諸多奏議裡屢有敘述，現簡單總結為如下幾點：楚地遼闊，多處要衝；官兵寡少，分而更弱；義軍勢大，來去無常。這實為同一問題不可分割的幾個方面。關於地廣兵寡，前文已有論及；至於義軍勢大，盧象昇的描述較為模糊，但所言卻為實情，「標下戰兵不過二三千耳，……賊來數十倍於我」[16]。盧象昇在總結「賊寇」多年為害時，感嘆道：「夫大寇縱橫七年，奔突七省，經練已成勁敵，到處皆其熟窺。而黨類之多，又實不止數十萬計，每分出以誘我師。」[17] 在辭五省總理時，他再次談到義軍人數之多及其作戰特色：「此時群寇披猖，豈特非數年前比，即方之昨冬今春，其勢更倍。所在分股狂奔，以大股，則每股二三萬不止也；以小股，則每萬餘不止也。」[18]

從這些文字中，我們可以看出，七年來義軍勢力發展迅速，為患甚大，盧象昇估算其數量不下數十萬。他們分大小支股，在秦、豫、楚三地突奔無常，進行流動作戰。盧象昇認為：敵眾我寡，官兵難以處處設防，必須集中各部官兵，統一指揮，主動圍攻較大股敵軍，再逐一殲滅。這就是盧象昇所提出的「合兵」之策。他還從以往征剿不力的教訓和現實情況兩方面，屢屢

16　〔明〕盧象昇：《盧象昇疏牘》卷4，〈致閣部及楚中諸老啟〉，杭州：浙江古籍出版社，1985年，第70、71頁。

17　〔明〕盧象昇：《盧象昇疏牘》卷4，〈陳會剿大端並量請馬匹疏〉，杭州：浙江古籍出版社，1985年，第78頁。

18　〔明〕盧象昇：《盧象昇疏牘》卷4，〈辭總理五省軍務疏〉，杭州：浙江古籍出版社，1985年，第73頁。

第四章　盧象昇的軍事策略

強調兵宜合不宜分,「顧前此剿賊未能制勝,大率在於兵分,則今日宜急籌其合」[19];「今豫楚遍地皆賊,合剿萬不容遲」[20]。盧象昇認為:以前官兵征討未能制勝,乃分兵所致;而敵人眾多,偏以小股軍隊引誘官兵出戰,其他股則乘虛而入。今後切不可再犯分兵之錯。在即將就任五省總理時,他又上疏總結征戰經驗:「總之,談剿賊於今日,當合計全局,不當分計零局;當合剿大股,不當分剿小股。」[21]這裡進一步談到合兵征討方略:應當專力對付大股「賊寇」;「剿賊」亦須從大局出發,不可急求。筆者認為,盧象昇有一套整體性的軍事策略,這都是基於對當時政治、軍事、經濟等社會問題進行全局性分析之後總結出來的。他的每一條軍事策略都是從屬於這一整體性策略的,「合兵」之策也不例外。

「合兵」之策實施情況如何?盧象昇在以後的兩次奏疏中,皆稱已獲得明廷批准,「近準部咨,奉有剿兵不得分派之旨。仰見聖慮淵遠,已洞徹兵機賊情」[22],「剿兵不得分派,明旨業已屢頒」[23]。在五省總理任上,盧象昇集中各路兵馬,合擊「賊寇」,屢屢大捷。尤其是滁州會戰的勝利,證明他的「合兵」之策還是非常符合實際情況的。

19　〔明〕盧象昇:《盧象昇疏牘》卷4,〈陳會剿大端並量請馬匹疏〉,杭州:浙江古籍出版社,1985年,第78頁。
20　〔明〕盧象昇:《盧象昇疏牘》卷4,〈請差風力科臣監軍疏〉,杭州:浙江古籍出版社,1985年,第79頁。
21　〔明〕盧象昇:《盧象昇疏牘》卷4,〈請救各路援兵疏〉,杭州:浙江古籍出版社,1985年,第83—84頁。
22　〔明〕盧象昇:《盧象昇疏牘》卷5,〈剿寇第二要策疏〉,杭州:浙江古籍出版社,1985年,第89頁。
23　〔明〕盧象昇:《盧象昇疏牘》卷5,〈剿蕩三大機宜疏〉,杭州:浙江古籍出版社,1985年,第105頁。

第一節　用兵籌餉之策

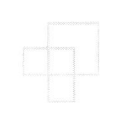

二、「因糧輸餉」之計

（一）「足食」為「勝著」

解決好糧餉問題，是作戰制勝的前提與關鍵。正所謂：兵馬不動，糧草先行。每次新任一職，盧象昇總是先屢屢奏請糧餉。在湖廣巡撫任上時，盧象昇在奏疏和公牘中，反覆強調糧餉之重，並請求明廷給楚地加餉。盧象昇極度重視糧餉的態度是一貫的，此前撫治鄖陽和此後總理五省乃至總督宣大時也是如此。撫楚之初，他在〈到任謝恩疏〉中說「而目前最急無如兵馬錢糧」[24]，在〈致閣部及楚中諸老啟〉裡也明確指出：「所謂勝著，足食足兵是已。」[25] 對於兵、食之關係，盧象昇有很精闢的論述：「乃通計各省情形，大率寇多於兵，兵多於食。夫兵不足以剿寇，安用糜食以養兵；食不足以供兵，豈不驅兵而為寇。」[26] 在盧象昇看來，足兵與足餉皆為制勝的要素。他在奏疏中具體闡述了兵與餉的數額和來源：

> 微臣熟計深籌，馬步兵非二萬四五千不可，馬步兵一歲所需之餉，非三十七八萬不可。……計唯有搜刮、設處、捐輸三事，可少佐公帑之窮。……除前奉旨，防兵派米十萬石，約可抵銀八萬兩，此外合全省而搜處一番，不病民，不損國，如可得十四五萬金，並錢米銀歲足二十三萬，……其餘十五萬之數，勢不容不呼籲於聖明。」[27]

盧象昇從鎮壓義軍的現實出發，認為在楚的主客兵僅1.8萬人，實在不

24　〔明〕盧象昇：《盧象昇疏牘》卷4，〈到任謝恩疏〉，杭州：浙江古籍出版社，1985年，第67頁。
25　〔明〕盧象昇：《盧象昇疏牘》卷4，〈致閣部及楚中諸老啟〉，杭州：浙江古籍出版社，1985年，第70頁。
26　〔明〕盧象昇：《盧象昇疏牘》卷4，〈封疆大利大害疏〉，杭州：浙江古籍出版社，1985年，第68頁。
27　〔明〕盧象昇：《盧象昇疏牘》卷4，〈封疆大利大害疏〉，杭州：浙江古籍出版社，1985年，第69—70頁。

第四章　盧象昇的軍事策略

堪征討。他提出保持楚兵 2.4 至 2.5 萬人、年兵餉 37 至 38 萬兩銀的目標。其實，依其所議，楚兵每名月餉僅僅 1.2755 兩，這明顯低於明末普通士兵的月餉額（《盧象昇疏牘》和《皇明經世文編》多有月餉超出 1.3 兩銀的記載）。然後，盧象昇進一步指出措餉的途徑：可得防兵派米折銀 8 萬兩；全省搜刮、設處、捐輸或得 14 至 15 萬兩；請朝廷措餉 15 萬兩。盧象昇所論述的重心就是最後所請的 15 萬兩。他認為，年餉 37 至 38 萬兩已是「刻意節嗇」後的數目[28]。其中，折銀 8 萬兩相對容易得到，全省搜處 10 餘萬兩已經極為困難，倘若剩下 15 萬兩的請餉不能滿足，則將無法使 2.4 至 2.5 萬楚兵足食足餉，楚省的防禦必然會面臨嚴重問題。

事實上，明末政府財力匱乏，盧象昇求兵餉有時「請十得一」。既然明廷不能直接撥付足夠的糧餉，盧象昇只有自己另闢蹊徑了。一方面，他在鄖陽、宣雲等地實施屯田，生產自救（屯田問題將在後面專章論述）；另方面，他也透過捐助之法，依靠明廷的政策支持，獲取部分糧餉以資軍用，「因糧輸餉」即是一種較為有效的捐助之法。

（二）「因糧輸餉」

「因糧輸餉」之計，是指盧象昇出任五省總理時，為籌措糧餉，針對「有衣冠職役」者，採取的帶有一定強制性的捐助措施。

盧象昇就任五省總理後，連上五道「剿寇要策疏」，〈剿寇第一要策疏〉就是專議糧餉問題。疏文一開始，再次談義軍兇猛與糧餉缺乏之關係：「熟計八年來強寇愈剿愈橫，所在攻城掠野，大率皆由兵民從賊作賊，是以黨類日

---

[28] 盧象昇在〈致閣部及楚中諸老啟〉中有云：「兵至二萬四五千，如在邊關，歲需月餉行鹽，約費金錢六七十萬。不肖刻意節嗇，止以三十八萬計。顧與地方官搜處十五萬，遵旨防兵派米可得八萬，此外但以十五萬仰給朝廷。如以供邊方戰卒及客旅調援，止當六七千兵餉額耳。」參見〔明〕盧象昇：《盧象昇疏牘》卷 4，〈致閣部及楚中諸老啟〉，杭州：浙江古籍出版社，1985 年，第 71 頁。

第一節 用兵籌餉之策

繁。民從賊，多起於饑寒；兵從賊，多緣於缺餉。」[29]那麼，如何籌措糧餉呢？盧象昇認為，強迫性的要求捐助恐怕引發更多矛盾，不若「因糧輸餉」。何謂「因糧輸餉」？他先以自家事說起，一直談到「助餉銀」的繳納：

  因糧輸餉，積少成多，最為簡便直截。臣南直人也，祖父以來世受國恩。今臣父、臣叔及臣兄弟四人，共有薄田二十餘頃，願為省直之倡，查照每年應納本折糧銀再輸一倍。其餘五省鄉官，不論在朝在邑，俱止十輸其一，如應納糧銀一兩，外助餉銀一錢。其舉、監、生員、商民人等，未食天祿，仍減等論，查其地土錢糧，不及十兩者免出，十兩以上亦如鄉官例，每兩納助餉銀一錢，此斷不為虐。……此項錢糧，專責州縣印官，按籍而稽，如數催納，俱類解各府，充兵餉正項支銷，以藩臣道臣總司查復會報，臣與督撫按諸臣按季冊報皇上，寇平即止，庶公私兩便，朝野共知。蓋加派累民，恐累貧民耳，田多者自是不貧，何累之有？[30]

  盧象昇為解決糧餉匱乏，先以身作則，提出自己和父、叔、兄弟們的賦稅將按規定的數量翻番。然後，他向崇禎帝提出「因糧輸餉」之法，即要求有一定經濟基礎的各色人等，視其具體的經濟條件，向官府繳納數目不等的「助餉銀」。繳納的辦法，對食俸祿之鄉官[31]，原則是「課什加一」，即應該納

---

29 〔明〕盧象昇：《盧象昇疏牘》卷5，〈剿寇第一要策疏〉，杭州：浙江古籍出版社，1985年，第86頁。
30 〔明〕盧象昇：《盧象昇疏牘》卷5，〈剿寇第一要策疏〉，杭州：浙江古籍出版社，1985年，第86—87頁。
31 鄉官：作為在野官員的明代鄉官是官僚統治集團的一部分。隨著明代社會政治形勢的變遷及官僚集團內在構成的變化，鄉官在明代的政治生活中的地位和作用日益顯露，並逐漸成為明代政治生活中一支不能忽視的政治力量。明代鄉官的政治活動一般集中於地方，在積極地輔佐地方官員治理地方的同時，也表現出把持地方官府、左右地方政府政策的傾向；且明中葉後鄉官利用地方官員來對抗中央政權中某些勢力的傾向也在增強。參見張興吉：《鄉官與明代政治生活》，《東北師大學報》，1999年第1期。

第四章　盧象昇的軍事策略

糧銀一兩者須外加助餉銀一錢；對舉、監、生員、商民人等，則根據其土地錢糧是否過十兩為據而定，過者如鄉官之例，不過者則免徵稅課。盧象昇認為此標準並不高，並獲得楚省縉紳耆老的認同，「臣質之楚中縉紳，僉曰宜也；更質之楚中耆老，僉曰宜也」[32]。最後，盧象昇提出徵繳的辦法和期限：由地方官專門負責，自己和督、撫、按官員造冊匯報皇上；為平叛而行之法，亂平即止。

此外，盧象昇還提出兩條利於籌餉之法。因糧輸餉「並內庫折色，及事例廣開，合此三項」[33]，實為籌餉之良策。關於「事例廣開」，他沒有闡述，只是稱「奉旨已開」。然後，盧象昇論及內庫折色一法。他認為每年起運到內庫的錢糧600餘萬兩，除了白糧[34]不便折色，「其餘皆量折三分之一，以濟軍需，事平即止」。當然，最重要的一項即「因糧輸餉」。該法後來又有所變通，盧象昇在〈剿蕩三大機宜疏〉裡說道：

獨士民輸助，以其未食天祿，難比鄉官，酌理原情，凡地糧過十兩以上者，方議輸助。……不若簡明直截，除大小文武鄉官每兩各輸銀一錢外，各省直舉、貢、監、生員，及武舉、武生、吏員、承舍，以至各衙門快、壯、皂、吏，凡有衣冠職役者，每地糧一兩，各輸銀五分。其餘無告之鄉民百姓，一概免之，似於情理攸當。[35]

32　〔明〕盧象昇：《盧象昇疏牘》卷5，〈剿寇第一要策疏〉，杭州：浙江古籍出版社，1985年，第87頁。

33　〔明〕盧象昇：《盧象昇疏牘》卷5，〈剿蕩三大機宜疏〉，杭州：浙江古籍出版社，1985年，第104頁。

34　明清時期，向江南五府徵收的粳糯米，為專供宮廷和百官用的額外漕糧。據《明史》載：「蘇、松、常、嘉、湖五府，輸運內府白熟粳糯米十七萬四十餘石，內折色八千餘石；各府部糙粳米四萬四千餘石，內折色八千八百餘石。令民運，謂之白糧船。」張廷玉等：《明史》卷79，志第55，〈食貨三〉，北京：中華書局，1974年，第1923頁。

35　〔明〕盧象昇：《盧象昇疏牘》卷5，〈剿蕩三大機宜疏〉，杭州：浙江古籍出版社，

第一節　用兵籌餉之策

在《盧象昇疏牘》裡，筆者沒有查到盧象昇所上〈剿寇第一要策疏〉和〈剿蕩三大機宜疏〉兩篇奏疏上達的具體時間，筆者據疏文內容估算，前疏應為他初任五省總理時的崇禎八年十月，後疏應為兩個月之後（崇禎八年底至九年初）。盧象昇在前疏裡提出「因糧輸餉」之法，在後疏中又對該法進行了某些變通。對變通後的「因糧輸餉」，有兩點需要說明：其一，文武鄉官不屬於變通稅法的範圍之內，「除大小文武鄉官每兩各輸銀一錢外」他們的課稅比例仍為十分之一。其二，擴大了課稅的群體—針對所有「衣冠職役者」[36]，但課稅比例有所降低（由十分之一降至二十分之一）。這樣，在不增加普通百姓課稅負擔的情況下，該法又使政府多募集了一些糧餉。

上文所述的「因糧輸餉」、「內庫折色」及「事例廣開」三項籌餉之策，其實施範圍，最初應是針對盧象昇所屬五省轄區而言，但他希望能推行到全國，以獲益更大，「若通天下行之，猶可擴充其數」。[37] 由於疏請合情合理，結果得到了崇禎帝的肯定，「合此三項，……已蒙皇上俯俞」[38]。值得一提的是，「因糧輸餉」一項，之後不久，又在輸助的標準、比例上或有些變動，盧象昇又在疏中說：「鄉紳每地糧一兩助銀二錢，士民地糧五兩以上每兩助銀一錢，其自一錢二錢而外，及士民地糧不及五兩，與夫兵荒應免之地，不得混征分毫。並以一年為止，向後不得借題科派。」[39] 如果按照此法，最有利的

　　1985年，第104—105頁。

36　「衣冠」，指古代士以上戴冠，此處借指世族、士紳；「職役」：封建國家按照戶等高下，輪流徵調鄉村主戶擔任州縣公吏和鄉村基層組織某些職務，也稱差役。「衣冠職役者」，泛指有些社會身分的人。

37　〔明〕盧象昇：《盧象昇疏牘》卷5，〈剿蕩三大機宜疏〉，杭州：浙江古籍出版社，1985年，第104頁。

38　〔明〕盧象昇：《盧象昇疏牘》卷5，〈剿蕩三大機宜疏〉，杭州：浙江古籍出版社，1985年，第104頁。

39　〔明〕盧象昇：《盧象昇疏牘》卷5，〈定止輸餉疏〉，杭州：浙江古籍出版社，1985年，第106—107頁。

第四章　盧象昇的軍事策略

就是政府,收入自然會大為增加。這也不增加一般貧民的負擔,因為他們的地糧是超不出 5 兩的。

崇禎十年(1637 年)四月,即實施「因糧輸餉」之法約一年半之後,楊嗣昌為了實施其鎮壓義軍的「十面張網」大計,提出了增兵加徵的計劃。為了完成加徵 280 萬兩餉銀的任務,他又改「因糧」為「均輸」之法:「因糧輸餉,前此盧象昇奉行一年,不能應手。……如今欲分貧富,其事甚難,只分得個巧拙而已。」[40] 於是,崇禎十年(1637 年)閏四月,崇禎帝下詔加徵剿餉,「廷議改因糧為均輸」。[41]

關於這次加徵方式的改變,《明季北略》也有敘述:「群盜盤踞江北,廷議大發兵。計臣苦於無餉,兵部尚書楊嗣昌建議,因改糧為均輸,以濟軍食。因加賦二萬兩。下詔曰,暫累吾民一年,除此腹心大患。」[42] 楊嗣昌和盧象昇加徵的目的顯然都是為了增加軍士的糧餉,但是徵收的方式和效果卻有所不同。楊嗣昌稱,盧象昇的「因糧輸餉」之策已實行了一年,並承認該法是建立在「分貧富」基礎之上的。但他認為「分貧富」甚難,乾脆來個易行之策,即以田畝數加徵的「均輸」之法。這樣,廣大人民便包含於納徵者範圍之內了。這種飲鴆止渴的加徵之法,必然加重人民負擔,**驅使更多的貧民加入義軍的隊伍**。所以說,「因糧輸餉」還是慮及貧民之苦境的,因而有利於穩定明末的社會政局。

總之,「足食足兵」方為「勝著」,而「足食」尤重,盧象昇自然深諳其道。然而,明末國家財力枯竭,內憂外患交錯出現,政府很難滿足他「足食足兵」之需。盧象昇只能因地因時,在盡力爭取明廷援助的同時,也充分發

40　〔明〕楊嗣昌著,梁頌成輯校:《楊嗣昌集》卷 43,〈召對紀事戊寅四月十二日召對〉,長沙:岳麓書社,2005 年,第 1044 頁。

41　顧誠:《明末農民戰爭史》,北京:光明日報出版社,2012 年,第 100 頁。

42　〔清〕計六奇著,魏得良、任道斌點校:《明季北略》卷 13,〈楊嗣昌建議均輸〉,北京:中華書局,1984 年,第 219 頁。

揮有限的「兵食」效用。他提出和實施的一系列軍事策略,如「精兵合兵」和「因糧輸餉」等,應該說是符合當時實際的。然而,隨著明末社會局勢的惡化,各地起義發展迅速。官兵不停地奔赴各地,忙於鎮壓起義,卻敗多勝少。在敵強我弱的情況下,許多官員多由積極進攻改為防禦甚至招降之策。盧象昇則適時提出和實施了積極防禦和「綏民裕民」相結合的軍事策略。

第二節　「靖寇綏民」之措

從盧象昇兵備大名到他撫鄖、撫楚乃至總理五省,正值明末義軍迅猛發展之際。此時,各地義軍開始逐步打破地域界限,有逐步席捲全國之勢。他們往往相互配合,且流動作戰,因而易於形成一股難以預測的強大軍事力量。負責鎮壓起義的官兵甚為頭疼,盧象昇也自感力量不支。所以說,盧象昇提出和實施的「靖寇綏民」之策,是基於敵強我弱的軍事形勢之上的。

一、兵備三郡時的「扞禦」之策

盧象昇頗有些文治武功,與鎮壓義軍的一般官員相比,他更注重寓戰於守的策略。盧象昇認識到:起義皆由饑引起,義軍為逃避鎮壓被迫流動作戰;義軍隊伍在輾轉流動途中,當地饑兵也紛紛加入。這正是民變難以肅清的根本原因。正如盧象昇所言:「而兵民之相繼從賊作賊,其故皆起於求生。夫生死之關,則居食兩字盡之。」[43]盧象昇的對策是:寓戰於守。崇禎三年(1630年),盧象昇兵備畿南三郡伊始,鑒於「太行、恆山之盜往往嘯聚,所過殺掠」,為防義軍向畿南三郡蔓延,他「乃抽集民壯,練鄉勇,講什伍,豫籌扞禦」。[44]盧象昇把轄區內的百姓,以什伍之法組織起來,平時教授他們如何防

43　〔明〕盧象昇:《盧象昇疏牘》卷2,〈立寨併村清野設伏增兵籌餉疏〉,杭州:浙江古籍出版社,1985年,第35頁。

44　〔清〕盧安節編,〔清〕任啟運校定:《明大司馬盧公年譜》,清光緒元年重刻本,北

第四章　盧象昇的軍事策略

禦；並抽調部分壯丁組建鄉勇，平時勤於訓練，以備戰時配合軍隊作戰。當然，盧象昇的這些守疆之策並非首創，而他的可貴之處，就是腳踏實地地做到了閒時撫民備戰與戰時奮勇征戰的有機結合。

崇禎五年（1632年），「時寇氛日甚」，盧象昇視察完轄區後，主動構建和完備了針對義軍的防禦工事，具體措施有：

第一，在城鎮地區，「繕城郭，修守具」[45]。盧象昇認為，城池堅固、器械完備是「靖寇」之關鍵。於是，他令各轄區屬郡，務必修繕城池，加固城牆；並鑄造兵器和守城器械，加強防備。

第二，在鄉村山區，「相形勢，高立堡，窪為池」[46]。盧象昇因地制宜，在轄區內根據地勢的高低險夷情況，在高處險要之地，建立山寨城堡；在水窪之處，挖地為池，也可輔助「扞禦」。他還為山寨裝備充足的守備工具，如鉛子、火藥、銃炮等物。若敵來，則鳴炮為號，民眾皆上山迎敵。

第三，戰時財物的集中管理。鑒於普通村落難以抵禦義軍的肆虐，家裡積蓄往往充當了敵人的戰利品，盧象昇規定每家存留可供十日使用的財物，「計使民自為守，度可相距十日」[47]。這是一種戰爭時期的臨時應敵之策：官府統一貯存各家戶余財，以後再按量配給發放。此策實際就是對義軍實行堅

京圖書館編：《北京圖書館藏珍本年譜叢刊》第62冊，北京：北京圖書館出版社，1999年，第296頁。

45　〔清〕盧安節編，〔清〕任啟運校定：《明大司馬盧公年譜》，清光緒元年重刻本，北京圖書館編：《北京圖書館藏珍本年譜叢刊》第62冊，北京：北京圖書館出版社，1999年，第298頁。

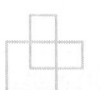

46　〔清〕盧安節編，〔清〕任啟運校定：《明大司馬盧公年譜》，清光緒元年重刻本，北京圖書館編：《北京圖書館藏珍本年譜叢刊》第62冊，北京：北京圖書館出版社，1999年，第298頁。

47　〔清〕盧安節編，〔清〕任啟運校定：《明大司馬盧公年譜》，清光緒元年重刻本，北京圖書館編：《北京圖書館藏珍本年譜叢刊》第62冊，北京：北京圖書館出版社，1999年，第298頁。

第二節 「靖寇綏民」之措

壁清野,以期實現令敵不戰而退的目的。

撫鄖時,盧象昇亦曾回憶說:「本院昔備兵畿南,躬自入山,相度形勢,擇各山之頂平而四面陡峻,但有窄路可攀緣以上,及水泉可汲者,令附近三五里或十里內居民編成十家牌規則,將糧食貨財搬運其上,於中再選壯丁,各備器械,仍給以火藥、鉛子、銃炮,賊來即放炮為號,各上山寨防禦。至於平地村集,則小村歸併大村,掘深溝,築堤塹,合力以守。行之數月,賊既不能殺擄人民,不能搶掠食用,然後以官兵隨處奮擊之,群賊望風他遁,保全三郡生靈,此已試之成效也。」[48] 清人計六奇也提及盧象昇兵備大名時的防禦舉措:「遷天雄兵備,寇興,馳行郡內,嚴檄州縣繕城治具。」[49]

盧象昇在畿南三郡的禦敵之策,是一種「寓戰於守」的措施,有效阻止了義軍對轄區的侵擾。崇禎六年(1633年),西山義軍被盧象昇擊潰,「賊別入大名南,民皆守堡,賊無所得」[50]。從而,「邑聚賴以安全」[51]。這說明,義軍在戰敗後為修繕的堅固城堡所阻,無處搶掠。這些措施確實造成了對義軍堅壁清野的良效,也使饑民從叛現象大為減少。值得一提的是,盧象昇此間所實施的積極防禦措施,為以後撫鄖和總理五省時,積累了豐富的「靖寇」經驗。

---

48 〔明〕盧象昇:《盧象昇疏牘》卷3,〈立寨併村七款〉,杭州:浙江古籍出版社,1985年,第49—50頁。

49 〔清〕計六奇著,魏得良、任道斌點校:《明季北略》卷11,〈盧象昇戰功〉,北京:中華書局,1984年,第170頁。

50 〔清〕盧安節編,〔清〕任啟運校定:《明大司馬盧公年譜》,清光緒元年重刻本,北京圖書館編:《北京圖書館藏珍本年譜叢刊》第62冊,北京:北京圖書館出版社,1999年,第298頁。

51 〔清〕盧安節編,〔清〕任啟運校定:《明大司馬盧公年譜》,清光緒元年重刻本,北京圖書館編:《北京圖書館藏珍本年譜叢刊》第62冊,北京:北京圖書館出版社,1999年,第298頁。

二、撫鄖時的「安民保民裕民」之計

崇禎八年（1635年）正月到五月間，由於官軍與義軍征戰的主戰場在河南、陝西和皖北一帶，在鄖陽的盧象昇度過了一段相對平靜的歲月。他在戰事之餘，也沒有懈怠，積極加強了轄區的軍事防務。

盧象昇是位能文兼武的官員，他的非凡之處，就在於能實現戰屯結合，戰守並重。這是他與一般文武官員單純依靠軍事手段治軍理政所根本不同之處。在鄖陽撫治任上，盧象昇發展了曾在畿南三郡時實行的「扞禦」之策，積極實施「安民保民裕民」之計，以實現境內「靖寇綏民」之根本目的。

面對屢遭兵燹之災的鄖鎮，盧象昇認為：當務之急就是招撫流移，加強軍事防禦，使鄖民能安居樂業。為此，他透過奏議申訴鄖地鄖民之窮苦，請求明廷給予鄖鎮以經濟上的扶持；同時他頒布法令，將安民保民裕民之計化為具體的措施和行動。

（一）安民之計

對於鄖鎮屢遭兵燹之災後的悲慘景象，盧象昇提出了「補救急著」三條，其中兩條都是從經濟上體恤鄖民：一是減緩鄖民的賦役，讓災民休養生息；二是積極貯積穀糧，以備荒年之需。此「補救急著」，實在是安撫戰後殘民之必須。

關於蠲恤災民一條，盧象昇認為，為了避免饑民起義，官府應及早撫卹鄖民，蠲免其部分賦役。他又根據山西、陝西兩省部分州縣因戰亂而停徵錢糧的先例，懇請官府對鄖鎮以半數相征。他在疏中說：「凡被陷州縣，京邊錢糧停徵，俱有成例，況鄖民窮苦離散更甚他方……（鄖鎮）亦當一視同仁，酌免其半。」盧象昇此奏，並沒有得到明廷的批准，但他仍然堅持再次疏請，並嚴令所屬官吏視鄖民具體情況徵解，不得以「耗餘」等名目肆意勒索。對此，盧象昇在〈靖寇綏民八則〉第一條款，即「酌緩徵之宜以延民命」一則有云：「本院疏請蠲賑，朝廷方以公帑告竭難之。今被寇州縣，全在良有司大

第二節 「靖寇綏民」之措

家拿出實實愛民之心,擇錢糧之萬不容已者,量行徵解,其餘姑緩催科,俟本院再疏定奪。仍禁絕耗餘及收頭勒索之敝,違者收役提究,印官聽參。」[52] 盧象昇此舉實際上是對所奏未准之策的變相實施,說明他的施政風格是務實而靈活的。

至於貯糧備荒之「補救急著」,亦為急需實施之策。鄖地處於萬山之中,衣食供給皆依仗千里之遙的荊襄諸郡,但因戰爭頻仍,商賈斷絕,物價飛漲,鄖民生活無以為繼。盧象昇認為,需要在楚地境內未遭戰亂之郡縣借糧若干,存貯於鄖地,解救鄖民,待到豐年時期,再相繼償還。他在〈停徵修城積穀疏〉中說:

鄖介萬山,布帛菽粟,取給荊襄諸郡,千里而遙。自剿寇用兵,商賈斷絕,米每石貴至二兩一錢,近且二兩四錢矣;豆每石貴至一兩,近且一兩二錢矣。……官民兩窮,何計存活?非急儲倉穀二三萬,以備緩急凶荒,此土終於危窘。今與撫臣唐暉悉心籌畫,將全楚郡邑未遭兵火者,量其大小各借倉穀,多則三四百石,少則一二百石,各輸之鄖城,以延積貯之命脈,待時和年豐,生理稍裕,仍令鄖屬設處穀價補還。[53]

盧象昇認為,全楚和鄖地唇齒相依,本應相互救恤,望明廷能「早賜允行」。[54] 在〈鄖寇初平十議〉裡,他也將「議積貯」作為重要一款:「各屬倉穀,專備兵荒。今地方多事之時,務宜設法稽查,多方儲積,以備緩急。」[55] 盧象昇一方面奏請朝廷施以援手,另方面也頒布公文以徵求同僚們的建議,那

---

52 〔明〕盧象昇:《盧象昇疏牘》卷3,〈靖寇綏民八則〉,杭州:浙江古籍出版社,1985年,第42頁。

53 〔明〕盧象昇:《盧象昇疏牘》卷1,〈停徵修城積穀疏〉,杭州:浙江古籍出版社,1985年,第12頁。

54 〔明〕盧象昇:《盧象昇疏牘》卷1,〈停徵修城積穀疏〉,杭州:浙江古籍出版社,1985年,第13頁。

55 〔明〕盧象昇:《盧象昇疏牘》卷3,〈鄖寇初平十議〉,杭州:浙江古籍出版社,1985年,第40頁。

第四章　盧象昇的軍事策略

麼結果如何呢？疏牘中未有相關記載，但在《明大司馬盧公年譜》裡卻有隻言片語的說明，「又疏請借楚省倉穀分貯鄖屬」，「疏上，廷議以二分借鄖」。[56] 對於「二分借鄖」，筆者理解，似應為楚地以盧象昇所求借穀糧總數的十分之二給鄖地。也就是說，明廷對所求借糧之請，給予了部分支持。

（二）保民之計

盧象昇一向重視地方防禦工事的建設。在戰事無多之時，他便致力於鄖地的軍事防禦工作，「公遍歷鄖津，練習火攻，分布要害，復巡視襄宛、光均諸地，鼓練鄉勇，檢閱村寨，申嚴守備」[57]。盧象昇遍巡鄖陽、上津、襄陽、宛（今河南南陽）、光州（今河南潢川）和均州（今湖北丹江口）等轄區，鼓勵各地訓練鄉勇民兵，檢閱寨堡防務情況，並鼓勵習練火器，以備戰時所需。盧象昇還令所屬轄區嚴加戒備。總之，盧象昇因地制宜，或修城堡，或立寨併村，並施以堅壁清野、設伏疑敵等法，在敵強我弱的情況下，積極實施保民「靖寇」之計。

1. 修城、立寨、併村之法。如前文所述，盧象昇守備大名時，就加強轄區的城郭防禦建設。鄖地城堡殘破不堪，更需修繕城郭，但苦無資金來源，所以盧象昇奏請明廷出資援助。筆者沒有查到明廷最終撥款的情況，估計奏請不了了之。

那麼，在沒有城堡的廣大山區、平原地帶，盧象昇又是如何防禦呢？鄖地多山地，亦有少數平原地區，他把兵備大名時的許多防禦措施也應用到了鄖陽地區，並有所創新。在多山地帶，仍採取「立寨」之法，「就千岩萬壑

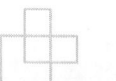

56　〔清〕盧安節編，〔清〕任啟運校定：《明大司馬盧公年譜》，清光緒元年重刻本，北京圖書館編：《北京圖書館藏珍本年譜叢刊》第 62 冊，北京：北京圖書館出版社，1999 年，第 302 頁。

57　〔清〕盧安節編，〔清〕任啟運校定：《明大司馬盧公年譜》，清光緒元年重刻本，北京圖書館編：《北京圖書館藏珍本年譜叢刊》第 62 冊，北京：北京圖書館出版社，1999 年，第 307 頁。

第二節 「靖寇綏民」之措

中，因高設險，令附近壯丁老稚婦女聚而居焉，授以火藥炮石，統以團保練長，給以倉穀雜糧，使之有所棲，有所恃。賊去不至輾轉溝渠，賊來不至身膏鋒鏑也」。而在平原曠野之地，則實施「併村」之法，「凡十數里內鄉村，擇居民眾多者，將零星村落，編入其中，無事各歸本家，遇警合力以守。更令掘深壕，築堤塹，責成團練長督率防巡，而平原曠野之民亦少可自固矣」。[58]

山澗溝壑險要之地，在古代往往成為官府、鄉民等各方勢力結寨禦敵的重要地區。鄖地處於陝、川、楚三省交界，何時開始有立寨，並無確切考證，但盧象昇撫鄖期間，大力推動當地山區立寨「靖寇」卻是不爭的事實。張建民認為，鄖地立寨即始於盧象昇撫鄖時，「鄖立寨自前明始……盧象昇撫治鄖陽，念鄖郡諸山綿亙，有險可憑，用守畿南法守之，立寨併村。鄖人懲前毖後，踴躍奉行，吾鄉夾山等寨亦從此起」[59]。在盧象昇的諸多疏牘中，如〈立寨併村清野設伏增兵籌餉〉、〈立寨併村七款〉及〈鼓練鄉勇〉等，都有鄖地立寨的記載。不管是山地「立寨」還是曠野「併村」，皆屬於因地制宜、積極防禦之策。在山寨和大村內，鄉民群聚而居、合力「靖寇」；在周圍掘深壕築堤塹，並以團保練長統領鄉民。這說明，山寨、大村都成為軍事化的戰時組織。

2. 清野、設伏之法。為了更有效地遏制義軍來襲，盧象昇在「立寨」和「併村」的基礎上，更實施「清野」、「設伏」之法：

臣於是設為清野之法。山民凡有升斗積貯，俱令運入寨中。而平地村落一切糧米貨財，悉寄頓於大村大鎮可守之處，並馬羸牛畜。亦皆授以收斂之方。……於是設為埋伏火器之法。兵家如地雷、石炮、火鼓、鋼輪等類，暗

---

58 〔明〕盧象昇：《盧象昇疏牘》卷 2，〈立寨併村清野設伏增兵籌餉疏〉，杭州：浙江古籍出版社，1985 年，第 35—36 頁。

59 張建民：《環境、社會動盪與山區寨堡—明清川陝楚交邊山區寨堡研究之一》，《江漢論壇》2008 年第 12 期，第 78 頁。

布山谷,觸機而發,隨地可以殲賊,其用甚廣,其費甚多,臣力不能。乃少變其制,而以竹木為之」[60]

「清野」之法,實質上就是將鄉民所有財物都集中於山寨和大村中,使來犯之「寇」既無力攻取山寨、大村,又無鄉民、財物可掠,自然就會潰逃而去。「設伏火器」之法,就是在兵力十分有限的情況下,在敵人進犯之必經之地,埋伏火器,有效殲滅伺機入侵之敵。由此可見,「清野」、「設伏」之法,是以「立寨」、「併村」之法為依託的,而村民、鄉勇亦兵亦民,守為本戰為輔。盧象昇所構築的積極防禦體系,在兵寡餉乏的實際情況下,基本實現了「保民禦寇」的目的。

(三) 裕民之計

安民、保民之計的實施,給了鄖民一個相對安全、安定的生存環境,但若不改變鄖民極度貧困的生活狀態,饑民從叛現象仍有增無減。所以,鼓勵鄖民生產,改善其生活則是「靖寇綏民」之根本。盧象昇從鎮壓義軍的角度,在疏牘中屢屢論及改善民生之必要性:「臣姑以鄖論……憫茲孑遺,賊來而藏身無地,則從之;餬口無資,則從之;既難藏身,又難餬口,而白刃在前,尤不得不從之。」[61]

盧象昇認為,解決鄖民的「居食」大計,才能實現剿敵之目標。他在〈靖寇綏民八則〉中,提出「通山澤、廣招墾、恤行戶」的「裕民」之策:

通山澤之利以濟民窮。鄖屬瘠土,……聞各山之中,絕磴窮崖深溝大澤之內,或產銅砂,或產鉛鐵,或產石綠、石青,縱令所產無多,亦是小民生路。官府姑聽其便,採取貿易以為生,不必禁阻,庶免弱者饑寒坐困,強者

---

60 〔明〕盧象昇:《盧象昇疏牘》卷2,〈立寨併村清野設伏增兵籌餉疏〉,杭州:浙江古籍出版社,1985年,第36頁。

61 〔明〕盧象昇:《盧象昇疏牘》卷2,〈立寨併村清野設伏增兵籌餉疏〉,杭州:浙江古籍出版社,1985年,第35頁。

第二節 「靖寇綏民」之措

橫起盜心。[62]

　廣招墾之術以裕民計。……屬印官須廣懸示約,將境內逃故土地逐一清釐,召人耕種,先盡原業主之親支族黨;如親支族黨無承認者,則盡親戚里鄰;如親戚里鄰無承認者,則招壯丁流寓。其初種之年,量出課程三分之一,以後遞年酌量升科。[63]

　恤行戶之苦以資民用。……嗣後通行郡邑,盡革官價,一照平價行之。仍令各行俱設二簿,將時估及各衙門買用價值登記於上,本院及各道府州縣不時調查。此則物價得平,胥役無弊,商賈漸集,民用可資矣。[64]

　以上三條款的規定,分別從採礦業、農業和工商業三個方面,對鄖民的經濟生活給予關注,以實現「濟民窮」、「裕民計」和「資民用」。這對於鄖民儘快安心生產、發展經濟甚至活躍市場,有著較為積極的意義。

三、總理五省時的「阻賊、疑賊、餓賊」之計

　崇禎八年(1635年)十月,盧象昇赴任五省總理,面對義軍越剿越多,無數生靈塗炭之現狀,他憂心忡忡,將曾在畿南和鄖地實施的「靖寇」綏民之策,加以權變發展,形成了「阻賊、疑賊、餓賊」之計。

(一)「立團寨,築壕塹以阻賊」

　盧象昇概述了如何立寨設團、築壕塹布伏之法:「凡居民近山險者立寨,多村落者聚團,寨必有泉可汲,並擇其路窄而陡峻,賊不能攻者。團必大村鎮,人力眾多,周圍挖深壕,布密箐,築牛馬牆。其近團路徑,用荊棘樹枝

62　〔明〕盧象昇:《盧象昇疏牘》卷3,〈靖寇綏民八則〉,杭州:浙江古籍出版社,1985年,第42頁。
63　〔明〕盧象昇:《盧象昇疏牘》卷3,〈靖寇綏民八則〉,杭州:浙江古籍出版社,1985年,第43頁。
64　〔明〕盧象昇:《盧象昇疏牘》卷3,〈靖寇綏民八則〉,杭州:浙江古籍出版社,1985年,第43頁。

第四章　盧象昇的軍事策略

木石累斷,再張毒弩等項於內,使賊難近。」[65] 此法重在保全自身實力,利用地理天險或人工設險布伏進行積極防禦,讓敵人不得近身。

(二)「挑鄉勇,設游兵以疑賊」

義軍常借助老弱婦幼之眾壯聲勢,並窺察官兵虛實,伺機侵擾。盧象昇也針鋒相對,制定「擾賊疑賊」之策:「募各鄉居民勇敢當先者,州縣印官時時犒賞鼓勵,使其父母妻子安置寨團,或遠避他所,止留敢死百餘輩,多則數百輩,名曰游兵。各持悶棍、板斧、長短槍、庫刀四樣軍器,晝伏高山深林,偵賊來往,多則避之,少則狙擊,夜則銜枚匍匐,或劫其營,或竊其馬騾衣服器械,或伺其醉夢而殲之,使賊不知所從來。」[66] 官兵先由民間招募百名鄉勇敢死隊,也稱「游兵」,令其各持兵器以山林為掩護,夜間劫掠義軍營寨,使義軍不明虛實而驚慌失措。此法於積極防禦之外,還伺機進攻義軍。

(三)「收資糧,斂頭畜以餓賊」

盧象昇認為,義軍之所以勢眾,全靠「因食於民」。義軍掠民財為生,饑民卻從之求生,這是義軍愈「剿」愈眾之根源。官兵只是一味追「剿」,必然勝寡敗多。如何應對呢?他提出清野「餓賊」之法:「凡近城三十里以內士民,急將糧食貨財搬移入城;三十里以外,或運至山寨,或收入大村聚團固守。牛羊馬騾雞畜等項,多方收斂,務使賊無所掠。」[67] 這是一招對付義軍的釜底抽薪之策。各地鄉村民眾,將所有糧食、牲畜等財物,全部藏於官府就近所設之城邑、寨堡及大村中,使義軍無法獲得基本生活資料。說到底,該措

65　〔明〕盧象昇:《盧象昇疏牘》卷5,〈剿寇第五要策疏〉,杭州:浙江古籍出版社,1985年,第95頁。

66　〔明〕盧象昇:《盧象昇疏牘》卷5,〈剿寇第五要策疏〉,杭州:浙江古籍出版社,1985年,第95頁。

67　〔明〕盧象昇:《盧象昇疏牘》卷5,〈剿寇第五要策疏〉,杭州:浙江古籍出版社,1985年,第95頁。

施就是對義軍堅壁清野，同時也對當地百姓進行有效保護。

由此可見，在畿南、鄖陽和五省任職時，盧象昇各自實施的「靖寇」綏民之策，其間有著較為密切的繼承和發展關係。比如，兵備大名時之「繕城郭修守具」、「高立堡窪為池」等措施，與撫治鄖陽時之「修城立寨併村」、「設伏火器」等舉措，再與總理五省時之「立團寨築壕塹」之法，皆為積極禦敵之策，其間的前後繼承性是不言而喻的。又如，在大名時集中管理民間財物的做法，亦與在鄖陽時的「清野」之法以及與在五省時的「餓賊」之法，皆有著異曲同工之妙。盧象昇在每個時期，都根據當地實際情況，對禦敵之策加以變更，從而有效地抵禦敵人。當然，後期的「靖寇」綏民之策亦有發展創新之處。比如，總理五省時的「疑賊」之法，就是在有效防禦的前提下，由官府招募「游兵」，還伺機襲殺敵人。這與之前的單純防禦之策已有所不同，這也說明盧象昇的各項禦敵之策，構建了一個有機的積極防禦體系。再如，盧象昇在撫鄖時期，還制定了有效的裕民之計，就是希望從採礦業、農業和工商業諸方面刺激當地經濟發展，從根本上解決民生問題，杜絕「民貧從賊」現象的出現。當然，這種裕民之計是有著一系列安民保民措施的切實保障的。所以說，盧象昇的裕民之計，體現了他為官時較強的政治才幹。

第三節　其他軍事策略

除了前文所述的用兵籌餉和「靖寇」綏民之策，盧象昇還提出甚至實施了其他一些軍事策略。譬如在購買營馬、謀練奇兵以及修築邊牆、臺、堡諸方面，他都有自己獨到的見解。

一、「剿賊急需營馬」

在明末戰爭中，騎兵力量的強弱，影響甚至決定了某一軍事集團的整體作戰水準的高低。而戰馬數量的多寡和品質的優劣，是騎兵力量強弱的決定

第四章　盧象昇的軍事策略

性因素之一。盧象昇撫楚之初,就明顯意識到「營馬」與騎戰的重要性,總督宣大時,他更把「馬政」作為軍政的重要內容。他對營馬的重視,源於對敵我騎兵力量懸殊的深刻認識:義軍多騎兵,官兵堵追皆不能及。為此,他不由得感嘆:「賊騎如雲,每至則漫山遍野,盡意馳驟,倒損即隨地搶騎。我兵十不一馬,性命相依,既不便捨步兵而先馳,又不敢窮馬力以致斃。」[68]當然,這種認識也是在他在長期戰爭中逐步形成的。為了增強騎兵力量,楚撫盧象昇奏請營馬銀以購買營馬:

　　目前剿賊急需營馬。……臣自治鄖以及撫楚,多方設處,買馬三百餘匹,約費三千六百餘金,未動絲毫公帑。留百匹以與新治臣應用,而以二百匹自備騎征。乃奔馳半年,亦多傷損,縱使二百皆壯騎,猶與無馬同,將何殺賊乎?臣身日在行簡,即欲捐貲市駿,設處已窮,緩急無恃。頃者鎮臣秦翼明疏請馬匹,蒙皇上俯允。部議動支湖廣節裁驛站銀三千兩與之。臣身膺討賊之役,不敢多求,伏乞皇上敕部,準再動前銀五千兩。所不足者,臣當另為設法。臣標下若有馬騎八百,庶可供一臂之用,而備督剿之資也。[69]

盧象昇奏稱,他曾買馬 300 匹,自己標兵留用 200 匹,並希望援引湖廣總兵秦翼明之舊例,擬申請 5000 兩銀買馬 500 匹,以供征戰。5000 兩營馬銀,對財力匱乏的明廷來說,或許也是一個不小的經濟負擔;盧象昇不久後即已赴任五省總理,之後亦未再堅持奏請,因而他的奏請並未見批允。

二、謀練奇兵與修築邊牆臺堡

總督宣大時,盧象昇十分重視選練奇兵,主張奇正結合,以奇制勝。為此,他曾專疏〈選用奇兵疏〉,從多個方面論及選練奇兵事宜。首先,他談及

68　〔明〕盧象昇:《盧象昇疏牘》卷 5,〈剿寇第二要策疏〉,杭州:浙江古籍出版社,1985 年,第 88 頁。

69　〔明〕盧象昇:《盧象昇疏牘》卷 4,〈陳會剿大端並量請馬匹疏〉,杭州:浙江古籍出版社,1985 年,第 79 頁。

第三節　其他軍事策略

奇兵之作用:「每到三四更時熟睡,誠得勇敢兵丁,身軀矯健,舉步輕捷,善於登高涉險,晝伏夜行者,潛入其營,奮力砍殺,並暗取其馬匹弓矢,此制口良策。」其次,他指出所選奇兵的標準:「手足利便,膽氣充足,心志堅強,呼吸靈應。」再次,他論及選奇兵之法:「牌仰該道官吏,即便轉行協路將領及守備操防管官,各照本管軍兵,每百人中精擇一二名,開具姓名年貌籍貫,限文到十日內,由道類報前來。道丁亦百人選一,同將備等官所選,一併冊報。」最後,他談到對奇兵從優體恤:「以偷營劫寨,能夜殺口及暗取其弓箭馬匹,一照功級升賞。其有被口損傷者,分別重輕,從優恤錄。」另外,他還強調,選奇兵要遵循自願的原則,「尤在各軍兵自願承認,方為得力」。[70]

對於宣大邊牆修築一事,盧象昇也有著獨到的看法。前任宣大總督梁廷棟曾上疏,請求在宣府鎮陵後220里地修築邊牆,以加強邊防。此事引起朝臣們較為激烈的論爭。盧象昇認為此策萬不可行,原因之一就是頗費錢財,「計直一百六十萬以上」;另一原因,是宣大三邊鎮邊防數千里地,敵兵可繞道進攻皇陵重地,「宣東至大同、山西延袤二千三百里,隨處可達皇陵,若止於三百里議築,猶無邊也」。盧象昇以為,「夫士卒用命,眾心成城,道在守禦,不在邊牆」,因而,修邊牆之事「事遂寢」。[71] 其實,對於邊地的防禦工事,盧象昇還是極為重視的。但迫於財力的匱乏和邊境線的漫長,只好在重要地方修築烽臺和墩堡,加固加高土堡。當時宣府巡撫劉永祚,就力主修築烽臺,盧象昇則「以其地平衍,水草少,其勢不屯,乃浚壕鑿井,增築土臺數十所,使相委屬」[72]。

70　〔明〕盧象昇:《盧象昇疏牘》卷8,〈選用奇兵疏〉,杭州:浙江古籍出版社,1985年,第189頁。

71　〔清〕盧安節編,〔清〕任啟運校定:《明大司馬盧公年譜》,清光緒元年重刻本,北京圖書館編:《北京圖書館藏珍本年譜叢刊》第62冊,北京:北京圖書館出版社,1999年,第322頁。

72　〔清〕盧安節編,〔清〕任啟運校定:《明大司馬盧公年譜》,清光緒元年重刻本,北京圖書館編:《北京圖書館藏珍本年譜叢刊》第62冊,北京:北京圖書館出版社,

第四章　盧象昇的軍事策略

　　總之，在近十年的軍事生涯中，盧象昇積累了十分豐富的軍事經驗，尤其在用兵籌餉和「靖寇綏民」等方面，他適時提出、實施了不少有價值的軍事策略或軍事思想。然而，盧象昇所任諸職，任期都比較短暫：久者三四年，短者不足一年。更何況，在任職期間，由於各地戰事頻仍，盧象昇常年征戰在外。所以，本章所述之軍事策略或軍事思想，有的實施效果較好，有的亦未能很好地實施，但都反映了盧象昇在治軍方面較豐富的政治軍事智慧。

1999 年，第 323 頁。

第五章　鄖陽和宣雲屯田

　　盧象昇大興屯田,根本目的就是要解決明末糧餉匱乏的現實問題。明末國家財政吃緊,盧象昇屢屢請餉亦多不能如願,便求助於捐助之法。然而,「因糧輸餉」實為募糧餉之權宜之計,因為它既不能創造物質財富,又對捐助者帶有一定的強制性,在實施過程中極易產生弊端。「因糧輸餉」實施不久後,即逐漸被楊嗣昌所倡導的「均輸法」所取代,也說明「因糧輸餉」還是具有某些局限性的。因此,盧象昇在撫鄖和總督宣大期間,便恢復和發展了明初以來的屯田,這的確是一種生產自救式的增加糧餉的有效措施。

第一節　鄖陽屯田

　　盧象昇於宣大總督任上大興屯田的情況,史書中多有記載。而他實施屯田,早在撫治鄖陽時即以開始,其目的就是部分地解決鄖兵嚴重缺餉的現實問題。當然,這次鄖陽軍屯,也為以後的宣雲屯田積累了豐富的經驗。

一、明代屯田制度的興衰

　　屯田,乃屯聚墾田之意,它是中國歷代封建官府,組織勞動者在官地上進行開墾耕作的農業生產組織形式。屯田之事,由來已久。中國古代官府開始實行屯田,可以上溯至秦漢時期,其目的是滿足邊地軍糧之需。金朝在滅遼以後,為了統治境內的漢、契丹等族勞動人民,在腹裡也遍設「猛安謀克」;與之相對應,亦設置軍屯,所以金朝的屯田(包括軍屯)邊腹地皆有。隨著元代軍屯大興,民屯也發展起來並逐步軍事化,並成為軍屯的積極輔助。[1] 元代和金朝相似,皆是少數民族政權,為了鎮壓境內各民族尤其漢族人

1　王毓銓:《明代的軍屯》,北京:中華書局,1965年,第11、16頁。

第五章　鄖陽和宣雲屯田

民反抗,也是邊腹內外皆設屯,終元一代形成定制。正如《元史》所云:「國初用兵征討,遇堅城大敵,則必屯田以守之。海內既一,於是內而各衛,外而行省,皆立屯田,以資軍餉。」[2]

明代的屯田形式大體上分為民屯、商屯和軍屯三種,而以軍屯最著。邊腹地屯守軍比例略異。《明史》有載:「其制,移民就寬鄉,或招募或罪徙者為民屯,皆領之有司。而軍屯則領之衛所。邊地,三分守城,七分屯種;內地,二分守城,八分屯種。」[3]明代的衛所軍制,實質就是寓兵於農、守屯結合的軍事制度。衛所屯田的目的就是盡力滿足軍糧所需,正如明太祖朱元璋所言「以軍隸衛,以屯養軍」[4]。以屯養軍是檢驗衛所成績的重要內容,也是衛所兵制的基本特點。[5]有明一代,軍屯是歷時最久、影響也最大的一種屯田方式。各衛所平時除了屯田任務外,還有守禦地方之責。朱元璋曾自誇道:「朕養兵百萬,不費民間一粒米。」[6]此言雖過,但也說明,明初屯田,為解決軍糧供應確實造成了較為積極的作用。

從宣德到正統年間,軍屯制開始衰落下去。從屯田畝數的大量減少,可以窺見軍屯衰落的事實。《明史》載:「萬曆時,計屯田之數六十四萬四千餘頃,視洪武時虧二十四萬九千餘頃。」[7]李三謀曾總結軍屯衰落之原因:其

2　〔明〕宋濂等:《元史》卷 100,〈兵制三·屯田〉,北京:中華書局,1976 年,第 2588 頁。
3　〔清〕張廷玉:《明史》卷 77,志第 53,〈食貨一〉,北京:中華書局,1974 年,第 1884 頁。
4　〔清〕張廷玉:《明史》卷 90,志第 66,〈兵二〉,北京:中華書局,1974 年,第 2196 頁。
5　《中國軍事史》編寫組:《中國軍事史》卷 3,〈兵制〉,北京:解放軍出版社,1987 年,第 411—412 頁。
6　〔清〕傅維鱗:《明書》卷 67,志第 11,〈土田志〉,清康熙三十四年本誠堂刻本。
7　〔清〕張廷玉:《明史》卷 77,志第 53,〈食貨一〉,北京:中華書局,1974 年,第 1886 頁。

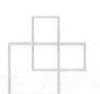

第一節　鄖陽屯田

一，生產力低下，屯軍的賦稅過重。有的軍屯之田處於偏遠地區，尤以是北方邊鎮，這些貧瘠之田產量較低，往往導致屯軍勞而無獲，難以承擔正糧、餘糧的賦稅重擔。其二，生產要素的缺乏和生產條件的惡化。一方面是主要的生產工具耕牛的供應嚴重不足；另方面是政府無力進行必要的水利工程的修建。其三，地方武官、監軍太監、地方豪右等占田占役狀況，到明代中後期愈來愈嚴重，這是破壞軍屯制度的最為致命因素。[8]

除了軍屯外，商屯和民屯也是兩種重要的屯田形式。商屯其實也是一種特殊形式的民屯。明初，為解決邊地軍糧，政府利用所壟斷的食鹽專賣權，規定商人可輸糧到邊地以換取「鹽引」，作為販賣食鹽之憑證，到指定鹽場支鹽並到指定區域銷售，此項制度稱為「開中」法。後來，有些商人為節省輸糧成本，乾脆僱人屯墾於邊地糧倉附近，將收穫之糧就近繳納換取鹽引，這就是商屯之來歷。[9] 商屯對邊糧供給有一定的補充作用。時人劉應秋對商屯評價較高：「商人自募民耕種塞下，得粟以輸邊，有償鹽之利，無運粟之苦，便一；流亡之民，因商召募，得力作而食其利，便二；兵卒就地受粟，無和糴之擾，無浸漁之弊，便三；不煩轉運，如坐得芻糧，以佐軍興，又國家稱為大便者。」[10] 隨著商品經濟的發展，弘治年間兵部尚書葉淇實行了「開中」鹽法改革，使得巨商豪富可以納銀代軍糧換取鹽引，使得商人以屯田補給軍糧的興趣大為減弱，商屯也漸趨衰亡。

民屯也是明代一種較為重要的屯田形式，由地方政府負責管理。明初，相對軍屯來說，民屯的規模和影響是十分有限的。民屯有三種組織形式，如《明史》所載：「移民就寬鄉，或召募或罪徙者為民屯，皆領之有司。」[11] 一是

8　李三謀：《明代邊防與邊墾》，《中國邊疆史地研究》，1994 年第 4 期。

9　湯綱，南炳文：《明史》，上海：上海人民出版社，1991 年，第 120—121 頁。

10　〔明〕陳子龍輯：《明經世文編》卷 431，《劉文節公集》之〈鹽政考〉，北京：中華書局，1962 年，第 4718 頁。

11　〔清〕張廷玉：《明史》卷 77，志第 53，〈食貨一〉，北京：中華書局，1974 年，第

第五章　鄖陽和宣雲屯田

移民到人少地多的「寬鄉」屯種，這在明初時較為常見；二是招募人民屯種，雖說自願，但和移民屯種一樣，具有明顯的強迫性；三是徙罪犯到某地屯種。民屯的是以屯為基層單位，一屯即一里，下分十甲，類於里甲制度。[12] 李三謀認為，弘治以後，軍屯和商屯已經衰落，但民屯卻稍有發展。[13]

明末，由於國內起義頻繁和遼東邊患不斷，軍糧缺乏十分嚴重。此時，恢復和整頓各種形式的屯田尤其是軍屯，具有較強的迫切性。盧象昇就是在這樣的時代背景下，多次大舉屯田的。

二、鄖陽屯田的組織體系、物質保障和制度約束

鄖陽官府實施屯田，可以上溯到成化十二年（1476年），首任鄖陽撫治原傑經略鄖陽之時，「鄖屯則自原公始」[14]。明末鄖陽地區，地僻民窮，軍隊缺糧極為嚴重。盧象昇上〈募軍開屯疏〉，指出：「今日之鄖，極困苦之地」，改變的根本辦法，「唯有屯田一著。」並在奏議中，從抽軍餘、委衛官、清田課成、行獎懲四個方面，向明廷闡述屯政方略。[15]

盧象昇奏請鄖陽屯田是否得到批覆了呢？我們雖然沒有找到明確的批文，但可以由以下兩方面判定，明廷確實同意了該疏請。一是，〈募軍屯田十議〉裡有「為此牌仰本官備照憲牌並冊開款項」一語，可以作為佐證。二是，我們可以結合歷史背景，從常理上進行推論。崇禎帝馭臣甚嚴，督撫所行大事，事先是須向皇帝奏明的。盧象昇是一位行事謹慎的忠臣，他絕不敢擅自

1884頁。

12　湯綱，南炳文：《明史》，上海：上海人民出版社，1991年，第118—120頁。

13　李三謀：《明代邊防與邊墾》，《中國邊疆史地研究》，1994年第4期。

14　〔明〕裴應章、彭遵古等著，潘彥文等校注：《鄖臺志》卷8，〈儲餉·屯田〉，南京：長江出版社，2006年，第291頁。

15　〔明〕盧象昇：《盧象昇疏牘》卷2，〈募軍開屯疏〉，杭州：浙江古籍出版社，1985年，第24頁。

第一節　鄖陽屯田

實施屯政的，況且，他興屯務還須明廷給予一定的物質支持。[16]

獲得明廷準奏後，盧象昇在〈募軍屯田十議〉中，將〈募軍開屯疏〉中所闡述的屯政方略，轉化為具體的屯田措施並公之於眾。該「十議」羅列興屯之法十條款，筆者歸納為三個主要方面，即：構建軍屯的組織體系，為屯軍提供物質等保障，與屯軍的某些權責約定。

(一) 構建軍屯的組織體系

為了有效地進行屯田，需要建立起屯田的組織機構，盧象昇隨即在「選衛官」、「抽軍餘」和「定編派」三方面進行籌劃，奠定了軍屯的組織基礎。

1.「選衛官」，即是遴選衛所軍官對屯田進行督率管理。盧象昇認為，「募軍屯田，首須擇官統率」。擇官仍舊從原衛所中進行，「仍於本衛（荊襄等衛）指揮千百戶中，選忠實廉干官十員，統領各軍，聽刑官點驗畢，即赴該道過堂起送至鄖鎮，赴本院過堂，以憑分派安插」。遴選標準是「年力精強，身家殷實，忠誠廉干」。他還提到：若開屯有功，還會專門奏疏題敘。[17]

2.「抽軍餘」，軍餘即指正軍之餘丁，抽軍餘就是抽調荊、襄等衛中可堪屯墾之軍餘壯丁，赴鄖地安插屯田。盧象昇認為，既然鄖地「查得房、竹、西、津、保、鄖等縣，人民死亡大半」，而荊、襄等衛軍餘甚多，恰好可「鼓而用之」，如此，「庶幾足以救鄖」。他要求各官員「通查該衛食糧正軍若干名，不食糧餘軍若干名，不許一毫漏隱，即將軍餘中選擇年力壯健堪以業農者，多則五千，少則三千，開具年貌，並取各官軍結狀，限文到一月內報院，以憑措給牛具子種」。文中提及選擇屯田的軍餘，須是「年力壯健堪以業

16　盧象昇曾奏請搜借一萬兩銀作為屯田所需牛具子種之費用，「而募軍屯田所需牛具子種，召商鼓鑄所需銅本工料，又非各得萬金，斷難措手」。參見〔明〕盧象昇：《盧象昇疏牘》卷2，〈借本屯田鼓鑄修城疏〉，杭州：浙江古籍出版社，1985年，第28頁。
17　〔明〕盧象昇：《盧象昇疏牘》卷3，〈募軍屯田十議〉，杭州：浙江古籍出版社，1985年，第47頁。

第五章　鄖陽和宣雲屯田

農者」。抽調軍餘人數為三千到五千[18]，其比例為「大約以三丁抽一為率」。為防範屯田軍餘逃亡，「仍令本所本伍千百戶及正軍各具保結」。盧象昇又進一步解釋，所抽調的對象為衛所軍餘而非正軍的原因：「衛所正軍，雖有月糧屯地，諸如守城、團操、運糧等役，亦自苦累多端。」[19]

3.「定編派」，是指如何組織所徵調的各衛所屯田軍餘。盧象昇說：「所抽軍餘，通計若干名，某衛官名下領軍若干，依照一甲、二甲規則派編。每十名為一甲，中擇一人為甲長，以防混亂，以便責成。」[20]盧象昇所構建的軍餘屯田組織體系，其詳情因資料缺乏而無法敘述清楚，筆者以為，似應借鑑了明代盛行的衛所軍制和鄉村里甲（或保甲）制的管理模式。

（二）為屯軍提供物質等保障

為了讓軍餘和軍屯管理者能安心屯種，盧象昇議定了「給官糧」、「設房舍」、「借子種」、「資牛具」及「便輿情」等條款，為其提供糧餉、子種、牛具、居住、省親等方面的資助或便利。這為軍屯的開展提供了必要的物質甚至情感上的支撐。

1.「給官糧」，就是對於初到鄖地的外地軍餘，提供生活必需的糧食，給衛軍官廩糧銀。盧象昇議定：「各軍初往開屯，離家頗遠，難以裹糧餬口。每名每日各給米一升，以三月為率，向後屯種可以資生，不煩官府過計矣。其統率屯軍衛官，除月支俸糧外，每日加給廩糧銀八分，俟開屯成熟再議。」甚至屯軍原有的別項差役也「概行豁免」。不過，屯軍每日應得一升米的優

18　筆者認為，此人數並非荊、襄諸郡所有被抽調的屯田軍餘總人數，而是每衛的屯田軍餘總人數。有兩點可以說明：其一，盧象昇在〈募軍開屯疏〉說「若餘軍，每衛不下萬人」；其二，在〈募軍屯田十議〉又規定抽調軍餘比例「大約以三丁抽一為率」。由此可見，抽調的屯田軍餘的人數三千、五千，皆應為每衛軍餘的實際抽調人數。

19　〔明〕盧象昇：《盧象昇疏牘》卷3，〈募軍屯田十議〉，杭州：浙江古籍出版社，1985年，第47—48頁。

20　〔明〕盧象昇：《盧象昇疏牘》卷3，〈募軍屯田十議〉，杭州：浙江古籍出版社，1985年，第48頁。

待，期限僅為開屯初的前三個月。[21]

  2.「設房舍」，就是官府為屯軍提供居住之所。盧象昇甚至帶頭捐銀出資、由各縣印官於屯地近處建房，「各軍屯種資生，須有棲身之所，今議每軍二名，用草房一間，本院自捐俸銀，行各縣印官查照地畝坐落處所，如式蓋造，多則三四十間，少則一二十間為一村」[22]。將來屯田收穫後，「乃聽自行添設，以便家屬共居」。[23] 然而，開屯之初，家屬無法前來同住，官府允許屯軍回家探親，「耕種之暇，仍聽其歸省父母妻子」，「但往返之間，近者以半月為率，遠者以一月為率」，「如某屯官名下軍餘若干，分作幾班，更番給假，不得遷延日時，自廢農業」。[24] 省親是有期限要求的，並以不誤農時為原則。此即為「便輿情」之議。筆者以為，儘管鄖地生產生活條件艱苦，盧象昇還是盡力關注青壯年屯軍的家庭生活，這些舉措給了屯軍以親情上的慰藉。

  3.「借子種、資牛具」，是指官府在開屯之初借給屯軍必要的生產要素和生產工具。盧象昇稱，耕種所需子種，「俟承種之日，本院多方設處，照地畝應用之數以給之」。官府借給的牛具，是按照田畝數配給屯田者的：「每地一頃，用軍三名，給牛二隻。其犁鋤等項，每軍各給銀三錢。如各軍不便打造，仍發銀各州縣制辦，赴鄖給領。以上牛具等銀，本院設處。」[25] 子種、耕牛和各種生產工具，全都由官府措辦，這就能保證屯田的順利進行。當

---

21 〔明〕盧象昇：《盧象昇疏牘》卷3,〈募軍屯田十議〉，杭州：浙江古籍出版社，1985年，第48頁。
22 〔明〕盧象昇：《盧象昇疏牘》卷3,〈募軍屯田十議〉，杭州：浙江古籍出版社，1985年，第48頁。
23 〔明〕盧象昇：《盧象昇疏牘》卷3,〈募軍屯田十議〉，杭州：浙江古籍出版社，1985年，第48頁。
24 〔明〕盧象昇：《盧象昇疏牘》卷3,〈募軍屯田十議〉，杭州：浙江古籍出版社，1985年，第49頁。
25 〔明〕盧象昇：《盧象昇疏牘》卷3,〈募軍屯田十議〉，杭州：浙江古籍出版社，1985年，第48頁。

第五章　鄖陽和宣雲屯田

然,官府所籌措之子種、牛具諸項,僅作借用,待收穫後還須償還。

(三) 與屯軍的權責約定

盧象昇議定「禁爭擾」和「立田規」兩條款,申明所屯之田的歸屬權和明確屯軍收穫後的利益分成。「禁爭擾」一款再次強調,所屯之田皆為無主民田,原主人逃亡或故絕,且無親族認領。若屯種期間,「有豪民刁棍,冒名告爭」,官府則「即重治以法」;而各屯軍也不得越地界相爭,「各軍亦務要安心農業,盡力耕鋤,不許擾越爭競取罪」。[26]「立田規」一款則規定:屯田分三等,「其子粒亦照三等起科,官取三分之一,以還牛具、子種並先借月糧,其餘盡歸各軍食用」。[27] 籽粒收成的三分之一納於官府,原來是為了償付先期從官府獲得的牛具、子種以及借糧,餘下的三分之二籽粒才歸各屯軍所有。

崇禎八年的鄖陽屯田成效如何?筆者暫未查到相關文獻的具體記載,盧象昇也只是在後來的奏疏中,提及曾屯田於鄖陽一事,但也沒有言及實效。筆者以為,盧象昇曾在鄖陽實施屯田,是沒有什麼疑問的,這或許也部分地緩解了鄖兵乏餉的問題。然而,盧象昇撫鄖之初,恰好為崇禎七年(1634年)四月下旬,正值他戎馬倥傯之際,即便鄖陽粗安,也須假以時日;此時再實行屯田,已誤最佳農耕時節。而次年夏,盧象昇便已離任赴楚,屯田之效還未能顯現出來。因此,我們可以推測,崇禎八年鄖陽屯田的規模與成效是非常有限的。但這次鄖陽屯田,卻為不久後在宣大三鎮實施大規模屯田積累了豐富的經驗。

---

26 〔明〕盧象昇:《盧象昇疏牘》卷3,〈募軍屯田十議〉,杭州:浙江古籍出版社,1985年,第49頁。

27 〔明〕盧象昇:《盧象昇疏牘》卷3,〈募軍屯田十議〉,杭州:浙江古籍出版社,1985年,第48頁。

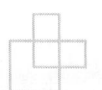

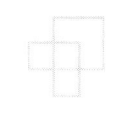

第二節　宣雲屯田

　　宣府（治所今河北宣化）、大同（治所今山西大同）、山西（治所今山西寧武）三鎮，習慣稱之為宣大三鎮，是明末北疆三大重鎮。大同古稱雲州，因此宣大邊鎮的屯田，也稱為宣雲屯田。盧象昇任職宣大總督兩年整，雖戰事不多，但御邊責任也極為重大。他不斷巡邊修邊、屯田練兵。在宣大總督任上，盧象昇所上奏議共127篇，筆者發現專章論述屯政內容的就占9篇：〈經理屯田種馬疏〉、〈屯政疏〉、〈再陳屯牧事宜疏〉、〈屯政告成疏〉、〈經理崇禎十一年屯政疏〉、〈敘興屯有功官員疏〉、〈回奏興屯疏〉、〈參豪奸孫光鼎抗屯疏〉、〈報明屯田牛具以備核銷疏〉。其他奏疏亦有間或論及屯政者，這也足以說明，盧象昇非常重視屯田事宜。我們就以這些奏疏為依據，主要從策略、規模和效果等方面，對盧象昇在崇禎十年和崇禎十一年的宣雲屯田狀況作一初步的探討。需要指出的是，崇禎十一年屯田規模已大為縮小，盧象昇在秋收前也已卸任宣大總督，而《盧象昇疏牘》及其他史料中對該年屯田之記載甚少（屯田之效亦無記載）。因此，本書對崇禎十一年的宣雲屯田所論較略，該年的屯田之效更無從考究。

一、崇禎十年的宣雲屯田

（一）興起屯田的緣由

　　軍屯，曾在明初軍糧供應方面發揮了重要的歷史作用，但自宣德以後逐漸敗壞。盧象昇認為，對於兵餉奇缺的宣大邊地，恢復與整頓軍屯建設，則顯得十分必要。為了說明實施屯田的合理性，他在奏議中簡述了前朝對屯田的重視情況。崇禎九年（1636年）十二月，盧象昇上〈屯政疏〉有云：

　　粵稽太祖高皇帝嘗諭群臣曰：興國之本在強兵足食，昔漢武以屯田定西羌，魏武以務農足軍食。我仁宗皇帝曰：古寓兵於農，不奪其時，先帝所立

第五章　鄖陽和宣雲屯田

屯種法甚善。後來所司數以徵徭擾之,既奪其時,遂無其效。大哉王言,豈非祖宗金石之訓乎!是以洪武元年即命諸將士屯種,開立屯所。永樂五年,令各省直增設按察司僉事一員,專管屯田。正統二年,令各省直巡按御史專管屯田。景泰三年,令南京倉場大臣並兩直巡撫都御使兼提督屯種。正德三年,題准歲差御史一員,督理京省衛屯種。嘉靖二十九年,詔差風力重臣二員經理北直、山東、宣大等處屯牧。[28]

然而,伴隨著明代中後期屯政的沒落,明軍的軍事力量也漸趨衰落。崇禎時期,明代屯政已廢弛百餘年了,「謹照屯政廢而不講,百年於茲矣」[29]。甚至若有人再提及屯政,軍民官等皆以為苦。「今饑饉薦臻,蒼黎骨立,軍需日耗,邊計日蹙,終無補救之方,乃言及屯務,而中外或以為迂;詢之地方,而軍民亦以為苦。」[30]可見,軍屯廢弛百餘年後,卻出現了「軍需日耗,邊計日蹙」的狀況,但軍民仍不以屯務為然。盧象昇所疏言的狀況,自然也適用於宣大三鎮。那麼,盧象昇為什麼要在宣雲邊地實行屯田呢?

盧象昇初任宣大總督,即已巡閱宣鎮各邊口,發現各處之軍困民貧、土地荒蕪、邊防空虛、物價飛漲等情形,感到問題的嚴重性。正如他疏中所言:「但見地土荒涼,居民寥落,米糧豆草湧貴異常。」[31]由於國家財政匱乏,盧象昇疏請增餉多不能如願,他便決定:實施軍屯,生產自助。

盧象昇也預見到實施屯田之艱難,但他認為,「舍此別無良圖」[32],倘若

28　〔明〕盧象昇:《盧象昇疏牘》卷6,〈屯政疏〉,杭州:浙江古籍出版社,1985年,第132—133頁。

29　〔明〕盧象昇:《盧象昇疏牘》卷9,〈敘興屯有功官員疏〉,杭州:浙江古籍出版社,1985年,第247頁。

30　〔明〕盧象昇:《盧象昇疏牘》卷6,〈屯政疏〉,杭州:浙江古籍出版社,1985年,第133頁。

31　〔明〕盧象昇:《盧象昇疏牘》卷6,〈經理屯田種馬疏〉,杭州:浙江古籍出版社,1985年,第119頁。

32　〔明〕盧象昇:《盧象昇疏牘》卷6,〈經理屯田種馬疏〉,杭州:浙江古籍出版社,

第二節　宣雲屯田

邊疆官員有報國之志,廣為招募貧苦或流亡軍民,給以屯種所需的種子和耕具等,並適應天時、地利與人和,則屯務必有成效。因此,實施屯政是可行的。況且,宣雲一帶有大量的拋荒土地,而且不少是熟田,這也為實施屯田提供了可能性,正如盧象昇在〈屯政疏〉中所云:「卷查督屬拋荒地畝,據宣雲兩鎮所報共一萬六千二百六十餘頃。……凡荒地不出軍田、民田二項,因無資本,遂至拋荒,每年納糧拖累,官私交困。地方乏食,大率由斯。」[33] 可見,宣雲邊地所拋荒之地總數十分可觀,竟多達 16260 餘頃。其中,很多荒田皆為軍、民因戰亂災荒而不堪課稅重負所拋棄的軍田和民田,以此等荒田屯種也不容易引起田畝產權之爭。

由此可見,實施宣雲屯田,不但勢在必行,而且還是可行的。盧象昇是一位務實能幹而又積極樂觀的官員,他認為唯有實施屯政,才能從根本上解決軍民貧困的問題。他十分重視練兵措餉,但仍以為此屬治標之策,而屯政、馬政才是治本大計,「臣前疏練兵措餉為治標,今疏種馬、屯田為治本。標本兼治,安攘可期」[34]。他有著在鄖陽屯政的豐富經驗,對宣雲屯田計劃始終充滿自信。籌備屯田期間,盧象昇就對屯政的預期收益信心十足。他在〈屯政疏〉裡說:

總之,屯本一萬,歲可得銀穀之息二千餘金。然而計息其小者也,……今將棄土悉就耕耘,邊地雖甚磽瘠,若時和年豐,上地每畝歲可得穀四斗,中地、下地可得三、二斗。查上中地無幾,而下地居多,酌其盈虛,通計地一頃,歲可得穀二十五石。百頃則二千五百石,千頃則二萬五千石,萬頃則二十五萬石矣。夫此二十五萬石者,不論其在官在民在軍,總皆窮邊至

　　1985 年,第 120 頁。
33　〔明〕盧象昇:《盧象昇疏牘》卷 6,〈屯政疏〉,杭州:浙江古籍出版社,1985 年,第 133 頁。
34　〔明〕盧象昇:《盧象昇疏牘》卷 6,〈經理屯田種馬疏〉,杭州:浙江古籍出版社,1985 年,第 120 頁。

第五章　鄖陽和宣雲屯田

寶。……此之不可不力行也，寧待再計決哉？[35]

盧象昇認為，屯政之利，可得銀穀之息，利率為百分之二十；更重要的是，屯田可以解決民生和軍餉問題。儘管宣雲邊地土地貧瘠，但拋荒地較多，廣種亦可多收。開屯萬頃，至少可獲穀糧二十五萬石，這對宣大邊鎮的軍民可謂「窮邊至寶」。正是基於對興屯之利的這種信心，盧象昇才奏請宣雲屯田事宜。

（二）實施屯政的三種辦法

盧象昇在〈屯政疏〉中詳述了大興屯政的三種方法，即借種具、募開墾、用屯軍。此三種方法，針對的人群不同，屯田者與官方的權責關係亦有所差異。但三種辦法也有某些相似之處。

1.「借種具」之法。「借種具」，是官府（宣大三鎮軍方）將所控制的土地，讓貧窮軍民人等耕種，並付給相應的種具銀，並收納穀息的一種辦法。它有三個突出的特點：

其一，以田畝數給付屯種者（屯戶）以種具銀，秋收後收納百分之二十的穀息銀。〈屯政疏〉有云：「每地一畝，約用僱倩耕牛銀三分，籽種及糞土銀三分，以一頃計之，共用銀六兩」；「俟秋成，每銀一兩，除還本外，納穀息銀二錢，本折隨之，官私庶為兩便。[36] 此處的種具銀包括耕牛銀、籽種及糞土銀三部分。而種具銀的發放須分三次，「第一次發十分之四，定於正月初旬；次發十分之三，定於二月下旬；次發十分之三，定於四月中旬」[37]。

其二，設立大小各級屯長，對屯種者進行有效管理，並催納穀息。倘若

35　〔明〕盧象昇：《盧象昇疏牘》卷6，〈屯政疏〉，杭州：浙江古籍出版社，1985年，第135—136頁

36　〔明〕盧象昇：《盧象昇疏牘》卷6，〈屯政疏〉，杭州：浙江古籍出版社，1985年，第133頁。

37　〔明〕盧象昇：《盧象昇疏牘》卷6，〈屯政疏〉，杭州：浙江古籍出版社，1985年，第134頁。

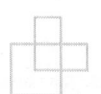

第二節　宣雲屯田

屯種者懈怠於生產，導致秋收無獲，別說穀息，就是本金也難以償還。所以，對屯種者，官府並不是放任不問，而是採取積極有效的手段，督促其努力耕種，以取其穀息。〈屯政疏〉又有云：「凡領官銀開種，若概授之貧妻單夫，必有失誤。須於附近地方，總立一大屯長，用義官[38]及各衛指揮之大有德行身家者；再分立小屯長，用義官及該衛千百戶之有德行身家者。一切招徠貧民，散給籽種，巡省耕穫，催納種息，皆責成之。」這些大小屯長，皆由糧官從公選舉。

其三，各路糧官，負責管理糧務。他們如內地之州縣官，負責核查各地荒地數目，分發種具銀，並徵收穀息銀。〈屯政疏〉稱：「（各路糧官）須確查本路有荒地若干，計畝給銀，多方鼓舞，務使所屬無游民曠土，……如某路有荒地百頃，即應發籽種銀六百兩，……秋成，即照銀數徵收本息。」[39]「借種具」之法，所針對的對象是指缺乏資本屯種之貧軍、窮民，這樣既使屯種者避免民間高利貸的剝削，又能為官府創造經濟效益，自己還得以為生，可謂「一箭三雕」之舉。各級管糧官和屯長們則代表官府，直接負責管理屯務和糧務等事宜，避免了地方官吏對「屯種者」的滋擾盤剝。這種方法體現了屯種者和官府之間的一種借貸關係。

2.「募開墾」之法。「募開墾」之法，就是官府僱傭願意代官耕種者，提

38　義官，為中國古代封建社會專設的一種編外官職，明朝時最為盛行，由官府直接任命或採用其他獎勵形式向社會頒布。榮獲義官稱號後的人員擁有一定的社會地位，能直接參與當地官府、域內的管理事宜。這些義官往往家境富裕，不拿俸祿，並把為社會做貢獻視為己任，因而各地方志多有「義官」的記載。學者向靜透過對《金瓶梅》中有關因捐納為義官的喬大戶描述之研究，並結合明代捐納制度的歷史背景，考證義官實為明代對特例捐納者的專有稱謂。明中期以後，義官身分日益呈現二重性，既能榮膺冠帶或散官職銜，又普遍受地方官府差遣，逐漸固化為差役名目。參見向靜：《〈金瓶梅〉喬大戶納義官考》，《明清小說研究》，2013 年第 1 期。

39　〔明〕盧象昇：《盧象昇疏牘》卷 6，〈屯政疏〉，杭州：浙江古籍出版社，1985 年，第 134 頁。

第五章　鄖陽和宣雲屯田

供所有生產、生活資料，由官府督管耕種，收成全部充公。該法有兩個特點：

其一，官府承擔了所有屯田所需要的費用。屯種者皆為自願代官耕種之人，亦稱為「佃戶」，不僅可以領取官府提供的所有生產工具，還有食米與工銀待遇，甚至農忙時所需短工的食米、工銀亦有官府提供。〈屯政疏〉以160畝地為例，對官府所付的生產成本進行仔細闡述：「用佃戶一人，用耕牛二隻。……每月給食米三斗，工銀五錢。牛每只十二月至三月每月給料草銀一兩，四月至十一月放青，農忙時應用。短工八十工，每工工銀三分，該銀二兩四錢。每工食米一升二合，約該米九斗六升。籽種糞土照數給發。」[40]其二，官府對屯種者的要求和管理較嚴格。相對「借種具」之法，「募開墾」之法所耗費的官府成本要高得多，所以官府要提高屯種者的準入門檻，並嚴格管理佃戶的屯種事宜。對於佃戶，「須有妻室，加以鄰佑保結」；各路糧官須「不憚辛勤，朝夕巡行督課」，也要選擇可信之屯長管理屯務，「擇殷實有德行，或指揮千百戶，或省祭義官，為之稽查鼓勵」；自然，秋收所得，「米糧草束，俱係在官，升合不許侵沒」。[41]

「募開墾」之法所體現的，是官府與所招募之「佃戶」之間的一種純粹的勞動僱傭關係，這和「借種具」之法裡所體現的借貸關係有所不同。

3.「用屯軍」之法。「用屯軍」之法，就是以部分軍士進行屯種的制度。這和前面所述的「借種具」、「募開墾」之法大有不同，具有兩個明顯特點：

其一，屯種者皆為軍士，由官府提供所有生產、生活資料，為官府屯種，秋收所獲全部歸公。屯種軍士是專供守禦的「營路邊堡各軍」，能有更多的時間從事生產。每頃需用「軍二名，官牛一隻」，「籽種糞土等費一如民佃」。由於軍士原本有月糧，所以「每月止加給銀四錢五分」。屯種所獲，「俱

40　〔明〕盧象昇：《盧象昇疏牘》卷6，〈屯政疏〉，杭州：浙江古籍出版社，1985年，第134頁。

41　〔明〕盧象昇：《盧象昇疏牘》卷6，〈屯政疏〉，杭州：浙江古籍出版社，1985年，第134頁。

第二節　宣雲屯田

屬公家」。[42]

其二，屯軍需要接受嚴格的管理和考核。官府對於屯軍的要求是「忠實稍有身家」者；屯軍既要接受守操官、衛所官和各路管糧廳官的管理，還要根據秋收豐歉情況，「定各軍勤惰及守操衛所等官功罪，分別賞罰勸懲」。[43]

「用屯軍」之法，是真正意義上的軍屯。由於屯種者皆為所屬軍士，相對於民屯形式，「用屯軍」更便於官府對屯軍日常屯務的管理與監督。因此，它在邊鎮地區實行應該更具有某種優勢。或許正緣於此，在崇禎十年宣雲屯田結束後，盧象昇做總結說：「原議用軍屯、募開墾、借種具三款，歷取而試之，唯用軍屯一款事半功倍焉」。[44]

總之，盧象昇所言三種屯法——「借種具」、「募開墾」和「用屯軍」，其中前兩者，所屯種的主體為「民」（貧民），應屬於民屯之範疇；「用屯軍」的主體是軍士（各營路邊堡守軍），純屬軍屯之範疇。從官府和屯種者的關係來看，「借種具」體現的是一種借貸關係，而後兩者則體現的是一種僱傭關係，甚至可能還具有某種強迫性。然而，這三種屯法，均為解決軍糧短缺而設，皆受宣大軍事指揮系統所控制，即屯種者直接受選出的衛所指揮、千百戶和管糧官督率，之上又有新設之宣大監軍屯牧道統領，最高領導則為宣大總督。

（三）屯田的規模與成效

1. 屯田規模。至於崇禎十年宣雲興屯的詳細過程，由於資料的缺乏，我們難以得知。筆者找到了一段他專述官員勸課軍民興屯的文字，可以窺見當

---

42 〔明〕盧象昇：《盧象昇疏牘》卷6，〈屯政疏〉，杭州：浙江古籍出版社，1985年，第134—135頁。

43 〔明〕盧象昇：《盧象昇疏牘》卷6，〈屯政疏〉，杭州：浙江古籍出版社，1985年，第134—135頁。

44 〔明〕盧象昇：《盧象昇疏牘》卷9，〈經理崇禎十一年屯政疏〉，杭州：浙江古籍出版社，1985年，第240頁。

第五章　鄖陽和宣雲屯田

時興屯之概況：

> 臣又於前四月間，行勸農栽值樵採等法，與屯政相參而行。搜乘之暇，偕道廳等官親詣田間勸課軍民，但見窮邊絕塞蚩蚩之氓，有荷鋤旁視者，有負耒相資者，有扶老攜幼，自遠而來，牽耕牛，備荷插，以為助者，臣皆量賞以紅布銅錢，用好言撫諭。於是百犁齊動，千陌塵開，洵足觀也。[45]

盧象昇是在崇禎十年（1637年）閏四月初七日，上疏敘述官、軍、民齊心屯耕的熱鬧場景的。這足以說明宣雲屯田之策，得到了軍民的熱烈響應。

崇禎十年的屯田規模如何呢？首先，我們討論一下崇禎十年宣雲屯田的畝數。盧象昇在〈屯政疏〉裡提及，「卷查督屬拋荒地畝，據宣雲兩鎮所報共一萬六千二百六十餘頃」，[46] 這些拋荒地其實就是無主之地，官府可以用之於屯田的。然而，這些拋荒地，是否全部用以屯種了呢？或者說，到底有多少被用於該年的屯種呢？筆者在《盧象昇疏牘》中沒有找到確切數字，但是我們可以根據他奏報的屯政成果進行大致的推算。崇禎十年大興屯政，其實是「借種具、募開墾、用屯軍」三法並舉的，但三者的內容規則大不相同。後兩者規定給付屯種者的屯資很複雜，有的以銀兩計，有的以食糧計，沒有統一的銀兩總數；況且此三者在屯田中所占比例也無法理清。所以筆者便以「借種具」之法的規則，來估算當年屯田的實際畝數。前文已經提及，在奏疏中，官府於崇禎十年派發的屯資有些敘述上的出入，或「七萬餘」，或「八萬零」，為了計算上的方便，筆者取其平均數即75000（兩銀）。「借種具」之法有云：「莫若聽從軍民之便，每地一畝，約用僱倩耕牛銀三分，籽種及糞土銀三分，以一頃計之，共用銀六兩，此借種具之大概也。」[47] 筆者按此計

45　〔明〕盧象昇：《盧象昇疏牘》卷8，〈再陳屯牧事宜疏〉，杭州：浙江古籍出版社，1985年，第201頁。

46　〔明〕盧象昇：《盧象昇疏牘》卷6，〈屯政疏〉，杭州：浙江古籍出版社，1985年，第133頁。

47　〔明〕盧象昇：《盧象昇疏牘》卷6，〈屯政疏〉，杭州：浙江古籍出版社，1985年，

第二節　宣雲屯田

算，該年屯田畝數應為 12500 頃，這與盧象昇所奏報的宣雲兩鎮拋荒地畝數 16260 餘頃，有一些差異。造成這種差異的原因，可能是部分拋荒地畝並不適宜屯種，亦或許由於所籌屯資不足而減少了實際屯田畝數，等等。[48]

除了屯種的田畝數之外，我們還可以從奏疏中所敘錄的有功官員的屯績，從側面來瞭解這次屯田的規模。盧象昇在〈敘興屯有功官員疏〉中，以大量的數據，列舉了數十名宣雲邊鎮文武官員的屯政功績。筆者現將有關內容摘引如下：

所有本年分興屯各官，勞績茂著，謹遵一體論敘之旨，據實陳之：分守口北道右參議賀鼎所屬，共得屯田息穀一萬九千一十七石五斗二升零；陽和兵備道按察使竇可進所屬，共得屯田息穀一萬二千九十六石八升零。兩道屯息為最多，應聽部覆從優論敘者也。分巡口北道僉事李仙風所屬，共得屯田息穀二千石一斗零；分巡冀北道僉事樊師孔所屬，共得屯田息穀二千二百二石二斗零，分守冀北道右參議朱家仕所屬，共得屯田息穀二千九百八十二石三斗零；大同左衛道副使聶明楷所屬，共得屯田息穀二千七百四十八石五斗零。四道屯息每道俱各在二千以外，三千以內，應聽部覆，一體論敘者也。以各廳言之，大同東路同知，今升監軍屯牧道僉事，該路所屬，除標營及陽和道委官分屯，得屯息七千六百六十八石四斗零，亦係本官承行經理外，本官又自行借種具法，共得屯息四千四百二十七石六斗零，宣府下西路通判纂廷陳，該路所屬，共得屯息三千八百二十七石八斗零；宣府上西路同知屈必昌，該路所屬，共得屯息三千一百七十八石五斗零；宣府南路通判王文誥，該路所屬，共得屯息二千七百二十八石四斗零；大同南路通判牛光斗，該路所屬，共得屯息二千九百八十二石三斗零；大同西路同知魏知徵，該路所屬，共得屯息二千二百四十四石六斗零；大同中路升任通判陰德顯、現任

第 133 頁。

48　以「借種具」之法代表屯田三法，來估算崇禎十年之屯田畝數，多少有些偏頗，因此該計算法僅作參考。

第五章 鄖陽和宣雲屯田

通判趙邦彥，該路所屬，共得屯息二千二百二石二斗零；宣府上北路同知阮維岳，該路所屬，共得屯息七百九十八石零；宣府下北路通判趙世爵，該路所屬，共得屯息九百五十石七斗零；宣府中路通判劉光，該路所屬，共得屯息一百五十一石四斗零；宣府在城同知胡士棟，該路所屬，共得屯息一百八十二石七斗零；原任通判柯仲岡，本官自募開墾，共得屯息九千一百石。在路廳各官分任各道之事，今年初試屯息踰三千石以上，即可言功，二千石內外者次之，一千石內外者又次之，並須參酌於軍屯借種募墾之間以課勞績。篡廷陳、屈必昌宜在優敘之列；王文誥宜在並敘之列；魏知徵、牛光斗、陰德顯、趙邦彥、阮維岳、趙世爵宜在記錄之列；胡士棟，劉光記名在案，系來歲興屯有功前後類敘；柯仲岡非現任之官，乃口北道臣賀鼎請詳，臣等特為聘用者，以募開墾而得息九千餘，亦足多也，似當查復其原銜，使終屯事，另行敘用。以各路將言之，每路將官自行開墾，屯息踰二千石以上者，即可言功，一千石內外者次之，五百石內外者又次之。各將急公勤事，寥寥其人，唯大同西協副將童朝儀得屯息五百三石八斗零，宣府西城路參將姜名武并其坐營張夢極得屯息六百二石二斗零，以上三官應各紀錄論敘。至若邊方州縣，如大同縣行取知縣馬剛中得屯息八百四十一石九斗零；山陰縣現任知縣張奇蘊得屯息八百五十八石六斗零；應州現任知縣樂為棟得屯息八百二十九石六斗零；渾源州現任知縣熊山得屯息五百四十石。四官俱宜紀敘。又如馬邑縣知縣賀奎光，得屯息二百五十六石九斗零；懷仁縣被論知縣張獻捷，得屯息三百四石零；朔州被論知州潘應賓，得屯息一百八十五石一斗零，雖各為數無多，謹並表而出之，用備查考。至於守備操防衛官等員，屯息最多者，如懷安城現任守備楊道亨、洗馬林現任守備李元芝，皆在九百石以上。夫以一守備而胼胝經營得穀近於千石，非破格優敘，不足以勵將來。此外，則新河口守備今升任甘良臣，西陽河守備今升任康四維，張家口現任守備周洪獻，新開口現任守備竇維轅，柴溝堡現任守備寧承芳，李信

168

第二節　宣雲屯田

屯現任操守程憲，渡口堡現任操守侯大符，朔州衛現任掌印指揮周文浩，以上八員各得穀五百石內外，勤勞可嘉，均應並敘。又如宣府西城守備胡升、宣府膳房堡守備姚永芳、接管守備高捷、大同左衛指揮蔣三奇、劉學淵，各得穀四百石以上，應各紀錄獎勵。至陽和標兵屯田費本不過一千三百，得穀五千八百零，統率者為中軍副將周元儒、前營游擊朱尚義、後營游擊李昌齡三官，應各並敘。承管者為坐營守備孫芳、蔣正秀，委官都司僉書劉承惠，委官加銜守備俞化龍、梁仁、鄭問奇，內梁仁因事犯已經究革，其孫芳、蔣正秀、劉承惠、俞化龍、鄭問奇五員應紀錄任用，候十一年屯政有功，一併優敘。陽和道委官升任中軍守備申鼎鑒、把總張乾、巡捕張一魁，各應紀敘。分守口北道委官原任典史楊國柱同吳春等七員，並上西路同知屈必昌下委官指揮李進忠，臣皆量給以守備、千把總職銜札付，俟來歲興屯有功，題敘實授。其餘得屯息一二百石者，俱經分別獎勵錄名在案，不敢瑣陳。……所有在事宣勞文武多官，通計不下八十餘員，而僅擬從優論敘、破格優敘者共七員，僅擬並敘、酌敘者共十六員，其餘不過紀錄給札及量行獎勵而已。……再照分守口北道臣賀鼎，除用屯軍之外，其自募開墾者幾五百頃，復開水田二十餘頃，為百世之利。[49]

疏中所敘錄者，僅具實名之官員便有 39 人。從他們於宣大三鎮不同地區擔任不同職務，並各自督率屯務所獲屯息有差的情況來看，這次興屯規模著實不小。更何況，**盧象昇**所列舉之屯績亦非全部，依他所言，有功於屯政的文武官員「通計不下八十餘員」。盧象昇懇請明廷對他們分等級賞賜，以激勵今後興屯者，這足見他對該次屯政之重視。當然，我們也能管窺到崇禎十年興屯的成效較為可觀。崇禎十年屯田成效的高低，是考察盧象昇任職宣大之政績的重要指標，也是他能否繼續推行來年興屯的重要因素。

---

[49]〔明〕盧象昇：《盧象昇疏牘》卷 9，〈敘興屯有功官員疏〉，杭州：浙江古籍出版社，1985 年，第 247—250 頁。

第五章　鄖陽和宣雲屯田

2. 屯田的成效。有關此部分內容，筆者在相關學術論文中已有較為詳細的論述，本書僅做簡要的說明。盧象昇總結崇禎十年宣雲屯政的成果時，多次奏疏中提及除屯本外，得倉斛息穀 4 萬餘石，但各奏疏所言具體數目也不盡相同，有云「共得倉斛息穀四萬一千餘石」[50]，或有云「得穀四萬有奇」[51]，抑或有云「得穀四萬三千零」[52]。雖說法不同，但也差異不大。這僅是官府給屯種者提供屯資所獲得的穀息，屯種一年的收穫當然遠超出此數目。該年屯糧收穫總數在疏牘裡沒有說明，但在《明史》、《明通鑒》、《史外》、《東林列傳》等文獻中，皆稱積穀總數 20（餘）萬石，只是在時間上有出入（或以為崇禎九年屯田所得，或以為崇禎九、十年兩年所得）。

綜合以上所列之文獻史料，我們可以基本確定：宣雲屯田的屯糧收穫數額應為 20 萬石上下，而問題的關鍵在於該收穫數目為哪年所有。殷崇浩曾著文論及此問題，認為屯糧 20 萬石應為崇禎十年（1637 年）一年的收穫總數。[53] 筆者亦深以為然。崇禎九年（1636 年）十月初，盧象昇才赴任宣大總督，此時秋收已經結束；同年十月十八日他上〈經理屯田種馬疏〉，首次提出興屯主張；十二月初六日，他才正式提出較為成熟的屯政之法。所以，盧象昇根本不可能在崇禎九年進行屯田，崇禎九年秋冬應為興屯的籌備期，崇禎十年才是宣雲屯田的有秋之年。而崇禎十一年（1638 年）九月，盧象昇即已接旨，準備入京勤王。他還沒來得及對崇禎十一年的屯田收穫情況進行總結，我們對該年的屯田收穫情況並不知曉。所以，積穀 20 餘萬石，應為崇禎十年興

50　〔明〕盧象昇：《盧象昇疏牘》卷 9，〈屯政告成疏〉，杭州：浙江古籍出版社，1985 年，第 240 頁。

51　〔明〕盧象昇：《盧象昇疏牘》卷 9，〈經理崇禎十一年屯政疏〉，杭州：浙江古籍出版社，1985 年，第 240 頁。

52　〔明〕盧象昇：《盧象昇疏牘》卷 11，〈回奏興屯疏〉，杭州：浙江古籍出版社，1985 年，第 300 頁。

53　殷崇浩：《明末宣雲屯田的幾個問題》，《武漢大學學報》（社會科學版），1986 年第 1 期。

第二節　宣雲屯田

屯所獲。因此，對崇禎十年的宣雲屯田之經濟收益，我們可以如是總結：積粟 20 餘萬石，息穀 4 萬餘石。

崇禎十年屯政所取得的成效，擴大了盧象昇和宣雲屯田的政治影響，這是這次屯田所收穫的另一成效。宣府、大同、山西三邊鎮在明末北方邊鎮中，地位舉足輕重，盧象昇在宣雲邊疆大興屯務，成績斐然。崇禎帝更是對盧象昇進行了嘉獎，「天子諭九邊皆式宣、大」[54]，「（崇禎十一年）三月（盧象昇）以興屯政功進秩二品」[55]。宣雲屯田的模式從此成為北部九邊鎮學習的樣板。當然，這也增強了盧象昇下一年繼續興屯的信心。

二、崇禎十一年的宣雲屯政

崇禎十年大興屯務，初戰告捷，盧象昇自然十分興奮。面對積粟 20 餘萬石、息穀 4 萬餘石的豐碩成果，盧象昇更堅定了繼續屯種的決心。

（一）屯田的籌備工作

崇禎十年（1637 年）十月十二日，他一日連上三疏，其中即有〈屯政告成疏〉和〈經理崇禎十一年屯政疏〉兩疏。在述及來年興屯計劃之前，盧象昇從宣大三鎮之實際出發，仍認為屯政乃「生聚之善術」，肯定了崇禎十年興屯之功。同時他進一步指出，用軍屯一法最佳，「原議用軍屯、募開墾、借種具三款，歷取而試之，唯用軍屯一款事半功倍焉」。[56]

為了帶動宣雲軍士屯田，盧象昇繼續發揮其標兵的榜樣作用。肖立軍曾

54　〔清〕張廷玉等：《明史》卷 261，列傳第 149，〈盧象昇傳〉，北京：中華書局，1974 年，第 6762 頁。

55　〔清〕盧安節編，〔清〕任啟運校定：《明大司馬盧公年譜》，清光緒元年重刻本，北京圖書館：《北京圖書館藏珍本年譜叢刊》第 62 冊，北京：北京圖書館出版社，1999 年，第 327 頁。

56　〔明〕盧象昇：《盧象昇疏牘》卷 9，〈經理崇禎十一年屯政疏〉，杭州：浙江古籍出版社，1985 年，第 240 頁。

第五章　鄖陽和宣雲屯田

撰文指出，明代標兵的四項職能（任務），其一即是「表率諸軍」，如帶頭屯田等。[57] 盧象昇督率標兵，曾在崇禎十年的宣雲屯田中發揮了重要作用，「臣亦自率標兵開屯萬畝，以為各屬榜樣」[58]，對於崇禎十一年的興屯，他「深思熟計」，「仍以標營為榜樣，酌屯三萬六千畝」。[59] 尤其值得注意的是，盧象昇計劃在來年興屯中，讓標兵發揮比上年更大的示範作用。實際上，他很可能沒有實現當初開屯 36000 畝的願望，但是他的態度，足以說明：崇禎十一年的宣雲屯田規模將會更大。他從興屯的要求、屯牧官的設置和屯資的措辦諸方面，為來年實施屯田進行了一番籌劃。

1. 屯田的要求和屯牧官的設置。盧象昇督率標兵屯種，以期示範所屬各部，雖未強制性要求，但仍然倡導各地興屯，如在疏中提出：「而道將廳官及守操衛所，則通行督飭，將利弊列款詳開，便之各自體認，各自經營，講求至當。」並指出適宜屯田的城堡條件：地僻、人多以及「將備中之實心而才可用者」。[60]

值得一提的是，盧象昇奏請新設了宣大監軍屯牧官，總負責三鎮的屯政事務，並以原監軍鄭獨復兼任。對此，盧象昇在〈經理崇禎十一年屯政疏〉有云：「近蒙皇上允臣所請，設有宣大監軍屯牧道。此一官者，無信地，無衙門，遇援剿則隨營監軍，在平時則專理屯牧，誠便計也。新升監軍屯牧道僉事鄭獨復，起家耕讀，頗悉農疇，既荷朝廷特拔之恩，尤宜矢心報稱。」[61]

57　肖立軍：《明代的標兵》，《軍事歷史研究》，1994 年第 2 期。
58　〔明〕盧象昇：《盧象昇疏牘》卷 8，〈再陳屯牧事宜疏〉，杭州：浙江古籍出版社，1985 年，第 201 頁。
59　〔明〕盧象昇：《盧象昇疏牘》卷 9，〈經理崇禎十一年屯政疏〉，杭州：浙江古籍出版社，1985 年，第 241 頁。
60　〔明〕盧象昇：《盧象昇疏牘》卷 9，〈經理崇禎十一年屯政疏〉，杭州：浙江古籍出版社，1985 年，第 241 頁。
61　〔明〕盧象昇：《盧象昇疏牘》卷 9，〈經理崇禎十一年屯政疏〉，杭州：浙江古籍出版社，1985 年，第 241 頁。

第二節　宣雲屯田

宣大屯牧道的設置，加強了對今後屯務的有效管理。

2. 籌措屯資。開展屯政，足夠的屯資自然是首要條件。對於興屯者，盧象昇在〈經理崇禎十一年屯政疏〉中承諾：「其行糧，其犒賞，其牛具籽種，臣即會同撫、監諸臣預行該道廳，一一為之經理備辦。」[62] 對於所承諾之屯資，盧象昇也談到了籌措之法：

至今歲奉旨派發屯本七萬餘金，查算原題款項，內中除借動遼賞、撫賞、棚樁、馬價等銀六萬零四百三十四兩零一一歸還正項外，其搜括設處捐助及撫貨變價等銀九千九百九十兩零，並今秋屯田收穫息穀雜糧四萬一千餘石。照倉斛時估算，約值銀二萬兩，內該除還農器及標兵與屯行糧犒賞牛價等銀三千兩，實該銀一萬七千兩，並前搜括捐助等銀九千九百九十兩零，共銀兩萬六千九百九十兩零，可充來年屯本。既不動朝廷正項，各屬便可放膽做去，得尺則尺，得寸則寸。[63]

可見，崇禎十一年的屯資至少來源於兩個方面：一是崇禎十一年屯本中的所「搜括設處捐助及撫貨變價等銀九千九百九十兩零」，即地方各方搜措之銀兩；二是已獲穀息的折銀剩餘「實該銀一萬七千兩」。兩者累計「共銀兩萬六千九百九十兩零」，其中崇禎十年所獲之屯息即占總數的百分之六十三。當然，這 26990 兩銀的屯本，顯然不敷來年屯政所用，剩餘的屯資怎麼措辦呢？後來，盧象昇在〈回奏興屯疏〉中說：「而今歲所用之屯本，即昨年所收之屯息，其或屯本不敷，暫借別項，類皆多方搜括，總於正餉不動秋毫。」[64] 總之，崇禎十一年的屯資，皆為上年屯息收入和地方多方搜括所得，並未動

62　〔明〕盧象昇：《盧象昇疏牘》卷 9，〈經理崇禎十一年屯政疏〉，杭州：浙江古籍出版社，1985 年，第 241 頁。

63　〔明〕盧象昇：《盧象昇疏牘》卷 9，〈經理崇禎十一年屯政疏〉，杭州：浙江古籍出版社，1985 年，第 241 頁。

64　〔明〕盧象昇：《盧象昇疏牘》卷 11，〈回奏興屯疏〉，杭州：浙江古籍出版社，1985 年，第 301 頁。

第五章　鄖陽和宣雲屯田

用正項與公帑。

（二）屯田畝數驟減原因之初探

既然崇禎十年的屯政成效顯著，盧象昇本應再接再厲，擴大來年的屯田規模，然而事實上，與崇禎十年相比較，崇禎十一年的屯田畝數卻驟然減少。其原因是什麼呢？

據前文所述，我們可以看出，盧象昇對崇禎十年之屯效比較滿意，也有來年繼續大興屯務的意向。按照常理，所屬各部的屯田畝數也應該不少於上年。然而，事實上，崇禎十一年的屯田畝數僅有 30 萬畝，有盧象昇的奏疏為證，「照得崇禎十一年，臣標營及三鎮興屯共三十萬畝，以遵旨具奏矣」[65]。30 萬畝即為 3000 頃，相比較筆者所估算的上年屯田數畝 12000 餘頃，相差懸殊。殷崇浩曾推算過崇禎十年的宣雲屯田數為 8000 頃[66]，即便與此相對照，3000 頃的數目也實在是相形見絀。筆者以為，這種似乎不合常理的情況存在，絕非偶然，這可能有著諸多原因。

崇禎十一年（1638 年）七月二十日，盧象昇再上〈回奏興屯疏〉，提出「十利十梗五易五難」之說，可以說是近兩年來大興屯田的經驗之談。或許，其中所言的「十梗五難」，是崇禎十一年屯田規模大為縮減的緣由。疏中有云：

何謂十梗？人情畏難，有得不償失之說，一梗也；庸吏自便，未肯以乘軒策肥親田畯之業，二梗也；貪弁役軍，彼方事事科派，安有餘力助耕公田，三梗也；獷軍患胼胝非其所習，必出怨言，四梗也；豪右侵種，納糧則指為拋荒，官墾又認為己業，五梗也；劣生把持，將備等官多不能與之為難，六梗也；衛所官工於影射，指東話西，四至難明，未免匿肥而報瘠，七梗也；

---

65 〔明〕盧象昇：《盧象昇疏牘》卷 11，〈報明屯田牛具以備核銷疏〉，杭州：浙江古籍出版社，1985 年，第 307 頁。

66 殷崇浩：《明末宣雲屯田的幾個問題》，《武漢大學學報》（社會科學版），1986 年第 1 期。

第二節　宣雲屯田

各路各堡，文武多官，有一人不願做，一處不能行者，未免生出浮言，轉滋築舍，八梗也；塞土砂磧，百里之內難得一線河流，唯水地三倍旱田，即不與民爭田，勢必至與民爭水，九梗也；屯軍專事耕鋤，難以分身他顧，而功令所在，差操聽點之際，宜加體恤，未必人有同心，十梗也……乃若所難亦有之：邊方十年九旱，一經災浸，籽種全抛，此天時之難；塞上五穀非宜，多係雜糧，布種苟違其性，終鮮刈獲，此地利之難；農曆三時，總以收成為主，秋高風勁，若胡馬窺邊，宜防收保不及，此人事之難；大凡任事者，必有利害、是非、得失、毀譽隱伏於其內，交伺於其旁，此任勞任怨之難；任事而期於有成，當局猶堪展布，乃從前疑畏易起，日後風波易生，此事前事後之難。[67]

筆者以為，此「十梗五難」就是屯政難為的主要因素，其內容可以概括如下：第一，自然地理條件差，表現為邊鎮地貧少雨，缺乏河流澆田等；第二，境外有少數民族的侵擾；第三，當局因屯務失誤而事後責難；第四，地方文武官員或不願苦於屯種，或占用屯軍之力；第五，部分刁鑽軍士人等不願安心屯務，抑或屯軍難以屯務和軍務兩顧；第六，不法者把持屯務，或謠言惑眾危及屯政；第七，地方豪強劣紳肆意侵占屯地，阻撓屯政。其實，這些因素都會影響屯政的順利展開，也會導致興屯規模萎縮。

然而，筆者以為，在盧象昇看來，地方豪強侵田阻屯，則是興屯萎縮之較重要的因素。為此，盧象昇專上〈參豪奸孫光鼎抗屯疏〉，懇請朝廷相助，亟須解決該難題。這是論述崇禎十一年屯田規模縮小之因，盧象昇所作的最具有針對性、措辭最激烈的一篇疏文。現把疏文的部分內容摘錄於此：

……然是役也，非唯不便於慵懶之將吏，尤大不便於奸貪之土豪。何以言之？塞上民田少而軍地多，因循日久，俱為豪右所占，是以屯日益

---

[67] 〔明〕盧象昇：《盧象昇疏牘》卷11，〈回奏興屯疏〉，杭州：浙江古籍出版社，1985年，第301—302頁。

第五章　鄖陽和宣雲屯田

窘,軍日益貧,甚至當軍者無地,種地者非軍,豪強侵霸以肥家,公私因是而交困。官府才一為之清理,輒多方影射,捏造浮言,百計害成,終於論罷。……十梗五難之說,臣前疏略指大端。乃今偶閱邸報,見鴻臚寺序班孫光鼎者,藉口條陳邊務,而於屯田一款,混淆黑白,變亂是非,必欲害成乃已。查孫光鼎係宣府柴溝堡人,居鄉霸詐異常,奸惡無比,諸凡不法之事,款項甚多,占種軍屯一節耳。……於是辯言亂政,利口欺君,官雖卑微,而罪則加少正卯三等。揆諸國法,應肆市朝。但臣寢苫處塊之身,不宜復問除奸剪蠹之事,且此幺麼小輩,奚足汙霜簡,瀆天聽,姑將其累累惡跡立案未行,倘再不悛,聽撫道從公究處。今止就屯田一說,少明光鼎之豪惡奸欺,仰祈聖明鑒察,使地方官可畢力經營,不至聞言蓄縮而已。……[68]

該疏文中,對孫光鼎責難並阻撓屯政的行為,盧象昇表達了極大的憤慨。盧象昇逐一批駁了孫光鼎汙衊屯政的言辭後,指出孫光鼎等地方劣紳的阻撓正是屯政不暢的重要因素;並懇求聖上決斷,嚴懲孫光鼎。[69]

---

[68] 〔明〕盧象昇:《盧象昇疏牘》卷11,〈參豪奸孫光鼎抗屯疏〉,杭州:浙江古籍出版社,1985年,第305—306頁。

[69] 盧象昇在〈參豪奸孫光鼎抗屯疏〉中,對柴溝堡地方鄉紳代表孫光鼎阻撓屯政之言行大加鞭撻,並對其人品也極盡指責之能事。比如,盧象昇稱他「居鄉霸詐異常,奸惡無比,諸凡不法之事,款項甚多,占種軍屯一節耳。……於是辯言亂政,利口欺君,官雖卑微,而罪則加少正卯三等」。盧象昇還在疏文中敘述孫光鼎數次企圖私交自己以謀私利的經歷,並進而懇求朝廷嚴懲孫光鼎。有關孫光鼎的歷史資料的確較少,甚至他的生卒年月都無從考證。筆者僅在地方志裡查到了他的簡介:「孫光鼎,居邑之柴溝堡。慷慨好義,崇禎初,官鴻臚寺序班。時武備廢馳,鼎列牘條上十二款,皆嚴切時務,獲下部議行縣。堡之北城塌,首請興修。又嘗捐資募集義勇,為保御計,鄉閭賴之。年七十卒。子三:長枝華太學生,次枝秀官浙江寧波巡海道。又次枝芳官副總兵。侄子孫枝茂,取武舉,為順治十二年(1655年)武進士,官至山東路都司僉事。二孫:長三奇乙未進士,次三晉癸卯舉人。」(張鏡淵:《懷安縣志》卷7,〈孝義〉,臺北:成文出版社,1968年,第225頁)由此記載看來,孫光鼎還算是一位慷慨好義、勇於擔當的好官。

第二節　宣雲屯田

　　如果說,「十梗五難」即為崇禎十一年宣雲屯田畝數驟減的必然原因,還是有些牽強的,「十梗五難」應該是宣雲屯田多年來共同的現象。那麼,除了「十梗五難」這些常規因素外,崇禎十一年的屯政還面臨著怎樣的新困難呢?由於史料的匱乏,我們暫且還找不到更多的證據,以充分解析崇禎十一年興屯田畝數驟減之原因。

　　值得一提的是,崇禎十年夏秋以後,盧象昇在疏牘中,屢屢述及北部三鎮邊口警報迭起的情形。與之前相比較,崇禎十年秋收之後,宣雲邊鎮頻頻外調軍隊,忙於鎮壓義軍和窮於應付北部邊患的現象,似乎大為增加。由此可見,宣雲軍隊如何有足夠的勞動力和精力進行屯田呢?所以說,明王朝內憂外患的交替出現,已經深刻影響到崇禎十一年的宣雲屯田了。

　　總之,大興屯田是盧象昇官宦生涯中較為重要的政績之一,也是他在鄖撫和宣大總督任上極為關注的事情。由於鄖撫任期較短和「剿寇」任務緊急等原因,崇禎八年鄖陽屯田的成效是非常有限的;由於屯資不足以及勞力、畜力緊缺等因素,宣雲十一年的屯田規模也大受影響。因此,相對來說,崇禎十年宣雲屯田的成果較為顯著。

　　然而,屯政建設,是一項循序漸進的系統工程。屯政的開展需要募集勞動力,籌措資金和生產工具,還要建立有效的組織管理體系,改進屯政的制度建設,等等。在自然條件較差的地方,還應發展相應的農田水利工程建設。這些工作都不是朝夕可就的事情。盧象昇也認為,屯田成效亦非短期可見,「其效在三年以後」[70],更何況處於明末亂世之時。即使在宣大總督任上,盧象昇也剛好兩年,所以,崇禎十年宣雲屯田之效,也不可過於誇大。儘管如此,崇禎十年的宣雲屯田,還是多少緩解了三鎮乏餉的現實問題的。

70　〔明〕盧象昇:《盧象昇疏牘》卷6,〈經理屯田種馬疏〉,杭州:浙江古籍出版社,1985年,第119頁。

第五章　郧阳和宣云屯田

第六章　郧撫和宣督的標兵建設

盧象昇在軍事制度方面的貢獻除了大興軍屯以外，還有標兵方面的建設，後者主要表現為鄖陽撫治和宣大總督任上標兵的增設與擴編。另外，在宣大總督任上，盧象昇還對總督標兵加強了訓練。

第一節　督撫標兵的增設和擴編

明代標兵是文官武將等直轄軍隊。明代中後期，許多督撫紛紛建立起直接受自己掌控的標兵，以強化自己的軍事地位。盧象昇就十分重視標兵的建設。

起初，明代巡撫及陝西、宣大總督並無直轄的兵馬，受其節制的總兵將領們有時也未必聽命，調兵遣將也未必如督撫所願。這在戰事緊張之時，就會貽誤軍機大事，而督撫往往要承擔貽誤軍機所帶來的後果。所以從督撫的角度，建立嫡系部隊就成為迫在眉睫的事情。那麼，督撫標兵何時才出現呢？肖立軍指出，標兵的出現，不遲於嘉靖二十五年（1546年），這一年有宣大山西總督翁萬達的奏疏可證：「大率軍門必得五千人，宣大見在旗軍已有一千名。」疏中所言「旗軍一千名」即是由各鎮衛所、城堡守兵中所挑選的標兵。從所屬的軍士中選拔標兵，這是督撫標兵的主要來源。另外，標兵還有兩種來源：臨時招募之壯勇，免罪將領及其家丁。從此，標兵在九邊、沿海地區甚至內地也都紛紛設立。肖立軍還從軍事制度發展的視角，論述了標兵的形成還深受明代盛行的營兵（明代總、副、參、游所親統的一種鎮戍兵）制的影響，並對明中後期的衛所兵制、鎮戍兵制及募兵制等軍事制度皆產生了深遠的影響。[1] 陳寶良甚至還認為，鏢局的出現有兩大歷史源頭，其一便是

---

[1] 肖立軍：《明代的標兵》，《軍事歷史研究》，1994年第2期。

第六章　鄖撫和宣督的標兵建設

　　明代的標兵，時間早則在嘉靖以後，晚則在隆慶、萬曆時期。[2] 不僅總督巡撫設有標兵，到明中後期，甚至許多督師、兵部尚書、守巡道臣、鎮守、兵備道和分守監臣也設立標兵。[3] 標兵出現後，督撫鎮的標兵也逐漸成為所屬軍隊的主力，在明末平叛和禦邊中造成了舉足輕重的作用。盧象昇在撫治鄖陽、總理五省和總督宣大任上，對於標兵制度的創建或擴編，始終用力較專，成效也較大。需要說明的是，盧象昇創建標兵，僅針對五省總理衙門而言，因為五省總理為新設之官職，還沒有固定的衙門機構。由於此部分內容已在其他著述有專門的論述，本書不再予以介紹。而對於鄖陽撫治和宣大總督而言，其衙門已設多年，所以對現有的標兵只能是充實或加強。本書將重點探討盧象昇如何增設鄖撫標兵和擴編宣督標兵營的問題。

　　盧象昇在疏請置設鄖陽主兵時，曾稱：「臣昔備兵大名，尚有馬步快壯千二百人，獨鄖兵止於五百。」[4] 意指他任大名兵備時，曾有部從「馬步快壯」1200 名。雖然 1200 人屬於民兵範疇，但由於歸兵備直轄，也可歸入標兵之列。盧象昇任大名兵備時的兩則書信也反映了這一點：其一，「今南北之賊為重兵所驅，俱聚於遼、順、樂、平諸處，邢河一帶到處可憂。不肖昇止率標兵步騎千餘，身探虎穴」[5]；其二，「不肖昇標下官兵無多，今陸續調至邯鄲矣」[6]。書信中所言之「標兵步騎千餘」與「標下官兵」，應該和前面所說

2　陳寶良：《中國古代鏢局的起源及其興盛——兼及標兵與鏢局之關係》，《西南大學學報》（社會科學版），2014 年第 5 期。

3　陳寶良：《中國古代鏢局的起源及其興盛——兼及標兵與鏢局之關係》，《西南大學學報》（社會科學版），2014 年第 5 期。並參見韓帥：《明代宣大總督研究》，東北師範大學 2014 年博士論文，第 79 頁。

4　〔明〕盧象昇：《盧象昇疏牘》卷 1，〈請設主兵疏〉，杭州：浙江古籍出版社，1985 年，第 8 頁。

5　〔明〕盧象昇：《忠肅集》卷 2，〈與豫撫某書〉，《文淵閣四庫全書》影印本，集部 6，第 1296 冊，臺北：商務印書館，1983 年，第 608 頁。

6　〔明〕盧象昇：《盧象昇疏牘》卷 12，《與某書二首》，杭州：浙江古籍出版社，1985

第一節　督撫標兵的增設和擴編

「馬步快壯千二百人」是一致的。由於史料的缺乏，我們無法對盧象昇兵備大名時的標兵情況進行探討，這裡重點考察他任鄖陽撫治和宣大總督時期對標兵的擴充。他對標兵建設的突出貢獻有二：增設鄖陽撫治標兵，擴編宣大總督標兵。

一、增設鄖陽標兵

鄖陽雖位於湖廣行省內，但由於它地理位置十分重要，鄖陽撫治轄區包括楚、豫、陝三省之部分區域，鄖陽撫治和湖廣巡撫並無行政隸屬關係，它們之間是平等或近似平等的關係。鄖陽撫治同樣設有標兵。鄖撫標兵始設之時間，據《鄖臺志》載：「（標兵）鎮舊無之，有之自裴公。」[7]《鄖臺志》還對鄖撫總鎮之標兵數額及其來源有詳細說明：「總鎮標兵　鄖陽府：鄖縣六十名，房縣六十名，竹山縣六十名，鄖西縣六十名，上津縣六十名，以上共計三百名。萬曆十六年，都御史裴公奏，將五縣民兵改隸標兵，分班聽中軍官操練，每班一百五十名半年一換。」[8]此外，《鄖臺志》還載有鄖陽撫治裴應章之疏論：「然設中軍官而不設標兵，則官徒設也！……臣查得鄖陽府所屬鄖、房、上津、竹山、鄖西五縣，每縣原有民壯六十名，五縣共三百名，皆揀選強壯有武藝者，謂之精兵。每年春秋二季，齊赴鄖鎮操練。……今合無即將此三百民兵分為二班，每班一百五十名，半年一更，俱屬中軍官統馭。」[9]綜合後兩條史料，可以判斷，疏中所言之「民壯」、「精兵」和「民兵」，實

年，第328頁。

7　〔明〕裴應章、彭遵古等著，潘彥文等校注：《鄖臺志》卷7，〈兵防·標兵〉，南京：長江出版社，2006年，第277頁。引文中的裴公即為裴應章，萬曆十五年（1587年）始撫治鄖陽。

8　〔明〕裴應章、彭遵古等著，潘彥文等校注：《鄖臺志》卷7，〈兵防·標兵〉，南京：長江出版社，2006年，第278頁。

9　〔明〕裴應章、彭遵古等著，潘彥文等校注：《鄖臺志》卷9，〈奏議·條議善後事宜以圖久安疏〉，南京：長江出版社，2006年，第402—403頁。

第六章　鄖撫和宣督的標兵建設

為標兵。

　　結合《鄖臺志》的三條史料，我們可以判斷，裴應章之疏請應得到了明廷批准。陳寶良亦撰文稱，鄖撫之標兵，初設於都察院右副都御史裴應章撫鄖時的萬曆十六年（1588 年），兵員共 300 名，來自所屬各縣。[10] 標兵數額雖然不多，但在內地幾無戰事的萬曆朝，也可勉強維持社會治安。到盧象昇的前任蔣允儀撫鄖時，鄖撫僅有標兵 500 人。此時正值義軍進攻中原並南進之時，鄖陽也深受兵燹之害，區區 500 標兵實在難以禦敵。鄖陽只好借助客兵來應對義軍，然而鄖地卻要付出較大的經濟代價：為客兵提供糧餉。所以，盧象昇一到任上，就提出在鄖地增設主兵之主張。

　　兵與餉是戰爭中要面對的重要問題。無論是撫鄖撫楚，還是總理五省乃至總督宣大，盧象昇在他的疏牘中，論述最多的就是增兵籌餉的問題。盧象昇認為，打勝仗的前提，就是要有充足的兵員和糧餉，「所謂勝著，足食足兵是已。有食不患無兵，有兵不患多賊」[11]。對鄖陽之貧窮及所遭兵燹之重，盧象昇曾多有論述。他在疏中稱，鄖地之荒僻、鄖民之貧窮以及鄖地遭兵災之重，都是世間罕見的。他認為，除了安定民生之外，當務之急就是要增加兵員和糧餉，以保證有足夠的人力財力對付義軍。況且，鄖地向來並無專兵專餉，兵寡糧乏。盧象昇說道，「自入境來，問臣標下所設之兵，則以五百餘名計；問兵終歲所需之餉，則以六千餘兩計。此在承平無事，不難因事補苴；今當強寇縱橫，未免束手坐困」；「維是鄖鎮既無主餉主兵，勢必全用客兵客餉」[12]。作為控扼陝、豫、楚、蜀四省的鄖鎮，如此缺兵少糧，實在是難以

10　陳寶良：《中國古代鏢局的起源及其興盛──兼及標兵與鏢局之關係》，《西南大學學報（社會科學版）》，2014 年第 5 期。

11　〔明〕盧象昇：《盧象昇疏牘》卷 4，〈附：致閣部及楚中諸老啟〉，杭州：浙江古籍出版社，1985 年，第 70 頁。

12　〔明〕盧象昇：《盧象昇疏牘》卷 1，〈兵食寇情疏〉，杭州：浙江古籍出版社，1985 年，第 2 頁。

第一節　督撫標兵的增設和擴編

置信。而此時，鄖地已成為義軍進攻或潛伏的主要地區，因此加強此地的軍事力量勢在必行。但鄖撫卻僅有500標兵，遭逢戰事，還要依賴客籍兵（即客兵，非鄖地之兵）。盧象昇認為，戰時依賴客兵終非常法，他力主在鄖地專設主兵，這樣既方便練兵統御，更利於節省財政支出。

需要說明的是，前文所提及的前任鄖撫蔣允儀之標兵500人，其實就是鄖地主兵，而他一再奏請增加的鄖地主兵，其實也就是鄖撫標兵。關於鄖地駐兵來源情況。盧象昇疏言：「蒙聖恩允增五百，又毛兵六百，暨舊額兵五百，已湊成千六百人矣。……將鄖兵再增一千四百人，以足三千之數。……鄖鎮既有標兵三千，微臣躬親訓練，用壯師干，庶地方有磐石之安，而緩急不至張空拳以應矣。」[13] 可見，在盧象昇看來，不管是舊額500名鄖兵、新增500名鄖兵，還是新募600名毛兵[14]，甚至是計劃再增加的1400名新鄖兵，皆屬於鄖撫標兵。他的目標，就是使鄖撫標兵能達到3000名。

在鄖地的軍隊，除了盧象昇提及的1600人，還有石砫兵[15]和筸兵[16]。筸

13　〔明〕盧象昇：《盧象昇疏牘》卷2，〈立寨併村清野設伏增兵籌餉疏〉，杭州：浙江古籍出版社，1985年，第36—37頁。
14　關於毛兵，明清之交的文人如吳偉業、談遷等人多有記載，但都語焉不詳。一種說法是，毛兵是明末出現於河南山區一帶的礦徒，被官府臨時招募，用以鎮壓民變；另一種觀點，明中期的邱濬認為，毛兵就是「毛葫蘆兵」，源於河南唐、鄧一帶深山的獵戶，但在明中葉還未成為一支武裝力量。另外據《元史》記載，元末河南深山一帶有大量獵戶，被官府招募，號「毛葫蘆義兵」，用以鎮壓元末民變。
15　石砫（今重慶石柱）兵，是源於明代川東石柱宣撫司的土著兵。明末石柱土司女首領秦良玉創立了一支土著特種兵—白桿兵，成為石柱土司的精銳部隊，在平定楊應龍叛亂、抗擊清兵入侵以及鎮壓明末起義過程中戰功顯赫。參見龍騰：《明季抗清女傑秦良玉傳論》，《蘭臺世界》2011年第25期，第17—18頁。
16　即鎮筸兵。筆者未能找到有關鎮筸兵的原始文獻，據「中國百科網」等網站介紹，嘉靖三十三年（1554年），於今湖南鳳凰縣南築城「鎮筸」，此地屬湘西邊遠落後縣份，多外來商人屯丁和苗民混合居住，居民遭受周圍人歧視，被稱作「鎮筸苗子」。鎮筸兵驍勇善戰，自明代聞名，在鎮壓明末起義中立有戰功。晚清時

第六章　鄖撫和宣督的標兵建設

兵雖多，但並非鄖陽常駐兵，「蓋筭兵，楚兵也」[17]，要隨時調出參與軍事行動。另外，鄖地遭遇大規模戰事，還有川兵、晉兵等其他客籍兵駐入。如果沒有戰事，所有駐兵的兵餉還主要由當地來承擔，這給地偏民窮的鄖地造成了很大的經濟負擔。所以，盧象昇疏請增設鄖陽主兵，並列舉出如下理由：

　　主兵之不得不設者有三，臣深思熟計之矣。兵燹之後，多事之秋，流寇即計日剪除。而招撫流移，清搜伏莽，勤團操以壯軍實，飭備禦以安人心，此非客旅事也，不得不設者一。他省撫臣兵多者萬餘，少亦以五七千計。獨至鄖而貧卒寥寥五百，光景堪憐。……不得不設者二。鄖雖僻壤，實控三隅，……況六城殘破，一郡孤懸，東堵西防，關係甚重，不得不設者三。且主兵之餉稍厚者每月不過一兩二錢，而客兵每名本折行坐等糧，通計月支之數約費三兩六錢有奇，是三名主兵僅可抵一名客兵之餉。[18]

盧象昇從三個層面論述增設主兵之必要：戰後練兵安民，與它省巡撫兵員數相比較，鄖地的重要地理位置。他更一步指出，用主兵之費用遠低於客兵，這應該是他力陳設主兵於鄖鎮的最主要原因。隨後，盧象昇提出設主兵的人數以及糧餉的給取問題，「自今以後，急宜設常操兵五千，至少亦須三千，以將領一、二員統之，用資簡練防禦。各兵月餉，應照各省撫臣標兵之例。至於出師遠剿，則臨期量給行糧，此不特為鄖疆計，實為全楚計」。[19] 盧象昇希望鄖鎮所設的主兵人數不低於3000員，糧餉的供給亦參照它省實

期，鎮筭兵於全國66鎮綠營兵中，仍最為強悍，曾在鎮壓太平天國義軍的戰爭中，為清廷立下戰功。參見網頁：http://www.chinabaike.com/article/96/jszs/2007/20071013579952.html。

17　〔明〕盧象昇：《盧象昇疏牘》卷2，〈應援漢商疏〉，杭州：浙江古籍出版社，1985年，第30頁。

18　〔明〕盧象昇：《盧象昇疏牘》卷1，〈請設主兵疏〉，杭州：浙江古籍出版社，1985年，第8頁。

19　〔明〕盧象昇：《盧象昇疏牘》卷1，〈請設主兵疏〉，杭州：浙江古籍出版社，1985年，第9頁。

第一節　督撫標兵的增設和擴編

行,這樣做不僅為了鄖鎮,更是為了全楚及周邊三省的長遠利益的考量。另外,盧象昇給內閣的揭帖中也談及用主兵之利:「增設額兵三千,每歲止須額餉四萬餘兩,以客兵數月之餉,即可餉主兵經年矣。況兵就土著招募,鄖民之壯健乏食者皆為我用,免生他心。」[20] 有關擴充標兵至 3000 人的疏請是否得到朝廷批准的問題,筆者暫未找到明確的記載。然而,他在給友人,亦即前任鄖撫蔣允儀的信中說:「幸而奉旨新設之鄖兵,陸續已有二千,已成一旅,賊來緩急尚有所恃。」[21] 筆者以為,盧象昇所言新設鄖兵 2000 兵,應當是他就任鄖撫後新增的所有鄖地主兵,包括他初任鄖撫時新增的 500 名。再加之原來 1100 名(舊額鄖兵 500 名和新募毛兵 600 名),剛好湊足 3000 名。這說明,在盧象昇離任前,他幾次增設鄖撫標兵的疏請均已獲準。

當然,要應對大規模的義軍,3000 餘鄖撫標兵顯然難堪重任,仍須借助大量的客兵相助。所以,增設鄖兵的作用也不能高估。當然,增設鄖鎮主兵,畢竟體現了他擴充鄖陽撫治標兵的努力。

二、懇請增加湖廣巡撫和五省總理之兵員

崇禎八年(1635 年)六月,盧象昇奉旨改任湖廣巡撫,同年底卸任。但這半年時間內,後三個月則是他任五省總理(兼任湖廣巡撫)的時間,其主要精力在協調五省兵力,與洪承疇相配合征剿義軍。所以說,盧象昇專任湖廣巡撫僅有三個月時間。

在任湖廣巡撫期間,盧象昇的標兵數額是多少呢?盧象昇曾三次提到。

在〈封疆大利大害疏〉中稱「微臣親督於襄、光境上會剿者亦僅

20　〔明〕盧象昇:《盧象昇疏牘》卷 1,〈投閣部揭〉,杭州:浙江古籍出版社,1985 年,第 16 頁。
21　〔明〕盧象昇:《忠肅集》卷 2,〈與蔣澤壘先生五首〉,《文淵閣四庫全書》影印本,集部 6,第 1296 冊,臺北:商務印書館,1983 年,第 613 頁。

第六章　郧撫和宣督的標兵建設

三千」[22]。

又在〈致閣部及楚中諸老啟〉提到，「楚郧備御不得不嚴，不肖遵旨駐師襄樊，扼剿境上，標下戰兵不過二三千耳，又皆新經簡閱者，猝難應手」[23]。

另在〈恭報防禦協剿疏〉中說：「臣於九月十六日盡發標下戰兵三千」[24]。

透過閱讀這三條史料，可以推斷出，盧象昇的巡撫標兵僅有「新經簡閱者」大約 3000 人。因兵少難以應付危局，盧象昇便懇請增加標兵額，「臣熟計深籌，馬步兵非二萬四五千不可」[25]；「夫以全楚之廣，孤郧之危，其戰守諸兵，非得三萬精強者不可。今不得已而議二萬四五千，合之似見其多，分之仍見其少」[26]。盧象昇認為湖廣至少需要「二萬四五千」精兵。他並沒有說明這兩萬餘精兵是否為標兵，而只是稱為全楚所用之戰兵，甚至還提出，若秦地義軍平定，楚兵可即刻撤除。所以，筆者以為，所請 20000 餘精兵不可能全為楚撫標兵。但由於現有的撫標人少兵弱，並不排除揀選一部分充當標兵的可能性。但結果是，明廷並未允其所請。

類似的事情也發生在盧象昇的五省總理任上。從崇禎八年（1635 年）十月至崇禎九年（1636 年）七月，盧象昇實際任職五省總理時間約十個月，此間他更是軍務繁忙，協調各路官兵征討義軍，創建五省總理衙門，並創設標

22　〔明〕盧象昇：《盧象昇疏牘》卷 4，〈封疆大利大害疏〉，杭州：浙江古籍出版社，1985 年，第 69 頁。

23　〔明〕盧象昇：《盧象昇疏牘》卷 4，〈致閣部及楚中諸老啟〉，杭州：浙江古籍出版社，1985 年，第 70 頁。

24　〔明〕盧象昇：《盧象昇疏牘》卷 4，〈恭報防禦協剿疏〉，杭州：浙江古籍出版社，1985 年，第 75 頁。

25　〔明〕盧象昇：《盧象昇疏牘》卷 4，〈封疆大利大害疏〉，杭州：浙江古籍出版社，1985 年，第 69 頁。

26　〔明〕盧象昇：《盧象昇疏牘》卷 4，〈致閣部及楚中諸老啟〉，杭州：浙江古籍出版社，1985 年，第 71 頁。

第一節　督撫標兵的增設和擴編

兵 3500 餘人。同時明廷詔令祖寬所部 3000 名步騎劃歸盧象昇標下，這也算是明廷對新設衙門的一種支持。盧象昇在〈剿蕩三大機宜疏〉中，希望再增加兵員：「臣與督臣（指總督洪承疇）需各得馬步戰兵三萬，馬三步七；每月各須餉銀十萬餘金，尤必有餉，而後可安意調度。」[27] 盧象昇所期盼的 30000 馬步兵是否盡為標兵，疏中並未明確說明，但結局如同在楚撫任上，仍未能獲得明廷的應允。

三、擴充宣大總督標營

在總督宣大任上，盧象昇的工作重心發生了轉變，他已經脫離了征討義軍的戰場，開始致力於防禦北疆游牧民族尤其是遼東女真人的侵擾。戰事相對減少，較長的任期（大約兩年），使他有更多時間進行宣大三鎮的軍事整頓。此間，除了屯田外，盧象昇所做的較有成效的一件事，就是擴編宣大總督標兵，並加強訓練。

（一）盧象昇之前的總督標兵建置

關於宣大總督的標營建置和人數，有一個歷史變革的過程。宣大標兵正式創建於嘉靖二十五年（1546 年），時任宣大總督的翁萬達奏請增加標兵數額：「大率軍門兵馬必得五千人，宣、大見在標下旗軍已有一千名……共湊二千五百名。……湊前有馬快手共二千五百名，通共足勾五千人之數。」[28] 這已有的 1000 名旗軍就是當時標兵總額。但是，他將現有的標營編制，擴充到兩個標營、共計 5000 名標兵的奏請並未得到批准。透過嘉靖年間的兵部尚書楊博的疏奏和明末茅元儀的記載，可知嘉靖中後期的宣大總督標兵，已有兩營的編制了，並分別由一員參將和一員游擊督領。縱觀隆慶一朝，該編

27　〔明〕盧象昇：《盧象昇疏牘》卷 5，〈剿蕩三大機宜疏〉，杭州：浙江古籍出版社，1985 年，第 105 頁。
28　〔明〕翁萬達：《翁萬達集》卷 8，〈條陳邊務以裨安攘疏〉，上海：上海古籍出版社，1992 年，第 234—235 頁。

第六章　郎撫和宣督的標兵建設

制幾無變化。[29] 崇禎朝，曾任宣大總督的楊嗣昌，在追溯宣大督標三營制形成時有云：「載考三營經制，定於萬曆四十五年。左掖營官軍二千五百三十七員名，右掖營官軍二千五百八十員名，東京營官軍一千九百三十六員名。」[30] 由此可見，在萬曆末年，宣大總督的標營建置為三個：左掖營、右掖營和東京營，總人數共計 7053 名。由於未見到天啟朝的相關史料，根據崇禎時期楊嗣昌任宣大總督時的營制現狀分析，萬曆末已形成的三營制格局可能一直延續到崇禎朝。

　　盧象昇多次疏稱，目前的督標三營制和標兵數 5000 員，乃為前宣大總督楊嗣昌所訂，「竊照微臣標兵五千，經前任督臣楊嗣昌題定經制，分為節制三營，統以副、參、游、都等官」[31]；「謹照陽和節制三營，定於前督臣楊嗣昌」[32]。那麼，楊嗣昌所定營制如何呢？崇禎七年（1634 年）秋，楊嗣昌始任宣大總督，在任一年多，即因父喪丁憂去職。在宣大任上，他曾計劃將總督標兵三營制調整為五營制：「名分中、左、右、前、後，每營馬步各半，額共二千，五營總成一萬。」[33] 然而，此時義軍已經風靡山、陝、豫、北直諸省，明廷財政吃緊，楊嗣昌的擴編計劃便未實施，他便提出整編中、左、右三營。整頓後的三營，每營人數 2000 人，設有參將、中軍、千把百總等武官統領之。這個中、左、右三營定制得到批准，但所提出的馬匹騾駝和餉銀沒有得到滿足。楊嗣昌之後，梁廷棟就任宣大總督，實際任期僅半年多。

29　韓帥：《明代宣大總督研究》，東北師範大學 2014 年博士論文，第 71 頁。
30　〔明〕楊嗣昌著，梁頌成輯校：《楊嗣昌集》卷 7，〈請定標營疏〉，長沙：岳麓書社，2005 年，第 144 頁。
31　〔明〕盧象昇：《盧象昇疏牘》卷 6，〈請留標將劉欽疏〉，杭州：浙江古籍出版社，1985 年，第 124 頁。
32　〔明〕盧象昇：《盧象昇疏牘》卷 7，〈買補標營馬匹騾駝疏〉，杭州：浙江古籍出版社，1985 年，第 154 頁。
33　〔明〕楊嗣昌著，梁頌成輯校：《楊嗣昌集》卷 7，〈請定標營疏〉，長沙：岳麓書社，2005 年，第 143 頁。

第一節　督撫標兵的增設和擴編

在任時，梁廷棟又對督標進行變革，將楊嗣昌所定三營制又改為兩營制，「要將標下一營馬步官兵四千員名，分為左、右二掖，設官統領，久任責成」[34]。之所以如此，是因為楊嗣昌的三營制本不滿員，況且他率標兵作戰多次，兵員有些損耗，待到梁廷棟到任時，三營標兵共計僅4000人。梁廷棟離任後，盧象昇繼任，他開始在楊嗣昌的三營制基礎上，按照楊的原計劃進行了擴編，最終實現了督標五營建置。

(二) 盧象昇的總督標兵編制計畫

盧象昇任宣大總督，擬將原有的5000名標兵（梁廷棟初任總督時4000餘人，可能之後又稍加增補到5000人）擴充至10000人，並改為左、右、中、前、後五營制，每營各2000人。其中，左、右、中三營為馬兵營，前後兩營為後設之步兵營。那麼每營內的建置如何呢？盧象昇在〈總督軍門初次練兵規則〉之「定營制」中敘述較為明確：

> 每營各兵兩千，……每營分左右二部，每部分左右前後四哨。除將領而下，用坐營守備一員，千總二員，把總四員，百總五員。千總管每部戰兵一千名，把總管每司戰兵五百名，百總管每哨戰兵一百名。外設塘撥千總一員，衝鋒材官六十員。馬兵以二十五人為一隊，步兵以五十人為一隊。百總隊長，照數分派。中左右三營俱馬兵，前後二營俱步兵……[35]

由於五營的建置是相似的，筆者以中營為例，列一圖表以示意之。

34　中央研究院歷史語言研究所編：《明清史料·辛編》（上、下冊），上冊，《兵部題行〈推補宣大總督軍門標下左掖營游擊〉稿》，北京：中華書局，1987年，第461頁。

35　〔明〕盧象昇：《盧象昇疏牘》卷6，〈總督軍門初次練兵規則〉，杭州：浙江古籍出版社，1985年，第143頁。

第六章　郧撫和宣督的標兵建設

```
                    督標五營（10,000人）
        ┌──────┬──────┼──────┬──────┐
    左營      右營    中營    前營    後營
  (2,000人) (2,000人)(2,000人)(2,000人)(2,000人)
                      │
              ┌───────┴────────┐
          右部（千總1,000人）  右部（千總1,000人）
          ┌──────┴──────┐    ┌──────┴──────┐
        前司         左司    後司         右司
      （把總500）  （把總500）（把總500）  （把總500）
        ┌─┴─┐       ┌─┴─┐    ┌─┴─┐       ┌─┴─┐
        哨  哨       哨  哨    哨  哨       哨  哨
```

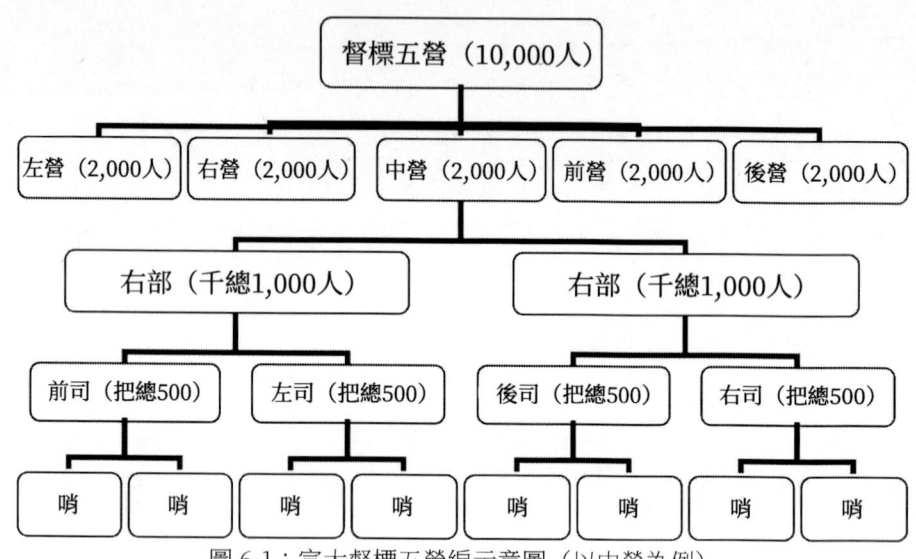

圖6-1：宣大督標五營編示意圖（以中營為例）

　　每營分左、右兩部，每部分前、後、左、右4哨。副、參將領以下，各營設坐營守備1員，千總2員，把總4員，百總5員。千總轄每部戰兵1000員，把總轄每司戰兵500員，百總轄每哨100。此外五營各設塘撥千總1員，衝鋒材官60員。騎兵以25人一隊，步兵以50人一隊，隊之下5人為一伍。整個營制的結構是「營—部—司—哨—隊—伍」模式，這不同於明代傳統的衛所編制。肖立軍認為，這種編制即為明中期以來所形成的營司隊伍制，簡稱營制，它屬於鎮戍兵制的範疇。[36]

　　盧象昇擬定的總督標兵營制與前任總督楊嗣昌確有相似之處，但在馬步兵的編制上，卻大為不同。楊嗣昌是把馬、步兵各半數融入每營中，而盧象昇則是將兩者分營置設，這就大大增加了馬兵的比重，這也有利於應對後金騎兵的進攻。而且，相對楊嗣昌的變革，盧象昇對馬步兵的要求也相應提高了，步兵以使用火器為主，馬兵重在騎射衝鋒，但也強調使用火器，「今後該營馬兵，每名除弓矢腰刀外，仍於馬上各習一藝，或三眼槍，或悶棍，或八

36　肖立軍：《明代中後期九邊兵制研究》，長春：吉林出版社，2001年，第99頁。

第一節　督撫標兵的增設和擴編

尺長槍，各隨其便，務要精熟。步兵以火器為主」[37]。

(三) 盧象昇督標五營制的建立

崇禎九年（1636年）十一月，盧象昇頒布〈總督軍門初次練兵規則〉，只是提出了擴編計劃，此時前、後營的編制還是虛空的。擴編的核心就是增加前、後兩營，需要各有2000人的兵員和相應的將官人等。而其中一個最大的問題是，必須有相應的餉銀才行。所以，盧象昇的擴編計劃的實施基於募兵，而募兵之前提，則是朝廷增補所擴編之兵員的糧餉。

其實，盧象昇最早提出增兵5000名督標的計劃，並非在頒布〈總督軍門初次練兵規則〉之時，而是在之前一個月，即崇禎九年十月十二日。當時，盧象昇上〈請增標營兵餉疏〉，其中有云：

臣標營官兵僅以五千五十四員名計，在承平無事見其多，當口患剝膚苦於寡。蓋臣雖備員總督，遇有邊警，必不敢託言調度，安坐鎮城……標營戰兵至少亦非一萬不可，刻下急宜增設馬步五千，並求天語勒部，早措馬步五千兵之餉。[38]

盧象昇上該疏時，正值他赴任宣大總督，並巡閱宣雲邊鎮各關隘之時。在疏中，他又請求增補舊標月餉並按新標準撥付新募標兵5000人的餉銀。同年十二月，明廷正式允增所請之餉時，他才進行新標兵的招募工作。同時，盧象昇也對初期募兵的情況進行了說明：

臣於去年十月疏請增練標兵，奉旨下部，因餉銀未定，措手無從。至十二月內，倉場臣李遇知兼攝司農，念切危疆，新舊標餉，力認部發。臣方敢懸示募兵，廣求精銳。經今半月矣，日與陽和道臣寶可進及標營將領，多方料理，隨募隨閱，隨閱隨收，而堪用者甚少。仍行各鎮總兵官並協路等

37　〔明〕盧象昇：《盧象昇疏牘》卷6，〈總督軍門初次練兵規則〉，杭州：浙江古籍出版社，1985年，第145頁。

38　〔明〕盧象昇：《盧象昇疏牘》卷6，〈請增標營兵餉疏〉，杭州：浙江古籍出版社，1985年，第116—117頁。

第六章　郧撫和宣督的標兵建設

將,使各就近募選。適原任宣府總兵張全昌因奉文入援,詣臣轅門謁見,自言世受國恩,願效一臂。臣復措發銀兩,令赴山陝等處招來戰士。一面分立五營,以白安、劉欽、馮舉、朱尚義、岳維忠各任其事。[39]

盧象昇在疏中說,募兵、練兵其實是同步進行的,「隨募隨閱」;由於所募之兵往往堪用者甚少,他還令張應昌赴山陝之地招募;同時,五營建制的雛形已經形成,他還選定了五營的領兵官。由此可見,盧象昇對待練兵一事的態度是迫切的,而募兵、擴編都是為了早日實現練兵。

崇禎十年（1637年）四月初七日,盧象昇所上〈標兵如數募完並題營官疏〉,標誌著募兵順利結束和五營正式形成。盧象昇在疏中談到了自己募兵的艱辛:

> 募兵於今日之宣雲尤難之難。且查往例,凡邊方各鎮募練營兵,皆有安家、行糧、衣裝等費,而臣未敢請也;皆有年例、馬價、犒賞等銀,而臣未敢請也。數月來設法鼓勵,隨方料理,逐事支持,親督道將廳官驗軍馬,製器械,覆錢糧,復廣示招來,嚴加選閱,隨到隨收,隨收隨練,孰宜於馬,孰宜於步,孰宜於大小火器,孰宜於弓矢刀槍,以至衣甲器具,皆臣所經目經心者。[40]

不僅募兵之事本身甚難,募兵後還要為之配備器械錢糧等必備之物,更要考察個人的專長以充分施展其才能,這令盧象昇頗費精力。然後,對於所招募之人,盧象昇進行了細緻的揀選,裁汰了三類人:一是類似「市井游棍」和「類串營猾軍」者;二是「年未二十以上」和「年過四十以外」者;三是「身軀高大而臃腫痴肥」和「有膂力雖充而眼無神、面無骨」者。由於所募之兵,多為山陝健丁,所以被裁汰者,應妥善安置,「來時給以行糧,去亦量與路

---

[39]〔明〕盧象昇:《盧象昇疏牘》卷7,〈增練標營事宜疏〉,杭州:浙江古籍出版社,1985年,第149頁。

[40]〔明〕盧象昇:《盧象昇疏牘》卷8,〈標兵如數募完並題營官疏〉,杭州:浙江古籍出版社,1985年,第182頁。

第一節　督撫標兵的增設和擴編

費，使之便於回籍，不至流聚一處，致生他端」。[41]

盧象昇在疏中，將所選定各營之坐營官5人、千總15人和把總20人，全部題敘。同時，他強調，中軍營的地位應稍重於其他四營，既然將領白安為副總兵銜，坐營官也應相應提升官銜。所以希望將現任中營坐營官、加銜守備劉家聲留作他用，而由守備李竹友實授都司僉事後代補中營坐營官。在疏中最後，盧象昇稱，題敘標兵千把總之例前所未有，願從自己始，以示慎重，「標營千把總隨時委用，向不具題，今具題自臣始，總之出自慎重之本心，於以昭功令，示激揚也」。[42]

宣大督標五營的正式建立，大大加強了宣大三鎮的軍事防禦。

四、釐定宣大督營標將職銜和標兵餉額

在擴建宣大總督營制的同時，盧象昇還著手提高標將的職銜和標兵的月餉額，使之符合三鎮的實際情況，以提高將士防邊的積極性。

（一）釐定督營標將職銜

一般來說，督撫的標將、標兵要承擔護衛督撫、出征剿伐等職責，是其他將士的楷模。所以，其待遇要優於其他將士，才能與其地位相稱。盧象昇發現，督標的武官職銜和標兵月餉卻低於總兵標兵，所以，他決定改變這一局面。

盧象昇認為，督標所轄左、右、前、後四營統兵官原來皆是游擊職銜，實在不妥。理由有二：一是，督標各營皆是各鎮榜樣，而宣大、山西各總兵官的標下健兵營將早已為參將職銜。二是，左營游擊劉欽早已升為寧武參將，因有才略而為盧象昇疏留，卻因此降低職銜；右營游擊馮舉曾為路將加

41　〔明〕盧象昇：《盧象昇疏牘》卷8，〈標兵如數募完並題營官疏〉，杭州：浙江古籍出版社，1985年，第182頁。

42　〔明〕盧象昇：《盧象昇疏牘》卷8，〈標兵如數募完並題營官疏〉，杭州：浙江古籍出版社，1985年，第184頁。

193

第六章　郎撫和宣督的標兵建設

府銜（參將兼五府銜），今在標營實已貶其秩。所以，盧象昇建議，將四營全改為參將衙門。他在〈請定五營將領疏〉裡說：「合無將左、右、前、後四營俱改為參將衙門，劉欽、馮舉各予以應得之秩，庶臣督三鎮臣之標營，亦便於領袖三鎮之標營也。」[43] 同時，中營副將白安，才能卓著，早在楊嗣昌任總督時即為副將，「（楊嗣昌）先發節制左營副將王忠……，臣量帶中軍副將王承胤……仍留右營副將白安馬步官軍俱駐陽和」[44]。這說明，當時白安和王忠同為楊嗣昌標營之副將，王忠不久升任山西鎮總兵官。白安於崇禎九年（1636年）入京應援時，因「援兵騷擾」的莫須有罪名，被明廷降級處罰。盧象昇很賞識白安之才，他多次疏請為其開復。在〈請定五營將領疏〉裡，他疏請將四營改為參將衙門後，又懇請設團練總兵官並由白安加總兵銜兼任。疏中云：「宜設一團練總兵官，庶幾號令歸一。然於五營之外再議設官，恐多一番廩糧胥役之費，合無即將中營副總兵白安量加總兵職銜，責以總練之事實為便計。白安資次戰功，與王忠相埒，業加府銜，原非躐等。」[45]

這次提升督標將領職銜的奏請，除白安的總兵職銜沒有解決外，都得到了明廷批准。不久後的奏疏中，盧象昇便開始稱劉欽、馮舉為參將，白安雖為總練卻仍為副將銜。疏中有云：「目今五營將官，如中營白安、左營劉欽、右營馮舉，俱已遵奉明綸，加秩任事。……至左右前後四營，業經題奉欽依改定參將衙門。」[46]

43　〔明〕盧象昇：《盧象昇疏牘》卷7，〈請定五營將領疏〉，杭州：浙江古籍出版社，1985年，第156頁。
44　轉引自韓帥：《明代宣大總督研究》，東北師範大學2014年博士論文，第100頁。
45　〔明〕盧象昇：《盧象昇疏牘》卷7，〈請定五營將領疏〉，杭州：浙江古籍出版社，1985年，第156—157頁。
46　〔明〕盧象昇：《盧象昇疏牘》卷7，〈更擇標營將領疏〉，杭州：浙江古籍出版社，1985年，第175—176頁。

（二）重定督營馬步標兵月餉額

盧象昇對手下標兵月餉較低很不滿意，他還以宣大兩鎮總兵官的標兵月餉額作比較，請求朝廷重新釐定督標月餉標準。他在〈請增標營兵餉疏〉中有詳細的論述：

宣大兩鎮總兵官各有馬健丁五千，月支一兩八錢，又加折米銀四錢，每兵共月支銀二兩二錢。……臣標馬兵月支一兩五六錢，步兵月支一兩二三錢，以視該鎮健丁月支二兩二錢，太相懸絕，非所以平情示勸，居重馭輕也。今當急議量加，以示鼓勵。馬兵以一兩八錢為率，每月量加銀二三錢不等。除將鎮中千把總外，共馬兵三千名，每月約該加銀七百餘兩，每歲約該加銀八千四百餘兩。步兵以一兩五錢為率，每月量加銀二三錢不等。共步兵二千名，每月約該加銀五百餘兩，每歲約該加銀六千餘兩。以上通共馬步現額標兵五千名，除官不加外，每歲通共該加銀一萬三千餘兩。……以為定額。至應增馬步五千，馬三步二，其餉一照前額，每歲該銀十萬二千餘兩，並官廩馬料，約略計之，每歲共該銀十四萬餘兩。[47]

盧象昇認為，總督標兵的糧餉標準不該低於各鎮總兵標兵，但他考慮到朝廷的財政壓力，便只談縮小兩者差距。他最後確立了一個標準：標兵月餉以馬兵 1.8 兩銀、步兵以 1.5 兩銀為率。按此標準，盧象昇計算出目前標兵 5000 人每年應補餉銀 13000 兩銀（官員除外），而新增 5000 名標兵的月餉須 102000 餘兩銀，再加上馬料銀，每年須增補 14 萬兩銀。這些銀兩是保證標兵生活的基本費用，其實盧象昇所定月餉標準還是低於宣大兩鎮總兵標兵的月餉額的。一般來說，盧象昇請餉之疏很難批准，這次卻得到了準復，「至（崇禎九年）十二月內，倉場臣李遇知兼攝司農，念切危疆，新舊標餉，力認部發」。[48]

---

47 〔明〕盧象昇：《盧象昇疏牘》卷 6，〈請增標營兵餉疏〉，杭州：浙江古籍出版社，1985 年，第 117 頁。

48 〔明〕盧象昇：《盧象昇疏牘》卷 7，〈增練標營事宜疏〉，杭州：浙江古籍出版社，

第六章　郧撫和宣督的標兵建設

一方面，盧象昇整頓督標營制，為練兵奠定了組織基礎；另一方面，他又釐定標將職銜和標兵餉額，從物質和精神上鼓舞了士氣。

第二節　總督標兵的軍事訓練

盧象昇擴充宣大總督標兵，並期望再以標兵練兵帶動三鎮各路兵馬的訓練，從而加強三鎮的軍事防禦。

一、總督標兵訓練的緣起和思路

崇禎九年（1636年）十月初，盧象昇甫任宣大總督，即刻巡閱宣大一帶邊口40餘處。他對邊防懈怠的嚴重狀況憂心忡忡，便決計整頓並嚴訓標兵。盧象昇在疏中說：

臣自十月初二日出居庸關，由宣邊以達宣鎮，由宣鎮以抵陽和，跋履兼旬，馳驅千里。諸凡協路將兵，邊口衝要，以及城堡、墩臺、錢糧、器械等項，逐事親查一番，不覺憂心如焚，焦思欲絕。驚念宣雲艱窘之狀，所見更甚於所聞也。臣今於本月二十五日抵臣鎮城，簡練標營兵馬，並以標兵練法次第通行宣大兩鎮，暨協路邊堡大小諸弁。仍與之列款訂期，明賞飭罰，痛洗從前虛應之習，力圖向後振起之模。若其呼應不靈，督率罔效，即當先請國法，首正臣辜，斷不敢粉飾因循，致令封疆一誤再誤也。……臣自出關來，閱視鎮將營路等兵，觀其武藝，無非花法死套，及令縱馬馳驟，且多仆地跌傷。以甲冑，則色號參差不一，以營陣，則部伍混亂不齊。甚至一路將而營馬不過百餘匹者，一守操而戰馬不過十餘匹者，且多羸瘦不堪，加鞭即倒。[49]

　　1985年，第149頁。
49　〔明〕盧象昇：《盧象昇疏牘》卷6，〈用人修具飭法治兵疏〉，杭州：浙江古籍出版社，1985年，第121、123頁。

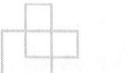

第二節　總督標兵的軍事訓練

這次巡閱宣大邊境時，盧象昇除了發現禦敵的硬體設施不堪以用之外，還意識到士兵懈怠的情況極為嚴重，所以，他以為練兵事宜刻不容緩。從練兵的基本規律和宣大三鎮的實際情況出發，盧象昇提出了兩條練兵原則：其一，以督標為表率，練兵首從督標起，「並以標兵練法次第通行宣大兩鎮，暨協路邊堡大小諸弁」；練兵限期定責，懈怠者將受到嚴懲。其二，練兵採取循序漸進、由易到難之原則，正如他在疏中所云：「臣之練法又分為五等規則，正二、三月已頒初次規則，今前後兩四月復頒二次規則，自本年五月至十月當續頒三次、四次、五次規則，以漸而進，由淺入深。」[50]「練兵之法分為五等，由淺入深，定以規則，程以日期。既成，依古追胥法」。[51] 盧象昇如此練兵，不僅符合練兵常規，對於長期兵備懈怠的宣大邊鎮來說，更是相適應的。

二、整頓總督標兵的軍容和軍紀

（一）昭明士卒身分與營陣旗令

1. 明示士卒身分。盧象昇認為練兵打仗，必須要清楚每位士兵的真實身分，以免他人冒名食餉，也可減少士兵私逃、鬧事的現象發生。他在疏中說：「邊鎮多五方雜處之人充兵食餉，又兼服色混亂，漫無查考，是以脫伍私逃者，離信生事者，紛紛見告。甚有彼營生事，冒名此營」[52]；「主、客之兵雲集，此處告搶掠，彼處報殺傷，本營將帥莫辨為某隊之兵丁，本地居民

50　〔明〕盧象昇：《盧象昇疏牘》卷8，〈回奏覆實邊備疏〉，杭州：浙江古籍出版社，1985年，第185頁。

51　〔清〕盧安節編，〔清〕任啟運校定：《明大司馬盧公年譜》，清光緒元年重刻本，北京圖書館編：《北京圖書館藏珍本年譜叢刊》第62冊，北京：北京圖書館出版社，1999年，第321頁。

52　〔明〕盧象昇：《盧象昇疏牘》卷6，〈總督軍門初次練兵規則〉，杭州：浙江古籍出版社，1985年，第144頁。

第六章 郧撫和宣督的標兵建設

莫識為何營之士卒」[53]。所以，盧象昇在〈總督軍門初次練兵規則〉中規定，每位士卒的號衣甲胄及大帽，必須明示個人身分訊息，「今後各兵號衣甲胄，俱用白布一條，上書某營、某部、某哨、第幾隊、兵丁某人；大帽之上，仍用鐵一片，上鐫某營、某部、某哨、第幾隊字樣，以便查考」[54]。士兵的衣帽訊息倘若不明確，還將受到嚴懲。

除了衣帽甲胄，盧象昇還強調士兵須帶腰牌，違犯者也要法辦。他在疏中說：「倘衣帽無記，腰牌不明者，重治以法，並及其本營百、隊、中、千。行兵時如無記號腰牌，離伍他往，或入民間內房，許諸人執而送之官。如有搶掠生事，則許徑執而殺之勿罪。如此，則營伍分明，舉動知戢，一或離信生事，隨處可查，業通行督屬鎮將矣。」他認為，腰牌和衣帽甲胄標識對於約束士兵意義重大，甚至建議「各邊各鎮，亦可仿而行之」。[55]

盧象昇始終重視腰牌標識的作用。早在撫郧時，他在郧陽設兵船巡江，就要求標下水兵必隨身攜帶腰牌，以明所屬。他在〈兵船巡江十二則〉專條規定：「水兵腰牌，上書某字號兵船，甲長某人名下伍兵某人，年貌籍貫，一一註明。如遇巡江水操，即懸此牌。若在本鎮及入山剿賊，仍用該管標兵腰牌，不許混錯。」[56] 後來，盧象昇為加強宣大各鎮邊外的偵查能力，疏請於邊外設塘撥，並強調塘撥須帶腰牌：「塘兵仍各給年貌籍貫及馬匹毛齒腰牌，上書某路循字號或環字號，第幾撥塘兵，於某口以北某地方坐撥。仍用該道關防。如有脫逃，嚴拿正法。病故倒損者，即時選補，並責成該道時刻

53　〔明〕盧象昇：《盧象昇疏牘》卷7，〈預籌戰守要務疏〉，杭州：浙江古籍出版社，1985年，第151頁。

54　〔明〕盧象昇：《盧象昇疏牘》卷6，〈總督軍門初次練兵規則〉，杭州：浙江古籍出版社，1985年，第144頁。

55　〔明〕盧象昇：《盧象昇疏牘》卷7，〈預籌戰守要務疏〉，杭州：浙江古籍出版社，1985年，第151—152頁。

56　〔明〕盧象昇：《盧象昇疏牘》卷3，〈兵船巡江十二則〉，杭州：浙江古籍出版社，1985年，第45頁。

第二節　總督標兵的軍事訓練

稽查。」[57]

2. 統一各營部司旗令。規定士兵練兵行軍時須攜帶腰牌、衣帽甲冑標識，就如同給了每人一個「身分證」，這十分便於對士卒進行有效管理。對於各營伍，鑒於「近來各營旗幟，顏色混雜，長短參差，全無定則。平時操演尚難認識」之情形，盧象昇認為，「行兵全以旗幟、金鼓為耳目」，[58] 遂決定將各營、部、司的旗幟加以整編，以統一號令。他規定如下：

今後中營將官用大旗，黃心黃邊黃帶；左營將官用大旗，藍心藍邊藍帶；右營將官用大旗，白心白邊白帶；前營將官用大旗，紅心紅邊紅帶；後營將官用大旗，黑心黑邊黑帶。中營左部千總用中號旗，藍心黃邊黃帶；右部千總用中號旗，白心黃邊黃帶；左部左司把總用次中號旗，藍心藍邊黃帶；左部前司把總用次中號旗，紅心藍邊黃帶，右部右司把總用次中號旗，白心白邊黃帶；右部後司把總用次中號旗，黑心白邊黃帶。左營左部千總用中號旗，藍心藍邊藍帶；右部千總用中號旗，白心藍邊藍帶；左部左司把總用次中號旗，藍心藍邊藍帶；左部前司把總用次中號旗，紅心藍邊藍帶；右部右司把總用次中號旗，白心白邊藍帶；右部後司把總用次中號旗，黑心白邊藍帶。右營左部千總用中號旗，藍心白邊白帶；右部千總用中號旗，白心白邊白帶；左部左司把總用次中號旗，藍心藍邊白帶；左部前司把總用次中號旗，紅心藍邊白帶；右部右司把總用次中號旗，白心白邊白帶；右部後司把總用次中號旗，黑心白邊白帶。前營左部千總用中號旗，藍心紅邊紅帶；右部千總用中號旗，白心紅邊紅帶；左部左司把總用次中號旗，藍心藍邊紅帶；左部前司把總用次中號旗，紅心藍邊紅帶；右部右司把總用次中號旗，白心白邊紅帶；右部後司把總用次中號旗；黑心白邊紅帶。後營左部千總用中號旗，藍

---

57 〔明〕盧象昇：《盧象昇疏牘》卷10，〈議設口外塘撥疏〉，杭州：浙江古籍出版社，1985年，第273頁。

58 〔明〕盧象昇：《盧象昇疏牘》卷6，〈總督軍門初次練兵規則〉，杭州：浙江古籍出版社，1985年，第144頁。

第六章　郾撫和宣督的標兵建設

心黑邊黑帶；右部千總用中號旗，白心黑邊黑帶；左部左司把總用次中號旗，藍心藍邊黑帶；左部前司把總用次中號旗，紅心藍邊黑帶；右部右司把總用次中號旗，白心白邊黑帶；右部後司把總用次中號旗，黑心白邊黑帶。[59]

為了更明晰各營、部、司的旗號大小和旗幟的心、邊、帶色彩，筆者根據以上所述，列表格如下。

表 6-1：宣大督營練兵各營、部、司旗號旗色識別圖

	中營	左營	右營	前營	後營
領兵官（2000 人）	大旗，黃心黃邊黃帶	大旗，藍心藍邊藍帶	大旗，白心白邊白帶	大旗，紅心紅邊紅帶	大旗，黑心黑邊黑帶
左部千總（1000 人）	中號旗，藍心黃邊黃帶	中號旗，藍心藍邊藍帶	中號旗，藍心白邊白帶	中號旗，藍心紅邊紅帶	中號旗，藍心黑邊黑帶
右部千總（1000 人）	中號旗，白心黃邊黃帶	中號旗，白心藍邊藍帶	中號旗，白心藍邊藍帶	中號旗，白心紅邊紅帶	中號旗，白心黑邊黑帶
左部左司把總（500 人）	次中號旗，藍心藍邊黃帶	次中號旗，藍心藍邊藍帶	次中號旗，藍心藍邊白帶	次中號旗，藍心藍邊紅帶	次中號旗，藍心藍邊黑帶
左部前司把總（500 人）	次中號旗，紅心藍邊黃帶	次中號旗，紅心藍邊藍帶	次中號旗，紅心藍邊白帶	次中號旗，藍心藍邊白帶	次中號旗，紅心藍邊黑帶
右部右司把總（500 人）	次中號旗，白心白邊黃帶	次中號旗，白心白邊藍帶	次中號旗，紅心藍邊白帶	次中號旗，紅心藍邊白帶	次中號旗，白心白邊黑帶
右部後司把總（500 人）	次中號旗，黑心白邊黃帶	次中號旗，黑心白邊藍帶	次中號旗，黑心白邊白帶	次中號旗，黑心白邊白帶	次中號旗，黑心白邊黑帶

注：前、後兩營在〈總督軍門初次練兵規則〉頒布之時還處於籌備狀態，不久後正式設立。

盧象昇強調，督標官兵進行軍事行動，須以旗幟的型號與顏色為指導，

59　〔明〕盧象昇：《盧象昇疏牘》卷 6，〈總督軍門初次練兵規則〉，杭州：浙江古籍出版社，1985 年，第 144—145 頁。

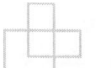

第二節　總督標兵的軍事訓練

延誤者將以軍法懲處。他說：「總按五方，而領兵官大小，即以號旗大小為差，各以心應，其分方而以邊帶應。其本營本部主將倘有達誤者，軍法從事。」[60]

(二) 行連坐之法

如果說，明示士卒身分、統一營陣旗令，重在對官兵參與軍事行動時的有效管理，那麼，嚴束伍、行連坐之法，則更側重於對違反軍法者的懲治，當然這對每位官兵也有著重要的警示作用。在〈總督軍門初次練兵規則〉之「嚴束伍」一條，盧象昇確定了「連坐」之法：「近來百總犯法，千總不知；隊伍長犯法，千百總不知；伍兵犯法；隊伍長不知，成何法度？今後事無大小，各照本管連坐。至布陣紮營，閱操對壘，凡有進止不齊，部伍不肅，混亂喧譁者，一照本管以次究懲。」[61]那麼，如何實施連坐之法呢？他在〈議防剿機宜疏〉中提到了兩個可行之策：具保結、立軍令。疏中談到實施保結狀和軍令狀的具體辦法：

臣特行節制五營，每營各取職名保結狀三張，各取職名軍令狀三張，保結自上而下，將領保其坐營千把，坐營千把保其百總隊長，百總隊長保其伍兵是也。軍令自下而上，百總隊伍長具狀與本管坐營千把，坐營千把具狀與本管將官，各營將官具狀與臣是也。其中馬步戰兵，但有老弱虛冒，臨敵不前，大小將領，但有庸怯逗留，用命不力者，上下一體坐罪。[62]

可見，盧象昇所談及的連坐之法，是針對督營的所有將士，適用於觸犯有以下軍法之情形者：虛冒老弱殘疾者，臨敵不前者，畏敵逗留者，作戰不

60　〔明〕盧象昇：《盧象昇疏牘》卷6，〈總督軍門初次練兵規則〉，杭州：浙江古籍出版社，1985年，第145頁。

61　〔明〕盧象昇：《盧象昇疏牘》卷6，〈總督軍門初次練兵規則〉，杭州：浙江古籍出版社，1985年，第143頁。

62　〔明〕盧象昇：《盧象昇疏牘》卷8，〈議防剿機宜疏〉，杭州：浙江古籍出版社，1985年，第187頁。

用命者，等等。該法分具保結和立軍令兩種，都須將士上下聯名一體，一人犯法，關聯者亦受牽連。其不同之處在於，保結之法由將領到士兵自上而下依次相保，而立軍令狀則恰恰相反。

明代以前，連坐之法，從民間社會到整頓吏治乃至行軍打仗，曾一度實行過。盧象昇也稱「此雖新行，實係古法」。他希望在督標中恢復保結（即連坐）之法，實現「臂指乃可相聯，律令庶幾共曉」；並以此整肅標營，更一步推廣至各鎮，「臣不敢寬標營，又何敢寬各鎮乎」？[63] 實際上，盧象昇行連坐之法，並非始於任職宣大總督之時。以「保結之法」為例，他在撫鄖時，曾實施「抽餘軍」屯田之法，為防屯軍私逃便施以保結之法。他在〈募軍屯田十議〉中說：「通計合衛余丁，不許一名漏隱，大約以三丁抽一為率，以年力壯健為主。仍令本所本伍千百戶及正軍各具保結，以防私逃。」[64] 在宣大總督任上，除了練兵以外，盧象昇實施屯田也借用了保結之法。他在「募開墾」之法中，提及對佃戶須以「鄰佑」保結，「佃戶須有妻室，加以鄰佑保結」[65]。由此可見，盧象昇治軍理政，對保結（連坐）之法比較重視。

三、加強對弓箭和火器的習射訓練

明末，隨著「內憂」和「外患」的加劇，以及火器製作技術的提高，相對傳統的冷兵器，具有更強殺傷力的火器愈加體現出在戰爭中的重要性。在明末戰爭中，騎射技術發揮著越來越重要的作用。盧象昇總督宣大時，正值明末戰亂之際，他當然需要順應戰爭發展變化的要求，在練兵中充分體現出習

63　〔明〕盧象昇：《盧象昇疏牘》卷 8，〈議防剿機宜疏〉，杭州：浙江古籍出版社，1985 年，第 187 頁。

64　〔明〕盧象昇：《盧象昇疏牘》卷 3，〈募軍屯田十議〉，杭州：浙江古籍出版社，1985 年，第 47—48 頁。

65　〔明〕盧象昇：《盧象昇疏牘》卷 6，〈屯政疏〉，杭州：浙江古籍出版社，1985 年，第 134 頁。

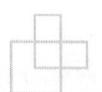

第二節　總督標兵的軍事訓練

射弓箭與火器技藝的重要性。

（一）弓箭與火器等戰具的配置情況

在〈總督軍門初次練兵規則〉中，盧象昇指出，弓箭和火器是戰爭中最重要的兵器，「軍中俱利者，弓矢腰刀火器也。此外，則長短槍、悶棍為便。其他大刀、雙刀、馬叉等項，俱不堪用」[66]。為了適應戰事需要，盧象昇對於每位馬、步標兵所應熟習的兵器，以及每隊步兵的兵器配備情況都做了要求。督標馬兵，「每名除弓矢腰刀外，仍於馬上各習一藝，或三眼槍，或悶棍，或八尺長槍，各隨其便，務要精熟」；每位步兵，則「以火器為主」；每隊步兵50人，須「用大砲手八名，三眼槍、鳥機神槍等手共十六名，長短槍、悶棍手共二十四名」，那麼剩下兩名，「除隊長外，再用一隊副，兼管書識，要識字者」。盧象昇最後還強調，以上所要求，要「永為定規」。[67]

兩個月後，盧象昇上〈措辦標營盔甲器械疏〉，對已初具規模的五營所需兵器及其他戰具情況進行了說明：

中、左、右三營為馬兵，急需鐵甲六千副；前、後兩營為火攻步兵，急需棉甲四千副，隨營滅寇威遠毒虎等炮二百八十八位，挨牌三百六十面，神槍、三眼槍三千桿。又五營急需帳房二千頂，鑼鍋二千口，鍬钁一千把，拒馬鹿角共三百六十架，鐵蒺藜十萬個，營燈四百盞，輜重車五十輛，水袋八百條，下營口袋四千條！皮袿五百七十六件，盛火藥小口袋八千六百四十條，盛鉛子小口袋八千六百四十條。此征剿必需之具，而弓、矢、刀、槍不與焉。[68]

---

66 〔明〕盧象昇：《盧象昇疏牘》卷6，〈總督軍門初次練兵規則〉，杭州：浙江古籍出版社，1985年，第145頁。

67 〔明〕盧象昇：《盧象昇疏牘》卷6，〈總督軍門初次練兵規則〉，杭州：浙江古籍出版社，1985年，第145頁。

68 〔明〕盧象昇：《盧象昇疏牘》卷7，〈措辦標營盔甲器械疏〉，杭州：浙江古籍出版社，1985年，第152—153頁。

第六章　郵撫和宣督的標兵建設

　　無論是練兵還是打仗，以上所列戰具是必須具備的，所以，盧象昇實施練兵計劃時，同時也在加緊籌備所需兵器戰具。

　　早在崇禎九年（1636年）十一月十四日，盧象昇上〈請借馬匹弓矢疏〉，就提到了弓箭的來源問題。由於一時籌措銀兩不足，他懇請先向工部籌借部分弓箭，以資使用，「再勅工部揀發堪用角弓三千張，箭六萬支。待開局鼓鑄及屯田等務料理有緒，經年之內，前項馬匹弓矢，俱可陸續買造解還朝廷」。[69] 這次請借的結果是，「近該工部覆奉旨解發到角弓二千張、箭三萬枝，皆堅利可用」。[70] 雖然工部僅僅滿足了一半的要求，但由於弓箭皆堅利可用，盧象昇還算是滿意的。

　　在〈請借馬匹弓矢疏〉中，除了弓箭，盧象昇還談到了火藥、器械等戰具的籌措問題。他稱不敢勞費朝廷公帑，自己可籌資於三個月內完成，「其餘一切盔甲、械器、號衣、旗幟、火藥等項，臣嘔心拮据，晝夜經營，約三月可辦。所需工料價值，皆當自行設處，不敢呼顧內廷」。[71] 其實，盧象昇這次所述及的內容，同兩個月後於〈措辦標營盔甲器械疏〉中所提及的五營所需戰具的內容，是大同小異的。此時，他仍堅持自力更生，不費公帑，如盔甲一項「不敢再向內庭呼顧」；又如大砲一項「亦不敢再請工料等銀」。然而，盧象昇也感到了錢財匱乏的壓力，他接著向崇禎帝訴苦道：「至於三眼等槍、鎮幟、金鼓、布帳、鑼鍋鍬钁、挨牌、拒馬蒺藜、皮裩、大小口袋等項，尚該銀一萬餘兩，色色皆須置備，件件俱費金錢。刻下鳩工集事，臣力靡遺，無米而炊，臣心良苦。」[72] 雖然未有明說，但盧象昇的意圖很明顯：請朝廷

69　〔明〕盧象昇：《盧象昇疏牘》卷6，〈請借馬匹弓矢疏〉，杭州：浙江古籍出版社，1985年，第129頁。

70　〔明〕盧象昇：《盧象昇疏牘》卷7，〈措辦標營盔甲器械疏〉，杭州：浙江古籍出版社，1985年，第153頁。

71　〔明〕盧象昇：《盧象昇疏牘》卷6，〈請借馬匹弓矢疏〉，杭州：浙江古籍出版社，1985年，第129頁。

72　〔明〕盧象昇：《盧象昇疏牘》卷7，〈措辦標營盔甲器械疏〉，杭州：浙江古籍出版社，

第二節　總督標兵的軍事訓練

能施以援手。由於盧象昇多方籌措，如鑄息收入、朝廷撫賞物資等，加之明廷的部分支持，督標的兵器等戰具裝備還是能基本滿足需要的。

值得一提的是，在宣大任上，盧象昇還和其他官員一道，捐資自鑄火炮。為了保證兵器供應的品質和數量，也為了維護政權的穩定，明政府對兵器（尤其是威力較大的火炮等）的製造和管理程式也相當嚴格。然而，至崇禎後期，由於朝廷財源枯竭，無力製造足夠的兵器；尤其北部邊鎮軍情危急，一時得不到必要的兵器供應。所以，邊鎮的文武官員只好奏請朝廷，自己就地鑄造兵器。地方督撫如王尊德、熊文燦、盧象昇和洪承疇等人，都曾捐資鑄造火炮。我們以考古發掘的實物為例，來說明盧象昇在宣大任上曾出資自造火炮的事實。石家莊市曾發現一門刻有「崇禎戊寅歲仲寅吉旦 捐助建造紅夷大砲總督軍門盧象昇……」等字樣的火炮，這表明它是由宣大總督盧象昇等17名文武官員，於崇禎十一年（1638年）捐資所造。另外在山西省博物館中，也收藏了銘文內容與上述相似的兩門紅夷炮。[73] 這兩門紅夷鐵炮，亦由宣大總督盧象昇等人於崇禎十一年捐助建造，其身管除鑄有盧象昇等捐造者的姓名外，還有銘文：「紅夷大砲一位重五百斤，裝放用藥一斤四兩，封口鐵子一個重一斤，群子九個。」[74]

盧象昇籌備三鎮所需弓矢、盔甲、火器等武器裝備的奏疏內容以及他和同僚官員自鑄火炮的事實，足以說明，在明末國家財政極為匱乏的情況下，地方督撫等官員也部分地承擔起自籌武器裝備的費用。

盧象昇加強對弓箭、火器等武器裝備的配置，自然有利於督標練兵的順利開展。

（二）操練弓箭和火器

盧象昇的練兵兩原則是：以總督標兵為率，由易入難。盧象昇督率督標

　　1985年，第153頁。
73　王兆春：《中國科學技術史·軍事技術卷》，北京：科學出版社，1998年，第220頁。
74　楊毅、楊泓：《兵器史話》，北京：社會科學文獻出版社，2011年，第171頁。

第六章　郎撫和宣督的標兵建設

練兵多次，他在疏中只頒布了初次練兵規則。這次練兵的重點有二：其一，整頓五營營陣、嚴明軍容、嚴肅軍紀；其二，加強弓箭和火器的習射訓練。盧象昇在〈總督軍門初次練兵規則〉之「設操規」中，詳述了弓箭和火器習射之法：

今後弓箭手步射，俱照本部院到任閱操例，用草把五大束，每束高六尺，圍六尺，相離各三丈，以六十步為準，每五人認定一把，二十五人並射，挨次站立、舉旗掌號畢，方控弦齊發，不許先後參差。仍刊定較射冊式，冊內書某營、某將官下某部、某千總下某哨、某百總下第幾隊、某隊長下第一把某人某人、第二把某人某人。蓋五人為一伍，五人同射一把，以伍對把，雖千百人同射，一看瞭然。仍於各官丁箭翎之下，楷書註明某營某部某哨第幾隊兵丁某人，以便認箭。至操練步兵火器，以五十人為一隊，共列四隊。掌號一聲，五十人齊放，放畢即以頭隊作四隊，二隊作頭隊，更番迭放。如有放遲及誤火信不響不發者，分別究治。放完仍於每隊抽點數人，照舊用鉛子對把射打，以試其能否。……以上乃粗淺練法，初次只宜如此，待演習有條，由淺入深，另行教練。[75]

盧象昇所設計的習射之法，是一種有組織性的操練，它有兩個特點：一是集體分組訓練，有條不紊；二是考核其效，有遲誤者，分別追究其責。除習射外，對於其他兵器，也同時進行演練。但由於練習之法只是口授相傳，我們就難知其詳了，「其餘長短槍、悶棍、腰刀使法，臨時口授，不能詳載」[76]。另外，盧象昇還提及練兵之法共五個等級，這僅僅是初級，「臣之練法又分為五等規則，正、二、三月已頒初次規則」[77]。這說明，盧象昇至少

75　〔明〕盧象昇：《盧象昇疏牘》卷6，〈總督軍門初次練兵規則〉，杭州：浙江古籍出版社，1985年，第145—146頁。

76　〔明〕盧象昇：《盧象昇疏牘》卷6，〈總督軍門初次練兵規則〉，杭州：浙江古籍出版社，1985年，第146頁。

77　〔明〕盧象昇：《盧象昇疏牘》卷8，〈回奏覆實邊備疏〉，杭州：浙江古籍出版社，

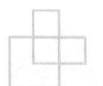

第二節　總督標兵的軍事訓練

已經按照所頒布的初等規則進行練兵了。但由於史料缺乏,我們對之後的練兵規則及其實行情況,也難明其詳。

對於練兵之事,有一個很大的制約因素,就是錢糧的匱乏,這甚至制約著整個宣大邊鎮的軍事防禦能力的提高。盧象昇身為總督,掌管兵馬、錢糧是他的重要職責。事實上,他時刻都在為兵馬、錢糧的匱乏而憂心忡忡。錢糧匱乏,致使兵虛馬乏,練兵難以為繼,將士的戰鬥力自然無法提高。筆者舉一個實例來說明此問題:錢糧匱乏導致戰馬奇缺。

騎兵作戰已成為明末時期重要的戰爭方式,戰馬缺乏則是導致官兵戰事失利的重要因素。昔時,盧象昇鎮壓各路義軍,常依靠騎兵突襲制勝,他也屢屢豔羨於義軍戰馬之多。在宣大邊鎮,邊防線綿延兩三千里,況且明軍面對的主要敵人還是清兵。所以,騎兵更應是宣雲地區最重要的兵種,盧象昇所建五營督標,馬步兵比例即為馬三步二,騎兵比步兵多兩成。但是,有一個嚴重的問題是:由於缺錢,盧象昇的馬兵(騎兵)根本沒有足夠的戰馬!盧象昇剛赴任宣大總督,在〈買補標營馬匹騾駝疏〉便指出問題的嚴重性:「臣於去年十月二十四日抵陽和任事,首問標營兵馬,實在馬騾二千七十一匹頭。即照舊標營論之,兵該馬騾駝四千二十匹頭隻,尚缺一千九百四十九匹頭隻。……目下增設五營,共該戰馬五千匹,騾駝一千頭隻,現缺戰馬三千八十五匹,現缺騾駝八百四十四頭隻,共約該價銀八萬五千餘兩。臣今日止張空拳耳。謹查各邊鎮俱有買馬年例銀兩,不知臣標何以獨無?」[78] 盧象昇擴編總督標兵前,馬、騾、駝比額定數目缺少一半。督標從三營擴為五營之初,馬、騾、駝竟缺三分之二,折合銀價為 8.5 萬餘兩銀。盧象昇還派陽和道臣竇可進,借銀到殺胡口馬市買馬,結果為專給皇室購馬的內臣所阻。盧象昇提出一個解決方案:將解京的馬匹留出 1000 匹給宣大督營練兵所需。

　　1985 年,第 185 頁。
78　〔明〕盧象昇:《盧象昇疏牘》卷 7,〈買補標營馬匹騾駝疏〉,杭州:浙江古籍出版社,1985 年,第 154 頁。

第六章　郎撫和宣督的標兵建設

但竟沒有得到準復。後來,他在〈酌請標營馬價疏〉再次懇請兵部撥款 4 萬兩銀買馬,「懇祈皇上再給間銀二萬兩,連前共四萬兩,抵充買過馬騾價值,其餘不敷銀四萬餘兩,容臣另為搜措」[79]。然而,此疏仍沒有回覆。由於銀兩缺乏,盧象昇的督營很可能始終都沒有配備足夠的戰馬,相當一部騎兵只能當作步兵使用。宣大軍事防禦力量的削弱,在某種意義上來說,源於財政力量的匱乏。其實,宣大邊鎮就是明末各邊鎮的一個縮影。

總的來看,標兵標營的建設,是盧象昇為官最顯著的成就之一,而他在宣大總督任上對標兵的整頓用力尤專。他擴編宣大總督標兵並加強訓練,一定程度上增強了宣雲邊疆的防禦力量。而且,他在督撫任上的標營變革,對其後的官制(軍制)發展亦不無影響。對此,盧象昇在給友人的信中,顯得既十分自信又甚為憂慮:「至若邊事之危且難,更無有出宣雲上者。……比來百事皆有頭緒,若料理一兩年,大敵即來,斷非向年光景。此某所可自信者。但身輕如葉,擔重如山,安能自主哉?」[80] 他自信的是,若假以時日,自己便有能力治理好邊務,即使清兵再犯亦毫無畏懼;他憂慮的是,自己位輕責重,有良策卻不能自主實施。盧象昇確實有安邦定國之志之才,卻得不到充分的施展,這才是他最感苦惱之處。明末諸多因素,尤其是國家財力的匱乏,使他的許多軍事方案都無法得到有效實施。明末歷史上,**盧象昇**可稱得上是一位能文兼武的忠臣,生逢亂世卻時時苦惱於無法實現自己的報國之志,終因崇禎帝和楊嗣昌等權臣的猜忌而被逼上以死明志的不歸路,其悲慘的歸宿著實讓人扼腕嘆息。明末亂世造就了一代名臣**盧象昇**,而他本人也最終被這無情的亂世洪流所淹沒。

79　〔明〕盧象昇:《盧象昇疏牘》卷 9,〈酌請標營馬價疏〉,杭州:浙江古籍出版社,1985 年,第 227 頁。

80　〔明〕盧象昇:《忠肅集》卷 2,〈與少司成吳葵庵書八首〉,《文淵閣四庫全書》影印本,集部 6,第 1296 冊,臺北:商務印書館,1983 年,第 618 頁。

第二節　總督標兵的軍事訓練

第七章　盧象昇在官場的上下左右關係

　　前面主要對盧象昇的生平事蹟，特別是在軍事方面的努力進行了研究。下面將試圖從盧象昇與上級、同僚和下屬關係的角度，更深入地瞭解其為人做官之品之才，盡力還原這位不為太多人所知的歷史人物一個相對鮮活的個體。盧象昇為政「清慎勤」，待人亦誠懇豁達，對上不諂媚，對下不驕橫。正如他所言：「臣束髮通籍，久歷郡守監司，以至治勛撫楚，每遇大小弁流，必為推誠折節。生平事上官，待僚屬、將吏不識驕諂二字為何物。」[1] 他之所以如此，「無非為封疆所繫，文武宜和，求濟大事而已」[2]。否則，與同事關係不睦，則會「中梗旁撓，僨事不小」[3]。盧象昇曾自稱其為官之道：「臣生平本無別長，止是不愛錢、不惜死二語，夢寐服膺，勉圖報稱。」[4] 所以說，盧象昇「不識驕諂」，與周圍僚屬總體上能較好合作，但在明末險惡的官場上，他也難免與少數官員產生某些矛盾。

　　在《盧象昇疏牘》裡，筆者估算了一下，盧象昇所提及的有完整姓名之同事不下百人，而與他相交過密者並不算太多。本書將從三個方面，論述盧象昇在官場的上下左右關係：其一，與上級的關係，著重論述他與崇禎帝和楊嗣昌的特殊關係；其二，與一般同僚的關係，先論述他在黨爭激烈的官場中的反應，進而探討他與東林黨官員的關係；其三，與下屬的關係，主要就

1　〔明〕盧象昇：《盧象昇疏牘》卷5，〈剿寇第四要策疏〉杭州：浙江古籍出版社，1985年，第93頁。

2　〔明〕盧象昇：《盧象昇疏牘》卷5，〈剿寇第四要策疏〉杭州：浙江古籍出版社，1985年，第93—94頁。

3　〔明〕盧象昇：《盧象昇疏牘》卷5，〈剿寇第四要策疏〉杭州：浙江古籍出版社，1985年，第94頁。

4　〔明〕盧象昇：《盧象昇疏牘》卷4，〈辭總理五省軍務疏〉杭州：浙江古籍出版社，1985年，第72頁。

第七章　盧象昇在官場的上下左右關係

盧象昇的用人之道和關愛下屬兩方面進行研究。

第一節　盧象昇與崇禎帝和楊嗣昌的關係

應該說，在盧象昇生命的最後階段，崇禎帝和楊嗣昌是對他影響最大的人。據目前史料所示，在崇禎十一年（1638年）十月奉旨入京之前，盧象昇因公務不停地上疏，而崇禎帝的答覆也甚為簡短，除此外他們之間並無實質性交往。盧象昇總督宣大時，與楊嗣昌確實有些書信往來，但多在探討邊政問題，主要論及對蒙古部和女真部的政策。後來在清兵壓境的艱危時刻，他們三人之間卻發生了複雜而微妙的關係，最終導致盧象昇孤軍奮戰、殞命疆場。

在天啟末年，盧象昇還是一名六品職銜的戶部主事，至崇禎十一年（1638年），他便以天下援兵總督身分入京勤王，入京時曾加兵部尚書銜，品級為正二品。盧象昇既沒有顯赫的家族背景，亦無在京權臣援引的有利條件，「長安照管無人」[5]，能獲得如此快捷的升遷，自然離不開他的突出政績。除此以外，或許是盧象昇的某些特異之處，得到了崇禎帝的信任。

首先是盧象昇對崇禎帝忠誠。這在每篇奏疏裡都表現得淋漓盡致。如果說，奏疏所言僅是一種客套形式的話，那麼他在私人書信裡所表現的情感應該是較為真實的。他在〈家訓三首〉裡有云：「古人仕學兼資，吾獨馳驅軍旅，君恩既重，臣誼安辭？委七尺於行間，違二親之定省，掃蕩廓清未效，艱危困苦備嘗，此於忠孝何居也？」[6] 又有云：「日唯國事蒼生為念，不敢私其妻子，未嘗有負軍民。室鮮冶容，家無長物。今任討賊，艱苦萬端，成敗利鈍

5　〔明〕盧象昇：《忠肅集》卷2，〈與蔣澤壘先生五首〉，《文淵閣四庫全書》影印本，集部6，第1296冊，臺北：商務印書館，1983年，第611頁。

6　〔明〕盧象昇：《忠肅集》卷2，〈寄訓子弟〉，《文淵閣四庫全書》影印本，集部6，第1296冊，臺北：商務印書館，1983年，第607頁。

第一節　盧象昇與崇禎帝和楊嗣昌的關係

付之天,毀譽是非聽之人,頂踵髮膚歸之君父。」[7] 盧象昇所言與所行是一致的,即便是在人生之末,他仍忍著喪父而不能盡孝的悲痛,移孝作忠,主戰抗清。任何一位君主,首先看重的就是臣下對自己的忠誠度。崇禎十一年(1638 年),清軍再次兵臨北京城,本意主和的崇禎帝於武英殿召見盧象昇,這可能也是盧象昇唯一一次與皇帝單獨會面。對於這次平台召見,盧象昇堅持「主戰」,並提出禦敵之策。在他看來,奮勇抗清就是為皇上分憂。雖然,崇禎帝對盧象昇的表態不滿意,但還是兩次派人送來馬匹和金銀等物,以示嘉獎。因為,崇禎帝很清楚,盧象昇對他是忠心耿耿的。

其次就是盧象昇為官之品能。無論是為人和做官,盧象昇都應符合中國傳統士大夫的道德規範,可以說是古代官員的楷模。他以「清慎勤」嚴格要求自己,勤政節儉而不結黨營私。在古代君王中,崇禎帝的勤政和節儉也是聞名的,也常常嚴懲結黨營私之官員。所以,盧象昇和崇禎帝,倒有著某些相似之處。應該說,不僅是盧象昇的政績,更重要的是他為人做官之品能,「最稱上意」[8]。所以,也可這麼認為:崇禎帝和盧象昇之間的諸多共性,使得他們倆之間產生了較大的信任,他們總希望透過對方實現自己的理想——崇禎帝渴望借助盧象昇成就重振明王朝的中興大業,而盧象昇則期盼依託崇禎帝來實現報國之志。

那麼「最稱上意」的盧象昇,為什麼最終淪落到被崇禎帝切責催戰而殞命疆場的地步呢?這其中,楊嗣昌的作用不可小視。在清代私人著述裡,亦有論及盧象昇入京以前與楊嗣昌關係不睦的內容。我們可由此兩點加以推論。其一,崇禎十一年(1638 年)三月,宣府邊外有警,盧象昇親督標兵

7　〔明〕盧象昇:《忠肅集》卷 2,〈寄訓室人〉,《文淵閣四庫全書》影印本,集部 6,第 1296 冊,臺北:商務印書館,1983 年,第 607 頁。

8　〔清〕盧安節編,〔清〕任啟運校定:《明大司馬盧公年譜》,清光緒元年重刻本,北京圖書館編:《北京圖書館藏珍本年譜叢刊》第 62 冊,北京:北京圖書館出版社,1999 年,第 294 頁。

第七章　盧象昇在官場的上下左右關係

出羊房口迎敵，敵人見無隙可乘，遂退兵。盧象昇以其智勇，不戰而屈人之兵。但是，明廷並未敘功於宣雲將士。《東林列傳·盧象昇傳》有載：「當是時，敵十萬臨邊，象昇以正言相折，一矢不加而去。乃當事者謂無血戰，功竟不敘。」[9]文中所言「當事者」即指楊嗣昌，「是役也，嗣昌謂無血戰，勞闕不行。將士憤憤⋯⋯」[10]其二，本該丁憂的楊嗣昌入閣執事，竟身著緋袍。朝臣紛紛疏奏指責楊嗣昌違制而無人子之禮，其中黃道周言辭尤為激烈。宣大總督盧象昇也移書楊嗣昌，有云：「變禮易制，誠非易事，但使相業特盛，無愧救時，亦一道也。唯公好為之。」[11]楊嗣昌對盧象昇的譏笑也作書相駁。從這兩件事情來看，盧、楊之間似乎早已不睦。[12]需要指出的是，以上記載，並不見於《明實錄》、《明史》、《明大司馬盧公年譜》等重要史籍。筆者推測，在盧象昇入京前，盧、楊之間可能意見不一，但還談不上結怨太深。

盧象昇入京後，堅決反對楊嗣昌對清和議之策，兩人矛盾才逐步激化，這是不爭的事實。盧象昇以楊嗣昌忠孝皆失為話題，對楊大加鞭撻：「公等堅意言撫，獨不聞城下之盟，《春秋》恥之乎？且某叨劍印，長安口舌如風，倘唯唯從議，袁崇煥之禍立至。縱不畏禍，寧不念衰衣引绋之身，既不能移孝作忠，奮身報國，將忠孝胥失，盡喪本來，何顏面立人世乎？」結果，「嗣昌

9　〔清〕陳鼎：《東林列傳》卷5，〈盧象昇傳〉，揚州：廣陵書社，2007年，第102頁。
10　〔明〕盧象昇：《明大司馬盧公奏議十卷》，附〈盧大司馬紀實〉，《四庫未收書輯刊》第2輯第25冊，清道光九年刻本，北京：北京出版社，2000年，第265頁。
11　〔明〕盧象昇：《明大司馬盧公奏議十卷》，附〈盧大司馬紀實〉，《四庫未收書輯刊》第2輯第25冊，清道光九年刻本，北京：北京出版社，2000年，第265頁。
12　對於盧象昇指責楊嗣昌緋衣入閣致使兩人最終失和之過程，《史外》亦有詳載：「先是，楊嗣昌以墨衰視事，為眾正所攻。已而，衣緋入政府。黃公道周廷諍，遭遠謫。公馳書諷之曰：變禮易制，誠非細事，但使相業無愧救時，亦或一道。嗣昌曰：吾絕不讓南陽李也。公笑答之曰：羅倫復官，應在何日？蓋指黃公云，嗣昌滋不悅。既奉命督師，則呼嗣昌曰：文弱，吾與公皆以奪情身，不孝莫解，只辦此耳。嗣昌恚益甚。」引自〔清〕汪有典：《史外》卷4，〈盧忠烈傳〉，周駿富輯：《明代傳記叢刊》綜錄類31，臺北：明文書局，1991年，第460頁。

第一節　盧象昇與崇禎帝和楊嗣昌的關係

色戰」,[13] 兩人矛盾瞬間激化。盧象昇是當時「楊嗣昌與滿族人講和計劃的最激烈的批評者之一」[14],其實他不但觸怒了楊嗣昌,也令崇禎帝對他心生不滿。之後,楊嗣昌不斷干擾盧象昇的作戰計劃,使其陷入困頓之境地,「益與象昇隙,事無不中制」[15]。尤為嚴重的是,楊嗣昌還背後糾劾盧象昇,透過崇禎帝打擊盧象昇,「嗣昌於是劾奏公不先計而後戰,遇大敵無持重,非廟勝之冊,不可從。上由是不施公議,而督師之權分矣」[16]。然而,楊嗣昌正是崇禎帝此時期最為寵信的官員,可以說權勢顯赫一時,「(崇禎十一年)六月改禮部尚書兼東閣大學士,入參機務,仍掌兵部事」[17]。正是由於楊嗣昌的偏狹胸懷和他的重要影響力,才使崇禎帝對盧象昇產生了不滿,盧象昇因此被奪兵部尚書銜,僅以兵部侍郎視事。盧象昇也明白,失去皇帝的信任,袁崇煥就是自己的前車之鑒。這或許是盧象昇寧可戰死也不退縮的重要因素。

其實,盧象昇盡忠於皇帝的同時,對崇禎帝冷酷偏狹的一面亦有所認識。袁崇煥也曾深受崇禎帝的信任,並被委以重任,但轉眼間便被寸磔而死,這對盧象昇影響頗深。崇禎二年(1639年),後金騎兵入侵京畿,盧象昇曾率軍入衛,袁崇煥就是在那次入衛北京後遭到逮捕的。終崇禎一朝,朝野臣工遭受貶戍甚至處死的現象時有發生,孟森在《明史講義》中總結「崇禎朝之用人」:崇禎一朝,更易宰相50人、刑部尚書17人,處死兵部尚書2

13　〔清〕計六奇撰,魏得良、任道斌點校:《明季北略》卷14,〈盧象昇戰死〉,北京:中華書局,1984年,第246頁。
14　(美國)牟復禮、(英)崔瑞德編,張書生等譯:《劍橋中國明代史》第10章,北京:中國社會科學出版社,1992年,第681頁。
15　〔清〕陳鼎:《東林列傳》卷5,〈盧象昇傳〉,揚州:廣陵書社,2007年,第102頁。
16　〔清〕盧安節編,〔清〕任啟運校定:《明大司馬盧公年譜》,清光緒元年重刻本,北京圖書館編:《北京圖書館藏珍本年譜叢刊》第62冊,北京:北京圖書館出版社,1999年,第332頁。
17　〔清〕張廷玉等:《明史》卷252,列傳第140,〈楊嗣昌傳〉,北京:中華書局,1974年,第6513頁。

第七章　盧象昇在官場的上下左右關係

人，誅殺總督 7 人、巡撫 11 人。[18]這個統計結果是很不完全的，更何況，還有無數被不明就裡地遭受重責的臣僚呢！可見，除了勤政、節儉、不好酒色的一面，崇禎帝喜怒無常、猜忌嗜殺的另一面也是很突出的。對崇禎帝失敗的用人政策及其危害，時人張岱亦有論及：

先帝用人太驟，殺人太驟，一言合則欲加諸膝，一言不合則墮諸淵，以故侍從之臣，止有唯唯否否如鸚鵡學語，隨聲附和已耳則是。先帝立賢無方，天下之人無所不用，乃至危急存亡之秋，並無一人為之分憂宣力，從來孤立無助之主又莫我先帝若矣。『諸臣誤朕』一語，傷心之言，後人聞之真如望帝化鵑，鮮血在口，千秋萬世絕不能乾也。嗚呼痛哉，嗚呼痛哉！[19]

當得知何吾騶、文震孟因忤逆權臣溫體仁，先後去職時，盧象昇驚嘆道：「奈何，奈何！聖意不測如此，……」[20]賈莊決戰時，部下虎大威欲阻止盧象昇再戰，遭到盧的拒絕：「我不死疆場，死西市耶？」[21]盧象昇毅然赴死的悲壯做法，足以說明，他對崇禎帝冷酷嗜殺的本性認識得很透徹。應該說，盧象昇對崇禎帝的感情是複雜的：既忠貞不貳，又畏之如虎。

時人吳應箕，明末學者、抗清英雄，曾作〈擬進策〉十篇，對崇禎帝用人乏術、勤政毀政的做法有所論及，也可以作為考察崇禎帝與盧象昇等臣工關係的重要視角。吳應箕異於同時期一般文人對時政與崇禎帝的批評，他大膽而委婉，批判之餘還提出富有建設性的改革措施，所論針砭時弊，發人深省。他在第一篇〈持大體〉中，提綱挈領的指出，明代高度集權的君主專制

18　〔清〕孟森：《明史講義》，北京：中華書局，2006 年，第 353—355 頁。

19　〔清〕張岱：《石匱書、石匱書後集》卷 1，〈烈帝本紀〉，《續修四庫全書》編委會纂：《續修四庫全書》影印本第 320 冊，上海：上海古籍出版社，2001 年，第 445—446 頁。

20　〔明〕盧象昇：《忠肅集》卷 2，〈與少司成吳葵庵書八首〉，《文淵閣四庫全書》影印本，集部 6，第 1296 冊，臺北：商務印書館，1983 年，第 617 頁。

21　〔明〕盧象昇：《明大司馬盧公奏議十卷》，附〈盧大司馬紀實〉，《四庫未收書輯刊》第 2 輯第 25 冊，清道光九年刻本，北京：北京出版社，2000 年，第 270 頁。

第一節　盧象昇與崇禎帝和楊嗣昌的關係

造成了政治低效和腐敗，崇禎帝「手攬萬機」、「躬親庶政」，卻沒有改變朝政腐敗、奸佞叢生、朋黨攻訐的現狀，其根源在於「失體」，即崇禎帝沒能「持大體」。吳應箕在〈謹信任〉一篇中，指出人君對臣工既不能信任「不專」，也不能信任「太篤」。他其實是影射崇禎帝對溫體仁的過分篤信。吳應箕所論，實質是對崇禎帝獨斷朝綱、疑信無常之行為的批評。20 多年後，黃宗羲在《明夷待訪錄》之〈原法〉中，對君主專制的批判與吳應箕如出一轍。[22] 所以說，大權獨攬的崇禎帝對盧象昇驟然間失去信任，同時對楊嗣昌又過度寵信，直接導致了盧象昇知死而前行、最終殞命抗清疆場的悲慘結局。

那麼，楊嗣昌又是如何得到崇禎帝的寵信呢？楊嗣昌至少有兩點頗受皇帝器重。一是，楊嗣昌的孝道。其父楊鶴總督陝西三邊時，因招撫義軍失敗而遭到彈劾，結果下獄論死。楊嗣昌屢次「表請代父死」，結果崇禎帝便免楊鶴死罪，「詔鶴減戍」。[23] 二是，楊嗣昌的才能。崇禎七年（1634 年）秋，他總督宣大，「嗣昌請開金銀銅錫礦，以解散其黨。又六疏陳邊事，多所規畫。帝異其才」[24]。崇禎十年（1637 年），被「奪情」後的楊嗣昌，提出鎮壓義軍的「四正六隅十面網」[25] 之策，並建言增兵 12 萬人、增餉 280 萬兩銀。他對

22　參見張憲博：《吳應箕實政思想略論》，《安徽史學》2007 年第 1 期。又參見樊樹志：《晚明大變局》，北京：中華書局，2015 年，第 496—499 頁。

23　〔清〕查繼佐撰，倪志雲、劉天路點校：《明書》（《罪唯錄》），列傳卷 25，《楊鶴傳》，濟南：齊魯書社，2014 年，第 2702 頁。

24　〔清〕張廷玉等：《明史》卷 252，列傳第 140，〈楊嗣昌傳〉，北京：中華書局，1974 年，第 6509 頁。

25　是崇禎朝兵部尚書楊嗣昌制定的對付起義軍的策略，其內容是「以陝西、河南、湖廣、江北為四正，四巡撫分剿，而專防延綏、山西、山東、江南、江西、四川，為六隅，六巡撫分防而協剿，是謂十面之網，而總督、總理二臣隨賊所向，專征討」。該策略的實質就是將流動作戰的農民軍堵截並包圍，然後加以消滅。起初，該策略取得一定成效。不久後，李自成突圍進入河南，特別是張獻忠採取「以走制敵」策略，並利用明軍將領之間的矛盾，多次突破楊嗣昌的包圍圈，最後以奇襲的方式攻占楊嗣昌的大本營襄陽，殺襄王朱翊銘。最終導致「四正六隅十面網」的策略全盤

第七章　盧象昇在官場的上下左右關係

自己的獻策也信心十足:「今則網張十面,刻值千金,斷斷不容蹉過矣。臣計邊兵到齊,整整在十二月。正月二月為殺賊之期。……下三個月苦死功夫,了十年不結之局。」[26] 崇禎帝聞之大喜,稱:「恨用卿晚!」[27] 不久,楊嗣昌被任為禮部尚書兼東閣大學士,執政內閣仍執掌兵部事。對此,《明史》有評論:「明季士大夫問錢穀不知,問甲兵不知,於是嗣昌得以才顯。」[28] 楊嗣昌確有一些政治才能,但也有不小的缺點:在處理與其他大臣的關係時,常夾雜著一些個人恩怨。《罪唯錄》所論更是發人深省:「賊胎於楊,亦烈於楊。前則恇怯圖苟安,養寇是也,後則增餉斂怨,因而長亂。養寇在一方,長亂滿中原矣。按鶴免死謝表有云:臣既負國,臣子不勝任,恐無以匡王。嗟!楊家父子自題世譜哉!雖然,鶴與嗣昌生不凡,是奇誤也。夫既誤,雖奇亦庸。庸而誤,誤小;以奇而誤於庸,誤大。」[29] 楊家父子實有奇才,但才非所用,所以危害也大。

總之,盧象昇和崇禎帝、楊嗣昌之間有著極為微妙複雜的關係。崇禎帝對包括盧象昇在內的所有臣僚都有著相似的態度:對某臣屬寵信時,便委之以重任;一旦對某臣屬失信,便對其責罰甚至處死以洩己忿。如前文所述,崇禎初年袁崇煥的命運大逆轉,就是最明顯的例證。楊嗣昌身居高位卻以私人恩怨為重,利用皇帝的信任對盧象昇等大臣睚眥必報。盧象昇不事諂媚、對清主戰而開罪於楊嗣昌,但忠君意識卻至死不渝。當遭受崇禎帝的誤解、

　　失敗,楊嗣昌本人也因而羞憤而死。

26　〔明〕楊嗣昌著,梁頌成輯校:《楊嗣昌集》卷19,《請旨責成剿賊第一事疏》,長沙:岳麓社,2005年,第470頁。

27　〔清〕張廷玉等:《明史》卷252,列傳第140,〈楊嗣昌傳〉,北京:中華書局,1974年,第6510頁。

28　〔清〕張廷玉等:《明史》卷252,列傳第140,〈楊嗣昌傳〉,北京:中華書局,1974年,第6524頁。

29　〔清〕查繼佐撰,倪志雲、劉天路點校:《明書》(《罪唯錄》),列傳卷25,《楊鶴傳》,濟南:齊魯書社,2014年,第2702—2703頁。

第一節　盧象昇與崇禎帝和楊嗣昌的關係

為楊嗣昌及眾廷臣糾劾時，盧象昇卻沒有申辯的機會，最終陷入了人生的絕境。從這個意義上看，盧象昇與其說死於楊嗣昌的排擠和糾劾，還不如說是死於崇禎帝的猜忌與冷酷。其實，即使楊嗣昌之死，恐怕也難免存在這種因素的影響。

楊嗣昌深受崇禎帝的信任，全面布置他的「四正六隅十面網」的「剿賊」大計，開始確實取得了一定成就。然而，當崇禎十四年（1641年）張獻忠破襄陽，殺襄王朱翊銘；同時，李自成也攻陷洛陽，誅殺福王朱常洵。這標誌著他的「四正六隅十面網」計劃徹底破產。楊嗣昌此時憂勞成疾，聞之驚怵不已，他自感有愧於皇帝的恩寵。當然，他很清楚：襄陽、洛陽失陷和「二王」被殺，崇禎帝必然震怒；更何況，朝臣們的交相彈劾也會影響到皇帝對自己的處置結果，自己最終也難逃一劫。楊嗣昌自然會想到：曾深受皇帝恩寵的袁崇煥、盧象昇等人的悲慘結局，未必不會發生在自己身上。不久，楊嗣昌去世。對此，《明季北略》有明確的記載：「辛巳二月初二丙子，嗣昌在荊聞變，慚憤自縊於軍。時，河南已陷，福王遇害，嗣昌度不免，遂自盡。廷臣交章論劾，上下其議，禮部侍郎蔣德璟，謂其奸欺誤國，請用嘉靖中仇鸞例，斫棺戮屍。然上竟不之罪。」[30]

崇禎帝的猜忌刻薄、剛愎自用等性格缺陷，導致了崇禎朝諸多優秀的朝野文臣武將，或被貶斥，或被屠戮，或被迫自殺，因此，朝綱秩序混亂，政治更加混亂。最終，崇禎帝落得形影相弔、自縊煤山的悲慘結局，朱明王朝亦壽終正寢。對此，不少學者都撰文予以闡明，如晁中辰即有如此一段精闢的論述：「他個人特質不壞，但這不是評價他的主要標準，主要在於他對待人民群眾的態度。崇禎帝不知恤民，加徵不斷，逼迫千千萬萬老百姓背井離鄉，餓死溝壑。崇禎時的大饑荒實際上是三分天災，七分人禍。崇禎帝用人

30　〔清〕計六奇，魏得良、任道斌點校：《明季北略》卷17，〈楊嗣昌自縊〉，北京：中華書局，1984年，第301頁。

第七章　盧象昇在官場的上下左右關係

多疑，賞罰顛倒，自作英明，委過臣下，終至亡國。」[31] 本書第一章就已闡明，明王朝的衰敗，肇始於萬曆帝怠政。但是，崇禎帝用人失措無疑加速了明亡的歷史，恰如祝勇所言：「大明朝就像一輛沿著下坡奔向懸崖的馬車，所有的勢能都指向一個萬劫不復的終點。這些勢能是此前的幾個世紀積累起來的。它的最後一任馭手—崇禎皇帝竭盡心力的努力更像一個蒼白的手勢，於事無補。相反，也許正是由於他的垂死掙扎，反而加速了這一過程。」[32] 由此可見，在君主集權制度下，專制君主個人的秉性、才智和品格，對臣屬乃至一個王朝的命運，是具有極其重要甚至決定性的影響力的。

第二節　盧象昇與同僚間的關係

一、受累於官場的紛擾

　　盧象昇為人做官，奉公忘私，「凡事只從天理王法公道良心做去，身家之計，夢中亦弗敢與聞」[33]。況且，他一生為官政務浩繁，戎馬倥傯，比如，他「自鄖移楚，於今又五閱月矣，始而駐襄兼顧，既而出境援剿，在臣衙門止住五日。楚境至繁之案猶如山積，諸凡沉閣之務不下百千，甚而欽件亦皆耽延，不遑經理，刻刻憂心如焚」[34]。可見，公務繁忙的盧象昇，無意亦無暇去結黨營私。《明大司馬盧公年譜》也讚揚他「剛正特立，不樹黨援」[35]。

31　晁中辰：《崇禎帝「君非甚暗」透析》，《文史哲》2001 年第 5 期。
32　張宏傑：《大明王朝的七張面孔》，廣州：廣東人民出版社，2016 年，第 291 頁。
33　〔明〕盧象昇：《忠肅集》卷 2，〈寄外舅王帶溪先生九首〉，《文淵閣四庫全書》影印本，集部 6，第 1296 冊，臺北：商務印書館，1983 年，第 608 頁。
34　〔明〕盧象昇：《盧象昇疏牘》卷 5，〈懇辭楚撫疏〉，杭州：浙江古籍出版社，1985 年，第 101 頁。
35　〔清〕盧安節編，〔清〕任啟運校定：《明大司馬盧公年譜》，清光緒元年重刻本，北京圖書館編：《北京圖書館藏珍本年譜叢刊》第 62 冊，北京：北京圖書館出版社，

第二節　盧象昇與同僚間的關係

所以他在官場的人際關係相對單純，也無暇忙於官場應酬。恰如在疏中所稱：「臣生平孤梗，絕鮮知交，未嘗依傍一人，求全賈譽。」[36] 他在給友人書信中也頗有感慨：「自治鄖撫楚以及今官，皆在兵革之中，人事應酬都廢」[37]；「年來鞠旅陳師，血忱可對天日，是以身家弗問，人禮並捐，聞問久疏，唯勤企想」[38]。

盧象昇實心做事，但常受無端指責。在奏疏中，他不停地苦訴做事之難和為官之艱；給親友的信中，也屢屢表達為官之險。譬如在給舅舅王帶溪的信中，他傾訴道：「甥以孑然一身，獨處大風波患難之中，萬死一生，為朝廷受任討賊之事。海內竟無一人同心應手者。唯見虛談橫議之徒，坐嘯書諾之輩，忘恩修怨，挾忿忌功，胸鮮隙明，喙長三尺，動輒含沙而射，不殺不休。若非聖天子明察賢奸，任人勿貳，則甥已早斃於刀鋸鼎鑊之下矣。天乎人耶！聽之而矣。」[39] 又如，在給友人吳葵庵的信裡亦云：「弟肩千斤之擔，而過獨木之橋，臨百尺之淵，旁觀不相憐而助之足矣，恣意任情，苛責如此，世界盜賊安得不橫行哉？」[40] 以上所引為私信內容，相對於奏疏，這更能真實反映盧象昇的內心世界。為擺脫官場紛擾給自己帶來的苦惱，他還多次向友人吳葵庵和蔣允儀求教為官之道。譬如撫鄖時，鑒於地偏民窮之鄖

1999 年，第 316 頁。

36　〔明〕盧象昇：《盧象昇疏牘》卷 10，〈請宥刑部尚書鄭三俊疏〉，杭州：浙江古籍出版社，1985 年，第 263 頁。

37　〔明〕盧象昇：《盧象昇疏牘》卷 12，〈與總河周在調書〉，杭州：浙江古籍出版社，1985 年，第 327 頁。

38　〔明〕盧象昇：《忠肅集》卷 2，〈與某書〉，《文淵閣四庫全書》影印本，集部 6，第 1296 冊，臺北：商務印書館，1983 年，第 614 頁。

39　〔明〕盧象昇：《忠肅集》卷 2，〈寄外舅王帶溪先生九首〉，《文淵閣四庫全書》影印本，集部 6，第 1296 冊，臺北：商務印書館，1983 年，第 610 頁。

40　〔明〕盧象昇：《忠肅集》卷 2，《文淵閣四庫全書》影印本，〈與少司成吳葵庵書八首〉，集部 6，第 1296 冊，臺北：商務印書館，1983 年，第 617 頁。

第七章　盧象昇在官場的上下左右關係

鎮，既要承擔駐鄖客兵的巨額糧餉，又要派兵配合他部官兵征剿的現實，盧象昇便請教於前任鄖撫、同鄉友人蔣允儀：「只因鄖鎮奇苦奇窮，又代三省擔荷重擔，功不欲居，罪無可卸，尚祈老叔多方指教之。」[41] 再如，某些官員曾非議初任宣大總督的盧象昇，認為他是為擺脫鎮壓義軍之苦，才赴任戰事無多的宣大邊疆的。其中，吏科給事中陳啟新所言最具代表性，他稱盧象昇此舉是「理臣卸理事而改邊」。雖然，我們沒見到陳啟新的完整疏文，無法妄加揣測，但事實上，盧象昇卻對「卸」字提出了反駁。在盧象昇看來，陳啟新是在批評自己主動辭卸鎮壓義軍之重任的。我們從盧象昇的奏疏內容，能明顯感覺到他對陳啟新所言甚為反感，他還向皇帝表白自己的忠心：「臣昔剿寇中原，竭盡心力，反有為柔媚巧滑結納要津之語以相訛者，蒙聖明洞見於上，臣且笑而置之。今啟新之疏，未足有無，何庸置喙！但略陳梗概，對質大廷，使啟新知三代之下亦自有純臣焉。明微臣之心，廣啟新之見，臣安能無說而處此。」[42] 對於這次非議，盧象昇很苦悶，他又求教於官場友人吳葵庵：「豫楚江北士民，以弟在宣雲為快望，而三鎮之將吏兵民，又交口謂弟能請討賊之非宜。身在局中，茫茫宦海，無處忖量，老年臺何以教我？」[43]

在疏牘中，盧象昇曾多次提及被言官參劾或誣衊的經歷，對他本人影響最深的，則是發生於崇禎十年（1637 年）三月的這次糾劾事件。

這次參劾事件由盧象昇曾委任侯宏文赴滇募兵引起。有關侯宏文赴滇募兵事件，我們將在下一節中詳細敘述，此處只是簡介其本末。盧象昇任五省總理期間，曾奉旨招募一萬名士兵鎮壓義軍，但楚地兵不堪用，於是便委請

41　〔明〕盧象昇：《忠肅集》卷 2，《文淵閣四庫全書》影印本，〈與蔣澤壘先生首〉，集部 6，第 1296 冊，臺北：商務印書館，1983 年，第 611 頁。

42　〔明〕盧象昇：《盧象昇疏牘》卷 7，〈駁吏科陳給事疏〉，杭州：浙江古籍出版社，1985 年，第 164—165 頁。

43　〔明〕盧象昇：《忠肅集》卷 2，〈與少司成吳葵庵書八首〉，《文淵閣四庫全書》影印本，集部 6，第 1296 冊，臺北：商務印書館，1983 年，第 618 頁。

第二節　盧象昇與同僚間的關係

滇人侯宏文赴滇募兵。當侯宏文募兵告成返楚後，卻被楚撫王夢尹糾劾以滇兵擾楚之罪。同年三月，巡按貴州監察御史馮晉卿，也上疏參劾盧象昇任人不當，導致所募滇兵騷擾楚境。盧象昇聞知，立即上〈自檢遠調滇兵違宜疏〉，首先以「五疏」自檢，懇請朝廷降罪，並向朝廷解釋募兵事件的原委。六月，禮科給事中劉安行也又上奏彈劾。此間，盧象昇也先後上〈乞撫馭滇兵疏〉和〈再陳撫馭滇兵事宜疏〉，談及滇兵擾楚之事，並請求朝廷積極處置所募滇兵，以防生變，同時懇求赦免侯宏文之罪。對馮晉卿、劉安行等人，他在疏中表現得甚是寬宏大量，並對其讚譽有加：「至於晉卿，臣未相識，觀其肝膽、才情、議論、識見，此他日封疆有用之選，而臣愚尤切知己之焉為。」[44]

但這種讚揚似乎並非出於盧象昇的本意，他其實已經覺察到，有人要利用「滇兵擾楚」之事，欲重罪侯宏文，甚至藉以傾軋自己。他在崇禎十年（1637年）九月下旬再上〈申訴侯宏文疏〉，表達了這種憂慮：「滇之兵將見宏文受罪，相率寒心，加以事迫情窮，勢將決裂，且安知無故激滇兵之變，以甚宏文之罪者。興思及此，愈難言矣。」[45] 他甚至在疏中感嘆：「微臣愚不識時，艱危歷盡，蓋自勉任軍旅以來，久以置功名身家於度外矣，何況尋常恩怨得失乎？世路險於山川，人心不同如面，臣皆不問，唯於志圖溫飽全驅保妻子之徒。」[46] 由於涉及諸多官員間的矛盾，盧象昇並沒有道破真相。

研讀《盧象昇疏牘》，我們會發現一個矛盾的現象。針對同一位同僚，比如唐暉，在奏疏和書牘中，盧象昇的評論竟會截然不同。撫治鄖陽的盧象

44　〔明〕盧象昇：《盧象昇疏牘》卷7，〈自檢遠調滇兵違宜疏〉，杭州：浙江古籍出版社，1985年，第172頁。

45　〔明〕盧象昇：《盧象昇疏牘》卷9，〈申訴侯宏文疏〉，杭州：浙江古籍出版社，1985年，第238頁。

46　〔明〕盧象昇：《盧象昇疏牘》卷9，〈申訟侯宏文疏〉，杭州：浙江古籍出版社，1985年，第237頁。

第七章　盧象昇在官場的上下左右關係

昇，為鄖陽籌糧餉一事，在疏中對時任楚撫的唐暉極盡褒揚之能事，「楚撫臣唐暉亦殫心力以催解，多方協濟」[47]；「自用兵以來，若非楚撫唐暉盡留餉之數以濟鄖襄，以供客旅，鄖之命脈久斷矣，尚言剿寇乎？」[48] 類似讚美之詞，不一而足。然而，在給友人、前任鄖陽撫治蔣允儀的書信中，因承擔糧餉多寡的問題，盧象昇卻對唐暉抱怨不已：「至大督諸鎮之兵，所用行坐糧不下十五六萬，而唐中老（即楚撫唐暉）所布防襄主兵及鄖之毛兵、標勇支給者，又不下數萬。部中不肯銷算，中老又以鄖襄事欲某一力擔承，渠止認荊承之役。通計全楚所用餉銀已逾三十萬，荊承數少，鄖襄數多，中老處易，某處難。」[49]「銷算錢糧，布政司所派協濟之數，唐中老不肯認。」[50] 筆者以為，奏疏是呈給皇帝和大臣的，更多地體現了一種官方語言，相比較，私信所言則更真實地反映了盧象昇的內心世界。

盧象昇身處明末亂世，時值黨爭激烈、進退失據的政治大動盪時期，幾乎任何一位官員都難以獨行於黨爭的政治漩渦之外。那麼，盧象昇到底有無從屬派系呢？據前文分析，他顯然無意於結黨營私。然而，由於任官職掌所繫或者激於正義，他與一些朝野官員也有私交，他們或與東林黨人相善，或本身即為東林黨人。從萬曆末到天啟朝，東林黨一直是一個比較進步的政治派別。待到崇禎朝，東林黨人勢力大增，並逐步發生分化，但其中還是不乏忠直剛正之人，盧象昇所交往的官員即屬於此類。至於盧象昇本人是否從屬東林一派，筆者已經另有撰文詳述，此處僅略論之。

47　〔明〕盧象昇：《盧象昇疏牘》卷1，〈兵食寇情疏〉，杭州：浙江古籍出版社，1985年，第3頁。
48　〔明〕盧象昇：《盧象昇疏牘》卷1，〈投閣部揭〉，杭州：浙江古籍出版社，1985年，第15頁。
49　〔明〕盧象昇：《忠肅集》卷2，〈與蔣澤壘先生首〉，《文淵閣四庫全書》影印本，集部6，第1296冊，臺北：商務印書館，1983年，第611頁。
50　〔明〕盧象昇：《忠肅集》卷2，〈與蔣澤壘先生首〉，《文淵閣四庫全書》影印本，集部6，第1296冊，臺北：商務印書館，1983年，第612頁。

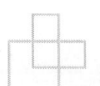

第二節　盧象昇與同僚間的關係

二、同東林黨關係之初探

　　盧象昇的少年時期，正是東林黨形成的時期。萬曆三十二年（1604年），被革職還鄉的顧憲成在常州知府和無錫知縣資助下，修復宋代楊時講學的東林書院，與高攀龍等人講學其中，並往往諷議朝政，其言論被稱為清議。朝中一些士大夫也遙相應和。這種政治性講學活動，形成了廣泛的社會影響。蘇南士紳、東南城市工商業者及某些在野、下野的官員，甚至與朝中要求革新政治的某些官員，時而聚議於東林書院，並評論時政。時人稱之為「東林黨」。據說，盧象昇18歲讀書時的學校，就是東林書院設於宜興的分校。東林黨人活動的中心無錫，距離宜興僅100多里，東林黨人的學術思想和預政之風，應該會對早年的盧象昇有一定的影響。日本著名的中國學學者小野和子，在研究明末東林黨和復社時也稱：「宜興是東林書院網路下明道書院的所在地，他（盧象昇）是『弱冠與東林諸君子來往』、受其薰陶的人物。」[51] 由於史料的貧乏，我們很難從盧象昇早年的思想淵源出發，考證他與東林黨派的關係。然而，透過對《盧象昇疏牘》及其他典籍所載的盧象昇入仕後有關活動或事蹟的分析，筆者認為，盧象昇至少與部分東林人士有著較為密切的關係。

　　第一，《東林列傳》內有盧象昇本傳。研究明末東林黨人的史籍不少，筆者認為，對東林黨人進行個案研究的專著，尤以《東林列傳》與《東林黨籍考》為重。兩部專著所列東林黨人雖不盡相同，但卻大體反映了明末東林黨涵蓋的群體範圍及其重要的活動軌跡。與盧象昇同時代的文震孟、鹿善繼、蔣允儀、黃道周、徐石麒等人就名列其中。[52] 盧象昇未被名列《東林黨籍

51　（日）小野和子著，李慶、張榮湄譯：《明季黨社考》，上海：上海古籍出版社，2006年，第291頁。
52　參見〔清〕陳鼎著，《東林列傳》整理委員會整理：《東林列傳》目錄部分，揚州：廣陵書社，2007年。又見〔民國〕李棪：《東林黨籍考》，北京：人民出版社，1957年，目錄部分第9—16頁。

第七章　盧象昇在官場的上下左右關係

考》,卻在《東林列傳》裡有本傳,也說明他的為人治學和政治理念,與東林諸賢有某些相通之處。

第二,盧象昇同東林黨和親東林黨官員,一道疏救東林黨官員鄭三俊。崇禎九年(1636年),戶部尚書侯恂以「屯豆案」遭彈劾下獄,時任刑部尚書的鄭三俊擬對其輕判。此時有朝臣稱「三俊與恂皆東林契友,必將屈法徇私」[53]。崇禎帝認為他們結黨徇私,也將鄭三俊下獄。之後,「應天府丞徐石麒適在京,上疏力救,……講官黃景昉稱三俊至清,又偕黃道周各疏救。帝不納」;「宣大總督盧象昇復救之,……乃許配贖」。[54]需要說明的是,進讒者稱侯恂和鄭三俊都是東林黨人,其依據是閹黨集團所編訂的《東林點將錄》(該書列東林黨人108位,侯、鄭二人皆名列其中)。侯恂和鄭三俊二人在《東林黨籍考》裡均有列傳。疏救鄭三俊的徐石麒和黃道周也是東林黨人,而黃景昉和孔貞運在天啟朝就反對魏閹集團,黃、孔二人至少與東林黨保持較為密切的關係。在崇禎十一年(1638年),盧象昇上〈請宥刑部尚書鄭三俊疏〉,懇請對鄭三俊輕判:「乞皇上俯念清忠老臣,……俾全骸骨以歸。」[55]

第三,盧象昇與東林黨人蔣允儀私交密切。盧象昇與蔣允儀皆為宜興人,盧代蔣撫治鄖陽後,直到總督宣大,多有私信來往。在信中,盧象昇談及許多私人話題,如對時局的看法,又如對楚撫唐暉的抱怨等。在天啟朝,蔣允儀與東林黨領袖馮從吾關係甚睦,二人在《東林列傳》與《東林黨籍考》中亦有本傳,由於一向反對魏閹亂政而被列入《東林黨點將錄》中。

明末的東林黨人並未形成一個嚴密的政黨組織,所以有些非東林黨人,

53　〔明〕文秉:《烈皇小識》(外一種),《明代野史叢書》,北京:北京古籍出版社,2002年,第150頁。

54　〔清〕張廷玉等:《明史》卷254,列傳第142,《鄭三俊傳》,北京:中華書局,1974年,第6565頁。

55　〔明〕盧象昇:《盧象昇疏牘》卷10,〈請宥刑部尚書鄭三俊疏〉,杭州:浙江古籍出版社,1985年,第264頁。

可能因秉性相同亦與之友善。透過以上分析，可以說，盧象昇與部分東林人士（或親東林人士）關係較為密切。可見，盧象昇的人格氣節和為政之風，確實與東林精神相契合。

第三節　盧象昇與部下的關係

　　從天啟四年（1624年）二月盧象昇入仕為戶部貴州司主事，至崇禎十一年（1638年）十二月戰歿於畿南鉅鹿，其間共約15年的時間，這是他仕宦生涯的全部時間。盧象昇曾云：「臣束髮通藉，於今十有六年。」[56] 盧象昇從一位戶部主事官員，漸趨遷為大名知府、大名兵備，又旋即擢為鄖陽撫治、湖廣巡撫、五省總理乃至宣大總督，甚至加兵部尚書銜。從表面來看，他的仕途可謂一帆風順，但正值亂世的盧象昇，所經歷的為宦艱辛也是非常人所有的。他為官十餘載，主要任職於地方，須有非凡的馭下才智才行。盧象昇與部下密切交往的史料並不多見，而目前我們所發現的相關史料，也主要源於他本人的疏牘。就盧象昇馭下所表現出來的品格和才能，筆者將探討他與部下間的關係。

一、唯才是用而不求全責備

　　唯才是用，本應是任用人才的基本準則，但要是完全做到這一點，也並非易事。盧象昇主張任人唯才，不求全責備。

---

[56]　〔明〕盧象昇：《盧象昇疏牘》卷7，〈駁吏科給事疏〉，杭州：浙江古籍出版社，1985年，第164頁。關於盧象昇為官時間的問題，若從天啟四年（1624年）二月他初入仕途任職戶部主事算起，直到崇禎十年（1637年）二月上該疏時為止，他為官時間剛好13整年。盧象昇於疏中所言為官「十有六年」，似應從天啟二年（1622年）中進士開始算起，到此時剛好為官15整年，也可以將崇禎十年看作盧象昇為官的第16年。

第七章　盧象昇在官場的上下左右關係

（一）唯才是舉

盧象昇是一位知人善用的官員。他早年兵備大名時，就折節下士，拜謁「達官貴人望塵不及」的洺川高士賈蔭芳，「獨造盧請謁，賈草書數帙為贈。時人以公履危亂而折節下士，比之皇甫義真焉」[57]。他還慧眼識俊傑，發掘了時年12歲的廣平人申涵光，並「薦之督學使者袁公鯨，補邑諸生」[58]，後來申涵光亦成北方一代名儒。其實，我們下文即將提到的人物，諸如陶崇道、張全昌、竇可進、賀鼎、劉欽、白安、童朝儀、周元儒、侯宏文等，皆是因為具有某方面的才幹，而受到盧象昇的薦舉或重用的。尤其是張全昌和侯宏文，因有過錯而被朝廷認定有罪，盧象昇卻極力疏請，期望以其才贖其罪。雖力請無效，但也足見盧象昇愛才惜才之心。

除此外，盧象昇還頒布公文和上疏，以各種途徑延攬人才，為國效力。他撫治鄖陽之初，鄖地已屢遭兵燹荼毒，鄖民非死即逃，官吏亦缺員甚眾。他認為，此時正值征討義軍之非常時刻，急需揀選幹練之才補缺。於是，他頒發〈查取堪任官員〉，徵求堪用之人才：「速查該屬府首領縣佐貳並教職中，某官堪當民社之寄？某官堪佐草旅之籌？文到，立刻查議詳確，開列職名品評報院，以憑酌量具題，通融任用。」[59]

同時，盧象昇還移文所屬各衙門，要求掌事官員將所屬在職文武職官吏，進行細緻考核，並逐項細列評語，匯報成冊，以備查核。文中有云：「牌仰官吏照牌事理，即將該屬大小文武官員履歷腳色，及曾經薦獎幾次，文職

57　〔清〕盧安節編，〔清〕任啟運校定：《明大司馬盧公年譜》，清光緒元年重刻本，北京圖書館編：《北京圖書館藏珍本年譜叢刊》第62冊，北京：北京圖書館出版社，1999年，第296—297頁。

58　〔清〕盧安節編，〔清〕任啟運校定：《明大司馬盧公年譜》，清光緒元年重刻本，北京圖書館編：《北京圖書館藏珍本年譜叢刊》第62冊，北京：北京圖書館出版社，1999年，第296—297頁。

59　〔明〕盧象昇：《盧象昇疏牘》卷3，〈查取堪任官員〉，杭州：浙江古籍出版社，1985年，第59頁。

第三節　盧象昇與部下的關係

開年貌、才幹、操守、心術,武職開年力、膽略、騎射、心術,各列四柱,逐一備造清冊,並咨訪的確,事實務求淑慝,分明賢否必肖,詳註切當散文考語,無拘對偶浮詞,勿徇資格情面。」[60] 文武官員的官評依據就是文中所各列的四項,看來,不管文職還是武職,才(才幹、騎射)、德(操守、心術)都是至關重要的。

總督宣大時,盧象昇薦舉人才的奏疏較多,甚至有時一次上奏,薦舉多人。如他在《用人修具飭法治兵疏》中連舉6人:柳溝懷隆道參議胡福宏,雲州赤城道僉事李仙風,宣府口北道參議賀鼎,陽和兵備道副使竇可進、冀北道參議聶明楷、朔州道僉事朱家仕。盧象昇在巡閱邊境時結識的這些有才之人,並在疏中陳述了他們的優點,認為他們皆為「封疆之選」:「諸臣才品識見,皆足以有為。如賀鼎,則精敏而有膽當;胡福宏,則沈毅而有條理;竇可進之通才出以爽練,李仙風之幹濟出以詳明;聶明楷見遠而駕熟鞭輕;朱家仕心細而運斤迎刃,謂非封疆之選不可。」[61]

此外,盧象昇還疏請薦舉兩位「學識老練」的貧士,「其一則臣鄉高淳縣廩膳生徐一鵬,其一則臣邑宜興縣廩例監生周聖瑞也」。他們皆為盧象昇早年時的友人,貧而有學識,「二生學識老練,以文以行,直逼古人。二十年清修之士,貧不能舉火,唯知下帷博覽,與世介然無求。至居家孝友敦倫,尤目中所僅見者」。盧象昇希望能請他們赴宣雲擔任教職,以教化「下流惡習」之邊地。[62]

就在盧象昇即將離任宣大總督之時,還疏薦了一代名士馮元颺:「原任

60　[明]盧象昇:《盧象昇疏牘》卷3,〈取官評〉,杭州:浙江古籍出版社,1985年,第57頁。

61　[明]盧象昇:《盧象昇疏牘》卷6,〈用人修具飭法治兵疏〉,杭州:浙江古籍出版社,1985年,第121—122頁。

62　[明]盧象昇:《盧象昇疏牘》卷9,〈鼓動人才大破積習疏〉,杭州:浙江古籍出版社,1985年,第243—244頁。

第七章　盧象昇在官場的上下左右關係

蘇松道參議馮元颷以聽降到，本官系臣鄉兵備，向未相識，而其擔當幹濟，頗習聞之，將來實可大用者。」[63] 盧象昇深感於宣大邊地人才尤為匱乏，便奏請明廷，希望待宣大三鎮官員有缺時，能揀選為官有令名的馮元颷任職於此。馮元颷，為崇禎元年（1628年）進士，原任蘇松兵備道參議，與弟馮元飆皆明末名士，德才兼備。結果，這次疏請可能沒有批准。筆者查馮元颷任職履歷，並無其任職宣大的記載：「十一年，濟南被兵，攝濟寧兵備事。十四年，遷天津兵備副使。十月，擢右僉都御史，代李繼貞巡撫天津，兼督遼餉。」[64] 馮元颷雖未能赴任宣大，但於它任亦多有美名，終不愧一代名士之謂。而盧象昇之善於識才舉才，也由此窺見一斑。

（二）疏請起復兩「廢弁」

崇禎十年（1637年）二月，時任宣大總督的盧象昇，疏請起復因戰敗而被迫「候勘」的兩位將官：尤世威和張全昌。奏疏說理透徹，言辭切切：

> 看得原任山海總兵官尤世威，夙將也，崇禎八年領關門鐵騎兵援豫，彼時臣尚撫鄖，聞其部曲饒有節制，兼多戰丁。朱陽關及蘭草之失，以數千客旅，久戍荒山，水土失調，疾疫交作，故大寇乘而奔突，非戰之罪也。……咸謂本官善撫士卒，曉諳軍情，迄今尚在候勘，不無可惜。至原任宣府總兵官張全昌，出自世冑，三十登壇，先年奉督臣洪承疇調赴江北，剿賊沈邱……臣委赴山陝募兵，前疏已經題明在案。此二弁者，皆願集其戰丁，自備鞍馬，在臣軍前立功。……世威、全昌懷此忠義，臣安忍淪棄之。[65]

盧象昇在奏疏中，首先感嘆良將難求，在宣雲邊地更是如此。他認為尤

63　〔明〕盧象昇：《盧象昇疏牘》卷11，〈預策兵機並薦邊才馮元颷疏〉，杭州：浙江古籍出版社，1985年，第296頁。

64　〔清〕張廷玉等：《明史》卷258，列傳第146，《馮元颷傳》，北京：中華書局，1974年，第6642頁。

65　〔明〕盧象昇：《盧象昇疏牘》卷7，〈特舉廢弁疏〉，杭州：浙江古籍出版社，1985年，第161—162頁。

第三節　盧象昇與部下的關係

世威和張全昌兩位武官確為難得之才,而他們又樂意赴宣大軍前效命盡忠,所以他向明廷請求復起兩將官。盧象昇還述及尤、張二人的優勢,尤其大量列舉了尤世威的諸多赫赫戰功,並稱二位戰敗實屬迫不得已。為了獲得朝廷的應允,盧象昇甚至提出兩武官的待遇由他自己籌措解決。

尤世威果然沒有辜負盧象昇。《明史·尤世威傳》有載:「乃命赴象昇軍自效。及象昇戰歿,自免歸。」[66]明末猛將尤世威隨盧象昇征戰於宣大邊疆,直到後來盧象昇戰歿於疆場。崇禎十六年(1643年),尤世威在李自成大軍壓境之下,仍拒絕投降,督率駐守在榆林城的文武官員矢志抗敵,戰況十分激烈。對此,《明史》記載甚詳:「賊益眾來攻,起飛樓逼城中,矢石交至,世威等戰益厲。守七晝夜,賊乃穴城,置大砲轟之,城遂破。世威等猶督眾巷戰,婦人豎子亦發屋瓦擊賊,賊屍相枕藉。既而力不支,任死之,侯世祿父子及學書俱不屈死。賊怒廷傑勾套部,磔之,至死罵不絕口。世威、世欽、世國、昌齡並被執,縛至西安。自成坐秦王府欲降之,四人不屈膝。自成曰:『諸公皆名將,助我平天下,取封侯,可乎?』眾罵曰:『汝驛卒,敢大言侮我!』……自成怒,皆殺之。」[67]應該說,尤世威忠貞英勇,與盧象昇之長期影響亦不無關係。

張全昌同尤世威,皆為陝西榆林人,據《明史》所載,張全昌祖父張臣為隆慶至萬曆年間名將。父親張承蔭,蔭官出仕,因抗擊後金而死。張全昌和其兄張應昌及弟張德昌,皆有軍功,張家可謂將門虎子。張全昌因功至宣府總兵官,但因清兵由宣府侵犯,張全昌所屬城關多被陷而戍邊。崇禎八年(1635年)春,經山西巡撫吳甡奏請,張全昌和曹文詔被任為援剿總兵官,入河南、陝西配合洪承疇合擊義軍。同年九月,張全昌追擊義軍首領「蠍子

66　〔清〕張廷玉等:《明史》卷269,列傳第157,〈尤世威傳〉,北京:中華書局,1974年,第6925頁。

67　〔清〕張廷玉等:《明史》卷269,列傳第157,〈尤世威傳〉,北京:中華書局,1974年,第6926頁。

第七章　盧象昇在官場的上下左右關係

塊」，結果於沈丘瓦店（今屬於河南省周口市）戰敗被執。「蠍子塊」便要挾他給時任楚撫的盧象昇寫信，假意謀求招安。盧象昇嚴詞拒絕張全昌，並責其喪師辱國之罪：「賊果欲降，可滅其黨示信。」[68] 盧象昇在疏牘中論及他對張全昌的詰責：「如果悔過投誠乞降歸命，目今犯楚之賊共有三股，即令蠍子塊剿彼二營之賊，將賊首及強壯賊徒，或斬級，或擒拿，一一解赴轅門。」[69] 不久，張全昌逃脫。對於張全昌代「蠍子塊」求撫之事，《明通鑒》亦有所載：「蠍子塊攻沈邱，全昌與之戰，敗，遂被執。賊攜全昌攻蘄、黃。全昌因代賊求撫，總督盧象昇不許，責全昌喪師辱國，曰：賊果欲降，可滅其黨示信。賊不聽命。久之，全昌脫歸。」[70] 後來，張全昌到陽和，拜謁已任宣大總督的盧象昇。盧象昇認為張全昌世代忠良，就既往不咎。此時盧象昇正為增募5000標兵之事發愁，而張全昌恰好陝西榆林人，在當地頗有影響，於是便「復措發銀兩，令赴山陝等處招來戰士」[71]。張全昌也不負重託，募兵成果卓著，「兩月來新標官兵五千，全昌所募者一千三百餘員名，皆山陝健卒也」。[72] 盧象昇請求起復尤、張兩待罪武官的奏疏，據後來的結果來看，明廷沒有完全批准：起復尤世威之疏請準奏，但起復張全昌之請則被拒。《明史》有載：「象昇令募兵山、陝。尋薦之朝，令赴軍前立功，帝不許。十年四月，以楊嗣

68　〔清〕張廷玉等：《明史》卷239，列傳第127，〈張臣傳〉，北京：中華書局，1974年，第6212頁。

69　〔明〕盧象昇：《盧象昇疏牘》卷4，〈狡賊乞降疏〉，杭州：浙江古籍出版社，1985年，第82頁。

70　〔清〕夏燮撰，王日根、李一平、李珽、李秉乾等校點：《明通鑒》，卷84，長沙：岳麓書社，1999年，2333頁。

71　〔明〕盧象昇：《盧象昇疏牘》卷7，〈增練標營事宜疏〉，杭州：浙江古籍出版社，1985年，第149頁。

72　〔明〕盧象昇：《盧象昇疏牘》卷8，〈起解罪帥疏〉，杭州：浙江古籍出版社，1985年，第191頁。

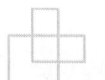

第三節　盧象昇與部下的關係

昌言逮付法司，謫戍邊衛。」[73] 由〈起解罪帥疏〉和〈特舉廢弁疏〉兩疏所論，我們可以看出，盧象昇非常渴望能將張全昌留在宣大邊鎮，繼續建功立業。遺憾的是，崇禎帝和權臣楊嗣昌非要逮治張全昌，盧象昇只有從命。

除了上述兩位待罪武官，下文即將提及的文武將官，都是因為具有某些突出才幹而得到盧象昇重用的。盧象昇唯才是任的實例在《盧象昇疏牘》中屢見不鮮。

可見，哪怕犯過錯誤的有用之才，只要能改過自新，盧象昇仍願委以重任。正如他所言：「即或偶有過愆，亦許原情折算。」[74] 發現人才，還須善用人才，方得才盡其用。

二、「急思久任」與「為地擇人」

盧象昇是一位知人善任的官員。他明確提出「為地擇人，急思久任」的用人之道，即根據所任具體職務的實際需要，將適宜該地（職）的官員調任此處，使人之才能與具體職務所需相吻合，以便充分發揮人才優勢；任用官員應注重任期的穩定性，以避免人浮於事，有利於才能發揮的可持久性。在〈保任道臣請補要地守令疏〉中，盧象昇最早提出這一用人之道：「半年來臣所與同舟共濟者，在楚為荊州道參政陶崇道、襄陽道副使苗胙土。二臣操持識略，種種過人，……臣故以駕輕就熟望之二臣，而急思其久任也。乃襄陽道臣苗胙土，近聞有江西參政之轉……為地擇人，無如加銜留任為便。」[75] 盧象昇撫治鄖陽半年來，專事鎮壓義軍和安撫鄖民，認為陶崇道和苗胙土兩

73　〔清〕張廷玉等：《明史》卷239，列傳第127，〈張全昌傳〉，北京：中華書局，1974年，第6212頁。

74　〔明〕盧象昇：《盧象昇疏牘》卷9，〈鼓動人才大破積習疏〉，杭州：浙江古籍出版社，1985年，第245頁。

75　〔明〕盧象昇：《盧象昇疏牘》卷1，〈保任道臣請補要地守令疏〉，杭州：浙江古籍出版社，1985年，第20頁。

第七章　盧象昇在官場的上下左右關係

臣「操持識略，種種過人」，並「急思其久任」，以便使戰後的鄖地能早日「起敝回枯」。其中襄陽道臣苗胙土可能會升遷為江西參政，盧象昇從襄陽地理的重要性考慮，「為地擇人」，以為苗胙土「無如加銜留任為便」。在以後遇到部屬的人事變動時，盧象昇對所信任的稱職官員，總以「為地擇人，急思久任」為任官之準則，甚至為此疏請朝廷留任。

（一）「急思久任」之道

關於「急思久任」，盧象昇在〈剿寇第三要策疏〉中有較為詳細闡述：

若升遷無定，未免以官為傳舍，人懷僥倖之心。鼓舞不寬，又未免以官為苦海，動有摧殘之慮。除臣等及督撫按等官，功罪賞罰，用舍黜陟，聽之廷議，取自聖裁，其各省直藩臬等司，守巡監軍等道，以及府州縣守令，凡屬用兵之地，俱當與剿局相終始焉。……至於府州縣守令，亦須以是為程。[76]

此時正值盧象昇初任五省總理之職，他上該疏專論用人之策。他認為：在鎮壓義軍的非常時期，尤須使官職升遷保持相對穩定性，對才品卓越之人須以加銜久任。一年後，盧象昇任宣大總督，又上〈用人修具飭法治兵疏〉，仍有專論「用人」一節，疏中云：「從來用人，必人與事相配，臂與指相聯，上與下相信，而後可相需以有成。況乎起敝回枯，尤難旦夕責效。……（賀鼎、胡福宏、竇可進、李仙風、聶明楷、朱家仕）謂非封疆之選不可。但慮遷轉無常，未免官為傳舍。伏望聖明責成久任，仍乞稍寬文網，俾各展布所長，在諸臣不至以危地生畏避之心，在微臣亦得以群力效抒忠之益，誠便計也。」[77]

盧象昇從用人之道談起，以為上下信任方可有成，但須上下職位穩定，方能安定人心。尤其在亟待「起敝回枯」的宣大邊疆危地，唯有各官員「責

76　〔明〕盧象昇：《盧象昇疏牘》卷5，〈剿寇第三要策疏〉，杭州：浙江古籍出版社，1985年，第92頁。

77　〔明〕盧象昇：《盧象昇疏牘》卷6，〈用人修具飭法治兵疏〉，杭州：浙江古籍出版社，1985年，第121—122頁。

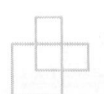

第三節　盧象昇與部下的關係

成久任」,才不至於「生畏避之心」,而盧象昇也能「以群力效抒忠之益」。為此,他在疏中以巡邊時所晤會的六道臣為例,懇請崇禎帝對有「封疆之選」的他們能「責成久任」。盧象昇「急思久任」的主張,有利於發揮部下的聰明才智,因而是值得肯定的。

(二)「為地擇人」之道

在一次密集的總督標兵將領調整期間,盧象昇在疏中充分闡述了他另一用人之道:為地擇人。「為地擇人」,亦為「為職擇人」,就是根據某地某職的實際需要,選擇更適合的官員人選。筆者按照上達奏疏的先後順序,將這次人事調度安排分為三起,逐次加以說明。

1. 疏請留任標將劉欽。第一起人事安排是由劉欽而起。為了挽留標將劉欽,盧象昇上〈請留標將劉欽疏〉,疏中有云:

近該兵部將游擊劉欽推寧武健兵營參將,以八角所守備李雲升補欽缺。……觀欽才貌,儼然戰將也。閱其營伍,且復料理有方。詢之陽和道臣竇可進,亦備道本官賢能,該營夷漢兵丁素相習服。權衡於緩急之用,合無將劉欽以參將職銜,仍管標下節制左營事務,新推之李雲即補寧武健兵營游擊,亦兩便之道也。[78]

盧象昇認為,劉欽作為標下左營將領,非常稱職,所以不同意兵部升遷其為寧武健兵營參將之議。為了能使兵部接受自己的懇請,他並提出以八角所守備李雲徑直補缺寧武健兵營游擊一職。很明顯,盧象昇的做法,就是「為地擇人」。如果按照兵部的安排,劉欽升任寧武健兵營參將,而由八角所守備李雲升補其缺,這樣既使得劉欽去熟就生,也不利於總督標營的建設。因此盧象昇的建議是可行的。唯一不足的是,游擊劉欽喪失了一次升遷為參將的機會,不久後盧象昇奏請,將標下左右前後四銜門全改為參將銜門,就

---

[78]〔明〕盧象昇:《盧象昇疏牘》卷6,〈請留標將劉欽疏〉,杭州:浙江古籍出版社,1985年,第124頁。

233

第七章　盧象昇在官場的上下左右關係

解決了這一問題。劉欽甚至一直升至副將。從後來的奏疏來看，這次奏請獲得了準復。這算是盧象昇在宣大任上第一次「為地擇人」所取得成功。

就是這位標將劉欽，後來跟從盧象昇，在鉅鹿賈莊與清軍決戰。崇禎十一年（1638年）十二月，盧象昇戰歿，劉欽突圍而出，三天後又返回戰場找到了盧象昇的屍體。《明大司馬盧公年譜》詳載了劉欽尋屍的過程：「十五日，劉欽履積屍，屍殘缺，血汙不可辨，獨兩屍重累，上負二十四矢，就而視之，則楊陸凱也。伏地一屍，麻衣裹甲衣，有督兵硃篆，欽大慟，昇之新樂縣也。」[79] 盧象昇知人善任，優待部下，自然深得部下的愛戴。

2. 有效選調諸將官。第二起人事調度涉及的官員較多。此起調度事件因盧象昇奏請保留中軍官白安而發。崇禎九年（1636年）十一月二十日，因兵部欲調離中軍官白安補大同西協副總兵官之缺，盧象昇上〈請留中軍疏〉，對事件的原委和解決途徑進行了說明：

> 竊照大同西協副總兵官侯拱極已遷山海總兵，所遺員缺，臣於十一月初六日準大同撫臣葉廷桂咨，稱健兵左營副將童朝儀堪任，臣即時移咨兵部矣。朝儀在大同頗久，熟於邊計口情，撫鎮皆以為相宜，蓋為地擇人，非為人擇地也。……白安，戰將也，察其為人，忠實勇敢，而馭下復有恩信，分毫不苟，授以營陣之法，皆能領略傳宜。……今反自近他移於西協，未必相宜，而臣標又失一臂臣，不得不據實請留也。如以中軍不便帶府銜，則臣節制撫鎮者也，各鎮總兵即帶銜宮保者，亦在臣節制之內，況督臣中軍體貌，原不在協將下。[80]

盧象昇所述與不久前懇留標將劉欽的情況極其相似。兵部推盧象昇的標

79　〔清〕盧安節編，〔清〕任啟運校定：《明大司馬盧公年譜》，清光緒元年重刻本，北京圖書館編：《北京圖書館珍藏本年譜叢刊》第62冊，北京：北京圖書館出版社，1999年，第339—340頁。

80　〔明〕盧象昇：《盧象昇疏牘》卷6，〈請留中軍疏〉，杭州：浙江古籍出版社，1985年，第130頁。

第三節　盧象昇與部下的關係

下中軍副總兵白安補缺大同西協副總兵官,而盧象昇結合宣大總督標營建設和白安的優點,認為白安不應調離,希望健兵左營副將童朝儀就近補缺大同西協。盧象昇認為,白安同馮舉、劉欽一樣,是宣大總督標營難得的好將官,若調離白安,將不利於宣大邊疆的軍旅大計。他懇留白安而建議童朝儀補缺,實是「為地擇人,非為人擇地也」。對於童朝儀補缺大同西協之議,盧象昇又在一個多月後的〈更置將領疏〉裡進行了詳細闡述:

> 而副將童朝儀足智多謀,妙於駕馭,茲哈馬之源來卜部之彌耳,本官之力居多。當此緊急之時,更以生手處之,恐事機稍乖,則疏虞不淺,比西協之必不可無朝儀也。然用朝儀於西協,將何以置白安乎?安驍勇逸群,素稱敢戰,東征西討,久著威名,即近日入衛,無處不身先士卒。以本官而處衝地,人地未始不宜。第陽和增募標兵五千,目前召軍買馬,製器教練,非久於此者不能指揮如意。且節制營為應援之兵,聞警即當統兵四剿,白安真其選也。……職為封疆起見,……謂白勇童智,二弁一轉移間,有益於封疆軍旅不小。臣莊誦明旨,有云督標中軍還著另行遴補,蓋謂白安已帶府銜,不便於中軍,非不便於標營也。[81]

盧象昇堅持由童朝儀代替白安補缺大同西協,也是「為地擇人」。在他看來,駕馭卜部(明末蒙古一部,與明廷關係時順時叛),並導引哈馬(蒙古一部哈部所產之馬,以適作戰馬而聞名)來市,唯有童朝儀最為善長,亦出力頗多;而近來卜部陳兵邊關,並導引哈馬賣馬,尤亟需「足智多謀,妙於駕馭」的童朝儀親自料理。因此盧象昇一再強調,補缺大同西協,非童朝儀莫屬。此外,盧象昇疏中又屢陳留任白安之由:皇上已經應允宣大增標兵5000人,增兵亦必增將,更需要白安留任。所以,盧象昇說,他與大同撫臣葉廷桂相商,還是堅持白安留任,童朝儀代補西協。同時疏中所言,廷臣或有言

81　〔明〕盧象昇:《盧象昇疏牘》卷6,〈更置將領疏〉,杭州:浙江古籍出版社,1985年,第138—139頁。

第七章　盧象昇在官場的上下左右關係

白安已加府銜而不便於任中軍,盧象昇認為,白安不便於任中軍,但可留職於標營內。那麼,出現的中軍空缺如何補缺呢?

不到一個月,盧象昇再次上〈遴補中軍疏〉,提出了補任中軍官的人選,「唯臣前任總理時標下中軍參將周元儒清謹過人,習之軍旅,足當傳宣之寄」。他指出,周元儒曾為五省總理標下中軍官,業務熟練,可直接調任總督中軍官。接著,盧象昇又為周元儒敘功,並疏請將他晉級為副將:「本官隨臣剿賊半載,歷盡艱辛。如清泥灣、確山、滁州、汝州、裕州等處大捷,援剿將吏俱經敘功加級,而臣標自中軍旗鼓以及衝鋒隨征等官,概未一敘者,實以流孽未平,尚有待也。今用人之際,本官似宜升補前缺。」最後,盧象昇提出瞭解決周元儒調任後所面臨問題的辦法:「至於總理中軍,或另行題補,或即以河南巡撫標下中軍兼管,臣已咨會新理臣王家禎定奪。臣與理臣有同舟之誼,彼此通融用人,諒不以為嫌耳。」[82]

從童朝儀到白安,再到周元儒,盧象昇因才因地置將。而貫穿其中的用人之道就是:為地擇人。從盧象昇後來的奏疏內容來看,他的奏請皆已得到明廷的批准。

3. 置換標將岳維忠。盧象昇出任宣大總督後,增加標兵數量,由原來5000增至10000人;擴充標下中、左、右三營建制為中、左、右、前、後五營建制。所以,前、後兩營需要臨時調任相應的各級將官。五營制初具規模時,他便上〈更擇標營將領疏〉,提出置換後營參將岳維忠的建議:

目今五營將官,如中營白安、左營劉欽、右營馮舉,俱已遵奉明綸,加秩任事。唯朱尚義、岳維忠二弁,新經委任,……岳維忠誠實不苟,與士卒相安,然欠機警,倘遇衝鋒陷陣,恐非其所長,不得不議更置也。唯再四訪求,有現任都司僉書管新平堡守備事李昌齡者,騎射閒習,營伍熟知。本弁

---

[82]〔明〕盧象昇:《盧象昇疏牘》卷7,〈遴補中軍疏〉,杭州:浙江古籍出版社,1985年,第157頁。

第三節　盧象昇與部下的關係

在新平五年，守禦著勞，事事整辦，該道廳亦極稱其能，堪補後營將領。應將先委之岳維忠，權在標下聽用。[83]

總督標兵五營全是精兵強將，戰時必須做全軍之表率，遇敵須勇往直前。所以，遴選標營之將領也相對嚴格些。盧象昇認為，岳維忠機警不足，亦不善衝鋒陷陣，因而不適宜做後營主將。於是，他疏請暫留岳維忠標下聽用，並以善騎射、悉營伍的李昌齡代掌後營事。此疏請不久後得到批准。盧象昇對更定後的五營領兵官也比較滿意：「至領兵職名，中營係總練副總兵白安，左營係參將劉欽，右營系參將馮舉，前營係新題游擊管參將事朱尚義，後營係新題游擊管參將事李昌齡。五弁雖非上選，而勇略俱自過人。」[84]

除了上述三起官員調度事件，還有不少「為地擇人」的類似事例。比如，盧象昇還奏請「其操持才力，綽乎堪任監司」[85]的陽和城東路同知鄭獨復，加升按察司僉事並隨行監軍，不久也得到了批准。如此事例，不再一一枚舉。

盧象昇能識人，善用人，而且還惜才，這是他為官的可貴之處，也是他能夠獲得部屬愛戴、上下齊心的根本所在。

三、惜愛和佑護下屬

盧象昇為官，一心為公，不謀私利，這是難能可貴的。他對待下屬，除了一顆「公心」，還竭力維護他們的正當利益。

（一）疏請「開復」待罪官員

前文提到的陶崇道，乃盧象昇撫鄖時的荊州道臣，因富有才幹而被賞

83　〔明〕盧象昇：《盧象昇疏牘》卷7，〈更擇標營將領疏〉，杭州：浙江古籍出版社，1985年，第175—176頁。
84　〔明〕盧象昇：《盧象昇疏牘》卷8，〈議防剿機宜疏〉，杭州：浙江古籍出版社，1985年，第188頁。
85　〔明〕盧象昇：《盧象昇疏牘》卷8，〈請監軍監紀疏〉，杭州：浙江古籍出版社，1985年，第217頁。

第七章　盧象昇在官場的上下左右關係

識,盧象昇希望他能久任其職。然而,陶崇道也是待罪之人,「以失事戴罪薄罰,著降二級照舊」,明廷「責令剿賊自效」。盧象昇認為,崇禎七年(1634年)五月前後的鄖楚之地鎮防之功,陶崇道實有「就中奉行區畫指授廳將等官」之勞。因此,盧象昇進一步提出,懇請皇上恩威並用,對該道臣「亦當即賜開復,以勵將來」;也希望將來陶崇道的晉銜受獎也不再受前罪影響,「至於複秩之後,或本官瓜期已過,治狀素優,仍晉以應得之銜,姑使之義安荊土」。[86] 其實,正是盧象昇這種急部屬之所急的做法,才真正贏得了部下的愛戴。此外,盧象昇還曾為其他有功官員請求開復,稱白安、馮舉「謀勇兼優」、「血戰苦功」,入援京師時獲騷擾地方之罪;鄭獨復「八載艱辛,事事刻勵,貲深勞著」,也因馭下不嚴而獲罪。盧象昇認為他們都是督營練兵的難得人才,疏請將三人「一併開復」。[87]

同鄭獨復同降三級留用的陽和兵備道副使竇可進,在邊地10餘年未得升遷,盧象昇還在〈特舉俸深賢能道臣疏〉與〈邊吏勞深考滿疏〉兩疏中,專為其敘功,並建議晉升其官職。此三人也不負盧象昇之厚望,白安、馮舉在宣大標營建設過程中,不辭辛勞,頗有成就。竇可進在宣雲屯田期間,為各道、廳官員獲穀息最多者,他為此亦屢受盧象昇的稱讚。

(二)盼求留用張全昌

值得一提的還有「廢弁」原總兵張全昌。崇禎八年(1635年),張全昌率大軍援剿中原,因士兵遭遇大疫而兵敗,身陷「蠍子塊」營帳。「蠍子塊」逼迫他給官軍寫信,以求招安。張全昌後雖逃脫認罪,但此事仍是他的一大汙點。盧象昇總督宣大時,曾派他到山陝招兵,張全昌亦不負眾望。盧象昇便疏請妥善安置張全昌,以使之安於效命朝廷。然而,張全昌終不被寬恕,

---

86　〔明〕盧象昇:《盧象昇疏牘》卷1,〈保任道臣請補要地守令疏〉,杭州:浙江古籍出版社,1985年,第20頁。

87　〔明〕盧象昇:《盧象昇疏牘》卷8,〈題敘募練標兵官員疏〉,杭州:浙江古籍出版社,1985年,第218、219頁。

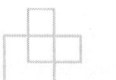

第三節　盧象昇與部下的關係

仍被朝廷逮治。盧象昇明知結局難以挽回，無法直言相救，仍上〈起解罪帥疏〉，再次為他敘功：「昨秋奉兵部起廢勤王之檄，全昌領自寡家丁北上，因聞□退，暫止大同，此臣未督宣時也。及臣至陽和，遂詣轅門謁見。……委以募兵。……兩月來新標官兵五千，全昌所募者一千三百餘員名，皆山陝健卒也。當年失身是其罪，此日召募是其勞。」[88] 從盧象昇的字裡行間，我們能感受到他重情重義的一面。

（三）為侯宏文和「滇兵擾楚」正名

侯宏文是明末一普通官吏，既無顯赫的家族背景，亦無稱頌一時的政績。他當時之所以能名噪一時，為朝野矚目，就是源於他與盧象昇的關係。由於直接涉及侯宏文的現存史料極為有限，我們只好在有關盧象昇的文獻中尋找對侯宏文的某些記載。述及侯宏文的史料主要有四種：陳鼎的《東林列傳·盧象昇傳》、張廷玉的《明史·盧象昇傳》、吳偉業的《綏寇紀略》和盧象昇的《盧象昇疏牘》。[89] 其中，《東林列傳》、《明史》和《綏寇紀略》記載簡略而集中，且內容相類。茲將其皆摘引如下：

前高平知縣侯弘文者，奇士也。僑寓襄陽，見象昇勞苦郇疆，願散家財募滇軍，隨象昇討賊，題授監紀。已而象昇移任宣、雲，弘文率所募兵，重繭至楚，為後事者所陷，以擾驛上聞。有旨即訊，象昇不勝憤懣，……未幾，弘文於十四年譴戍，天下咸痛，讒夫高張異才不用，而又嘆象昇之能得士於閫外也。[90]

高平知縣侯弘文者，奇士也，僑寓襄陽，散家財，募滇軍隨象昇討賊。

88　〔明〕盧象昇：《盧象昇疏牘》卷8,〈起解罪帥疏〉，杭州：浙江古籍出版社，1985年，第191頁。

89　清代修撰的一些地方志，對侯宏文有零星記載，如〔清〕闕名撰：《嘉慶重修一統志》，清史館進呈鈔本。另外，（乾隆）《雲南通志》、（雍正）《澤州府志》及（光緒）《襄陽府志》亦有載。這些文獻記載內容都極為簡略。

90　〔清〕陳鼎：《東林列傳》卷5,〈盧象昇傳〉，揚州：廣陵書社，2007年，第103頁。

第七章　盧象昇在官場的上下左右關係

象昇移宣、大，弘文率募兵至楚，巡撫王夢尹以擾驛聞。象昇上疏救，不得，弘文卒遣戍。天下由是惜弘文而多象昇。[91]

薦侯宏文疏略曰：原任高平縣知縣侯宏文，以守制道阻，喬寓襄陽，見臣叱馭鄖疆，遂投袂而起，散私財以募死士，介馬從征。臣欲昌言其功，彼輒長揖告去。臣比叨總理，宏文以大義規臣，意氣凜然。因言及中原步兵不能追賊，臣思得滇黔之人用之。宏文願以孤身奔走萬里，為臣奉檄往募。有臣如此，敢不聞於主上乎？上從其請，命為監紀。已而公移任宣雲，宏文率所募兵重繭至楚，為後事者所陷，以騷驛聞，有旨即訊。公不勝憤懣，凡三上書，帝皆不允。[92]

綜合以上三種史料，我們可以瞭解侯宏文本人及其募兵的大概情況：其一，侯宏文原為高平縣知縣，曾僑居襄陽，慕盧象昇之名而來，自願散家財募滇兵，跟隨盧象昇平定義軍；其二，盧象昇為侯宏文忠義所感，委之以募兵重任；其三，明廷詔允募滇兵事宜，並命侯宏文為監紀；其四，盧象昇離任後，侯宏文以滇兵擾楚之罪名被參劾，明廷不加詳究即予以懲辦，盧象昇屢救未果。

盧象昇在奏疏中也兩次記載侯宏文募滇兵的情況，內容亦與以上所載相似。由於這三種文獻所載甚簡，我們難以對侯宏文遭搆陷而被遣戍的直接原因，即「滇兵擾楚」事件有深入的瞭解。所以，若要通曉事件之原委，感受盧象昇對侯宏文等人和滇兵的惜愛之情，我們還須從盧象昇的諸篇疏牘裡去探究。

1. 侯宏文募滇兵之緣起。在〈乞撫馭滇兵疏〉中，盧象昇追述了侯宏文募滇兵的緣起：

91　〔清〕張廷玉等：《明史》卷261，列傳第149，〈盧象昇傳〉，北京：中華書局，1974年，第6765—6766頁。

92　〔明〕盧象昇：《盧象昇疏牘》卷5，附《綏寇紀略》五條，杭州：浙江古籍出版社，1985年，第111頁。

第三節　盧象昇與部下的關係

先是崇禎八年九月內，臣自鄖陽移撫全楚，彼時豫寇正猖，楚省陵藩有剝床大患，節奉增募戰兵一萬之旨，何敢玩違？顧楚人脆弱，目不知兵，於是議調於黔蜀滇南，而軍旅大事無敢任者。適原任高平知縣侯宏文，先因監紀晉兵援楚，臣見其膽氣可用，留之行間。本官慷慨願行，隨為具疏題請，該吏、兵二部覆議，加以南陽府推官職銜軍前監紀，往滇募兵，明旨炳然具在也。……舊樞臣張鳳翼復因關寧薊密之師不便久於內地，前後公移手札，促臣召募者不一而足。至上年三四月內，囗信愈迫，議撤邊兵。於是廟堂之上，省直之間，若閩，若黔，若滇，若蜀，俱籌徵調，且唯恐調之不來。」[93]

此段疏文，是盧象昇對侯宏文赴滇募兵之緣起的最詳盡的介紹，我們將募兵之因歸為四點：其一，從兵源角度考慮，湖廣地處腹裡，歷史上戰事較少，楚人長期不習兵事，難以就近招募；遼東邊患日益加劇，駐於內地的邊軍可能撤離，當然不會徵調邊軍入駐內地，因此，徵調西南諸省壯丁便成為適宜之選。其二，從楚地現實情況看，河南義軍勢大，隨時危及楚地安全，而楚地卻兵寡餉乏；朝廷雖允增楚兵一萬，卻無人擔當募調之重任。其三，從侯宏文自身來看，他身為滇南（今雲南玉溪江川）人，自願為朝廷解憂，赴滇募兵；同時，他亦深得盧象昇信任，並被明廷授予監紀一職。其四，從臨期形勢來看，兵部尚書張鳳翼告知盧象昇，即將撤回援剿內地的關寧薊密之師，並督促盧象昇募兵，導致徵調任務尤其迫切。可以說，盧象昇委派侯宏文赴滇募兵並非私人行為，而是獲得朝廷批准的。況且，侯宏文加南陽推官銜軍前監紀並赴滇募兵之事，都有明旨可查。所以，這次募兵之行合理合法，對朝廷和地方也都有利無害，但結局卻出人意料：侯宏文被遣戍，盧象昇亦遭參劾。

2.「滇兵擾楚」問題的由來。我們還是要從《盧象昇疏牘》中尋找該問題

---

[93] 〔明〕盧象昇：《盧象昇疏牘》卷8，〈乞撫馭滇兵疏〉，杭州：浙江古籍出版社，1985年，第213頁。

第七章　盧象昇在官場的上下左右關係

的答案。盧象昇在追述侯宏文赴滇募兵之緣起之後，又談到了他募兵的經過和成果：

> 臨行之日，臣滴酒為誓，勵以大義。……臣止措發餉金八千八百兩授之本官，期以募兵三四千，……據宏文等冊報，募兵以八千餘計，戰象馬匹以一千五百餘計，自滇至楚，計程三月，雖甚節省，亦須安家行糧五萬餘金，衣裝器械二萬餘金，戰馬戰象價值三萬餘金，即此所費不下十萬。而臣所給止七千三百兩也，雲南布政司所給止一萬兩也，合之僅一萬七千餘兩，此外八九萬兩，豈其天雨地湧？則宏文、在田等變產捐貨之說，夫豈虛言！[94]

綜上所述，盧象昇這次委派侯宏文入滇，計劃募兵3000到4000人，為此他實際籌措募資僅7300兩銀，加上臨時借支雲南布政司庫銀10000兩，共計17000餘兩。而實際花費呢？據盧象昇估計共費銀兩10萬餘，但據滇南石屏州土司龍在田所報，花費銀兩數十萬。「近日在田又復具呈投控，謂前後所費，不下數十萬金。臣疏止言八九萬者，蓋約略計之耳。」[95] 之所以花費數額如此巨大，遠超出所措募資，原因有二：一是所籌募資的確很不充足，這是很明情的事情；二是龍在田認為原定募兵數不足以禦敵，遂議定將實際募兵數比原計劃翻了一番多。這次募兵成果豐碩：滇南義勇人數8000餘，戰象4隻，馬匹1500匹，另有所製造的衣甲器械若干。募資不足，侯宏文和龍在田便變賣家產，捐資報效。其實，僅從二人捐巨資募兵一點，我們就可看出，他們所為實出於報效國家之念。

在疏中，盧象昇多次提及另一捐資募兵的將官龍在田。龍在田原為石屏州土司舍人，天啟年間，因平定雲南地方叛亂受到封賞：初為土守備，不久又擢為坐營都司。《明史》有載：「八年，流賊犯鳳陽，詔征雲南土兵。在

94　〔明〕盧象昇：《盧象昇疏牘》卷8，〈乞撫馭滇兵疏〉，杭州：浙江古籍出版社，1985年，第213—215頁。

95　〔明〕盧象昇：《盧象昇疏牘》卷8，〈再陳撫馭滇兵事宜疏〉，杭州：浙江古籍出版社，1985年，第219頁。

第三節　盧象昇與部下的關係

田率所部應詔，擊賊湖廣、河南，頻有功，擢副總兵。總理盧象昇檄討襄陽賊，至則象昇已奉詔勤王，命屬熊文燦。十年三月擊擒大盜郭三海。十一年九月大破賀一龍、李萬慶於雙溝，進都督同知。明年三月大破賊固始，斬首三千五百有奇。」[96] 崇禎八年（1635年），詔征滇兵時，盧象昇在楚撫任上，而龍在田卻還在雲南。之後，龍在田應詔入湖廣、河南作戰，屢獲戰功，但他與盧象昇似無任何聯繫。盧象昇不久升為五省總理，檄傳各路兵馬攻打襄陽，龍在田亦奔赴而來。然而，待龍在田抵達襄陽時，盧象昇已率部入京勤王，此時應該是崇禎九年（1636年）七、八月之事。所以，盧象昇這次委派侯宏文入滇募兵，原計劃並無龍在田的參與。另據《明史》所載，與侯宏文滇募兵同時，明廷也鼓勵滇兵應詔入內地征剿。而滇南土司龍在田應詔之時，恰逢來滇南募兵的同鄉侯宏文。他們皆為滇人，在滇地都有一些影響力，為報效國家，便合力募滇兵。後來，入楚滇兵出現嘩變後，侯宏文作為募兵的直接負責人，遭到糾劾；龍在田卻一直忙於征戰，似乎沒因「滇兵擾楚」受到懲處。

　　盧象昇於崇禎九年（1636年）七月下旬，離開中原應詔勤王，之後就被委任宣大總督。他於同年八月底督率勤王師到達京師，僅風聞楚地滇兵途中缺糧，士卒難以約束，但此時未釀成大禍。初任宣大總督時，盧象昇於十月初八日上〈恭報理標兵馬疏〉，還稱讚侯宏文募滇兵之功，並疏請有司額定募兵之糧餉。直到崇禎十年（1637年）三月前，盧象昇還沒有意識到所募滇兵曾擾亂楚地。崇禎十年三月十二日，他接到邸報，才獲悉「滇兵擾楚」事件的嚴重性，自己和侯宏文也因此被參劾。為此，盧象昇次日即上〈自檢遠調滇兵違宜疏〉，自檢委用侯宏文不當，並提出「五疏」（五大疏忽）之論。他請求朝廷將糾劾奏疏頒之於眾，以明己過，以為百官戒。疏中有云：「夫臣有

96　〔清〕張廷玉等：《明史》卷270，列傳第158，〈龍在田傳〉，北京：中華書局，1974年，第6948頁。

第七章　盧象昇在官場的上下左右關係

此五疏,幾何而不誤封疆軍旅之大計?晉卿不言,臣宜自劾,況經指及,豈可諱罪苟安?臣當將晉卿之疏,抄行督屬文武各官,明臣之短,爰以為戒,集思廣益,勉厥後圖。所望聖明俯酌微臣情罪之重輕,一示懲處,或降級,或戴罪,以昭功令,而勵將來,庶臣得安心供職,不至冒昧服官也。」[97] 筆者以為,此疏內容未必反映盧象昇本意,但他此時的做法是明智的。在朝野官僚結黨傾軋的明末官場上,他唯有自檢認罪,才能保護好自己,才能有機會為自己和侯宏文正名。當然,朝廷終究亦未懲治盧象昇,卻堅持遣戍了侯宏文。

　　由於御史馮晉卿的參劾,「滇兵擾楚」事件也隨之發酵,這令盧象昇甚為不安。盧象昇此時尤其關注的是侯宏文及其所募滇兵的命運。他多年征戰,深知士兵若長期乏餉而導致兵變,將會後患無窮。所以,他急需為侯宏文辯護,也為所募8000餘名滇兵的歸宿尋求良策。

　　3. 謀求處置侯宏文與滇兵之良策。先有巡按貴州監察御史馮晉卿、後有禮科左給事中劉安行,因「滇兵擾楚」之事上疏糾劾,盧象昇不得不先後四次上疏,以明心志。他於崇禎十年(1637年)三月十三日上〈自檢遠調滇兵違宜疏〉,之後半年多時間內,又陸續上〈乞撫馭滇兵疏〉、〈再陳撫馭滇兵事宜疏〉和〈申訟侯宏文疏〉三疏,皆專為侯宏文與「滇兵擾楚」之事而奏。盧象昇透過四疏談及三個問題:其一,說明委派侯宏文募兵之原委與經過;其二,深刻自檢,請求朝廷加罪於己;其三,為侯宏文和滇兵正名,自請代侯宏文伏法並妥善處置滇兵。

　　(1)極力疏救侯宏文。諸疏中為侯宏文正名請命,前後內容重複較多,筆者總結為兩點:其一,侯宏文破家捐資,萬里募兵,實為忠義之士;其二,寬宥侯宏文,可彰朝廷之恩典,振滇兵之士氣。

97　〔明〕盧象昇:《盧象昇疏牘》卷7,〈自檢遠調滇兵違宜疏〉,杭州:浙江古籍出版社,1985年,第171—172頁。

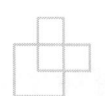

第三節　盧象昇與部下的關係

　　盧象昇對侯宏文毀家奉公之舉，多有敘述，如：「職宏文亦破家料理，費過二萬餘金。且萬里征途，間關歲月，兵分三撥，戴星馳騁，及至楚省，苦狀不堪。職等止有一身尚存，妻子未鬻耳。」[98] 又如：「而後用及本官，去其縣正之實缺，予以府佐之虛銜，經歲從戎，並無廩糧胥役，且費捐募多金，若果自私自利，計不出此矣。」[99] 盧象昇以為，僅從破家捐資的角度看，侯宏文募兵確實出於報效朝廷之公心。

　　盧象昇對侯宏文之遭遇不禁唏噓感嘆：「乃破宏文之家以調兵，及其至也，萬里從征，捐軀殺賊，而身罹法網，臣實傷之！」[100] 為其一番辯護後，盧象昇總是不忘懇請朝廷能寬宥侯宏文，甚至屢屢提出代其贖罪；並指出赦免侯宏文，於公於私皆為善事。他說：「臣願降級戴罪，以贖宏文、在田等。不然身任封疆者，雖欲以群策群力效忠朝廷，將來一人不肯應，一步不能行矣，此豈一身一家之私事哉？」[101] 盧象昇還稱，由於自己的失策致使侯宏文獲罪，倘若朝廷不赦其罪，自己將來也難以取信於軍中，「從此愈以臣言為阱矣」。尤其嚴重的是，這將對朝廷不利，「海內懷忠負義者，必將動色相戒，首鼠百端」。[102] 為此，他在最後一次為侯宏文申訴的疏文中，再次警示朝廷：「滇之兵將見宏文受罪，相率寒心，加以事迫情窮，勢將決裂，且安知無故激

98　〔明〕盧象昇：《盧象昇疏牘》卷8，〈乞撫馭滇兵疏〉，杭州：浙江古籍出版社，1985年，第214頁。

99　〔明〕盧象昇：《盧象昇疏牘》卷8，〈再陳撫馭滇兵事宜疏〉，杭州：浙江古籍出版社，1985年，第220頁。

100　〔明〕盧象昇：《盧象昇疏牘》卷9，〈申訴侯宏文疏〉，杭州：浙江古籍出版社，1985年，第238頁。

101　〔明〕盧象昇：《盧象昇疏牘》卷8，〈乞撫馭滇兵疏〉，杭州：浙江古籍出版社，1985年，第215頁。

102　〔明〕盧象昇：《盧象昇疏牘》卷8，〈再陳撫馭滇兵事宜疏〉，杭州：浙江古籍出版社，1985年，第220頁。

第七章　盧象昇在官場的上下左右關係

滇兵之變,以甚宏文之罪者。」[103] 盧象昇為挽救侯宏文,竭盡全力,然終未能成功,「象昇上疏救,不得,弘文卒遭戍。天下由是惜弘文而多象昇」[104]。

侯宏文和楚地滇兵的命運本為一體,滇兵為侯宏文所募,侯宏文亦因滇兵坐罪。盧象昇疏救侯宏文的同時,也在盡力為「滇兵擾楚」事件正名,尋求處置楚地滇兵的良策。

(2) 懇請善待滇兵。盧象昇對所募滇兵始終讚譽有加,他兩次上疏,懇請朝廷善待滇兵。他認為,滇兵皆懷忠義報國之志,不辭勞苦,應募入楚。在〈乞撫馭滇兵疏〉裡,盧象昇兩次高度評價入楚之滇兵,「若滇兵者,本非朝廷豢養之卒,又非滇省額設之兵,萬里徵調而來,實為忠義所感」[105];「乃滇兵亦兵也,滇將亦將也,天未遠人,破家為國,懷忠負義而來,彼將何所為也」[106]。得知「滇兵擾楚」之時,盧象昇早已在宣大任上,他對事情原委是不知曉的。赴任總督之前,他也曾風聞滇兵因缺餉而有一些異常舉動,「臣(崇禎九年)八月二十九日督旅至都門,始聞滇兵入楚,沿途糧餉不接,洶脊多虞」[107]。但他認為亦屬正常,並未深究;況且他身不在楚地,也不便於過問。

盧象昇疏中分析,「滇兵擾楚」事件緣於滇兵長期缺餉,他在該疏中也為滇兵鳴不平。首先,他為入楚之三撥滇兵敘功,「頭撥兵九年八月抵荊州,及

---

103 〔明〕盧象昇:《盧象昇疏牘》卷9,〈申訴侯宏文疏〉,杭州:浙江古籍出版社,1985年,第238頁。
104 〔清〕張廷玉等:《明史》卷261,列傳第149,〈盧象昇傳〉,北京:中華書局,1974年,第6765—6766頁。
105 〔明〕盧象昇:《盧象昇疏牘》卷8,〈乞撫馭滇兵疏〉,杭州:浙江古籍出版社,1985年,第213頁。
106 〔明〕盧象昇:《盧象昇疏牘》卷8,〈乞撫馭滇兵疏〉,杭州:浙江古籍出版社,1985年,第215頁。
107 〔明〕盧象昇:《盧象昇疏牘》卷7,〈自檢遠調滇兵違宜疏〉,杭州:浙江古籍出版社,1985年,第171頁。

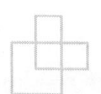

第三節　盧象昇與部下的關係

遇大賊闖塌天、八大王等攻掠荊州，奮力驅除，保全荊屬。二撥、三撥於十月間陸續盡到，追賊黃麻一帶，連次建有微功，又擒巨寇郭三海等，掃除中原大患」。然後，他指出「滇兵擾楚」的根源所在，「迄今兵無宿飽，馬不停蹄，坐餉未開，行糧鮮給」。[108] 最後，盧象昇繼續為所募滇軍辯解：「安有萬里征夫，額餉全無著落，行糧供應不時，千萬成群，且夕難保而不為亂者？年來西告搶掠，東報嘩逃，朝聚同舟，暮思操刃，此系滇兵否乎？」[109]

對於「滇兵擾楚」的參劾，盧象昇表達了他的不滿和質疑：赴楚之滇兵匱糧嚴重，地方有司又不知體恤，焉能不亂？遍地皆有騷亂之軍士或民丁，何以確定乃所募滇兵之為？他的質疑合情合理，不容駁斥。本來明末黨爭激烈，言官也風聞即劾，許多官員都被言官參劾罷官甚至入獄。盧象昇自然很清楚官場的複雜，他似乎也覺察到，有人極可能想利用「滇兵擾楚」之事，欲重罪侯宏文，甚至藉以傾軋自己。正如他所言：「滇之兵將見宏文受罪，相率寒心，加以事迫情窮，勢將決裂，且安知無故激滇兵之變，以甚宏文之罪者。興思及此，愈難言矣。」[110] 此言真是一語中的！

儘管如此，盧象昇最後還是提出了積極安置所募滇兵的良策。在〈再陳撫馭滇兵事宜疏〉疏末，他列舉了三套處置滇兵的有效方案：其一，「厚撫該營將吏兵丁，早為定給糧餉月餉，照省直主兵行糧，照調援客兵給發，以時申嚴紀律，待新理臣之至，鼓勵圖功」；其二，「簡其精強，汰其疲弱，覆其原來官目以定去留。回滇官兵，每人量與路費一二兩，仍給糧單，計程計日，於所過州縣關支」；其三，「均當量給以路費，並照現在官兵馬騾頭匹，

---

108 〔明〕**盧象昇**：《盧象昇疏牘》卷8，〈乞撫馭滇兵疏〉，杭州：浙江古籍出版社，1985年，第214頁。

109 〔明〕**盧象昇**：《盧象昇疏牘》卷8，〈乞撫馭滇兵疏〉，杭州：浙江古籍出版社，1985年，第215頁。

110 〔明〕**盧象昇**：《盧象昇疏牘》卷9，〈申訴侯宏文疏〉，杭州：浙江古籍出版社，1985年，第238頁。

第七章　盧象昇在官場的上下左右關係

填給糧單，責成沿途守巡兵備道等官，各於該管地方加意照管約束」。[111]

筆者以為，盧象昇所議三套方案是有階梯性的。其上策就是按既定標準，將所有已募滇兵給定月餉，整編待命；中策即是揀選堪用之兵丁，餘則計路費發回原地；下策則是將所有滇兵有組織地遣返原地。當然，若能誠信安撫滇兵，還是採取上策，因為這樣可避免再費金錢另行募兵。下策乃迫不得已才採取之方案，如此實在省心，但這意味著募兵所費已化為烏有，且遣散滇兵還另須花費。最終，明廷如何處置所募滇兵，盧象昇始終未有交代，筆者也未查到相關記載。在當時非常微妙的政治環境中，盧象昇能仗義執言，亦難能可貴。

（四）部下的以死相酬

盧象昇不遺餘力地關愛部下，自然贏得了部眾的愛戴，他們也多盡職盡責地跟隨盧象昇。值得一提的是，甚至有部下竟以生命相報，其壯舉著實令人唏噓不已。對此，筆者列舉幾個實例加以說明。

崇禎六年（1633年）四月，盧象昇在兵備大名時，曾率兵於西山、石城南一帶鎮壓當地起義，戰鬥中戰馬被敵人射中，他也危在旦夕。此時魏縣人高九岩，將所乘戰馬留給了危難之中的盧象昇，自己步戰而死。《明大司馬盧公年譜》載：「時魏縣高九岩隨軍，見公騎中流矢，以己馬與公，赴賊格鬥死。」[112]《大名縣志》的記載更為詳細：「高九岩，魏人，有膽氣，知大義，為本道材官。崇禎六年，隨副使盧象昇剿寇西山，象昇馬中流矢，九岩以所乘馬與之。象昇曰：『爾奈何？』九岩曰：『我死一伍卒耳，公三軍司命。』力請象昇乘，九岩戰死，妻任氏以節聞。」[113]

111　〔明〕盧象昇：《盧象昇疏牘》卷8，〈再陳撫馭滇兵事宜疏〉，杭州：浙江古籍出版社，1985年，第220—221頁。

112　〔清〕盧安節編，任啟運校定：《明大司馬盧公年譜》，北京圖書館編：《北京圖書館藏珍本年譜叢刊》第62冊，北京：北京圖書館出版社，1999年，第299頁。

113　〔民國〕洪家祿：《大名縣志》卷18，民國二十三年鉛印本。

第三節　盧象昇與部下的關係

　　高九岩將生的希望留給了盧象昇，而楊陸凱卻用生命保全了他的屍首。對此，《永年縣志》所載甚詳：「楊陸凱，字廷堅，便技擊，有謀略。為邑武生，盧忠烈公象昇備兵畿南，陸凱求自效。與語，奇之，署為掌牧。戰冷水村、青龍岡、武安皆有功，擢千總。崇禎十年，象昇督天下援兵，薦陸凱，人村壯健，韜略嫻熟，征剿屢著捷，功給守備告身。（崇禎十一年）十二月，隨象昇麾兵疾戰，陸凱格鬥甚力，自辰至未炮盡矢窮。象昇身中四矢三刃，遂仆。陸凱懼眾之殘其屍也，而伏其上，背負二十四矢以死。陸凱守備告身，至今尚在《明史》猶稱掌牧云。」[114]《明大司馬盧公年譜》和《明通鑒》等史籍對楊陸凱以命護屍亦略有記載，「獨兩屍重累，上負二十四矢，就而視之，則楊陸凱也」[115]；「（盧象昇）身中四矢三刃，遂仆，掌牧楊陸凱懼眾殘其屍而伏其上，背負二十四矢以死」[116]。

　　盧象昇殉難後，與其殞命疆場的還有宣府參將張岩和家人顧顯，「僕顧顯者亦殉，一軍盡沒。宣府參將張岩陷陣死」[117]。潰圍而出的副將劉欽則搜尋並運回盧象昇的屍首，與盧象昇相交不久的軍中贊畫楊廷麟則為其冤死鳴不平。千總張國棟、錦衣衛旗尉俞振龍遭受酷刑，寧死也仗義執言盧象昇死於忠義。可見，盧象昇以仁愛示人，也必然深受部下甚至所有義士的敬仰。

　　當然，盧象昇也深受普通將士和轄區百姓的敬仰。明末官兵不服從長官指揮甚至嘩變的情況時有發生，但即使在與清兵優勢兵力決戰的艱危時刻，盧象昇也能得到部下的擁護。明末官兵擾民現象也很普遍，而盧象昇在孤軍

114　〔清〕夏詒鈺纂修：《永年縣志》卷 27，〈人物傳〉，清光緒三年刊本。
115　〔清〕盧安節編，〔清〕任啟運校定：《明大司馬盧公年譜》，清光緒元年重刻本，北京圖書館編：《北京圖書館藏珍本年譜叢刊》第 62 冊，北京：北京圖書館出版社，1999 年，第 339 頁。
116　〔清〕夏燮撰，王日根、李一平、李斑、李秉乾等校點：《明通鑒》卷 86，長沙：岳麓書社，1999 年，第 2385 頁。
117　〔清〕夏燮撰，王日根、李一平、李斑、李秉乾等校點：《明通鑒》卷 86，長沙：岳麓書社，1999 年，第 2385 頁。

第七章　盧象昇在官場的上下左右關係

奮戰的最後時刻,卻深受畿南三郡百姓的衷心愛戴。我們不得不承認,在明末,盧象昇是一位非常特別的官員,他那為理想而奮進的精神和仁者愛人的情懷,對於當今社會亦不無激勵意義。

　　總之,盧象昇剛直清正,卻為當權者不容;恥於結黨營私,但也與東林人士有密切聯繫。他任人唯才,不求全責備;因地擇人、並求久任。尤其值得一提的是,盧象昇惜才恤下,不遺餘力,正如清人所贊評:「象昇三賜尚方,未嘗戮一偏裨,愛才恤下,如恐不及。」[118] 此論不虛!

118　〔清〕王文燾修,張志奇續修:《宣化府志》卷24,〈宦跡志下·明〉,清乾隆八年修,二十二年訂補重刊本。

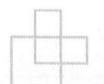

結語

透過本書對盧象昇生平事蹟的考察，我們可以總結如下：

盧象昇為官十餘載，頗有政績，其中標兵建設成就最著。初任五省總理時，盧象昇便粗創了總理衙門，這豐富了當時的軍（官）制建設（特別是內地軍制建設）。在宣大總督任上，他又大力擴充總督標兵，並確立了總督標兵五營編制。從《盧象昇疏牘》的相關內容來看，盧象昇的宣大督標營制，迥異於明代傳統的衛所編制，其結構為「營—部—司—哨—隊—伍」模式。此建置模式亦即明中期以來所形成的營司隊伍制（簡稱營制），屬於省鎮營兵制的範疇。[1] 盧象昇在宣大三鎮除了擴充標兵、優選標將外，還加強對標兵的訓練。盧象昇對宣大總督標兵建設頗有成效，這在崇禎時期的督撫中也是比較突出的。

實施屯田，緩解軍隊嚴重乏餉的問題，是盧象昇為官期間又一項重要政績。在崇禎朝國貧民困、社會動盪的形勢下，官兵嚴重乏餉還要鎮壓各地起義，唯有大興屯田、生產自救才是上策。盧象昇是一位清醒而實幹的官員，他恢復並變革了明初的屯田制度，三次大興屯務：崇禎八年之鄖陽屯田，崇禎十年、十一年之宣雲屯田。其中，崇禎十年宣雲屯田的規模最大，成效也最著。該年屯田收穫「積穀二十萬石」[2]「息穀四萬一千餘石」[3] 之成效，不僅部分解決了宣大三鎮嚴重乏餉的經濟問題，還引起了明廷的重視。明廷也試圖在九邊鎮推廣宣雲屯田模式，「天子諭九邊皆式宣、大」[4]。宣大總督盧

1　肖立軍：《明代中後期九邊兵制研究》，長春：吉林出版社，2001年，第99頁。

2　〔清〕陳鼎：《東林列傳》卷5，〈盧象昇傳〉，揚州：廣陵書社，2007年，第99頁。

3　〔明〕盧象昇：《盧象昇疏牘》卷9，〈屯政告成疏〉，杭州：浙江古籍出版社，1985年，第239頁。

4　〔清〕張廷玉等：《明史》卷261，列傳第149，〈盧象昇傳〉，北京：中華書局，

結語

象昇之宣雲屯田堪為當時諸邊鎮實行軍屯之典範。

盧象昇還提出或實施了一些頗有實效的軍事策略和用人之策。他在實戰中，總結出一套行之有效的禦敵之策，如：精兵合兵與「因糧輸餉」之策，「安民保民裕民」與「阻賊、疑賊、饑賊」之計，等等。盧象昇忠於明廷、鎮壓起義，雖為地方官的職責所在，亦有其固有的時代局限性，但也應予否定。然而，他提出和實施的不少軍事策略，卻體現了某種「民本」思想。如「因糧輸餉」就考慮到了貧苦百姓的經濟負擔；諸項「捍禦綏民」之計則更強調以積極防禦為主，甚至關注於民生問題。在用人方面，盧象昇任人唯才而不求全責備，並提出「為地擇人，急思久任」之選任原則，因而得到部屬的愛戴甚至以死相酬。這些軍事策略和任人政策，體現了他較高的政治、軍事智慧。

總之，以盧象昇經歷為視角，為我們進一步研究明代地方官制的部分問題提供了個案，而《盧象昇書牘》等資料也向人展示了晚明軍制的豐富內容，有助於我們加深對明末軍制的若干問題的認識。對盧象昇其人其事的探討，也對崇禎朝相關人物和史事的研究線索拓展有所裨益。盧象昇為官勤勉，鞠躬盡瘁，政績較為突出。他整頓軍制頗有成效，卻在抗清中戰敗身亡，這並不能說他本人無能或軍制無可救藥，戰敗的原因較為複雜，根源還在於明廷腐敗。清軍入關後傚法明省鎮營兵制建立了綠營兵制，說明盧象昇等人所重視的明省鎮營兵制不無可取之處。

1974 年，第 6762 頁。

附錄一：盧象昇身後評語輯錄

　　（張廷玉等）贊曰：危亂之世，未嘗乏才，顧往往不盡其用。用矣，或掣其肘而驅之必死。若是者，人實為之，要之亦天意也。盧象昇在莊烈帝時，豈非不世之才，乃困抑之以至死，何耶！至忠義激發，危不顧身，若劉之綸、邱民仰之徒，又相與俱盡，則天意可知矣。[1]

　　（陳鼎）外史氏曰：先生經濟武略，不在武穆下。武穆見殺於賊檜，而先生見殺於嗣昌。俱不使成其功。此千古所同慨也！嗟乎，假令楊機部之言得行，以軍事專委之，國家事尚可為也。奈何賊相必欲殺先生，而卒使明社淪亡也耶？[2]

　　（查繼佐）論曰：九臺料邊主戰，料賊亦戰，有曰剿賊必先撫民，又曰撫西不撫東，講市不講賞，中邊大計了了，非純恃一往者。與內監高起潛不協，不得已用薛宷之策，分疆畫守。卒以士饑，又勢促於起潛，北門大鑰，遂以四矢二刃了之，惜哉！時與本兵楊嗣昌不協，嗣昌與九臺俱奪情，九臺與決：「吾與若已負不孝，急辦忠輔之。」久之，嗣昌自殺，當作何優劣？[3]

（計六奇）象昇所以死有六：一與嗣昌相左，二與起潛不協，三以弱當強，四以寡擊眾，五無餉，六無援。然後五者，皆嗣昌奸謀所致，雖然，殺象昇之身於一時者，嗣昌也；成象昇之名於千載者亦嗣昌也。君子正不必為人咎矣！」[4]

1　〔清〕張廷玉等：《明史》卷261，列傳第149，〈盧象昇傳〉，北京：中華書局，1974年，第6773頁。
2　〔清〕陳鼎：《東林列傳》卷5，〈盧象昇傳〉，揚州：廣陵書社，2007年，第104頁。
3　〔清〕查繼佐撰，倪志雲、劉天路點校：《明書》（《罪唯錄》），列傳卷9（上），〈盧象昇傳〉，濟南：齊魯書社，2014年，第1616—1617頁。
4　〔清〕計六奇撰，魏得良、任道斌點校：《明季北略》卷14，〈盧象昇戰死〉，北京：中華書局，1984年，第247頁。

附錄一：盧象昇身後評語輯錄

　　（汪有典）汪有典曰：嗚呼！公以方叔召虎之才，矢岳飛、韓世忠之志，建勦戰、掃蕩之功，於國勢潰敗不可收拾之日，而卒肘於嗣昌以死，此楊公之所為深痛也。蓋公孝，則嗣昌不子；公忠，則嗣昌不臣。勢不兩立，又乃況於嗣昌得君之專乎！然承疇生而謂之死，賜祭哭臨，備極恤典；公死而謂之生，陰調驗視，毒及無辜。當時之刑賞如此，寒戰士之膽而灰豪傑之心，倒戈崩角，有由然矣！公初欲功成，築湄影園以老，志不克，遂橫屍疆場，人頗憾之。然公語夫人，固云「以成敗、利鈍付之天，毀譽、是非聽之人，頂踵、髮膚歸之君父」。死綏裹革，亦固其所，何必湄影哉！[5]

　　（阮升基、寧楷等）明兵部尚書盧忠烈公象昇讚：赫赫忠烈……名並崑崙。[6]

　　（楊廷麟）瀟湘逸史曰：公之死於嗣昌手也，有二焉：公孝則昌不子，一大憾也；公忠則昌不臣，二大憾也。使公易吉臨戎，口以封侯食祿為快，則昌可冒為顯親之人矣。公於上前道一撫字，使昌軒眉握樞，掩其縮朒無能之狀，則昌可溷於謀臣之列矣。予昌以尋常臣子之名，又何羞何忌而殺公哉？唯公性不樂與不子之子、不臣之臣同心竊位，必欲力挽天河，哀伸毛裏而後懍忠孝大義，矢吻凜然，是以寧攢頦界覷，蒙三刃四簇於賈莊砂血之上而不顧也。嗚呼，痛矣！……人氣絕者謂之死，公之氣雖千百戰不絕也。楊陸凱圉夫耳，父子皆忠於公，人不及以死證公之死。若俞振龍者，棄家捐妻子，何其烈也。公之忠肝烈血、生氣磅礡六宇間，三賢實共之矣。獨是聖明之心，皇皇求治若不及。均一督臣也，洪生則謂之死，盧死則謂之生，是何故哉？曰：氣數之厄、滿朝孽孼使然也。公進不結內援，嗣昌而外，高、方二豎無刻不思射公。聞公未死前數日達京，偽塘報節節短公，激朝廷之怒；公死後輒謗公不死，未必不謂萬騎臨城及後來畿南山左之扼，皆一戰字激來。

5　〔清〕汪有典：《史外》卷4，〈盧忠烈傳〉，周駿富輯：《明代傳記叢刊》綜錄類31，臺北：明文書局，1991年，第463—464頁。

6　〔清〕阮升基修、寧楷纂：《重修宜興縣志》卷4，清嘉慶二年刻本。

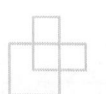

一樞兩瑁，內唱外和，而又繼以愚輔庸督賊撫狯令。該地碌碌謝罪，諸撫按臣，語必誣公之執事，必巇公之輕蔽奸人分調絕援之謀，律督師以擁兵不救之罪，以致聖聰營營，內不自保。公之死忠孝而不憐也宜矣。……獨公忠魂烈號赫奕九邊，綢繆五夜，時出入於腎腸心腹之間，而晨曛若接。君則堯舜之君也，臣則皋龍之臣也。明君良臣，志同道一，爭常變耳，有異心哉？嗟呼，戊寅而後公死，壬午而後公生。嗣昌白骨，竟誰屬也。學為子臣者，可以思矣。……[7]

（張岱）《石匱書》：本朝無總理官，有之自盧忠烈始。蓋當時以流寇猖獗，乃以洪承疇專制西北，盧象昇專制東南，頗得要領。倘能重以事權，使二人得究其用，則中原千里亦何遂至陸沉耶？無奈邊事張皇，臨期更換，方用禦寇而又命巡邊，手忙足亂，未免失之倉卒矣。用違其才而使兩事皆紊，樞部之罪其可贖哉？[8]

（邵長蘅）邵長蘅曰：余得楊君廷麟所為《忠烈公紀實》，讀之終卷，忽哭出聲不可忍。善乎！楊君之言曰：嗣昌之必死，忠烈有二憾。公孝則昌不子，公忠則昌不臣。唯公忠孝大義，矢吻凜然，故甘心攖刃貫鏃，灑碧血於沙場而不悔也。悲夫！又曰：均之督臣也，洪生則謂之死，公死則謂之生，豈非連厄陽九而孽域滿朝致是哉？蓋當時之論如此。[9]

（任啟運）有殉國之忠，而才又足以相濟，唯公一人。公一日不死，明一日不亡。而公年方強士，死之者楊嗣昌也，悲夫！[10]

（周小棠）盡瘁鞠躬，死而後已，有明二百餘年宗社，繫之一身，望旌

7　〔明〕盧象昇：《明大司馬盧公奏議十卷》，附〈盧大司馬紀實〉，《四庫未收書輯刊》第2輯第25冊，清道光九年刻本，北京：北京出版社，2000年，第271—272頁。
8　〔清〕張岱：《石匱書、石匱書後集》卷15，〈盧象昇列傳〉，《續修四庫全書》編委會纂：續修四庫全書》影印本第320冊，上海：上海古籍出版社，2001年，第522頁。
9　〔清〕王文燾修，〔清〕張志奇續修：《宣化府志》卷24，〈宦跡志下‧明〉，清乾隆八年修、二十二年訂補重刊本。
10　〔清〕任啟運：《清芬樓遺稿》卷4，〈明大司馬盧公傳〉，清嘉慶二十二年刻本。

附錄一：盧象昇身後評語輯錄

旗鉅鹿城邊，詎知忠孝精誠，齎志空期戈挽日；成仁取義，沒則為神，唯公三十九歲春秋，壽以千古，擷芹藻斬蛟橋畔，想見艱難砥柱，感懷那禁淚沾襟。[11]

（康有為）盧忠肅公以奇才大節殿晚明，讀其詩章，沉雄哀激。書法亦極高妙宕逸，後人當共珍之。[12]

（當年明月）在明末的諸位將領中，盧象昇是個很特殊的人，他雖率軍於亂世，卻不擾民、不貪汙，廉潔自律，堅持原則，從不妥協。《中庸》有云：「國有道，不變塞焉，國無道，至死不變。」無論這個世界多麼混亂，堅持自己的信念。我欽佩這樣的人。[13]

11　晚清侍郎周小棠題宜興盧忠肅公祠之對聯，參見［春秋］子思著，東籬子解譯：《中庸全鑒》，北京：中國紡織出版社，2010 年，第 108 頁。

12　參見中國人民政治協商會議江蘇省宜興縣委員會文史資料研究委員會：《宜興文史資料》第 6 輯，《忠肅手澤傳千古─盧象昇的雙玉印與〈軍中七夕歌〉》，宜興：政協宜興文史資料研究委員會出版，1984 年，第 51 頁。

13　當年明月：《明朝那些事兒》第 7 部，〈大結局〉，杭州：浙江人民出版社，2017 年，第 274 頁。

附錄二：盧象昇生平大事記[1]

萬曆二十八年（1600年）：三月四日，誕生於南直隸常州府宜興西南張渚鎮鎖前橋。

萬曆三十三年（1605年）：始入小學，師事族父盧國霦。

萬曆四十一年（1613年）：祖父荊玉公從南康知縣致仕歸里，遷居新橋之湄隱園。盧象昇常隨祖父讀書學習。

萬曆四十五年（1617年）：與同鄉吳貞啟就讀於城東學校。

萬曆四十六年（1618年）：與湯啟烺、吳貞啟同補校官弟子，娶妻汪夫人。

天啟元年（1621年）：得中應天鄉試第29名。

天啟二年（1622年）：二月會試，得中第308名，三月廷試，賜進士出身，得中壬戌榜二甲第55名。二月，祖父荊玉公去世，盧象昇聞訃號泣奔喪。

天啟三年（1623年）：娶妾陳氏。年底汪夫人病逝。

天啟四年（1624年）：二月，授戶部貴州司主事，八月督臨清倉。任期間更立程法，救濟中州饑民，頗得民心。

天啟五年（1625年）：父親崑石公被封為承德郎戶部主事，母親李氏和妻子汪氏被贈為安人。

天啟六年（1626年）：娶妻王夫人。

天啟七年（1627年）：三月，升任戶部山西司員外郎，仍管臨清倉。同

---

[1] 有關盧象昇崇禎初年以前的記事，多參考《明大司馬盧公年譜》所載；崇禎年以後的記事，多採用《明大司馬盧公年譜》、《盧象昇疏牘》和《明史》等文獻之載；《崇禎實錄》對盧象昇事蹟所載多有錯誤，故未採用。

附錄二：盧象昇生平大事記

月，因理倉務有功，加銜山東按察司副使並知府大名[2]。再次拒絕依附閹黨。六月，遷為大名知府，理冤獄，深受民眾愛戴。其父崑石公封為山東按察使副使，其母、妻及原配皆封為恭人。

崇禎元年（1628年）：捕拿畿南「巨盜」馬翩翩，理冤獄甚多，以功進一級。作詩〈景韓堂漫筆〉五首。

崇禎二年（1629年）：募兵三千，攜糧入京勤王，事畢而還。作詩〈夜坐寄懷詩〉一首。

崇禎三年（1630年）：遷山東布政使右參政，兵備大名、廣平、順德等畿南三郡。選民壯練鄉勇，編練什伍之法，緝「盜」安民。造訪高士賈蔭芳，舉薦才子申涵光。長子以載出生。作〈冠帶善士完予公墓誌銘〉。

崇禎四年（1631年）：擢升山東按察使銜，仍兵備三郡。次子以謙、三子以行出生。

崇禎五年（1632年）：轄區內實行「禦寇」保民之策，如立寨併村、繕城郭修守具等。三子同喪。祖母張太夫人卒。

崇禎六年（1633年）：與義軍屢戰於畿南，多大捷。作詩〈過黃粱祠絕句〉一首。

崇禎七年（1634年）：三月，奉詔進都察院右僉都御史，提督軍務兼撫治鄖陽等處地方。四月赴任鄖陽，頒布公牘，以「十議」咨群吏，以「八則」撫鄖民，進行各項「靖寇綏民」的改革，並疏請增設鄖陽主兵和實施屯田要

---

[2] 《明大司馬盧公年譜》第294頁有載：「三月，升山西司員外郎，仍管臨清倉，是月，奉旨加山東按察司副使，管大名府事。」說明加銜副使為天啟七年三月之事。《明實錄》則載為八月加副使銜：「加直隸大名府知府盧象昇山東按察司副使職銜，照舊管事。」（《明熹宗實錄》卷87，天啟七年八月甲午朔，臺北：中央研究院歷史語言所校印本，第4198頁）《明史》則稱加銜副使為崇禎三年事：「崇禎二年……明年進右參政兼副使，整飭大名、廣平、順德三府兵備。」（張廷玉：《明史》卷261，〈盧象昇傳〉，北京：中華書局，1974年，第6759頁）時間記載不一，姑存其說，其他史籍記載不錄。

務。同時配合西北總督陳奇瑜合剿義軍。作詩〈梅歸山絕句〉一首。

崇禎八年（1635年）：六月，奉詔以功進右副都御史，巡撫湖廣等處地方，兼提督軍務。九月，欽命以巡撫職銜，加總理直隸、河南、山東、川、湖等處軍務。[3] 十月赴任，上疏「平寇十要」和「三大機宜」。與西北總督承疇合剿義軍，屢敗高迎祥等部義軍，取得確山大捷。十二月，進兵部右侍郎加督山、陝軍務，並首賜尚方劍，同時卸任湖廣巡撫。同時，委派侯宏文赴滇南募兵。作詩〈過太平驛絕句〉和〈過穆陵關〉。

崇禎九年（1636年）：正月，大會諸將於鳳陽。不久解滁州之圍，大敗高迎祥等部義軍，取得五里橋、朱龍橋等大捷。又於河南之地大敗各路義軍，義軍遁入秦、豫、蜀之交大山中。七月，與洪承疇、孫傳庭合「剿」高迎祥部，致使高迎祥被俘殺。七月底，因清兵內犯，奉詔統兵入衛京師。九月，進兵部左侍郎並二賜尚方劍，總督京營與各鎮援兵，旋即奉詔仍以兵部左侍郎兼都察院右僉都御史，總督宣、大、山西等處地方軍務，兼理糧餉。十月，由居庸關出發，巡視重要邊口40餘所，諮詢軍事民情。之後再次巡閱邊鎮，獎懲各地守將有差。疏請各項軍政革新方案，並上「屯政十二條」。作詩〈十驥詠〉、〈家訓三首〉和〈湄隱園記〉。

崇禎十年（1637年）：正月，疏請定「邊政畫一」之法和「出兵要務」之策。請求增總督標兵5000人增餉14萬兩，之後，擴建總督標兵，完成督標五營建置並進行標兵練兵。三月，否決原來皇陵後300里築邊牆之議，提出以戰為守之策。疏救曾為盧象昇募滇兵被構陷下獄的侯宏文。上疏提出禦邊夷之計：開馬市，因卜聯哈，因哈備邊。七月，分兵護皇陵，再巡邊口並嚴懲費自強等守將。十一月，由大同巡視山西各鎮口。該年宣雲屯田有秋，積粟20萬石。作詞〈漁家傲〉兩首，並作〈鹿忠節公傳〉。

3　據《明史》第6760頁載，盧象昇撫楚和總理五省的時間分別為五月、八月，似為明廷下旨時間。文中所云六月、九月，依據《盧象昇疏牘》所載，應為盧象昇接旨的時間。

附錄二：盧象昇生平大事記

　　崇禎十一年（1638 年）：二月，疏救下獄的刑部尚書鄭三俊，鄭三俊得以釋放。三月，以智勇退乞炭兵。五月，聞父喪大慟，五疏請奔喪「丁憂」，明廷起復守制的陳新甲總督宣大，令盧象昇候代。七月，進兵部尚書，仍責以衰墨防秋；贈其祖父尚書官，祖母、母親及妻子為夫人。九月，清兵再次內犯，京師危急，詔令總督天下援兵並三賜尚方劍。十月初，督宣大兵馬屯兵昌平，並於平台觀見崇禎帝，上應敵之策；因抵制議和與樞臣楊嗣昌結怨；十月十五日，夜襲牛欄清營。十一月，與清兵戰於土城關、西直門、慶都等地。因朝野官員的掣肘和誣陷，盧象昇缺餉無援，又為明廷切責督戰，獨率殘兵五千尋求清兵主力求戰。十二月十二日，與清兵決戰於鉅鹿賈莊蒿水橋，英勇殉難。

附錄三：滿門忠烈—宜興盧象昇家族抗清簡記

崇禎十七年（1644年）春，義軍領袖李自成攻陷北京，崇禎帝煤山自縊而亡，標誌著歷時270餘年之久的明王朝的覆滅。不久後清軍再度入關，擊潰李自成所部，占領了北京城，開始了清朝的統治時期。明亡後，朱氏南明政權，如弘光、隆武、永曆等，紛紛建立於南方各地，並領導了各地的抗清鬥爭。不少遺明官員、士人、地方望族，或接受某南明政權的領導，或自發組織武裝力量，繼續從事抗清運動。甚至李自成、張獻忠義軍餘部，也紛紛與南明政權聯合，與清軍進行不懈的抗爭，直至敗亡。宜興盧象昇的家族，也融入了全國性抗清鬥爭的歷史洪流中。我們根據有關史籍的有限記載，以盧象昇的三個弟弟為例，評述盧象昇家族英勇抗清的忠烈之舉。

盧象昇的父親崑石公有四子：象昇為長子，二子象恆，三象晉，幼子象觀。盧象恆早死，此處不作贅言。關於盧象昇的兩個胞弟盧象晉、盧象觀，史料記載較少，其記載多在盧象昇的傳記之中，亦多語焉不詳。筆者又蒐集到盧氏族譜中有關盧象昇兩胞弟和從弟盧象同的史料，做一梳理，簡介如下，以饗讀者。

盧象晉，字錫侯，一字晉侯，號魯山，為邑諸生。其兄盧象昇抗清而歿，因楊嗣昌等人的阻撓，「暴屍七十日未殮」。盧象晉於是上京城鳴冤，請朝廷撫卹。之後，「扶兄梓歸」。接著，盧象晉向明廷上書：「願提戈死邊塞、雪國憤，而完兄志。並請預徙妻子於邊，以責後效。」沒料到，盧象晉要繼承兄長遺志，報家國之仇的願望遭到了崇禎帝的漠視，崇禎帝以為盧象晉是個瘋狂之人，沒有理會像晉的一片赤誠之心。然而像晉的上書卻受到朝臣的

附錄三：滿門忠烈—宜興盧象昇家族抗清簡記

讚許,「義烈之聲轟轟動朝寧」。[1]

順治二年（1945年）六月,在豫王多鐸攻下南京以後,清廷以為天下大局已定,又頒布嚴厲的「剃髮令」,漢人「留髮不留頭,留頭不留髮」。剃髮與否,成為順從或抗逆清政權的標誌。尤其在南方各地,如蘇州、常州、松江、嘉興等地區,民眾往往公推縉紳士大夫、下層官吏和知識分子為領導,進行以反剃髮為號召的抗清鬥爭。鬥爭失敗後,領導者多以身殉。盧象晉和多數漢人一樣,誓不剃髮。他認為,剃髮就是蒙羞於祖宗,向「韃子」順服,喪失民族氣節;況且,剃髮後,「恐他日無以見兄地下」[2]。清兵向蘇浙一帶進軍,鄉親父老不屈而死者甚眾。於是,盧象晉背負老母親李太夫人逃匿深山而居,本欲苟且性命於亂世。不曾想,他的叔父盧國霖遭遇官司,仇家在訴詞中牽連了他本人。仇家向官府告發盧象晉對抗清廷拒絕剃髮之事。順治六年（1649年）,盧象晉被郡守抓住,遭受殘酷的廷仗之刑,然而他仍不屈服。郡守不顧受刑後「血肉淋淋被地」的盧象晉,仍判其死刑,以促其剃髮。盧象晉視死如歸,以兄弟勇而殉國的英雄精神激勵自己,並對郡守厲聲喝斥:「吾兄象昇赴國難,戰死賈莊;吾弟象觀起義死小涓。吾但恨不得死所耳。頭可斷,髮不可削!」[3]

此時,清廷江寧巡撫土國寶,原為盧[4]。便斥責郡守,認為死刑過重。結果「守乃緩象晉死」[5]。

由於盧象晉拒絕合作,郡守又不敢得罪土國寶,無奈之下,便寫信讓盧象晉母親李太夫人來到獄中,希望她勸說盧象晉剃髮歸順大清。母子獄中相

1　《茗嶺盧氏宗譜》卷3,〈孝節公傳〉,報本堂影印本,宣統辛亥重修。
2　〔清〕朱溶:《忠義錄》卷3,〈盧象昇傳〉,高洪鈞編:《明清遺書五種》,北京:北京圖書館出版社,2006年,第533頁。
3　《茗嶺盧氏宗譜》卷3,〈孝節公傳〉,報本堂影印本,宣統辛亥重修。
4　〔清〕朱溶:《忠義錄》卷3,〈盧象昇傳〉,高洪鈞編:《明清遺書五種》,北京:北京圖書館出版社,2006年,第533頁。
5　《茗嶺盧氏宗譜》卷3,〈忠義傳〉,報本堂影印本,宣統辛亥重修。

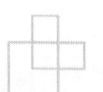

見，相擁一起，痛哭不已。盧象晉因悲傷過度，「痛絕仆地」。此時，突然竄進來數十人，不由分說，把盧象晉強行捆綁，給他強制剃髮。被剃髮後的盧象晉，在獄中度過了整整九個月。盧象晉回家後，與母親又大哭一場。盧家原來是六口之家，如今僅僅母子倆存活於世（二哥盧象恆英年早逝，長兄盧象昇戰歿於崇禎十一年冬，父親也在這年春天病逝，小弟也在不久前戰死）。盧象晉萬念俱灰，毅然割掉辮子，誓與滿清政權不兩立。然後，他拜別老母，出家為僧。後來，母親李太夫人去世時，盧象晉回家探望，辦完喪事，又穿戴僧衣離去。盧象晉遊走於各處山寺間，居無定所。有時，盧象晉身臨絕崖深壑，嚎啕大哭，晝夜不絕。絕大多數人看見，卻不知是誰。偶有認識他的人，便說：「此盧三和尚也。」[6]

許多年後，盧象晉忽然某日返回家鄉宜興，在其弟象觀之子盧以尚家逗留，告訴族人自己將不久於人世，並指明所葬之處。象晉還囑咐族人不要用棺材而要用瓦缶盛放其屍首。不久盧象晉逝去，終年73歲。[7] 康熙時詩人、經學家劉青蓮曾作《盧和尚傳》，稱「盧和尚從公（指盧象昇）志也」，[8] 所言不虛！

盧象觀，字幼哲，曾受業於楊廷麟門下。他天資聰穎，15歲即中秀才，「崇禎十五年鄉試第一人，明年成進士」。象昇死後四年，「上書訟兄冤，得贈戶部尚書、太子少師，予祭葬」。與盧象昇相比，「象觀英略稍下其兄，而文采過之」。[9] 他和兄長一樣，都盡職盡忠於朱明朝廷。崇禎帝自縊於煤山，明朝的中央統治終結，福王朱由崧在南京建立建政，即為南明弘光政權。此時，盧象觀擔任中書舍人之職。弘光政權覆滅後，盧象觀退回家鄉宜興，「間

6　《茗嶺盧氏宗譜》卷3，〈孝節公傳〉，報本堂影印本，宣統辛亥重修。
7　《茗嶺盧氏宗譜》卷3，〈象晉公傳〉，報本堂影印本，宣統辛亥重修。
8　《茗嶺盧氏宗譜》卷3，〈孝節公傳〉，報本堂影印本，宣統辛亥重修。
9　〔清〕陳鼎：《東林列傳》卷5，〈盧象昇傳〉，揚州：廣陵書社，2007年，第104頁。

附錄三：滿門忠烈—宜興盧象昇家族抗清簡記

道抵其家」。[10]

此時，清兵南下，正逼近宜興。江南各地民眾爆發了以反對「剃髮令」為主要內容的抗清鬥爭。盧象觀也在家鄉宜興準備聚眾起義，以阻止清兵入境。於是，他召集宜興城內各鄉紳和士大夫們，共聚家鄉的「明倫堂」[11] 以商大事，堂內懸掛著明太祖、明成祖的畫像。眾人面對國破家亡、清兵壓境的殘酷現實，不禁悲憤萬分，慟哭不已。當盧象觀提議舉義兵抗清和謀籌兵餉時，眾士紳卻眾口難調，無法達成一致意見。這令盧象觀大失所望。盧象觀決定獨自籌劃起兵事宜。[12]

盧象觀透過私訪，找到了棄官後寓居西湖一帶的原明軍參將陳坦公（名安）。陳安曾是盧象昇部屬，善用大刀，生得紅臉碩壯，真是一位難得的武將。盧象觀和陳安相談甚好，決計起兵抗清。兩人一同回到宜興，開始籌劃起事。盧象觀散盡家財，招兵買馬。宜興各地的義兵聞之，亦紛紛聚攏而來，還包括一些水軍。不久，抗清義兵部眾多達數千人，另外還有一定數量

10　《茗嶺盧氏宗譜》卷3，〈忠節公傳〉，報本堂影印本，宣統辛亥重修。
11　中國古代，明倫堂多設於古文廟、書院、太學、學宮的正殿，是讀書、講學、弘道、研究之所。過去是具有一定社會地位的社會精英講學論道的地方，同時也承擔著傳播文化與學術研究的功能。它已經具有一千多年的歷史傳承。「明倫」二字出自《孟子·滕文公上》：「夏曰校，殷曰序，周曰庠；學則三代共之，皆所以明人倫也，人倫明於上，小民親於下。」（地方學校）夏代稱「校」，商代稱「序」，周代稱「庠」；「學」（中央的學校）是三代共用的名稱。（這些學校）都是用來教人懂得倫理關係的。在上位的人明白了倫理關係，百姓在下自然就會相親相愛。明倫歷來是中華文化圈家族教育的重要內容。至少從宋代開始，文廟、書院、太學、學宮便皆以明倫堂來命名講堂。對廟、學合一的中國古代來說，各地的文廟不僅是祭祀大成至聖先師孔子的地方，也是當地的官辦學校，當地的學子大多數都會在其中學習。明倫堂作為「明人倫」的講學廳，是當時參加科舉考試的社會精英們獲取知識與智慧的莊嚴神聖的講堂。士人們在此十年寒窗之後，都希望透過科舉考試登上朝堂，從而實現治國平天下的社會理想。
12　《茗嶺盧氏宗譜》卷3，〈忠節公傳〉，報本堂影印本，宣統辛亥重修。

的鄉兵為援。[13]

　　清兵騎兵已經到達宜興，集聚於北門，他們四處為虐，百姓深受其害。各部義兵相約深夜火攻清兵。他們決定在閏六月二十五日深夜為期，城門口放火為號，屆時各路義兵和鄉兵同時見火出兵，襲擊清兵大營。不巧的是，清兵在南門焚燒鄉民廬舍，引發大火，此時還不到二更時分。鄉兵以為義兵放火起事，便提前擊鼓發兵，結果各部抗清人馬損失慘重。尤其是抗清鄉兵，沒有實戰經驗，裝備又差，根本不是訓練有素的清騎兵對手。很快，鄉兵損失殆盡。抗清義兵與清兵作戰也遭受重創。[14]

　　在深夜的戰鬥中，盧象觀和陳安表現得十分勇敢。盧象觀率陳安等人，進攻清兵，正當接近敵營時，卻遭受清兵流矢襲擊，頭耳一側被射中，血流如注。幸得陳安拚命殿後保護，盧象觀才得以脫險。陳安憑著他的英勇與機智，也全式而退。[15]

　　之後，盧象觀率兵退守張渚一帶，在此休整一個多月。此間，丹陽人孝廉葛麟、浙江人徐闇如、南京人毛得五兄弟也率部屬來投。盧象觀的抗清義兵又恢復元氣，自己的傷勢也基本痊癒。值得一提的是，毛得五兄弟被其他部義軍質疑，導致該部被清兵消滅，也讓盧象觀失去了一個出色的助手。毛得五兄弟不願意順從清兵，率部逃離了南京城。逃出前，為了隱瞞身分，被迫剃髮。然而，盧象觀部眾都是沒有剃髮的，便懷疑毛得五兄弟是清兵奸細。結果，盧象觀也沒有給毛氏兄弟們糧餉。這讓毛得五等人很是傷心。當清兵來攻，毛得五向盧象觀請戰，欲以軍功明志。不幸的是，毛氏兄弟孤軍深入，終英勇戰死。盧象觀聞之，「悔不善用得五也」。有人評論毛得五、陳安之死時，感嘆道：「嗟乎！使得五在，陳安豈至以獨立斃哉？」[16]

13　《茗嶺盧氏宗譜》卷3，〈忠節公傳〉，報本堂影印本，宣統辛亥重修。
14　《茗嶺盧氏宗譜》卷3，〈忠節公傳〉，報本堂影印本，宣統辛亥重修。
15　《茗嶺盧氏宗譜》卷3，〈忠節公傳〉，報本堂影印本，宣統辛亥重修。
16　《茗嶺盧氏宗譜》卷3，〈忠節公傳〉，報本堂影印本，宣統辛亥重修。

附錄三：滿門忠烈──宜興盧象昇家族抗清簡記

不久，清兵從宜興水陸並進張渚，決戰時刻到來了。陳安率數十人防守新橋，與清兵騎兵血戰。儘管陳安等人拚死廝殺，還是寡不敵眾。陳安遭遇清兵水軍的鳥銃的襲擊，大腿受重傷。此時清兵趁機上前，刺死陳安。

此時，清兵營裡有位李某，與盧象觀有故交，他寫信欲招降象觀，被象觀拒絕。洪承疇曾與盧象昇協同鎮壓義軍，不忍與盧象觀為敵。此時，洪承疇已降清，任江南總督，便遺書象觀，勸之降清，並許以重用。結果，洪承疇遭到盧象觀大罵。

盧象觀妻子陳氏見清兵來勢洶洶，義兵大勢已去，哭泣著勸說象觀：「母老子幼，願君自愛。」象觀按劍，厲聲喝斥妻子。[17]他甚至「迫其妻妾咸盡，無內顧。妾先死。妻且死，嫂止之」[18]。之後，盧象觀向母親拜辭，稱：「兒將以身報國，母之供養有仲兄在。兒侍膝下止今日矣。」[19]和其兄盧象昇一樣，又是「移孝作忠」。盧象觀與其兄盧象同、葛麟等退守長興，又兵敗小梅。葛麟執槊殺敵十餘人後戰死。[20]盧象觀最後身陷太湖大澤中，為清兵所殺。

盧象觀抗清最終戰敗，是當時雙方力量對比懸殊所決定的。然而，就個人因素而言，他也不是一位優秀的將官。他既沒有出色的軍事才能，也缺乏駕馭部屬的能力，如對待毛得五兄弟之事就很能說明問題。然而，盧象觀在民族大義面前，英勇不屈、視死如歸的英雄豪氣，確實值得我們學習和弘揚。任元祥在《盧中書傳》文末如此評論盧象觀：「盧中書本非將帥之材，而誠信所達，不死不已，古所稱義理之勇。非乎？」[21]

17　《茗嶺盧氏宗譜》卷3，〈忠節公傳〉，報本堂影印本，宣統辛亥重修。
18　〔清〕查繼佐撰，倪志雲、劉天路點校：《明書》（《罪唯錄》），列傳卷9（上），〈盧象昇傳〉，濟南：齊魯書社，2014年，第1616頁。
19　〔清〕朱溶：《忠義錄》卷3，〈盧象昇傳〉，高洪鈞編：《明清遺書五種》，北京：北京圖書館出版社，2006年，第533頁。
20　《茗嶺盧氏宗譜》卷3，〈忠節公傳〉，報本堂影印本，宣統辛亥重修。
21　《茗嶺盧氏宗譜》卷3，〈忠節公傳〉，報本堂影印本，宣統辛亥重修。

盧象同，其父盧國霖，祖父盧立志，同盧象昇兄弟同祖父，為盧象昇之堂弟。[22] 有關他的記載尤為缺乏，少有的幾種文獻也都語焉不詳，上文提及的盧象觀的傳記中，就有盧象同跟隨盧象觀在家鄉一帶抗清的記載。筆者依據現有的史料，述其大概。《南疆逸史》之〈義士〉篇，專門記載反對清廷之剃髮令而死之人，其中便提及盧象同：「勝國宗社既屋，下令剃髮，遂有違制以死者，真可哀也。錄其可知者，其姓氏存而邑裡行事不見者姑闕之」；「宜興諸生盧象同，字同人……此皆姓名可稽者也，惜乎！其人之生平軼矣。」[23] 盧象同的姓名附於卷尾，其史籍不詳，但可以確定的是，他因反對清廷所頒剃髮令，「違制以死」。〈忠節公傳〉提及盧象同抗清和死亡之語，甚為簡略，「（盧象觀）遂與其兄象同及葛麟等至長興」，「象同死於民家」。[24]《重刊宜興縣志》之《四祠》中也記載，乾隆二十年（1755年）所重修鄉賢祠與乾隆二十八年（1763年）改建之忠義祠，皆祀有盧象同。[25]

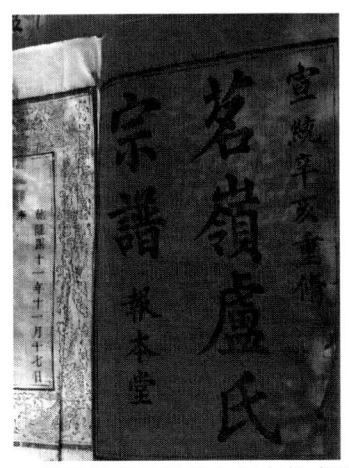

附 3-1：嶺下村盧象昇後人保存的盧氏族譜

22　《茗嶺盧氏宗譜》卷 7，〈二長房世系總圖〉，報本堂影印本，宣統辛亥重修。
23　〔清〕溫睿臨撰：《南疆逸史》卷 46，列傳第 42，〈義士〉，清大興傅氏長恩閣抄本。
24　《茗嶺盧氏宗譜》卷 3，〈忠節公傳〉，報本堂影印本，宣統辛亥重修。
25　〔清〕阮升基修，寧楷纂：《重刊宜興縣志》卷 2，〈學校志·四祠〉，清嘉慶二年刻本。

附錄三:滿門忠烈—宜興盧象昇家族抗清簡記

　　綜合以上幾條史料,筆者以為,在清兵南下江南,為統一全國而大舉征伐期間,盧象同確實跟從盧象觀,在家鄉一帶參與抗清保家的鬥爭。盧象觀戰死,而盧象同卻苟活下來,但在家鄉卻因為抗拒剃髮令而被清兵殺死。所以說,我們稱盧象同抗清而死,是完全符合史實的。正因為如此,盧象同被後世鄉人祭祀,也是應該的。但遺憾的是,「其人之生平軼矣」。

　　另外,明亡以後,盧象昇的多位叔父和弟弟,也因英勇抗清而殉難。《明史》載:「其後南都亡,象觀赴水死,象晉為僧,一門先後赴難者百餘人。從弟象同及其部將陳安死尤烈。」[26] 盧象昇的後人盧煥南也稱:盧象昇的叔父盧國雲、盧國君、盧國紘和弟弟盧象觀、象同、象楨等,皆死於國難。[27] 明末宜興盧氏家族,可謂滿門忠烈!乾隆年間,清政府為教化民眾,對曾抗清的三兄弟盧象昇、盧象晉、盧象觀同時「崇祀鄉賢」。

26　〔清〕張廷玉等:《明史》卷261,列傳第149,〈盧象昇傳〉,北京:中華書局,1974年,第6766頁。
27　中國人民政治協商會議江蘇省宜興縣委員會文史資料研究委員會:《宜興文史資料》第6輯,〈關於盧公祠的回憶和聯想〉,宜興:政協宜興文史資料研究委員會出版,1984年,第46頁。

附錄四：盧象昇作品輯錄

　　盧象昇一生短暫，卻留下了 20 餘萬字的詩文，以供後人研讀。筆者按照文體，將這些詩文，大體分為疏（奏議）、書牘（公牘和書信）、詩、詞及散文（傳、墓誌銘、記）等部分。盧象昇去世後，其歷史地位逐漸得到了官方的認可。他的詩文也被後世族人輯錄成文集，官方甚至將其加以出版。這些文集版本各異，如《忠肅集》、《明大司馬盧公奏議》、《盧忠肅公文集》、《盧忠肅公書牘》等。比較早的版本是清乾隆二十七年的刻本《盧忠烈公集》，它是由盧象昇之曾孫盧安節蒐羅其遺墨補輯而成。《盧忠烈公集》，共三卷。第一卷含詩 35 首、詩餘 8 首、傳 1 首、墓誌 1 首及詩餘末 1 首；第二卷含記 1 首與書信 27 首；第三卷是附錄，為張廷玉總編《明史》中的「盧象昇傳」，以及《明史》中與盧象昇相關的文字內容。南明弘光朝時期，福王賜盧象昇的諡號為「忠烈」，《盧忠烈公集》因此而得名；後來，乾隆四十一年又賜盧象昇新諡號「忠肅」，《盧忠烈公集》又改為《盧忠肅集》。[1] 以上諸多版本，現在中國容易查到的只有《忠肅集》、《明大司馬盧公奏議》，其他版本的收藏多集中在臺灣。

　　以上各種刻本，沒有一種能囊括盧象昇所有的著述。況且，各刻本在傳抄、刻印過程中，存在不少文字內容方面的不一致現象，這不免給後人的研究帶來諸多不便。1985 年，浙江古籍出版社標點排印了《盧象昇疏牘》，依據的就是盧氏「祠堂藏版」《明大司馬盧公奏議》（清道光刊本）一書，同時也採用了《盧忠烈公集》部分內容。筆者認為，點校本《盧象昇疏牘》，對原來版本的文字內容進行糾誤和標點，吸納眾刻本之長，是我們研究盧象昇生平和明末史不可多得的史料。該點校本的點校工作細緻而專業，為研究者節

1　李奧：《盧忠肅集校注》，湘潭大學 2015 年碩士論文。

附錄四：盧象昇作品輯錄

約了大量的研讀時間。

遺憾的是，這些豐富的歷史史料，在以後的歷史研究中，沒有得到很好的利用。筆者有感於此，認為很有必要將盧象昇的所有作品結集出版，以便為盧象昇研究愛好者提供更便捷的幫助。由於該書篇幅所限，筆者無法把盧象昇一生的所有著作詳列於此。但是，筆者在該書即將殺青之際，準備蒐羅各刻本中盧象昇的詩詞文稿，力圖輯錄其全部作品，做一梳理，簡要的羅列於此。筆者真誠地希望，該工作能為今後的盧象昇研究盡一點綿薄之力。關於盧象昇作品的輯錄工作，筆者有幾點說明；

首先，關於刻本的選擇。點校本《盧象昇疏牘》，囊括了他進入官場以來所作的全部奏議以及幾乎所有的書牘；點校後的文字內容模糊、錯誤之處較少，筆者在輯錄盧象昇著述時，首選此中篇目。遺憾的是，《盧象昇疏牘》所輯錄的書牘還缺〈家訓三首〉；另外，它沒有收錄盧象昇所作的詩詞與散文等作品。這些所有缺少的篇目，在《忠肅集》[2]裡卻保存完好。所以，筆者在輯錄盧象昇的著述時，首先依據的是《盧象昇疏牘》，其次是《忠肅集》。

其次，關於輯錄作品的來源與分類。點校本《盧象昇疏牘》，就筆者目前所挖掘的史料來看，已經涵蓋了盧象昇為官時的所有奏疏、公牘，內容極其豐富（近 200 篇，約 20 萬字），筆者無法亦無必要將其全部內容摘錄，在此只能將其全部篇目羅列於此，以供研究者查閱疏文時的參考。同時，筆者把點校本《盧象昇疏牘》最末一卷，即第 12 卷之「書牘」各篇摘出，同《忠肅集》中的〈家訓三首〉合二為一，構成盧象昇的所有「書」（私人書信）部分的主體內容；另外，筆者在研讀《楊嗣昌集》時，意外發現了盧象昇給楊嗣昌的三首書牘[3]，其中一首與點校本《盧象昇疏牘》收錄的唯一一首盧、楊交

2　〔明〕盧象昇：《忠肅集》，《文淵閣四庫全書》影印本第 1296 冊，臺北：商務印書，1983 年。

3　此三首書牘，收錄於《楊嗣昌集》卷 47，該卷輯錄了楊嗣昌給盧象昇的十餘首書牘，其中三首書牘後面附有盧象昇的「來書」。所以，筆者猜測，盧象昇為官期間的書

往的書牘，內容基本重合（個別文字仍有出入且點校亦有不一致之處），筆者為了保持輯錄內容的完整性和原始性，將此三首書牘亦單獨摘錄於「書」之最後。盧象昇的其他著述，如詩、詞、文（傳、墓誌銘、記），都由《忠肅集》摘出。

再次，關於作品的內容與形式。筆者將盧象昇所有作品分為詩、詞（詩餘）、文（傳、墓誌銘、記）、疏牘（奏議、公牘）、書（私人書信）五部分。詩、詞、文三部分，以《忠肅集》的內容為依據，甚至篇目順序也大體與之相同；然而，原文為直排無句讀，筆者在輯錄其內容時，已經重新點校，並改為橫排；「文」（傳、墓誌銘、記）之原文皆無分段，筆者根據文章內容進行了重新分段；詩、詞、文三部分文中，有不少注解說明，筆者略去未錄，而只留原文。疏牘、書兩部分文章，點校本《盧象昇疏牘》仍為直排，筆者仍改為橫排；疏牘之部分，依據點校本《盧象昇疏牘》，只錄入其篇名而略去疏文全文；「書」之部分仍基本依點校本《盧象昇疏牘》（唯〈家訓三首〉源自《忠肅集》，筆者重新點校）。需要說明的是，在儘量尊重原刻本內容前提下，筆者對有明顯排版刻印錯誤或者有歧義的個別字詞進行了校正；原文缺少的字詞部分，用「□」標記。

最後，筆者需要再次強調的是，下面所輯錄之作品，僅為後續的盧象昇研究提供檢索和查閱的便利，而不能當作盧象昇研究的第一手史料對待。在作品輯錄過程中，筆者在句讀標注個別字詞的校正等方面，用心用力頗多，希望該文能受到盧象昇研究者的重視；當然，因筆者學識和精力所限，亦難免出現一些錯誤，還懇請方家批評指正。

牘，可能遠不止目前我們所蒐集到的這些。盧象昇作品的蒐集與整理，也將是研究者一項長期的工作。

附錄四：盧象昇作品輯錄

一、詩

景韓堂漫筆五首
其一 橘中老人

兩間大矣，何老人仙翁偏欲離世界而就橘壺，此不可解也。雖然幻處本真，小中見大，目圍之內，正當有得於斯觀。

橘中老人剖而出，壺內仙翁跳而入。
壺橘原藏世界中，老仙畢竟何所終。
蛟螭滅沒忘大海，鶴鵠騫翔狎泰岱。
芥子須彌我自觀，四大藏於天地寬。

其二 不周之山

人自稟靈，七尺便爾，參合三才，孺子共工，何分強弱？但留得英雄氣骨，自不同白日俱沉。

不周之山頭可觸，滄浪之水足可濯。
撼搖天柱躡洪流，丈夫氣骨原千秋。
我今俯仰何所事，顧影掀鬚只如此。
白日昇沉無已時，安得長繩一繫之？

其三 女媧煉石

夫人經濟之才，相去十百千萬。然雖掣電轟雷之手，須得天空雲淨之心，否則女媧之術也。

女媧煉石曾補天，石破天驚蒼冥寒。
九嶷峰頭雲霧起，天門隱約空濛裡。
列宿高張手可捫，一聲長嘯彼蒼聞。
恨今頑石不可煉，願起女媧與相見。

其四 玉壘之雲

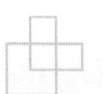

海內文章與世運相終始，須會山靈水異之間氣，勿墮山魈水魅之魔神。年來歷科，不審於世運，何似要當視詩家之李杜耳。
　　　　　　玉壘之雲錦江水，出沒千年流萬載。
　　　　　　高峰逼漢雲為章，浩浩洪流濯我腸。
　　　　　　等閒未與測深淺，矯首清霄觀世變。
　　　　　　開胸拍手索吾徒，白甫不見吁嗟乎。
　　　　　　　　其五 愚公徙山
達天知命古來已鮮，其人逐日徙山，今日請思其事。
　　　　　　愚公徙山逢巨靈，夸父逐日捐其身。
　　　　　　兩人突出奇怪想，一人得志一人傾。
　　　　　　滄桑誰卜常與變，造物安知假或真。
　　　　　　赤輪飛馳五嶽峙，乾坤餌我一浮生。

夜坐寄懷

　　　　　　買山而隱乃無錢，富可求乎請執鞭。
　　　　　　六載從官仍四壁，八年叨第也三遷。
　　　　　　高張白眼慚時態，細檢青箱憶舊氈。
　　　　　　夜告自堪蒼冥對，天空靈物亦依然。

寄贈常中丞

　　　　　　名藩歷典幾分憂，大府新開藉壯猷。
　　　　　　萬里風雲勞擊楫，十年江海憶同舟。
　　　　　　天回白日紓南顧，手挽黃河會倒流。
　　　　　　絕塞當關人易老，懷君更上月中樓。

游海螺山

　　　　　　重過靈岩思渺然，舉杯邀月到山巔。
　　　　　　浮雲聚散知吾意，怪石嵯峨睹別天。

附錄四：盧象昇作品輯錄

濟勝且論塵外事，逢僧聊話口頭禪。
煙霞寄傲余今夕，望迴青霄我欲仙。

登太虛樓鼓琴

瀟湘逸響水雲流，雁陣驚回明月樓。
偶然登眺鳴幽興，翻為絲桐攪別愁。
良夜有情應不寐，征途無主為誰留。
何年得遂初衣賦，歸臥深山鹿豕遊。

大伾山石佛

黎陽有大伾山，孤峙郭外。其西面層崖壁立，形如大士王文成先生。一律云：「曉披煙霧入青巒，山寺疏鐘萬木寒。千古河流成沃壤，百年沙勢自風湍。水穿石甲龍鱗動，月印峰頭佛頂寬。回首五雲天北極，高秋更上九霄看。」謹次：

孤山突兀起層巒，石壁菩提玉掌寒。
磴拂蒼虬千歲老，襟流匹練幾回湍。
禪光若共林光隱，法界原同下界寬。
應是巨靈曾劈處，芙蓉覿面切雲看。

題望夫石

咸陽古道有望夫山、望夫石。前人題云：「山頭怪石古人妻，翹首巍巍望隴西。雲鬢不梳新樣髻，月鉤猶掛舊時眉。衣衫歲久成苔蘚，脂粉年深墜土泥。妾意自從君去後，一番風雨一番啼。」詩頗有情，未免色相。余為賡其韻。

匪石堅貞誰氏妻，芳魂已逐杜鵑西。
千里時懸關塞目，百年空對遠山眉。
梳雲掠雨饒妝點，泣月悲風嘆粉泥。
燕燕鶯鶯疇作侶，忽聞山峽有猿啼。

過穆陵關

此關離太平驛三十里。余領五省軍務統兵入豫,見壁間一律云:「獨上亭臺耳目新,情懷何異葛天民。江山寄跡原非我,天地為廬亦借人。放盡尊前千里目,流空衣上十年塵。有詩不寫酬佳景,卻恐風花笑客貧。」其詩高妙,相傳為呂純陽先生所題。漫次:

介馬臨戎壁壘新,連天烽火嘆無民。
揮戈欲洗山河色,仗策思援饑溺人。
安奠蒼生千古事,掃除逋寇八年塵。
攜歸兩袖清風去,坐看閒雲不厭貧。

過恨這關

小說稱關忠義過五關,此其一也。相傳有「勒馬回頭恨這關」之語,遂以為名。余剿寇信陽,聞鄖中有警,星夜馳援過此。

千古英雄恨這關,疆分豫楚幾重山。
龍泉羽士嫌岑寂,鳥道徵人嘆往還。
劍削芙蓉身欲奮,幽棲岩壑意仍閒。
遐思忠義當年事,歷盡江山識歲寒。

詠庭鶴

署中有雙鶴,羽毛骨節修然翛然,此世外交也,故贈。

霜姿玉質孰為儔,時向空庭擬勝游。
與爾乘風霄漢去,眼中不見十三洲。

詠游絲

嬌難著雨弱隨風,似有疑無入望中。
高拂樓臺低繞徑,春光牽惹過牆東。

中秋二首

靜里絲桐猿鶴聞,三秋景色已平分。

良夜新晴月皎皎，碧霄散盡蒼梧雲。
秋聲欲墜露霑衣，天際星河□影稀。
舉酒移尊觴碧落，懶雲為我一齊飛。

詠庭鶴

署中有雙鶴，羽毛骨節修然翛然，此世外交也，故贈。

霜姿玉質孰為儔，時向空庭擬勝游。
與爾乘風霄漢去，眼中不見十三洲。

畫眉

玉指輕將兩袖分，菱花照出斗彎紋。
巫山十二堪描寫，淺黛斜侵拂鬢雲。

過黃粱祠

余備兵大名，剿賊邯鄲，道中偶憩呂公祠。壁間多詠盧生夢者，未知是夢非夢也。聊書一絕。

曾聞世有盧生夢，我夢盧生即此身。
今古誰醒復誰夢，呂翁同作夢中人。

梅歸山

甲戌五月，追寇至此，晝夜兼行三百里，士馬憊極，見清泉碧流而喜之。

披星介馬身雖頓，拂水捎雲意自閒。
歷落層崖最幽處，支公不用買山錢。

過太平驛

驛在豫州光麻之間。余奉命討賊，督兵過此，即以「太平」二字為題。

誰挽天河洗甲兵，金戈鐵馬旅人情。
請纓豈是書生業，倚劍長吟祝太平。

276

十驥詠 御賜千里雪

　　余頻年征討，蓋以馬為足者也，頃帥師入衛。兩足俱苦，濕毒裹瘡，而馳解鞍即臥，更以馬為性命者也。間遇良駟，傾囊購之，得駿凡五。今上復賜以御廄，五十選其最者什一從余，朝夕以拜君恩。每當鐵騎長嘶，輒想書生故業，聊為東家施作〈十驥詠〉，敢就正登壇作者。

其一 御賜千里雪

首尾丈尋，腰峰壯峻，聿彼風馳，皎然玉映。

疋練飛騰眼界空，白雲為窟矯如鴻。

輕麾羽騎狼煙靖，長駕應推第一功。

其二 五明驥

序：紫體玄鬃，其力千里，孤月懸肩，寒霜沒趾（林質贊）

歷盡關山幾萬重，渥窪神駿喜相從。

五明共道非凡品，百戰先登果異蹤。

其三 御賜玉頂赤

竹批鷲角，梅勝點容，長軀夭矯，狀若火龍。

驥首雲霄月影龐，胭脂叢裡玉無雙。

驚鴻舞燕何堪比，一騎橫秋飲漢江。

其四 桃花驄

素毫間赤，薄霜秋草，點似春花，嫣然鮮好。

細柳軍容昔自奇，六花指點繞旌旗。

千群戰騎爭相逐，獨向春風顧盼遲。

其五 豹花驄

白質玄章，耀睛怒發，下至脛蹄，文猶煥發。

蔚也其文奪錦輝，中宵欲吼劍光飛。

瑞質不隨玄霧隱，凱歌聲徹五花騑。

其六 紫騮

久從鞭弭，色奪珊瑚，畿南蕩寇，塞北長驅。
記得臨戎策馬初，驊騮紫色映征裾。
殷勤好為求芻牧，遍歷風霜體自如。

其七 御賜銀青

皎皎素姿，薄施以黛，雪鬟遙峰，彷彿其態。
逐影霜蹄賦隙駒，追風鐵骨傲征途。
寧將汗血求金紫，但願功成列畫圖。

其八 御賜燕色駒

玄之又玄，迎賜耀碧，燕以方毛，尤肖輕疾。
鬟鬢煙雲復碧蹄，朝來天廐暮遼西。
昨宵逐電分明見，八尺玄虬帶障泥。

其九 御賜赭白

鉛繪其九，丹染其一，尾鬣之間，淡墨數筆。
玉立亭亭孰與偕，空群逸足藐天涯。
當場一任玄黃戰，駃牝三千獨爾佳。

其十 菊花青

賦骨緊勁，賦神緊強，何以狀之，紺雪青霜。
一夕金飆遍九垓，邊庭將士詫龍媒。
孤臣久勵凌霜操，唯帶秋容馬上來。

賀新居一首

大都名世士，出處俱不妄。不讀萬卷書，豈足成高尚。
羨子煙霞骨，身情復奇曠。結屋小溪口，溪水清且漾。
几案自楚潔，軒窗墍以暢。晤言一室中，心足千古上。
詎比子雲居，時吹太乙杖。我亦勇退者，豈曰戀祿養。

第以聖明時，未答蒼生望。區區丘壑懷，念與風塵抗。
每聽誦移文，北山果無恙。焉得歸去來，依君共相向。

失題四首

其一
十年仗策氣如雲，匹馬臨戎擬冊勛。
不遇豈因臧氏子，數奇原是李將軍。

其二
池邊雨細花落，簾外風清日長。
呼童採藥蘿徑，對客攤書石床。

其三
青莎翠竹交加，錦石文禽相逐。
分明數點漁燈，照見一村茅屋。

其四
高拂柳絲齊，鶯聲滿御堤。
風送名花落，香紅襯馬蹄。

二、詞（詩餘）

如夢令
（次黃山谷舊作）

此日郊原花柳，暗度昨年時候。
心緒強言歡，討得夢中消瘦。
生受，生受，南國江山如繡。

附錄四：盧象昇作品輯錄

長相思
（次劉青田先生作）

時悠悠，宦悠悠，時宦相催不斷頭，般般件件愁。

欲歸休，未歸休，菊花松蔓老春秋，歲月肯吾留。

菩薩蠻

《春暮》回文，鳳洲先生有此作，向從詩餘讀之，甚佳，因次其韻。今在行間，余忘之矣。

綠陰深處迷花谷，谷花迷處深陰綠。春盡不留人，人留不盡春。

燕來歸路遠，遠路歸來燕。簾卷怯輕寒，寒輕怯捲簾。

西江月
（〈春閨〉 次秦少游作）

原詞云：眉黛頻仍月淺，啼妝印得花殘。只消鴛枕夜來閒，曉鏡心情更懶。破帽檐前風細，征衫衱口香寒。強將心事向人難，回首佳期已晚。

裁就弓鞋樣淺，繡成鴛枕針殘。坐沉紅燭有餘閒，日九迴腸非懶。

別館疏櫺風細，孤幃繡榻香寒。昔時雲雨夢中難，欲覓佳期已晚。

秋閨仿
（劉青田疊字疊句）

相思相盼何時已，閒把閒愁理玉人。人倚玉闌桿，新月新秋新怯寒。

日陰陰，夜深深，漏更更，葉葉聲聲響到明。夢兒成不成。

漁家傲
（丁丑重九日，獵邊外龍安山，次先賢范希文詞）

其一

怪是重陽風雨惡，東籬把菊寒酸作，醉掾當筵吹帽落。皆寂寞，人間漫說登高樂。

何似今朝開眼目，秋山萬疊尖如削，絕頂連雲張錦幄。天摸著，崑崙下

看閭風閣。

其二

搔首問天摩巨闕,平生有恨何時雪,天柱孤危疑欲折。空有舌,悲來獨灑憂時血。

畫角一聲天地裂,邊風撼樹驚魂掣,絕影驕驄看並逐。真捷足,將軍應取燕然勒。

附:軍中七夕歌

人言今夕是七夕,夏去秋來若駒隙。天孫織就雲錦囊,待我詩章貯冰雪。我詩不作驚人語,戈挽斜暉馬上得。四山出沒唯閒雲,千里徘徊有新月。新月如鉤碧空際,我心如月知何寄。煙霞冷落織女機,關河阻越牛郎意。砧杵聲聲訴別離,征夫玉露又生衣。芙蓉劍氣侵牛斗,鐵馬嘶風萬木稀。帶甲貔貅皆穩睡,我獨披襟不成寐。感時搔首問青天,試看將星明與昧。天垣之將星正明,登壇乃是讀書人。銅牙晝臥應何日,玉簡宵征值此辰。良辰俯仰誰與同,尚論千秋意氣雄。倏忽浮雲變今古,穿針乞巧非所工。等閒將試薄羅裳,怡堂處處話新涼。赤日紅塵誰氏子?重鎧身被歷戰場。乾坤殺運似未終,虎狼匝地路不通。銀河碧漢駕長虹。世態驚人愁不了。焚香夜告天知道。野鶴雙飛亦白頭,顧我何人能卻老。此身已許報君王,敢謂 樗材作棟梁。百劫叢中真性在,白衣蒼狗庸何妨。烏沉兔起明月缺,安得長繩繫日月。吁嗟乎!夏去秋來若駒隙,人言今夕是七夕。

三、文(傳、墓誌銘、記)

鹿忠節公傳
(《畿輔通志》一百有四卷)

公諱善繼,字伯順,人稱之曰「乾岳先生」。永樂初,自小興州徙於

附錄四：盧象昇作品輯錄

定興。神宗時，所稱忠諫御史鹿公九征者，公之大父也。熹宗時，東南諸君子構黨禍，將挺身破家以救之，事雖不果，海內競傳。鹿太公正者，公之父也。

公少而卓然，自立志於古人之學，究心於國家典故。經畫匡濟，鰓鰓不倦。古貌端莊，髭髯飄然。丙午舉於鄉，癸丑成進士。芒屩布衣，教授諸生，不為謁選，獨與孫徵君奇逢為莫逆交。魏忠節大中、周忠毅宗建聞而訪之，四人訂交於楊忠愍祠下，歊歔歌笑，人不測也。

勉起為司農郎，時神宗在御久，士大夫相與愉愉，結交飲宴即得嘉譽。華選公獨日講求於職掌，與同舍郎袁君應振精心鹽策曰：「兵弱矣，禍將起。救弱莫如強，非富則不能強，非鹽策則不能驟富，且不病民。」袁君領淮鹺，振百年之衰，至今賴之公。為粵東八閩鹽法議，後之謀國者不能易也。大司農察其貧，使督圉政，稍可資衣食。公一無所問，而清冒破三百緡於閹豎之手，幾及禍不避也。

未幾，以母憂歸，勺水不入口，哀慕若孺子，人稱至孝。服闋補故官，暫署廣東司。時天下無兵，兵苦無食，一如公料。遼餉絕，而大臣力請發帑，不許；請還金花銀於計部，不許。適廣東金花銀解至，公輒發以應，上大怒，群閹聚而噪，公安之。急召入，眾且謂予杖，公飲噉自如。至闕，而群閹闔扉留之，使立解，公寓意於司管，報曰：「已發三日矣。」歸而勒之還。公曰：「有可還，安用借？」上謫公去，而勒大司農還內庫，直聲遂動天下，公卿臺省競為申白。公乞歸，皆不報。公徑不待報而歸，菽水為養，教授如平時，有終焉之志。

光宗御極，首復故官，使典新餉。蓋是時，司農仰屋無計，驟加派於民幾倍正供，故別為藏察廉吏以主之，特以屬公。公為立章程，解者至，使自封識而寄於帑；領者至，面衡以付之官，為持平而不為出入，一無所染於其間，吏亦不得上下其手。司農曹以主帑如脂，此法立如水矣。遼陽失察，才

吏補職,方改公主其事,余故得望見公。公為大司馬,草疏請斬潰逃將,逮逗留將,自請先正刑典,以為法行自近。當是時,天下久無法,聞之皆震動,而言者遂指摘之。公又力拄言者之口。神宗時,犯顏易而犯言路難。公諤諤,不特朝陽之鳳矣。時天下久不用兵,將帥皆飲酒賦詩以自適,無有知兵者,一經變故,士大夫亦鼠竄去。公曰:「不獎往,無以掖來也。」乃極頌戚大將軍繼光功,請錄之而恤死事之。監司高邦佐、潘宗顏,縣令張振德,以風焉。大司馬王象乾以中樞行邊,請用廢弁張思忠為將。思忠,故猾吏也,為奸宄都市中,求要人以干職方,職方不可,乃介要人而求行邊者。公與正郎耿君如杞立持不可,政府擬旨切責。公上書首揆曰:「本兵在部,其所為有與功令不合者方且事事執爭,何獨行邊而不可?」且言:「莫予違可以喪邦,天子方容廷臣之獻納,何獨行邊而不可?勿謂能違沮之職方為易得,勿謂能去違沮之職方為小失也。」首揆怒,公不變色,事竟寢。

上特簡孫公愷陽以輔臣蒞部,孫公違眾論辟逃臣,公遂從之閱榆關,請更奪逃臣逃將以新耳目,使畏法不畏敵,事無不可為。蓋公在中樞,一意持法始終不變,士氣賴以振雲。時朝議欲以為銓郎,且以為璽丞。公謝之曰:「使來丹徼之間,不忘情於此,諸君子亦何所取而用之?」卒守常調。四年在邊不遷一階,天下服其恬。孫公任經略,公贊軍事。孫公嘗曰:「伯順在坐,使吾輩非幾盡杜,儼若嚴師。其助我神明者不止謨謀也。」孫公方欲渡河,而朝事中變。逆璫魏忠賢竊柄,孫公入請對,以公從,璫疑為「清君側」,惡幾不免。而時又逮楊、左、周、魏,至公之太公舉義為助,破柱為匿,公益幾不免。時燕趙之士皆階璫驟貴,公獨與今大司馬質公範公凜凜自持,堅臥不起。

今上御極,首以公為尚寶少卿。公逡巡兩年而後出,擢太常少卿管光祿丞事。公物望既高,士論攸歸,旦夕可柄用,猶勤於吏事如初服官時。己巳冬,都城戒嚴,倉猝無可倚。公謂:「非起孫高陽不可。」孫公出而四城復,

公功第一。公尋引疾歸，為四書說約，教授如曩時。

公之學本於餘姚，出入朱陸，不為一家言，天下稱其躬行實踐。居七年，定興瀕於危。公家江村，去定興一舍，其子解元化麟侍太公以避。公身入孤城，為守邑令，病守六日不能支，公烈烈而死，解元亦不勝喪死於孝。士大夫爭訟於朝，大司馬楊公文弱知公為，深言公生平大節不當徒以殉城，褒朝廷。特贈公大理卿，蔭子，賜祠祭葬如禮，且易名焉。

冠帶善士完予公墓誌銘
（盧氏崇禎壬午家乘）

吾族為玉川公仝後，而世族於宜興之茗山，於是相傳為茗嶺盧氏云。若完予公，諱立亮者，則余叔祖行也，係曾叔祖處士友泉公塚子。友泉公設誠致行，尊儒喜施，先曾祖懋岡公恆契重之。以故，公克率義方，復與先大父善，學行相砥，迥然塵埃之外也。

公生二十五齡，友泉公即見背，悲號痛隕，殆不能生。事母李太孺人，備諸艱苦，孤孀自倚，罄慈孝於一門，此宗黨所共稱者。生平更多隱德，如遺金弗取，堅伺主者歸之，幾於古人高義。偕三弟同處，無私財、無偏愛、無間言在昔張，公其足侈口耶？至兄弟後先成室，計口授餐。公於奴僕必取其老稚者，器用必取其舊樸者，田廬必取其陋且瘠者，是尤人情所難。李太孺人寢疾，公身請於神，百計護持，卒不起。居喪廬墓若將終身，又嘗自營葬地，痛諸弟早世，即以妥其靈，篤念友於存沒靡間焉。公持已謙抑，接物平和，排難解紛，為一時長者。先王父亟稱之，庭訓甚嚴，啟口不忘勉勵，命題課義，唯日孜孜。長君忱恂博洽，聲藉黌宮，固即予諸父行而髫年執經以事者也。邑宰饒公重公懿行，嘗為式廬，有山林逸叟之贈。晚歲尤嗜星家言，間有吟詠，復手訂家乘及性理醫書，編迄於望七之年。猶善餐解飲，謂耄耋可期。何意未至古稀，溘焉朝露，嗚呼痛哉！彼蒼蒼者，何不少延哲人乎？

公生嘉靖四十一年壬戌九月廿二日，卒於崇禎三年七月廿一日，享年六十有九。配士族水西王公棖女。子二：長，國縉，邑庠生，娶文學卜公印女，癸酉文魁卜公以學孫女；次，國紳，娶長林徐公承女。孫男五：象蒙、象艮、象豐，國縉出；象渙、象濟，國紳出。縉、紳於公卒之年十月四日，葬公於古嶧山之原。時余以參藩，備兵畿左，聞而心摧。茲叔氏敷梗概，遠相過從，讀至「端坐易簀」，含笑以逝。而知公生平明德碩修，不愧不怍，寧止家庭骨肉間哉？夫幼不志尊，然族有大君子而泯沒之，奚其忍？況重以叔氏之請乎？是以不能已於言也！敬為銘曰：

　　茗山之族，裔出玉川。有隱君子，希蹤古賢。孤危瀕險，處之泰然。純孝篤友，生也罔愆。白行坦衷，沒也永年。其魄雖捐，其神永綿。弘本厚枝，獲天者全。承哉仍哉，賁於丘阡。

湄隱園記
（園未構而記先之，明吾志也）

　　陽羨桃溪在邑西七十里，萬山環匝，林壑鮮深，溪水漣淪。其中復有平疇墟落，映帶左右，真習靜奧區也。出城，舟行雪簑煙寺間，凡數百曲乃至溪湄，余家讀書園在焉。千柳垂垣，清流繞坨，蒼巒繡壁當其前，遠岫煙村繞其後，籬落雞犬，景色蓊翳，衡門數尺，不容車馬。今將鑿石為額，曰「湄隱」。園門以內，松徑、桐蹊、花棚、竹塢及所謂雙桂軒、斑衣亭、豹隱齋、聽鶴山房皆創自家君。年來稍廓旁址，得曠地十餘畝，余思築室而歸休焉。擬構書樓五楹，即顏曰「讀書」。樓列架滿，其四懸籤萬餘，為朝夕自課地。樓須高敞，周以復道，繞以回欄，丹堊不施，綺繡不入。虛其中，前後洞達，令溪山煙月據吾坐上，時時遣我岑寂。啟樓後望，作露臺與復道，平寬廣可十餘武，列怪石、盆草、磁墩、石几之屬。夜深人靜，月冷風長，瑤琴一彈，洞簫一弄，此亦吾之丹丘也。臺名「敞居」，鐫片石識之。去臺二丈許，高垣圭竇，別為院宇。曲室數區，宛委而入，東西莫辨，岩壑同幽。為

附錄四：盧象昇作品輯錄

避暑室三楹曰「月窟」，為暖室三楹曰「旭塢」，大寒暑則入而盤礴焉。過此，開隙地，植女桑、弱柘、菜畦、稻塍其間，值山雨乍晴，吟誦餘息，荷鋤戴笠，親執其役，以察物理攸宜，四時亭毒，曰「明農逸墅」。此樓以後之大概也。樓前三丈許，鑿藕池半畝，引流以入，星布怪石於蓮茭間，可據坐以釣。疊石為島嶼，峙乎中流，荷香釀時，或一披襟其上，亦不減登華頂看玉女洗頭盆也。池旁垂柳、瘦石、短草、欹花，掩映蕭疏，俾有遠致。再前丈許，編柏為蒼屏，作高軒五楹，名之曰「石友堂」。堂與雙桂軒近矣，客過予者，當止於是。勝日偶逢良朋適至，汲清溪以煮茗，采園果而開樽，藉草飛觴，蔭桐點筆，搜討疑義則代塵以松枝，嘲弄風月則取茵於花片。樂不取乎絲竹，禮無拘乎送迎。堂前寬平，令有餘地，石丈可呼，故所以名吾堂者，於石、於友有取焉。花須茂密，樹貴蕭森。松、檜、竹、栢、棕櫚、高杉有不瘵之顏，後雕之操，吾愛其貞；牡丹、芍藥、桃、梅、海棠有歡悅之色，吾尚其不寒儉；蘭、桂、蠟梅、茉莉有激烈之香，吾欣其不柔媚而臭味佳。芙蓉、垂柳、梧桐、蓮、菊以及水仙、秋海棠之屬，並以韻勝；石菖蒲、薜荔、芭蕉以及古槐、老藤之屬，並以幽冷勝；橘、柚、葡萄、香櫞、佛手、銀杏之屬，枝柯已極，可玩果實，復具珍珠，咸當博求佳種，多植遠移。夫吾園之富有至於如此。視古人三徑，松、菊、蓬蒿一室，不太侈乎？然木石煙霞，造物不忌，吾將奢取之。

平生無他嗜好，林泉、圖史之癖，苦不可醫。一行作吏，與山靈別且十五年，隔溪長松再弱再茂，今又丈餘，能作怒濤聲聞於兩岸矣。長鬚從裡中來，話其崖略，蓴鱸之思寧待秋風而後起乎？家有藏書千卷，久束高閣，日事馬足車塵。今謀歸逸，方當覓綠醑紅欹，縱酒歡樂，顧以讀書名流，作老博士生活。又遠去城郭，索居荒寂，想聞者當為捧腹。然亦各從其志，不可強也。

猶憶少時，每讀書至「生於憂患」，未嘗不低回三復斯語。年逾二十，

筮仕得司農郎，持籌窮日夜，如是凡三載。出守天雄，值軍興征發如雨，訟獄、錢糧之苦視為郎時十倍，如是復四載。尋備兵畿南，鎮撫鄖楚，再拜簡命，督七省將士，與大司馬洪公同任討賊，躬冒矢石，大小數十戰，不宿署舍，歲且三週，無雲家矣。今年，東西兵闌入上谷，奄至近畿，倉皇奉詔入衛，介馬馳三千里，敵旋解去。再佩賜劍，督諸路勤王之師遠出塞外，登木葉山，周視邊地，振旅西回，及灤、陽，宣雲之命又下矣。時勢孔艱，天語亟趣受事。因馳觀邊隘，冒朔風朔雪，束馬度飛狐之塞，屈指前後，在兵間八年矣。每追奔逐北，波血馬前，深入窮搜，分餐劍首，軍吏林立，煎迫所求。疊疊籤書，紛紛奏牘，唇焦腕脫，無間晨宵。褊衷欹腸之輩，復環伺而思剚刃。嗟乎，余之經歷憂患至矣！獨蒙聖明，生全以有今日，豈非幸哉？然深悔服官太早，未及多讀古人書，所在蹈危履險，觸忌招尤。先哲所云「濟變戡亂」之道，未之聞也。國恩深重，報稱無期。

　　今年三十有七，馬齒漸長，心血已罄，夙興夜寐，效一割於鉛刀。倘窮邊稍有起色，敵騎不敢南窺，當控朝端，亟辟賢路，角巾竹杖，歸釣溪湄。盡發藏書，瀏覽今昔，究養生之祕典，窺述作之藩籬，致甘旨以奉二親，討義理以訓子姓。昔日溪中魚鳥應有狎餘者，山靈豈終相笑乎？或問盧子：「今桃溪之上，君家廬舍數楹而已，未有改也。紙上園林，得毋為烏有先生之論耶？」余曰：「不然。蘭亭梓澤，轉瞬丘墟，何物不等空花，豈必長堪把玩？向者邯鄲盧生一枕睡熟，畢四十年貴賤苦樂，此吾家故事。吾園又何必不作如是觀？」客首肯，揖余而去。

附錄四：盧象昇作品輯錄

四、疏牘（奏議、公牘）

點校本《盧象昇疏牘》篇目（奏議、公牘部分）[4]

卷一 撫鄖奏議

1. 到任謝恩疏（1）	2. 兵食寇情疏（2）
3. 為客兵乞餉疏（4）	4. 入山會剿疏（6）
5. 請設主兵疏（7）	6. 鄖楚賊氛漸靖疏（9）
7. 停徵修城積穀疏（11）	8. 籌餉疏（13）
附：〈投閣部揭〉（14）	
9. 請令川兵北援疏（17）	10. 保留推官江禹緒疏（18）
11. 保任道臣請補要地守令疏（19）	

卷二 撫鄖奏議

12. 募軍開屯疏（23）	13. 題覆增兵措餉疏（25）
14. 借本屯田鼓鑄修城疏（26）	15. 應援漢商疏（26）
16. 援商奏捷疏（30）	17. 續報商雒剿賊疏（32）
18. 立寨併村清野設伏增兵籌餉疏（34）	

卷三 撫鄖公牘

19. 鄖寇初平十議（39）	20. 靖寇綏民八則（41）
21. 兵船巡江十二則（44）	22. 募軍屯田十議（46）
23. 立寨併村七款（49）	24. 運糧五則（52）
25 偵寇（54）	26. 禁參謁（54）
27. 添設塘兵（55）	28. 查飭守禦（55）

4　本部分羅列了盧象昇所作 198 篇疏牘（其中，奏疏共 196 篇，後附〈投閣部揭〉和〈總督軍門初次練兵規則〉兩篇公牘）之篇目，其前的阿拉伯數字為該篇疏牘在點校本《盧象昇疏牘》（浙江古籍出版社，1985 年第一版）中的次序，其後圓弧括號內的阿拉伯數字是指該篇疏牘在書中的起始頁碼。筆者如此標注，以方便研究者查閱原書。

288

29. 申飭偵探糧料（56）	30. 取官評（57）
31. 接濟兵糧（57）	32. 行查流寇焚掠地方（58）
33. 查取堪任官員（59）	34. 發標兵剿賊（59）
35. 禁止詞訟示（60）	36. 親剿流寇（60）
37. 清伏戎除土寇（61）	38. 嚴飭將領示（62）
39. 申明軍律（62）	40. 禁約（63）
41. 鼓練鄉勇（64）	42. 扼要設防（65）
43. 恤錄死事官員（65）	

卷四 撫楚奏議

44. 到任謝恩疏（67）	45. 封疆大利大害疏（68）
附：致閣部及楚中諸老啟（70）	
46. 辭總理五省軍務疏（72）	47. 恭報防禦協剿疏（74）
48. 統兵入豫疏（76）	49. 陳會剿大端並量請馬匹疏（78）
50. 請差風力科臣監軍疏（79）	51. 狡賊乞降疏（80）
52. 請敕各路援兵疏（83）	

卷五 總理奏議

53. 謝恩到任疏（85）	54. 剿寇第一要策疏（86）
55. 剿寇第二要策疏（88）	56. 捷報疏（90）
57. 請設中軍疏（91）	58. 剿寇第三要策疏（92）
59. 剿寇第四要策疏（93）	60. 剿寇第五要策疏（94）
61. 恭謝便宜行事疏（96）	62. 楚賊宵遁疏（97）
63. 援豫大捷疏（98）	64. 援汝連捷並陳剿蕩大局疏（99）
65. 懇辭楚撫疏（101）	66. 剿蕩三大機宜疏（102）
67. 定止輸餉疏（106）	68. 剿蕩愆期聽候處分並陳賊勢兵情疏（107）
69. 參唐藩疏（110）	

卷六 宣雲奏議

70. 謝恩到任疏（113）	71. 恭報理標兵馬疏（114）

289

附錄四：盧象昇作品輯錄

72. 請增標營兵餉疏（116）	73. 衝邊將領需人疏（118）
74. 經理屯田種馬疏（119）	75. 用人修具飭法治兵疏（120）
76. 請留標將劉欽疏（124）	77. 卜夷乞款疏（125）
78. 駁部議清餉為新餉疏（126）	79. 請定密奏密揭規式疏（128）
80. 請借馬匹弓矢疏（129）	81. 請留中軍疏（130）
82. 遵旨諭譬卜夷疏（131）	83. 屯政疏（132）
84. 密奏卜夷納款疏（136）	85. 更置將領疏（138）
86. 密陳邊計疏（139）	

附：〈總督軍門初次練兵規則〉（143）

卷七 宣雲奏議

87. 請飭兵政疏（147）	88. 增練標營事宜疏（149）
89. 預籌戰守要務疏（150）	90. 措辦標營盔甲器械疏（152）
91. 買補標營馬匹騾駝疏（154）	92. 宣雲鼓鑄事宜疏（155）
93. 請定五營將領疏（156）	94. 遴補中軍疏（157）
95. 邊情疏（158）	96. 急飭兩鎮戰兵疏（159）
97. 特舉俸深賢能道臣疏（160）	98. 特舉廢弁疏（161）
99. 請飭京民二運疏（162）	100. 駁吏科陳給事疏（164）
101. 請改廳官職銜疏（165）	102. 處分協府將備疏（166）
103. 請討賊疏（168）	104. 塘報夷情疏（169）
105. 請恤故督梁廷棟疏（170）	106. 自檢遠調滇兵違宜疏（171）
107. 參玩防明偵哨疏（172）	108. 酌議馬市疏（174）
109. 更擇標營將領疏（175）	

卷八 宣雲奏議

110. 確議修築宣邊疏（177）	111. 標兵如數募完並題營官疏（182）
112. 回奏覆實邊備疏（184）	113. 議防剿機宜疏（186）
114. 選用奇兵疏（188）	115. 起解罪帥疏（191）
116. 類報宣邊夷情疏（192）	117. 覆實三鎮邊備疏（196）
118. 籌議用敕款卜疏（197）	119. 再陳卜哈情形疏（198）

120. 再陳屯牧事宜疏（200）	121. 請停禁止樵採疏（202）
122. 遵旨照款再奏疏（203）	123. 塘報緊急□情疏（206）
124. 標旅分防南山疏（207）	125. 南山修築墩臺疏（208）
126. 邊情疏（210）	127. 請申飭官弁規卸處分疏（211）
128. 乞撫馭滇兵疏（212）	129. 邊情疏（216）
130. 請監軍監紀疏（216）	131. 題敘募練標兵官員疏（217）
132. 再陳撫馭滇兵事宜疏（219）	

卷九 宣雲奏議

133. 恭報防秋實著疏（223）	134. 覆奏監軍道勅書條款疏（224）
135. 玩弁正法疏（226）	136. 酌請標營馬價書（227）
137. 請復賞功地租銀兩疏（228）	138. 邊情疏（229）
139. 邊吏勞深考滿疏（230）	140. 申報現在軍情疏（231）
141. 撤兵回鎮疏（232）	142. 謝恩疏（233）
143. 剖陳工部員外駱方璽參計臣侯恂牽證□語疏（234）	
144. 議覆馬市疏（234）	145. 申訟侯宏文疏（237）
146. 屯政告成疏（239）	147. 經理崇禎十一年屯政疏（240）
148. 遵旨發標兵剿賊疏（242）	149. 保舉教職疏（243）
150. 鼓動人才大破積習疏（244）	151. 駁部議幸功生事疏（246）
152. 敘興屯有功官員疏（247）	153. 請帑濟軍疏（250）
154. 西閱晉邊摘陳切要事宜疏（252）	155. 詳籌用哈疏（254）
156. 遵旨覆奏雜流武職冗濫疏（257）	157. 謝發帑金疏（259）
158. 夷情疏（260）	

卷十 宣雲奏議

| 159. 請宥刑部尚書鄭三俊疏（263） |
| 160. 奏明秋防甄別違限及緊急邊情撫鎮徑報兵部疏（264） |
161. □情疏（265）	162. 乞賞叵測疏（266）
163. 布置大略疏（267）	164. 密報邊情籌控禦三著疏（268）
165. 諭譬機宜疏（269）	166. 決策待戰疏（270）
167. 議設口外塘撥疏（272）	168. 撤兵回鎮疏（275）

291

附錄四：盧象昇作品輯錄

169. 懇辭服俸疏（275）	170. 遵旨覆議督屬總兵官疏（276）
171. 恭陳備御確實情形疏（277）	172. 請敘三鎮有功文武官員疏（279）
173. 雲兵不宜再調疏（281）	174. 再懇留雲兵疏（282）
175. 聞訃乞奔喪第一疏（283）	176. 乞奔喪第二疏（284）
177. 乞奔喪第三疏（285）	178. 乞奔喪第四疏（286）
179. 乞奔喪第五疏（287）	

卷十一 宣雲奏議

180. 再申口外塘撥疏（289）	181. 請飭秋防疏（292）
182. 飭防援明戰守疏（293）	183. 辭尚書職銜疏（294）
184. 預策兵機並薦邊才馮元颺疏（295）	185. 參處路將疏（297）
186. 請催新臣受事疏（298）	187. 請飭招買事宜以裕邊計疏（299）
188. 回奏興屯疏（300）	189. 謝加尚書職銜疏（302）
190. 陳請新銜誥封疏（303）	191. 題請撫臣葉廷桂給由疏（304）
192. 參豪奸孫光鼎抗屯疏（30）	193. 報明屯田牛具以備核銷疏（307）
194. 覆議卜夷市馬護塘疏（308）	195. 循例乞賜祭葬恤典疏（310）
196. 再請署官疏（311）	

五、書（私人書信）

家訓三首

　　烽火三月，家書萬金。唯昔之言不我欺也。人生於情，余豈異類？然性躁而懶，軍事旁午，知交謝絕，殆非斯人之徒矣。兩親在堂，定省越三千餘里，音塵偶及，潦略數行至室人以及子弟，即平安二字不暇問亦不暇書。自乙亥仲秋，歷丙子季夏，長鬚僅一往還，無可為家計者。於是效老書生作訓詁語，持之以歸，不審於義，方於閫則奚似。

寄訓子弟

　　古人仕學兼資，吾獨馳驅軍旅。君恩既重，臣誼安辭？委七尺於行間，

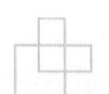

違二親之定省。掃蕩廓清未效，艱危困苦備嘗，此於忠孝何居也？願吾子弟思其父兄，勿事交遊，勿圖溫飽，勿干戈而俎豆，勿弧矢而鼎彝。名須立而戒浮，志欲高而無妄。殖貨矜愚，乃怨尤之咎府；酣歌恆舞，斯造物之僇民。庭以內悃愊無華，門以外卑謙自牧。非唯可久，抑且省愆。凡吾子弟，其佩老生之常談；唯我一生，自聽彼蒼之禍福。

寄訓室人

余為官一十三年，歷部郎、郡守、監司，以及治鄖撫楚，日唯國事蒼生為念，不敢私其妻子，未嘗有負軍民。室鮮冶容，家無長物。今任討賊，艱苦萬端。成敗利鈍付之天，毀譽是非聽之人，頂踵髮膚歸之君父。唯願作吾匹者體吾心。以媳代子，篤其婦規；以母代父，敦其家訓。務使兩親娛於堂，四穉習於學，吾願足矣，他何計焉？時大寇西遁，督旅入關，寄此相勉。

寄訓副室

唯爾為糟糠之亞，宜佐閫政於無愆。誠心以撫諸兒，小心以事親上，修母道而循妾規。理中饋維勤，安清貧若素，其不爾疚也。余受專征重任，久謝兒女之情，身任戎行，止此數言相勖。

與族父某書

流寇已至數萬矣。西山一帶，布滿山谷，沙河、臨洺、邯鄲亦時時被其焚掠。初八日，親率馬步兵一千六百人，至黃寺安撫，先遇馬賊數十，俄而數百，俄而數千，倏忽之間，老營俱至。將士恐懼之甚，咸思散逃。立斬一人，狥於轅門，身自督戰，斬賊首十四級，射打死傷賊百餘人，我兵亦傷一十三人，此可謂全勝，已經具題矣。但河南有鄧、左二帥為阻，山西有曹、張二帥為左，西南俱無去路，只得向東北來。丁撫臺標下官兵，真所為將驕卒懦，人各一心，而某公全無撫御之方，如此做去，院道不知死所矣。塘報奉覽，並希致聲邢丈、蔣兄二公。

附錄四：盧象昇作品輯錄

與豫撫某書

戎馬倥傯之場，屢荷老年翁臺訓誨指提，五內不勝銜戢。駑駘下質，負乘多端。流寇一事，苦無結局之期，而翁臺乃以實心任事謬獎，象昇汗且淫淫下矣。畿南、晉、豫會剿之局雖同，而籌兵之局各異。晉不必論矣，豫不患兵少，患兵多，更患將兵之人多，尤患將將之人多，如翁臺所謂聚訟者是也。若畿南則不然，事權未始不一，兵力亦可支持，獨是上焉者威不能克愛，而下焉者力不能從心，今南北之賊為重兵所驅，俱聚於遼、順、樂、平諸處，邢河一帶到處可憂。不肖昇止率標兵步騎千餘，身探虎穴，年翁臺翰使到日，正在啟行，匆冗萬分，情形不能縷悉。所拜雙幣，真不啻解衣衣我，如此至愛，何敢不承，但鐵馬金戈中，弗遑莊勒，尤望翁臺之鑒耳。臺駕想旦晚可暫回省城乎？然未知仍至河北否？俟西山剿賊而旋，尚馳役恭候興居也。短奏未罄謝悰，臨函可勝依戴！營官冊領殺矣。尚有防守涉縣之黃袍其人不知何如？舊在梟臺劉衷老門下曾識之，故相問耳。

寄外舅王帶溪先生九首

比來署中人口，仗鼎庇粗安。只陽平十一城旱魃為祟，人情皇皇。頃步禱於紅塵赤日中，凡半月而霖雨始至，雖非大有之歲，懷中赤子，其或免於顛連矣。石萍老叔翁不意忽遭嚴旨訊究。工曹發銀之弊，沿習已非一朝，巡視者不與收支，乃竟獨當其阨，為之怃然！但聖怒難測，二三大臣之在事者，亦不敢深言。倘得究贓從輕，免於議罪，則幸矣。頃長鬚入都，一問其眷屬安否，並詢慰石翁。得其報束，亦知鬱鬱難堪也。

愚甥三載郎曹，兩年郡守，凡事只從天理、王法、公道、良心做去，身家之計，夢中亦弗敢與聞。然須舉朝知之，僚友知之，十一城縉紳士庶知之，方能踏定腳根，明目張膽以自豎，近亦久而相信矣。前後開釋冤獄凡十七起，計可百人，而檄所司減耗薄罰以蘇民，繕器練兵以御盜，事事身先之，此一念血忱，可對君父、對地方者。三輔守臣，例得二年報轉。乃今

上偏重吏治，以郡牧為州縣師帥，責久任者再三，君命不敢不遵也。只二舍弟心疾異常，兩親憂鬱不已，家庭可慮之事日夕在心，擬於今秋乞歸，暫圖定省，不審院道肯從否耳？薄俸些需，佐以拙選拙詩，為外舅博粲。下衷未罄，嗣羽便再陳。

　　日來流寇奔突，畿南一帶處處應防。提孤軍而扼南北之衝，費盡心血。幸得地方無事，庶幾不負朝廷。但今日仕路千難萬難，中邊交訌，大廈豈一木可支！正未知向後作何光景耳？家祖母體雖日弱，時時以風燭為虞，然不意竟舍甥輩而長逝也。報劉無日，痛念何勝！承外舅慰存，感激欲涕！明春當決計圖歸，以完祖母喪事也。差人南行，適領兵親赴順德，不及多陳。

　　甥此行莫非王事，而間關至此，凡可以報朝廷者，敢惜頂踵？但心長力短，不勉終夜以思。茲者外舅暨家眷跋涉長途，又增一番掛念。糧艘盛行，恐多阻滯。幸有含珍師及淡游丈相與朝夕，舟中不至寂寞。倘河若效靈，風帆安穩，計午月初旬定可達裡門矣。鄖西之賊尚盤踞於房竹山中。甥初五日渡河，十一日入宛，此即撫屬地方也。兩次官承接到，細詢彼地情形，真萬難措手。所苦者尤在三省呼應不靈，客兵雲集為害，而行糧月餉一毫無措。今日鄖襄事勢，雖使孫、吳用兵，孔、桑司計，亦將垂首坐困，仰屋呼庚，而況庸譾如甥者乎！言念至此，真食不下嚥。時事多艱，聖明宵旰，分為臣子，當竭心力以報之，未知從人願否耳？蔣澤壘尚在鄖城，今約於襄陽交代，大約十五日抵襄也。一至彼中，即當走役，徑送家信於京口相候。嗣悉地方情形，冗中不能多白。

　　清和朔日，自灘鎮拜別於今，又三月矣。不料一至鄖陽，千難萬苦，攬鏡自照，枯骨僅存。到任兩月，日不得食，夜不得眠。日在深山絕谷之中，千里無人之地，與士卒僕夫起居。而鄖城止一空署，一切俸薪公費贖鍰，因所屬六城俱陷，毫無所有。兩月之內，已揭商債二千金。如此情形，即石人亦且下淚，然不意鄖事之難、之苦、之貧、之殆，一至於斯，豈非命也。夫

附錄四：盧象昇作品輯錄

功名身命已度外置之，但兩親在堂，何以相慰？欲圖迎養，而殘疆危地，實有不可。且再過一兩月，或皇天相佑，數十萬流寇霧滅煙消，從容料理殘局，迎養有期，請俟他日耳。

郧事之難、之苦、海內所無。兩月來督剿流寇，九戰皆捷，斬首萬餘，地方已敉寧矣。所難者收拾破殘，圖維善後耳。茲特差官承船隻迎請兩親，仍望外舅同行，引領以俟。

水枯舟滯，警報時聞。外舅不唯受勞，兼煩遠念，咫尺天塹，其奈之何！連日賊情橫甚，幸以奇兵擊卻之。然眾至十餘萬，向後尚源源而來，即萬兵不能克，況千人之旅乎？如此情形，時告君父。甥家信疏二、塘報一，外舅寓目，便知苦難矣。聞舟行已至光化，若權宜俱換小艇，以多夫勤拽，則五晝夜定達鎮城。瞻侍臺顏，當在初五六耳。骨肉聚首一番，便可督兵親出以報皇上也。顒俟何如？

流寇之警，經年拮据軍中，妻孥多病，不能回署一顧。甥賤體亦覺委頓，但以事關朝廷地方，不敢不勉。今幸聖明知甥之勞，每有特鑒，即不望酬庸敘蕆，而將來或可免於罪愆。倘得如此難局，解組言歸，與樵父、漁人共老岩穴，沒齒有餘樂也。

寒暑相催，光陰駒隙。甥以孑然一身，獨處大風波患難之中，萬死一生，為朝廷受任討賊之事。海內竟無一人同心應手者。唯見虛談橫議之徒，坐嘯畫諾之輩，忘恩修怨，挾忿忌功，胸鮮隙明，喙長三尺，動輒含沙而射，不殺不休。若非聖天子明察賢奸，任人勿貳，則甥已早斃於刀鋸鼎鑊之下矣。天乎人耶！聽之而矣。頃吳奉南迴，曾寄薄俸數金，家訓廿冊，彼時原欲具禮，而軍事旁午，遂不能待，未知已達外舅處否也。妻子在五倫之中，甥豈不念？貧窮乃六極之數，甥豈不謀？然一生心事已略見於家訓中矣。今日賊勢愈剿愈多，大督洪公亦苦支持不住。甥轄七省，其難百倍於秦。欽限五月蕩平，蒙皇上於愆期認罪之小疏以溫旨裁答，愧懼欲死。向後

結局固難，歇手不得，唯殫精竭力以圖之而已。倚馬匆匆，不盡欲言。

與蔣澤壘先生五首

仲秋六日，遣役齎奏北行，專候臺履，時老年叔已出國門矣。竊思封疆之臣，盡心王事如老叔者有幾，而偏遭陽九之厄，能不令人疾首灰心！然而綠野優遊，以視紅塵搶掠，利害勞逸，相去殊懸，未必非天之所以全至人也。如某本一譾庸輕躁之流，遭時多故，勉事馳驅，長安照管無人，自投於阱。今楚、鄖流孽雖就救寧，而漢興商雒之間，強寇叛兵，鴟張未已，捲土重來之患，政未可知。加以今秋鄖屬大饑，兼多沒於疫者，孑遺盡矣。至大督諸鎮之兵，所用行坐糧不下十五六萬，而唐中老所布防襄主兵及鄖之毛兵、標勇支給者，又不下數萬。部中不肯銷算，中老又以鄖襄事欲某一力擔承，渠止認荊承之役。通計全楚所用餉銀已逾三十萬，荊承數少，鄖襄數多，中老處易，某處難。此時鄖兵尚未他撤，毛兵、石砫又未便遣行，而鄖鎮折色銀已斷絕經月，本色米豆至閏月之半亦顆粒無矣。前增兵小疏暨停徵、修城、借穀諸款，雖蒙聖明許可，下部速議，而司農、司馬方急宣雲畿輔之敵情，未免稽緩，時下已再疏促之矣。某滿腹深憂，只因鄖鎮奇苦奇窮，又代三省擔荷重擔，功不欲居，罪無可卸，尚祈老叔多方指教之。臨啟依切。

昨秋家叔回裡，會肅狀恭叩起居，並伸徼悃，已托公郎年兄函致，想得達臺前矣。老年叔當代正人，中外仰重，此番遭厄，公論實為不平，而於品望則秋毫無損也。且邇日世途風波，百千其狀，青山綠水，遠勝紅塵中光景萬倍，唯願老叔九如駢集，頤養天和，而膺無疆之福，並祝四世五公之發，以竟正人君子之施。某自抵鄖中，萬難萬苦，多方飭備，終是極險僻淒涼之地，生氣難以頓回。而流寇自撫局失宜，兼之叛兵逃卒聚於鳳隴者互相煽動，倏忽遂至數十萬，分股而奔漢南、潼關。自漢入鄖者前後二十萬，自潼至豫者十餘萬，自商入宛者又十餘萬，合此三大股，為數且四十餘萬。

附錄四：盧象昇作品輯錄

楚豫一時鼎沸，孤鄖三面皆危。前後接濟錢糧業已用盡，而所增兵額，俱以楚省設處為言。設處二字不過空名，有兵無餉，其危益甚，今已到計窮力竭處矣。家嚴慈迎養署中，原圖朝夕定省，少盡人子之情。而不虞到鄖之日，正賊勢披猖之日，進鄖中公署，某適馳防棗陽，不得奉兩親一匕也。如此情形，言之淚下。鄧將軍是有氣概肝膽人，其兵向日屢嘩，大費調攝，此時又奉旨援楚，即當專致盛意也。增兵五百，部議不肯派新餉，而令楚省設處，後來續請者亦然，此明明陷某於死地也。隔手錢糧，即坐派正額，尚難催提，而今若此，且奈之何哉！大刻俱拜領，及分給諸君並轉寄賈浮老者，一一領命。所諭疏稿，容某回鄖之後，如數簡查奉報。此時行間相隔，書役相隨戎馬之場，一時未能旋鎮，懇希慈亮。某自受事於鄖，兵興煩費，正額而外，俸薪皆盡於此。而贖鍰等項，一無所有，以至解京贓罰兵餉，頻呼籲於皇上求免而不可得。此際稱貸無門，那移無路，束手待斃只在旦晚間，不必大寇之來也。鄖事終不可支，言之浩嘆！銷算錢糧，布政司所派協濟之數，唐中老不肯認。今此項皆虛懸，而客兵支餉不貲。經今半載，委官會查，尚未得妥。且頭緒難清，未知作何究竟。稍需時日，當以刻本呈電也。流孽犯豫犯楚，以及江淮，吾鄉亦在震動矣。不知撫臺公祖移鎮何方，恐大江而北亦甚費驅除也。手稟不虔，緣在戎次，九頓肅謝，未既銜結之思。家君在鄖，相去六百餘里，故未遑附候，並此代陳，另容專叩臺茵。臨函不勝頂祝之至。

　　時事如紛絲，宦途如弈局，塞翁得失，達者曠觀。憶自去年承乏鄖中，勉力支撐，迨至十月間，鳳寶大寇以撫事失宜，叛卒、饑民、黠寇合夥四潰而出，秦、楚、豫三方，如鄖、津，如內、淅，如宛、洛、隨、黃，流毒幾遍。乃江淮一股，震驚祖陵，尤為異變。近自四月下旬，大督洪公合師夾剿，群寇遂由潼關、內、淅諸路悉數歸秦。比來日聚日多，其數已至二百萬矣。皇上銳意蕩平，調邊腹官兵七萬有奇，發京省帑金百萬餘兩，限六月完

局。今轉盼已五月矣，賊黨數十倍於兵，又秦中殘破已極，災荒異常，從賊者如歸市，向後不唯賊未可盡，恐多兵乏食，散之不能，鋌而走險，天下事更不忍言耳。某本至庸謭不倫，日日憂兵憂餉，東堵西防，每當危窘之時，輒思策馬冒陣，以報皇上。幸而奉旨新設之鄖兵，陸續已有二千，已成一旅，賊來緩急尚有所恃。而鄖餉楚濟，猶能計日支吾。鄖土瓦全，職此之故，然不意復有楚省之移也。自去冬迄今，長安音問斷絕，未悉就裡情形。大抵京卿諸公，鑒於鳳陽之失，以興都亦陵寢所繫，故不欲窺足耳。家君於冬季抵襄，正初赴鄖。半年來，某未嘗在署，晨昏缺然。擲此身於紅塵赤日，付八口於虎穴狼巢，無不為某稱危者。茲於六月之望，舉家移之襄中矣。老叔前損隆貺，久勒五中，愧未報酬萬一。謹茲專役虔候起居，並以拙刻呈教，統唯慈照焉。臨啟依切。

家大人於清和閏月初二日抵白登公署，某方西閱大同，完八路之事，乃得趨庭定省，時已望前矣。親舍久離，不能早自引退，講求保身事親之道，徒使白頭老親遠馳紫塞，跋履長途，非計之得也。又老母體弱，憚於水陸之行，難以迎養。宣雲危苦，何日脫離？言念倚閭，腸迴日九！邊事大壞，某素奉教於長者，不敢不盡心為之。只錢糧匱竭，措手萬難，而中使如麻，十羊九牧，某雖嘔盡心血，終亦徒然耳。近日將才極難，兵心亦渙。聯絡人心，蒐羅智勇，乃封疆要務。所言高崇讓者，已經他移，仍當物色之，用資緩急也。憑穎不盡瞻企。

塞北江南，夢思耿耿！故園松竹，相見何期？玉關人徒增悵耳！家君自抵署來，精神不甚爽適，某亦病苦相尋。總之，邊地風塵，消磨氣體，豈人而鐵石乎？宣雲亢旱，近始得雨，斗粟四陌，舉家幾欲食粥，而邊人猶以為佳歲也。屯事頗難，某力排眾議，百計經營，邇已略見端倪，群情漸為鼓舞。唯是見小欲速，終無成功；需之數年，定有遐績。每發一疏，心血為枯。前所請教者，止有初刻，今並二刻就正大方，知老叔留心世道，必將開示謬

附錄四：盧象昇作品輯錄

迷，顒俟，顒俟！比北信日緊，大舉入邊在所必然。宣雲粗亦有備，來時當一挫之，必不至如從前狙擷控弦長驅耳。荒塞無節可採，不腆聊佐蒲葵一觸。時為清和閏月之廿四，去朱明令節謹及旬也。臨啟神往。

答陸筠修方伯

今日居官，何啻墮於九淵！不佞兵馬之厄，與門下錢糧之厄，其劫數真堪比隆。乃不佞又以兵馬而兼錢糧，舉數千萬如狼如虎張牙露爪之徒，環伺於餓佛之一身，此佛既未能脫胎換骨，尚在人世間，又未能投體捨身，依然活地獄，其苦可名狀乎，不可名狀乎？觀此則丈所處尚在九天，清恙宜霍然，歸心亦宜淡然也。天之生才有限，以丈品識經濟，定不令之逸而令之勞。今日勞以中原，他日將勞以四方，其勞漸久而且甚。時事固然，是用為吾丈解，幸毋我迂。

與某書

時事多艱，聖明宵旰，不謂綿力乃當重任。鄖楚封疆未靖，中原決裂日聞，昇以一身肩荷七省，何異挾山超海之難。年來鞠旅陳師，血忱可對天日，是以身家弗問，人禮並捐，聞問久疏，唯勤企想。荷高情之遠注，釋重擔以何期？恃皇上仁如天、智如日，躬理萬幾，芻蕘必採，以氣數卜之，戡亂中興可奏於襄之績。昇今日亦唯肝腦塗地，以自附於純臣之末而已，成敗利鈍，毀譽是非，久已置之度外。冬春來，豫、楚、江、淮屢戰克捷，掃蕩有期。然大寇強而且多，動以數千萬計。釀之十載，今欲除之一朝，即有孫吳數十輩，未易言也。日事戎行，心血已竭，諸凡應酬交際，概不能修。獨於臺翁跡遠神親，每以疏闊為歉。附將一縷，專叩起居。軍旅中竟不能作寒暄語，唯臺照是荷。

與少司成吳葵庵書八首

封疆之吏，際此千難萬難之時，熱血愁心，誰行控訴！弟於視事之堂勒一聯云：封疆事重，當萬難措手之時，頂踵髮膚，唯期盡瘁；君父恩深，念

能致其身之語,成敗利鈍,曷敢攖心。」此言但告之老年臺,他處未敢唐突也。弟前後疏章,字字合籲天瀝血,然於鄖中光景、鄖撫情形,終亦描寫不盡。所恃聖明洞察,尚能黽勉支撐,否則,守臣與鄖土、鄖民俱盡久矣。鄖介萬山而扼三省,受事後經今八月,幸賊眾未敢窺疆,城郭人民漸圖安集修舉。乃不意鳳延大夥復入漢南,其勢危急,秦中兩督四撫,不知作何剿除?弟張空拳以四應,憊矣!孤蹤在外,暮不保朝,一切應酬又俱斷絕,長安中時論物情所不敢知,唯有竭頂踵以效萬一,如廳事雙雕之語而已。老年臺鑒之。

　　長鬚北來,敻復手教,注存真切,感愧交並。弟勉力疆場,各省流孽雖煩,敝轄漸稱寧土。蓋前後俘斬,繼以零星竄逃,鄖中大股俱盡。現今披猖於秦地者,皆叛卒、饑民,愈剿愈眾,非盡渡河之黨也,疆場之事難言之矣。弟本孱質庸才,偏處極危極苦之地,屢疏陳控,總之情極呼天,而中外在事諸老,終是痛癢隔膚,誰是設身處地者?弟亦唯以盡瘁是期,不負朝廷足矣。頃如停徵,如留餉,如修城,如設兵,無非一字一血,乃請十得一,豈非杯水輿薪!從來曲徒不相謀,而程功焦爛,今事後猶然如此,能無深懼哉?計無復之,議屯田,議借本,藝人之乞,情形愈覺不堪!倘再不能如請,且晚即與鄖土、鄖民俱盡矣。老年臺讀中祕書,乃異日為聖天子調玉燭、鞏金甌者,倘一昌言於朝,弟當五體投地,延企何如?軍中率布,曷任馳依!

　　弟方受事楚中,而鄖境又爾告急。且秦寇橫甚,其勢叵測,楚憂正迫,兵食宜籌。小揭二通,此不啻秦廷之泣,有一事一念不從朝廷地方起見者,天日鑒之矣。倘政府諸公謀國心長,憂時慮切,施正議以安全楚,以奠藩陵,此社稷之福也。冗極不遑多布,臨緘神馳!

　　洛中告急,弟裹糧於千里之外,介馬馳援,無非從封疆起見耳。至博望,得祖將軍之捷,為之一快,詳在疏揭,謹呈臺覽。文、何二老先生,不

附錄四：盧象昇作品輯錄

意遂爾去國，令人驚疑，其大略可得聞乎？弟剿寇十事，已拜五疏，尚有五疏，須待辭楚撫得旨，大局既定，然後言之，統容類齊，以呈尊覽。臨啟瞻切！

弟兩月來奔馳於汝宛河洛之間，萬分忙苦。賊多而且橫，前後俘斬雖有數千，尚非蕩平勝著。必於正、二、三月內先剿盡闖王一股，餘賊方可次第殲散。闖王之賊大約有七萬餘，婦女可二三萬，丁壯可一二萬，精騎可一二萬。此賊不讓口插也，廟堂或未之深知耳。頃自秦中洪亨老與之大戰三次，近入豫地，弟與之大戰兩次，計擒斬死傷逃散可二萬計，現今尚有五萬，依然勁敵也。又他賊五六股，見剿兵漸集，皆與闖賊合群，是以勢益眾多，今奔東南一帶，楚、黃、鳳、泗、淮、揚俱大可慮。弟故星馳南行。至葉、裕間，忽接邸報，弟已得釋楚擔，更可專力討賊。弟辭疏發於十一月之二十八日，彼時未知此消息也。早知朝論如此，則前疏可以不上，今亦追之無及矣。弟所為極難，而言路責備乃爾，為公乎？為私乎？弟今而後總不閱邸報，省此一番形跡於心，老年臺以為何如？三疏揭謹陳臺覽。如請上還宮，及辭新秩，皆臣誼臣心所不容自己者。至三大切要事宜，實為不識忌諱，不諳時務，多言多事，自取愆尤耳。雖然，重擔在身，即欲不如此不可得也。長安諸老，向來蒙愛頗多，乃年來竭蹶疆場，人禮俱廢。弟本心不敢自外於君子，苦為時勢所迫，且奈何！蒙老年臺多方庇植，何異起白骨而肉之，感不盡，報亦不盡也。比來公論如何？望乞臺慈詳教，有則改之，無則加勉耳，昇斷不敢文過也。衙門員役以及俸薪公費，一無所出，弟又無餘貲，不知當上告聖明否？小奴歸，拜有鼎賜，兼承破格之恩，感而欲涕。寸絲一扇，聊引下臆。弟於行吟操管，皆如夢中事，供大方一噱而已。短奏不虔，臨函依切。

弟憊甚矣！以數萬邊兵付之一無衙門、無專轄之手，而又不與以餉，封疆之事，有如累卵，弟身何足惜哉！一生學問，唯有盡瘁二字。今豫中諸

賊，屢經剿殺，盡遁入秦，而楚地除鄖襄餘孽時復來擾，其內地粗安，然秦寇正猖，未可言剿蕩也。弟與洪亨老事同一體，方圖選銳入秦合剿。一切布置機宜，當另疏祥陳入告。此時專拜認罪之本，不敢多及也。皇上天恩，倘此身不即就逮，即盡一日之犬馬，直至水窮山盡，便束身歸命於朝廷耳。頃見掌科常君所論，語語與弟相反，弟何緣得此知己！剛方拙直之人如帶一毫巧猾軟媚之態，豈至有今日乎？頂門一針，拜此君之益多矣。倚馬不能詳瀝。主臣，主臣！

長洲、香山二翁，弟方以中興元輔期之，而一旦謝事，奈何，奈何！聖意不測如此，然而雷霆雨露，皇上妙於並行，蒲輪可立俟也。此時想已出長安門。頃當國時，弟避嫌未敢一致起居之敬，今當於途次一為祇候耳。豫州諸公以桑梓之故，求備於弟，其或有德有言近情近理，俱不敢知。弟唯聽之公論。此時援洛，亦因楚寇少緩，不因掌科之多口也。弟肩千斤之擔，而過獨木之橋，臨百尺之淵，旁觀不相憐而助之足矣，恣意任情，苛責如此，世界盜賊安得不橫行哉？為之三嘆！

弟自去年十月廿四日抵陽和，屈指又將五閱月矣。太平督撫，安享尊榮，誰不樂就者？時至今日，到處皆以封疆為陷阱，而宣雲諸鎮更復何地何時？記當日入援，督兵東迫□□，自真、保以達良、涿，由近郊而馳建冷，一月之內，行三千六百餘里，前後接 銓樞諸老手書，皆以本兵相屬，僉謂廷議已定，促弟早抵都城。弟答太宰司馬書凡五，力言弟非其人，難以冒昧從事，願終討賊，否則任邊事之危難者以報皇上。因是片紙隻字不與長安當軸往來。後得宣雲，中外皆為弟稱苦，曾幾何時，而忽有為不情之語者，此不足有無輕重，但世道人心至此，豈不太欹險哉！弟故明目張膽而言之，駁疏以見弟居官始末，請討賊疏以見弟報主本懷。蓋弟於封疆軍旅之事，閱歷有年，雖係駑駘，猶然識途老馬，□急則驅而當□，寇急則驅而當寇，生乎今之世，斷斷不免者。與其中原之事再加大壞極敝，如人病體已至十分，

附錄四：盧象昇作品輯錄

又使庸醫妄投藥劑，嗜欲朘其元神，盧扁望而卻走，然後再從而往治，其能幾幸萬一乎？是以及今請討。此疏出之於弟萬非得已之言，廟堂或信或疑，皇上或允或否，弟總不敢庸心於其間也。小疏初一日進呈，茲初八之晚，尚未見報。差官姚剛，姑令起行。嗣後得旨，再容商榷。至若邊事之危且難，更無有出宣雲之上者。喜此中在事文武諸公以及軍民士庶，無不傾心信從。比來百事皆有頭緒，若料理一兩年，□□即來，斷非向年光景。此弟所可自信者。但身輕如葉，擔重如山，安能自主哉？豫楚江北士民，以弟在宣雲為快望，而三鎮之將吏兵民，又交口謂弟能請討賊之非宜。身在局中，茫茫宦海，無處忖量，老年臺何以教我？弟昇頓首。

與樞臣楊嗣昌書

　　□自被兵之後，徑奔鞏華近地紮營，此其為忿鬥誘戰無疑。彼中去陵不遠，去京亦近，急須備御周密，厚集兵力，以圖萬全，仍相機出奇，再挫彼一二陣，不唯鞏固陵京，亦且大張撻伐矣。昇即夜出土城，與鎮將密計，看明早情形再當馳報。臺諭老營南向，或者□非一股，分合難定。此時權緩急以用兵，不敢不唯力自視也。早蒙臺顧，冒昧披陳，激烈忠懷，些子俱盡，亦恃老年臺聖賢之品，不罪狂愚，故不覺剖心以告耳。倘獲濟朝廷封疆大事，即胸中有如許怪異事，始終不復向君父一言。如其閃爍奸欺到底，誓當瀝血丹墀，無言不盡，仍乞老年臺力持大法，除國家之大害也。更希電照，臨楮悚然。

　　烽自被挫之後，徑奔鞏華近地札營，此其為您誘戰無疑也。被中去陵京不遠，急須御備，周密厚集兵力，以圖萬全。仍相機出奇，再挫彼二陣，不唯鞏固陵京，亦且大張撻伐矣。升即夜出土城關，與鎮將密計，看明早情形，再當馳報臺諭。

　　老營南向，或者烽非一股，分合難定。此時權緩急以用兵，不敢不唯力是視也。早蒙臺顧，冒昧披陳激烈衷懷，些子俱盡，亦特老年臺聖賢之品，

不罪狂感,故不覺剖心以告耳。倘獲濟朝廷封疆之事,即胸中有如許怪異事,始終不復向君父一言,如其閃爍奸欺,到底督當瀝血丹墀。

無言不盡,仍祈老年臺力持大法,除國家之大害也。

與總河周在調書

十年奔逐,久隔臺光,時事多艱,一身萬苦。老翁臺相憐相念之切,不知如何諄篤也。自治鄖撫楚以及今官,皆在兵革之中,人事應酬都廢。是以老翁臺處三年而無寸楮奉候起居,實自外於長者,思之愧悚不已。茲因大寇奔突江淮,督兵馳剿,滁州之戰,俘斬頗多,賊踉蹌而遁矣,詳在塘報中,敬以呈覽。

十六日至壽春,適老翁臺塘報官在焉,謹附數行,少鳴下臆。此際鳳、潁、開、歸一帶更須嚴防,昇即從壽、潁入豫矣。援兵已集,屢戰之後,賊又分遁旁窺,須首防運道。山東劉澤清一旅,或當急調之河干,容另役請教。諸不宣心,臨楮唯有依戴。疏刻八冊,謹呈臺政。

與某書二首

臺光遠隔,瞻企時殷。年來疆吏艱難,久負疏慵之戾。微翁臺委曲垂亮,則象昇幾無復人理矣。恭聞節鉞榮蒞中,正擬專差肅候,乃元旦迄今,日從行間,拮据苦不可言,昨廿五日始得一回署中,接邯鄲、臨洺塘報,知武安又在戒嚴,且傳聞之言,未免滋甚。承翁臺指教,感不可雲。河北恃有長城,但畿南一帶防禦為難,象昇又以譾才,莫知所措。臺使到日,即刻起行,專赴邯鄲境上,意欲與翁臺一晤,未知肯移玉於交界之區否?祝嵩老年臺亦昇所素蒙知愛者,不識可並遂摳趨否?家嚴在舍,極荷注存,容面叩謝。不肖昇標下官兵無多,今陸續調至邯鄲矣,並聞。臨啟無任馳戴之至!

昔年叨荷眷知,有懷耿耿。嗣後疆場拮据,羽翰為疏。如臺臺品望文章,固當代無兩者也。自古為聖為賢,多遭拂逆,而屯亨付之氣數,名實券於本來,有何增損?彌見操持!然使大君子當厄,則世道之憂也。聖天子

附錄四：盧象昇作品輯錄

已鑒其微行，當使前疑消釋，大用有期，願言珍重，弟額手而祝之匪朝夕矣。一縷修問起居，幸原千里鴻毛之敬。至弟昇罪重孽深，罹茲大故，慘情愁緒，度日如年。今復凜奉嚴諭，責以防秋重擔，過七、八兩月始得徒跣歸奔，憂病相煎，旦晚莫必其命。如斯惡況，並以附聞。臨函耿切！

與楊嗣昌書牘三首
（摘錄於《楊嗣昌集》）

其一[5]

此番邊警，中外多在夢中，群言亦渺如河漢。獨老先生年臺主持廟算，著著不差。今西塞宴如，無亡矢遺鏃之患，纖毫皆臺賜也，象昇不過勉勵奉行面已，有何尺寸之補？顧夢推獎乃爾，言之汗下。

國家用兵垂二十年，物力銷亡，人材歷盡。本未現有了得一言、辦得一事者，自大駕入中樞，前後建白皆極中邊之要，悉今古之宜，悅安社稷聖天子，何可一日無老先生，而興懷泉石也？古之帝王，莅中國而撫四譯，以駕馭為鞭撻，迨撫失其道，方啟兵端。兵力告窮，遂開款局。若能以款濟兵之窮，道撫之正，於天道猶不甚遠，而中外適得其常，政未可與循行數墨者言也。義州一說，事理極其深長，關、寧既有同心，必須合全局打算。我祖宗朝，宜、遼原自一體，何啻輔車？方玄老海內有心人，與象昇為石交已久。臺臺居中主持，升輩東西擔荷。苟利社稷，遑恤其他？今日仍當以遼左馭遂宣邊，制插雲市口卜。彼以偽來，我以偽用；彼以誠至，我以誠施。我能伐交，不必問其以誠交、以偽交也。我能用間，正可因之而以誠間、以偽間也。

主上無人之秋，乃聖明憂天憫人至意。然從來任事議事者，千人萬人而成事也，在一二人治邊籌邊者。千著萬著，而安邊止在一二著。曠世救之不

5　〔明〕楊嗣昌著，梁頌成輯校：《楊嗣昌集》卷47，長沙：岳麓書社，2005年，第1133頁。

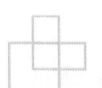

足，盆庭敗之有餘。蓋必看盡天下之事，而後可以正言破盡天下之疑，而後可以任事。深思及此，又不禁低回長嘆耳！

其二[6]

烽自被挫之後，徑奔鞏華近地紮營，此其為忿誘戰無疑也。彼中去陵京不遠，急須御備，周密厚集兵力，以圖萬全。仍相機出奇，再挫彼一二陣，不唯鞏固陵京，亦且大張撻伐矣。升即夜出土城關，與鎮將密計，看明早情形，再當馳報臺諭。

老營南向，或者烽非一股，分合難定。此時權緩急以用兵，不敢不唯力是視也。早蒙臺顧，冒昧披陳激烈衷懷，些子俱盡，亦恃老年臺聖賢之品，不罪狂愚，故不覺剖心以告耳。倘獲濟朝廷封疆之事，即胸中有如許怪異事，始終不復向君父一言，如其閃爍奸欺，到底誓當瀝血丹墀。

無言不盡，仍祈老年臺力持大法，除國家之大害也。

其三[7]

兩日邊情又似變動，其苗頭復向東南，而且又報有二萬從中、東二協繼入者。此其為謀叵測，為勢益眾。我所以待之者，不可不整飭嚴密也。喜陵京重地略有布置，俱未敢窺。今宜以逸待勞，以靜制動，而得下手處亦不可差過。先此馳聞，隨後有小疏入告矣。昨擬薦賢為國，此時續報又繼至者，誼不敢復言矣。

---

[6] 〔明〕楊嗣昌著，梁頌成輯校：《楊嗣昌集》卷47，長沙：岳麓書社，2005年，第1139頁。

[7] 〔明〕楊嗣昌著，梁頌成輯校：《楊嗣昌集》卷47，長沙：岳麓書社，2005年，第1140頁。

附錄四：盧象昇作品輯錄

附錄五：《明大司馬盧公年譜》[1]

  後學同邑任啟運釣臺校定
  曾孫 男 安節謹次
  東吳後學惠棟填諱
  會稽後學施惠重刊
  同里後學李庚校字

  公諱象昇，姓盧氏，字建斗，號九臺，一字斗瞻，又字介瞻，常州宜興人（今分隸荊溪）。

  始祖諱湛行、二七，系出唐玉川先生，其初浙江鄞人，舉賢才，授義興尹，因著籍焉。居永豐之茗嶺，稱茗嶺盧氏，是為盧氏始遷祖。

  七世祖諱端智，字唯睿，號茗峰，行宰一。登元泰定四年李黻榜進士，授宜興學正（事蹟詳邑志）

  高祖諱元京，字道宗，號竹岡，性孝友，勤義方，志尚高遠。

  曾祖諱誠，字勉之，號懋岡，邑諸生文章行誼為鄉里祭酒。以子贈文林

---

[1] 〔清〕盧安節、任啟運等：《明大司馬盧公年譜》，北京圖書館編：《北京圖書館藏珍本年譜叢刊》第62冊，北京：北京圖書館出版社，1999年。該年譜依據之版本為清光緒元年會稽施惠重刻本。《明大司馬盧公年譜》，是研究盧象昇生平事蹟及其軍政改革思想的極其珍貴的歷史文獻。尤其是在盧象昇青少年時期的生平研究方面，該年譜是迄今為止所發現的唯一一種內容較詳實、可信度最高的史料。本年譜原為盧象昇之曾孫盧安節所著、任啟運校訂的光緒年間刻本，後由北京圖書館珍藏、由北京圖書館出版社影印出版。為了給盧象昇研究者提供更多的便利，筆者將該年譜全文進行了點校，並改原來的豎排繁體為橫排簡體。但是，囿於學識水準和研究精力所限，加上原文某些字跡模糊等客觀因素，筆者的點校難免有諸多錯誤，所以懇請方家多加指正。需強調的是，該附錄之《年譜》點校文字，僅作為盧象昇研究者參考借鑑之用。

附錄五：《明大司馬盧公年譜》

郎,儀封縣知縣。

祖諱立志,字仁甫,一字商衡,號荊玉。始遷縣之張渚鎮,舉萬曆乙酉應天鄉試,為常熟教諭,歷官儀封、南康兩縣令,所居皆有政績可紀。崇祀名宦本邑鄉賢。

父諱國霖,字公嶼,號崑石,邑諸生。生四子,長即公。次象恆(字恆斗,邑諸生),次象晉(字錫侯,一字晉侯,號魯山,邑諸生,見《明史》,另有傳,乾隆丙寅崇祀鄉賢),次象觀(字幼哲,號九錫,崇禎癸未進士,乙酉殉福王之難,乾隆丙寅崇祀鄉賢)。自荊玉公而下,俱以公貴,贈資政大夫,總督宣大山西軍務兵部尚書兼都察院右僉都御史,乾隆丙寅崇祀鄉賢。

故明萬曆二十八年庚子,三月四日,時加人定(行實雲庚子年月庚辰日丁未時,辛亥陽次婁陰次畢歲星居周分系於柳)。公生於張渚鎮之鎖前橋,母李太夫人

三十三年乙巳,公年六歲,始入小學,師事族父茗莪(謹按,〈完予公墓誌銘〉云:長子國繙,予諸父行而髫年執經以事者也,國繙字茗莪)。冬,荊玉公遷儀封令。

三十四年丙子,年七歲,崑石公及李太夫人隨侍儀封官舍,有池。一日,公聚童子十數輩,環池為背水陳,弱口蹻幟,執以進退,不如約,輒縛而榜之,童子負痛呼譽,荊玉公見而釋之,怒公曰:何榜童子為?然亦以此奇公。秋,崑石公以試歸里,李太夫人嘗因事恚怒,不食,幾成疾矣,公跽床下,力為解釋,流涕被面。太夫人異之,為公一餐。

三十七年己酉,年十歲。荊玉公左遷江西按察司知事。

四十年壬子,年十三歲,荊玉公以兩臺薦擢知南康縣事,崑石公隨任。

四十一年癸丑,年十四歲,荊玉公自南康歸里,遷居新橋之湄隱園。初,公讀《孟子》至「生於憂患死於安樂」之言,輒低回三,復讀史至張睢陽、岳武穆傳,則奮曰:吾得為是人足矣。

四十三年乙卯，年十六歲，讀書裡之北門，門外有顯者車馬過，曹輩從觀，公吟聲不輟，比還，皆誇示其狀，公徐曰：「人不患不貴，患曠貴。」耳聞者默然慚已，而皆心憚公。時承平日久，同學工習舉業，公獨日究經史於古將相名臣之略，軍國經治之規尤悉心焉。

四十五年丁巳，年十八歲，與同邑吳公貞啟讀書邑東，中隱禪林，距家七十里。一日，聞崑石公病，日定昏矣，力疾歸里，雞鳴抵舍所，歷巉岩深谷篁竹間，出入虎穴略無顧畏。

四十六年戊午，年十九歲，與湯公啟烺，吳公貞啟同補校官弟子，娶汪夫人（晉陵學生汪公遷女）。

天啟元年辛酉，年二十二歲，中應天鄉試二十九名，主考詹事府右春坊右諭德兼翰林院侍講順德王公儒炳（按：萬曆十六科進士，履歷王作黃，又是年南京主考有左諭德元城黃立極，俱甲辰進士）。冬，赴公車初南都，報捷，親朋畢賀，荊玉公悚然曰：「家世寒貧，一孫幸捷，何德以堪之？」督課益力，及公北上，親送之江干。公見大父容貌癯瘠，（見《唐書·李百華傳》）牽衣不忍別，荊玉公曰：「行矣！若成名，展吾未竟，便不愧家學，何戀戀為？」公不得已，乃愴然就道。

二年壬戌，年二十三歲，中會試三百八名，主考禮部尚書兼文淵閣大學士隨州何公宗彥、禮部尚書兼文淵閣大學士秀水朱公國祚，同考吏部科給事中濱州薛公鳳翔，於三月廷試，登文震孟榜二甲二十五名。荊玉公於二月十九日捐館，公釋褐，後聞訃，號泣奔喪。又以崑石公李太夫人毀瘠過甚，率諸弟間請節哀。

三年癸亥，二十四歲，娶簉室陳氏。十二月，汪夫人卒。初，汪夫人久病，以視膳弗親，勸公置妾自副。公以大父喪弗許，至是病益篤，遂力請於君，姑傾囊娶之，公猶不御，但令襄婦職而已。公過維揚，一冶姿願委身事公，公正色曰：「吾豈以精神銷粉黛耶？」卻之。

附錄五：《明大司馬盧公年譜》

　　四年甲子，二十五歲。二月授戶部貴州司主事，於八月督臨清倉，時魏閹用事，公卿大夫皆出其門，公獨絕請謁外補臨清。臨清當京師南北孔道，使者旁午應接不暇，公以其餘間就賢士大夫，商榷時政，並釐別主藏官吏之積弊，凡清出侵蝕本色若干石，銀若干兩以佐軍興，爾尤加意於支收。初，各省本色解至胥吏，苛難權概不平，或至缺供征俻。（「俻」音「裴」，俗作「賠」）而吏獲侵牟。公更立程法，至即收兌權概甚平，吏不敢私，輿情便之。時河南久旱，米價騰躍，逋負甚多，而臨清積粟百萬。公請令中州納米一石改折銀一兩，輸之臨清，以倉粟相抵，得旨允行。豫逋一清官，民稱快。

　　五年乙丑，二十六歲，在臨清。三月，覃恩封父崑石公承德郎戶部主事，封母李氏，贈妻汪氏皆安人。

　　六年丙寅，二十七歲在臨清，娶王夫人（金壇貢生王公道洽女）。

　　七年丁卯，二十八歲。三月，升山西司員外郎，仍管臨清倉，是月，奉旨加山東按察司副使，管大名府事。公督理倉務，奏課運，最稱上意，故增秩守大名。時東撫潁川李精白建魏閹生祠，邀公進謁且請署名。公辭曰：「非關吏所敢知也。」不赴亦不列名。六月，與接任主事何意交代，乃抵大名，大名獄訟繁多，又值軍興征發如雨，公私交困，公晝治公事，夜讞疑獄。期月之間刑清政簡，吏民親愛。公嘗語人曰：「吾筮仕時，自見年少官薄，請益於諸老先生，曾示我以「清慎勤」三字，初聽之亦平平耳，及身親之乃知其難。自古良二千石舉此三字盡之矣。」蓋公生平事事身體力行，故初任事即有成效如此。是歲覃恩累封崑石公中憲大夫、山東按察司副使，封母妻及贈元配皆恭人。

　　崇禎元年戊辰，二十九歲，在大名。正月擒巨盜馬翩翩。初，遼事急，饑民所在為寇，而開滑壞接晉豫，群盜分佈窟匿，聚則焚劫，散則竄伏，官兵不能討。公以耳目發起盜主名區處陰部士四百人詗盜，元夕，置酒高會，

趣擊之,遂獲其酋長。黨眾奔熸。自是畿南屏息,枹鼓希鳴。冬以遼餉功進一級。是歲奉計入都,恤冤獄十七事,全活甚眾。作〈景韓堂漫筆〉五首。

二年己巳,三十歲,在大名。八月京師戒嚴,公募壯士應詔勤王,民裹糧而從者三千人,事定還郡,作〈夜作寄懷詩〉一首。

三年庚午,三十一歲,遷山東布政使右參政,整飭大名兵備道,大名、廣平、順德三郡屬焉。時太行、恆山之盜往往嘯聚,所過殺掠,公憂其蔓延,乃抽集民壯練鄉勇,講什伍豫籌扞禦。洺川高士賈蔭芳,字濟堂,修行績學,岩居谷飲。達官貴人望塵不及。公獨造廬請謁,賈草書數帙為贈。時人以公履危亂而折節下士,比之皇甫義真焉。公又嘗識廣平申涵光於童子時(涵光,字鳬盟,時年十二),薦之督學使者。袁公鯨,補邑諸生,涵光敦行力學,北方名儒也。五月(十九日)長子以載生(字禹陟,邑廩生)。是歲,作〈冠帶善士完予公墓誌銘〉。

四年辛未,三十二歲,在大名。公在大名,一切治理威名流聞天子。以公才任文武會舉。卓異有召,不次擢用。尋加山東按察使,備兵如故。三月(初二日)次子以謙生(字友谷,邑廩生,陳出也)。七月(十一日)三子以行生(字天馭,太學生)。

五年壬申,三十三歲,在大名,時寇氛日甚,公馳行屬郡,繕城郭,修守具。又以村落民人被掠,且貽蓄聚於賊,賊益橫。計使民自為守,度可相距十日。則援兵四出矣,乃徧相形勢高立堡,窪為池,資以守具。邑聚賴以安全。先是庚午前,公已舉三子,至是同月喪,公時巡省郡縣,過門不入,雖至歲終臘日,亦次郊外經理焉(公癸亥前生一子一女,子名文煒,女許字溧陽陳抂若,見荊玉公墓誌,又錫侯公請恤雲,月喪三兒不還公署,蓋皆不在庚午前也)。九月,公祖母張太夫人卒於家。

六年癸酉,三十四歲,在大名。正月,賊騎闌入西山,西山距順德百里,公禦之。賊別入大名南,民皆守堡。賊無所得,規欲攻滑。公偵知之,

附錄五：《明大司馬盧公年譜》

選騎出賊前，伏榛莽中，賊至猝發，大破之。三月，臨洺告急，公馳赴之，敗賊於摩天嶺，賊遂解散。公親歷鄉寨，撫視創痍士，民感奮，有《過黃梁祠》絕句一首。四月，賊數萬人屯小西天山中，公駐內丘西東黃寺，真定游擊董維坤來援，與公合營連戰，皆捷。賊走臨城西山，公與維坤分突賊陳。公戰山南，維坤戰山北。至冷水村，維坤為賊所困。公分兵救之，而先設伏石城南，自勒兵三百，乘利逐賊至危崖，賊乘高矢石亂下，從者斃馬下。公額中一矢，弗為卻，旋失馬，短兵接。（時魏縣高九岩隨軍，見公騎中流矢，以己馬與公，赴賊格鬥死。內邱諸生王胤，亦率鄉兵戰死焉。二事俱見本縣志）轉戰至石城南，伏兵起，遂大破之。翼日又破之青龍岡，而維坤被重創死，公為文哭祭之。秋，賊復犯沙河之丹井及刑臺西，公馳騎擊之，多所斬獲。已而賊屯武安，武安非公所轄地，公移師連戰，前後斬其豪十一人及其支黨甚眾，收回男女二萬人。

　　七年甲戌，三十五歲，舉卓異。三月進僉都御史，撫治鄖陽，畿南三郡士民相向慟哭。謀伏闕上書留公，而公已單車就道，數萬人遮道啼呼，騎不得前。公慰諭良久，士民伏地，哭不能起，公為之動容，眾乃具肩輿請公坐乘。群牽挽之，左右執香爐，送至五百里外。臨河乃返（今南和沙河等縣，各有房祠載於通志，臨洺勒碑紀功，北平孫公承澤《四朝人物考》曰：公兩官畿南，惠施三郡，生之日，家設一壇歲時瞻禮；死，合謀叩閽，除地為祠，歲時伏臘奉祀，不分少長男女皆為流涕，甚有痛其亡發狂疾死者）。四月，公至鄖，鄖無專轄，以湖廣之鄖陽、荊州、襄陽，河南之南陽，陝西之漢中及商雒二州屬焉。時鄖陽屬邑皆陷從賊四月矣，援兵雖集而缺餉。公至，即鎔所服銀盔鞋帶市具，椎牛犒眾，告以餉不時至，使者寬以撫眾嚴以剿城，若有懷二心者殺無赦，眾皆惕息受命。於是以「十議」咨群吏，議生聚、設主兵、策偵防、議修築、立鄉保、速郵傳、積貯策、互援勵、鄉勇制武備，令道府州縣各盡所言，以裨實用，以「八則」撫民，一曰：酌緩徵之宜以延民

命；二曰：勤修蓋之役以奠民居（自經兵燹，民居不存，飭官吏程作，取頹垣敗木，益以茅土使逃亡得復故業）；三曰：通山澤之利以濟民窮（鄖屬萬山之中，銅砂、鉛鐵、石青、石綠所產雖微，聽民探取，勿有苛禁）；四曰：懲告詰之風以除民害（民有通賊者，聽鄉約保長首實，至馬贏藏物，賊遺之，民得之，置不問，告詰者坐之）；五曰：禁差繇之擾以安民生；六曰：廣招墾之術以裕民計；七曰：恤行戶之苦以資民用；八曰：嚴驛遞之規以蘇民困。又疏請借楚省倉穀分貯鄖屬（疏上，廷議以二分借鄖）；抽荊襄軍餘分屯鄖疆（略曰：鄖遭寇患，人煙斷絕，千里不毛，審勢揆時，莫若抽餘軍以實曠土。臣案荊襄等衛，有正軍有餘軍，正軍有田，餘軍無田，每衛不下萬人，抽其壯者即統以本衛指揮千百戶等官，計軍授田，計田給種，計種課成，增一民得一名之用，闢寸土茹寸土之毛，足食足兵，庶乎可起衰振敝耳）；又請借楚餉修城屯鑄（略曰：部議繕城隍以資防禦一款，令臣憚精□刮以奠金湯。顧鄖屬六城煨燼，斗糧尺布無存，何問金錢也。臣刻意節省，因鎮城太卑，議增高三尺，並築四大爆臺，益以火器等事，計直二千餘兩。至六城修建，值萬金以上。而募軍屯田，召商鼓鑄，計又倍之。請飭楚撫借三萬金以資用。許臣一年內先償萬金，兩年則盡讎矣）。始設兵船巡漢江（漢興鄖襄自遭寇患，人民困苦，驛遞凋殘，其地襟帶漢江，涉冬水淺至可褰裳，乃設兵船六十艘，上自河陽竹山白河，下至襄陽，以杜賊人窺視之。漸巡緝之，暇加以操練，而警報驛使，凡遇順水俱附兵船，省驛馬之費）。查賑被難地方（村落之被劫者，士民之遭難者，地畝之荒蕪者，令各屬清查議蠲議賑，凡有招徠安集之法，隨地設施），恤錄死事文武（寇賊蹂躪之時或殺賊亡身，或守城畢命，殘軀以膏白刃，妻子尚困窮途，旅櫬無依首邱，誰望令各屬分別恤錄）。公前後奏請朝廷，下其章，半用半不用。凡公以便宜設施方略具有成效可紀云。五月，總理陳奇瑜（保德人，時以延撫總理五省專剿流寇）統兵至，公與之分道入山擊賊。時諸路兵集，而鄖屬無餉，且自鄖至竹皆巉岩絕

附錄五：《明大司馬盧公年譜》

磴，轉運甚艱，公百計籌畫供億無缺，而所將士卒連戰皆捷，斬馘五千六百有奇，賊遂竄漢中。有〈過梅歸山絕句〉一首。七月（初一日）公至上津搜勦鄖津山賊，川營總兵官鄧玘調防洵陽，將士擅縶民船，鄧以法繩之。兵共趣歡。初，鄖餉乏，公履疏奏請，部議久不決，徐飭於楚中，留餉通融支給，川兵五千月支坐餉一萬三千餘兩，及鄧玘軍嘩，借支餉不及，奔回鄖陽。公聞急還，撫安之，仍以萬金給餉。移書鄧君，取首惡伏辜，余釋不誅，一軍振肅。九月，總理陳奇瑜失利於車箱峽，秦賊潰叛，公令各道戒嚴。初，奇瑜追賊鳳隴，勦撫並用，事垂定矣。公弟象晉從容曰：「陳公竟辦賊。」公曰：「是何言之易也。往者總理過鄖，吾殤之北城樓，見其部曲紛紛沓沓，如亂絲之布地，行將自困，吾坐守孤鄖，兵單餉竭為憂方大耳。」及總理軍敗，如公言。公聞警，趣令州郡繕守備、具戰器，布鐵蒺藜於江水淺處，凡賊必經之路，審量地形埋伏火器，山谷之民設法立寨，就千岩萬壑中因高設險，令附近居民聚其中，授以火具給以穀食，統以團保練長。其平原曠野，立併村之法，擇民居稠密之村，將十里內零星村落編入其中，無事各歸其居，遇警合力共守，更令掘深壕築堤塹，一切火具穀食如山寨給與，責成團練長督率巡防。初，公以鄖鎮兵止五百，而客兵守鄖月餉三倍於主兵，疏請就土著招募，吏議止增五百，合毛兵六百共一千六百人，及殘寇日深，公請再增一千四百合三千人以資守禦。十月商雒告急，令中軍李玉華督兵馳援，鎮筸營副將楊正芳奉督臣調自上津，趣雒南與部下張上選俱歿於陣，玉華赴之亦敗焉。十二月，賊二十萬犯鄖陽，公以數百人居守，賊薄城，行觸機，雷火發，殲其精銳無算，賊乃繞西北角盡力攻之，夜半，公勒兵馳赴其營，老弱乘城呼聲震山谷，賊驚駭，棄輜重走。渡江，江布鐵蒺藜，不得渡，鄉勇乘便邀擊之，鄖兵隨其後，賊大恐。三日夜走宛葉，公趣南陽以阨其還。

　　八年乙亥，三十六歲。正月，公自南陽還，先是賊出宛葉，潰許穎，陷靈壁，焚皇陵，復折而西，與河南賊合，聲勢益盛。公遍歷鄖津，練習火

攻，分布要害，復巡視襄宛、光均諸地，鼓練鄉勇，檢閱村寨，申嚴守備。五月，天子以公守鄖功進右副都御使，巡撫湖廣，駐兵襄樊，以防秦寇。六月，賊連勝秦兵，分部出關，官吏望風逃奔，郡縣皆沒，遂長驅入中州，三楚震動。八月，命加公總理直隸河南、山東、川、湖等處軍，以關寧總兵祖大樂援剿，祖寬東協，副總兵李重鎮隸戲下，督兵入豫，公聞命，即疏上「平寇十要」：一辦餉；二籌兵；三用人；四任將；五設險；六定功罪；七明分合；八專責成；九以民攻賊；十以賊攻賊。又奏「三大機宜」，皆切中事要。朝廷頗採用之。（一「剿蕩大局」。賊橫逞八年，狂奔七省，臣與督臣有戰無守，有剿無堵，各省撫臣仍宜且戰且守，且剿且堵，主客馬步奇正之兵缺一不可，今宜調咸寧、甘固之兵屬總督，調薊遼關寧之兵屬總理，旗鼓相當，各分五路，不論豫楚秦直，直搗橫挑，或迎賊之頭，或襲賊之尾，或邀賊之中。賊分而我亦分，賊合而我亦合，至於深山密箐峻嶺層崖，群寇易於奔竄，騎兵不習攀援，再調川、筸、黔、滇之便於登山涉隘者一二萬以佐騎兵之不及。中外勿惜經費，有司勿憚苦難，公卿勿事橫議，齊心合力，效順除凶，大戰百餘，斬級千萬，待賊乞降歸命，悔禍投誠。然後散遣安插，橫池既靖，薄賦輕徭，吊死恤生，保固元氣，此剿蕩之大局也。一「兵餉全籌」。殺賊需兵，用兵需餉，理之常也。若賊橫而始調兵，賊多而始增兵，是為後局兵至而後議餉，兵集而後請餉，是為危形。況請餉不足，兵將從賊為寇，是八年來所請之兵皆賊黨；所用之餉皆盜糧也。均之餉也，早則見德，遲則賈怨。均之芻米也，有款餉者省十三，無款項者費十五，甚者辟民書空，又甚者重斂橫徵。往者芻米之價日高，司農平價三分顧一，率令主者吏常缺於供臣前辦餉疏酌議因糧輸助，並內庫折色及廣開事例，三事歲可登金錢一二百萬，此外再議題留則餉已有餘，增兵調將何難殺賊？即此兵餉之全籌也。一「督理專力」。臣與督臣受命討賊，為賊是求故督臣向日曾辭三邊，微臣近辭楚撫，夫督理而謂之總取其責任事權相配也。是以督理必有

317

附錄五：《明大司馬盧公年譜》

專餉，有專兵而後可盡專力，臣與督臣各得馬步戰兵三萬，馬三步七，每月餉銀十萬以上。請委督餉部司二員分管督臣與臣剿兵之餉，隨臣等往來庶督臣與臣得曄力於兵戎。此督理宜盡之專力也）。十月到總理任，有〈過太平驛絕句〉一首、〈過穆陵關見壁間律詩〉次韻一首。十一月，公以南陽賊奔犯郢陵，即馳赴援，時豫賊南營八大王招引西來大賊高迎祥、李自成等所稱闖王、闖將、闖塌天、順天王、掃地王、一字王者共十三營，大者二三萬，小者六七千，屯據汝城西南。公既定郢，警遂倍道兼行至汝州，部兵五千，命副將李重鎮、雷時聲、周元汝等合營進剿，賊分三面而來，重鎮等亦兵分三面迎之。食時接戰至夜半，勝負未決，公遣都司朱文進陳其美等齎乾糒分賚將士，令帑力，眾聞咸憤踴，比及禺中，遂大破之，斬首數百級，生擒自來虎、湧虎、公山虎、張新兒等，奪賊大砲二門，獲馬騾弓矢器械無算。賊奔魯山東南，十二月高迎祥李自成光州之南城，公追至信陽，又敗之確山，斬首五百餘級。當是時，秦督洪承疇（同安人）剿西北，公剿東南，上以二人有安攘大略，故委任焉。而公尤精白任事撫循將士，能得其死力，故所向有功，及連破巨寇，威震海內，天子於是益知公可屬大事。進兵部右侍郎加督山陝，賜尚方劍，便宜行事。十二月始解湖撫事，以左通政王夢尹（寧晉人）為巡撫。孝廉侯弘文（江川人，師龍子字口口，萬曆乙卯舉於鄉），性倜儻，多智略，為高平令，以憂去官屬，滇南道阻，僑寓襄陽，聞公撫治鄖陽，散私財募死士，投袂從公，為軍鋒冠，公欲上其功，弘文力辭。及公為總理，弘文以大義相助，有烈士之風，又言中原步兵追賊，不利阻隘，思得滇黔之人用之，願奉檄走萬里往募，公壯其言疏薦於朝，授南陽推官，軍前監紀，弘文乃辭赴滇。上以寇未平，齋居武英殿，素服、減膳、撤樂。

九年丙子，三十七歲。元旦，公與川湖總督朱燮元（山陰人）、五省總督洪承疇、漕運總督朱大典（金華人）、應天巡撫張國維（東陽人）、河南巡撫陳必謙（常熟人）、山東巡撫李懋芳（上虞人）、陝西巡撫甘學闊（隣水

人)、山西巡撫吳甡(興化人)、四川巡撫王維章(凌州人)、鄖陽撫治宋祖舜(東平州人),上表請駕還宮,御常服,賞法膳,上優詔答焉。高迎祥、李自成陷含山、和州,進圍滁州,公自西沙河聞警,遣總兵官祖寬,游擊羅岱、祖克勇連夜赴援,自引楊世恩之兵分道進擊,大戰於城東五里橋,斬賊首搖天動,賊連營俱潰,逐北五十里,朱龍橋至關山積屍填溝委壑,滁水為之不流,賊自滁走亳,折入歸德。二月,公檄總兵官祖大樂邀之龍山谷熟集破之,賊乃略密縣,走登封。副將王進忠又敗之郟城,隨與尹嵩賊合分趨裕州、南陽,公合寬、大樂、岱兵縱擊之,大破之七頂山,殲自成精騎殆盡。公至南陽,令大樂備汝寧,寬備鄧州,而躬率諸軍躡賊,使告湖廣巡撫王夢尹、鄖陽撫治宋祖舜曰:「賊憊矣,東西闌截,前阻漢江,可一戰擒也。」兩人竟弗能御,賊自光化度羊皮灘入襄陽或突鄖、均,公檄總兵秦翼明、副將雷時聲由南漳、谷城尅期入山擊賊,翼明失道後,期賊偵視無援,遂環山斷路,從後逆擊,雷時聲戰死。公單騎由絕澗度,亡其關防,既而與大兵合,邊兵習騎射,不便登涉,山氣薰蒸,多染疾疫,公知楚賊阻山石木,難以制勝。四月乃分諸將陀鄖襄,自統關寧兵入豫,命祖大樂赴永寧,祖寬、李重鎮赴靈寶,時豫中諸賊亦遁入秦豫蜀之交萬山中,河南大饑,饋餉不至,邊兵匈匈,公方憂之,會得秦督洪承疇書,曰:「楚賊竄伏,公折箠笞之有餘力矣。秦寇橫,不如移重兵西向,吾與公合力使秦賊毋出,豫賊毋入,滅賊必矣。」公喜,因與洪會議於關門,即遣祖寬、李重鎮入秦。六月,楚賊破竹西、竹溪、鄖西諸縣,陀鄖襄諸將不能制,賊遂焚武當太和宮,至襄陽。楚撫王夢尹告急。七月公回軍入楚,過南陽,奏唐王不法事(事具疏中)。遂剿賊於襄陽,賊復遁入山。是月,京師戒嚴,詔公統兵入衛。初公與秦督相約,滅賊既謀而行,而公剛正特立,不樹黨援。公卿大夫持庸庸計,率無遠大志,見公功名日盛,皆害其能。及公北將入援,旋調之邊,於是豫楚諸賊遂大逞,不可復制矣。九月,公至都,進左侍郎,再賜尚方劍,總督京營

附錄五：《明大司馬盧公年譜》

戰士及各鎮援兵，督師行邊。會大清兵已退，公遂出塞外，收被掠男女七千餘口，給資還本土。乃登木葉山，周視邊地，道中賜御廐五十匹，作十驥詠還，及灤陽，有詔以公代梁廷棟（鄢陵人）總督宣大。宣督治陽和，其屬宣府、大同、山西，山西故代北，大同古云中地，素稱難守，宣府於漢時為上谷，其地坦平，南逼陵京，尤為要害，頻年敵騎蹂躪，迄無寧日。及廷棟坐法徵，上以命公十月於居庸關視事。由各邊至陽和，歷坌道懷來極次衝邊四十餘所，故事大督行塞，分馬纛左右翼，傳呼飛旆蔽空，十里外行人屏匿，裨師以下親屬橐鞬伏謁道旁。公至，盡撤之。控騎行六百里，日呼堡上老兵詢人民疾苦，官吏賢否，及邊塞失事狀。老兵意公為偏裨也，狎公言甚悉，自是公得備知宣東情勢。出為教條，頒示將吏，簡易可守，期以三月親行，視課殿最。及明年二月，遂複閱邊備，奏罷副將張韜、守備王國棟、閆師周等，褒賞副參以下稱職者，貶退稱進，白黑分明，軍容振肅，更定京民運法。（宣雲運餉，歲二百餘萬，公思民運因州縣解至司府，聽司府類解，而兵興那用，弊累滋多，更令州縣之近邊地者徑解邊地餉，司其還者，仍由司府類解各以解期詳報邊督，年立二限，違者罪坐所繇過京運，則每季解餉司督撫於季終，即將各鎮收過京運奏聞行之，期年逋餉始清）。覆召買之弊（督臣年例召買銀二十餘萬，估價畫一，而各鎮盈朒不均，弊一；發銀遲而價已昂，弊二；派令民買短價浮收，弊三。公令各路糧官隨地估價，各餉司依期發銀，有違誤及科派者各治以罪）。開山澤之利（宣雲山澤或間生銅鐵鉛硝，舊例禁採，公令諸兵團練之暇採取以充軍實，即量買運之費以給之，邊困始蘇）。酌鼓鑄之宜（部議以宣雲鼓鑄妨戶工二部錢法，公謂宣雲所鑄錢不足供本地軍民之用，初無妨於錢法，若便宜經理稍佐軍需，此亦有益無損者也）。又以邊地逼近畿輔園陵，單外思募民留屯因田致穀以為傳世折衝之具。於是上「屯田便宜鼇屯政」十二條。率屬舉行，請以崇禎十年為始，專責成課實效，上報可。公先具田器，率所部開屯萬畝，撥三鎮馬市銀八萬餘兩，

320

給宣雲諸府，親履畎勸農。至十一年，軍屯三十萬畝，息穀四萬三千石，邊用益饒。公以狀條奏列上，上嘉公屯政功效，令九邊皆以宣大為式。是歲，作〈家訓三首〉及〈湄隱園記〉。

十年丁丑，三十八歲，在陽和。正月請定邊政畫一之法，並陳出兵要務，上皆從之，大略言：宣雲緣邊二千餘里，皆為要路，令嚴法一，以戰為守方可從事。督鎮主戰，撫道主守，宣雲有警，臣與兩鎮首尾繼進，勢若輔車。至出境應援，師行糧從，尤宜預計各兵雲集，陳請統所屬，獨當一面，勿與列陣連營，使號令不一。若擄掠殺傷，莫可識別，請鑴寸鐵於帽，書尺布於衣，別其營隊，按省，不應者罪之，並坐營隊。初，公涖政請增標兵五千，餉十四萬，部議取三鎮缺額兵餉。公疏言：宣雲兵馬所以缺額者，皆因額餉歷年壓欠，兵亡馬斃以至於此，若以新募之兵食壓欠之餉，是以虛名而釀實禍也。疏再上，於是始定戶部給發。公既募兵乃立五營，以中左右三營為馬兵，專習騎射，前後兩營為步兵，專習火攻。練兵之法分為五等，由淺入深，定以規則，程以日期既成，依古追胥法兼行。出哨偵探哨選精銳，宜多宜馬探；用幹卒宜少宜步。往者，兵士不得出口樵採，公謂：樵採則出口人多，可助探兵之不及。且木植供，公用新芻給民食，塞外無長林豐草，敵來難以駐牧，此中國之利也。於是奏請聽民樵採故事。督臣操賞銀四千餘兩，皆度大同、宣府兩鎮地租，後充軍餉，以其餘改歸總監，由是督標遂無操賞。公謂：兵不可不操，即不可不賞，賞不行即罰不信，賞罰俱廢，又焉能戰？乃奏復賞功地租。三月與薊遼總督張福臻（高密人）會議邊工。前督梁廷棟建議於陵後縱廣三百里內修築邊牆，計直一百六十萬以上，公謂宣東至大同、山西延袤二千三百里，隨處可達皇陵，若止於三百里議築，猶無邊也，如並築之，其費不貲，夫士卒用命，眾心成城，道在守禦，不在邊牆，事遂寢。四月巡視大同，五月赴宣東，發標下前後兩營，分兵防懷永。十五日至懷來，十七日至柳溝，閱視南山諸兵，指示戰守方略。時宣府巡撫劉永

附錄五：《明大司馬盧公年譜》

祚（韓城人），主築烽臺，公以其地平衍，水草少，其勢不屯，乃浚壕鑿井，增築土臺數十所，使相委屬。二十七日赴宣府鎮城及城西等處，閱視撫鎮標兵。推官侯弘文徵下獄，始弘文奉公檄赴滇募兵，與滇南土司龍在田、許成名等（案《明史》本傳，二人皆石屏州土官，八年應詔擊賊湖廣、河南，頻有功。十年二月，擒大盜郭三海。十一年九月大破賀一龍、李萬慶於雙溝，進都督同知。明年三月大破賊於固始，斬首三千五百有奇。諸將多忌在田，讒之，乃罷歸），散私財，募精甲八千有奇，甫就道而公已調邊任。既至，楚歷戰有功，為後事者所陷，弘文坐系，公上書爭之，曰：「弘文等左親戚、棄墳墓，萬里從征，捐軀殺賊，可謂義形於色。有司不念國家，顧惜升斗，以八千餘烏集之眾，坐餉不開，行糧不給，譬如委赤子於曠野，絕其哺乳，立刻餓殺，既不方幅隨以法繩之，方今賊寇方張，廓清無日，而使遠征之旅物故流離，倡義之臣終填牢戶，臣不知其可也。且當日具題委用檄調兵將，皆出自臣，弘文有罪，臣當坐之，如其無罪，猶當顯示激揚，不宜輕棄國士，重傷天下忠義之心也。」書三上，不省，弘文竟遣戍，天下聞之，皆多公而惜弘文之遣也。卜、哈二酋求開馬市，公上言曰：「敵之強也，東至鴨綠，西至賀蘭，塞外山河皆其版籍，今日所存，唯哈與卜耳。哈足抗敵，又利中國之市，故未與敵合；卜之先俺答歸順四十年，近又鑽刀說誓（字典：鑽，隱入也，音未詳，俗音「鑽」，鑽刀者以刀為門，身從刀下過也）遵守邊約。若羈縻二夷，無事資其耳目，有警借其聲援，伐謀、伐交、用奇、用間，同一機括，我既以價易馬，彼即以價易貨，價未出邊而獲多馬，利孰大焉？因卜聯哈，固出時宜；因哈備邊，且觀後效。由是興屯練兵，標本兼治，數年之間，兵農合局，從此元氣昭蘇，安攘因而可望矣。」奏上報可。七月公行邊，令中、左、右騎分駐龍門城、滴水厓、延慶州以衛陵京。八月，公從延慶州越永寧之龍安山至靖胡堡、河東口時，把總費自強與所部三十三人擅離部署，斬自強以徇，三十三人皆予杖。靖胡守備張孌坐失察免。九月秋防，

靖督兵還，鎮道中，次先賢范希文〈漁家傲〉詞二首。十一月由大同巡山西各邊，奏成兵缺餉情形，奉旨譴責撫臣，先貸內庫十六萬給發，從公請也。公立檄各道分給，宣布皇仁，士卒梟藻。是月，以軍興勞，兩賜銀幣。是歲，作〈鹿忠節公傳〉，忠節諱善繼，公故人也。崇禎九年殉定興之難，因為之傳。

十一年戊寅，三十九歲，在陽和。二月，大司寇鄭公三俊（建德人）以會勘鑄局不稱旨，徵下獄，公以鄭四世老臣，在朝廷著清直節，不宜坐徵文得罪，上疏理之，事得白。三月以興屯政功進秩二品。乞炭連營犯宣，部檄雲晉兵來援。公言用客不如用主，用少勝於用多，因令云晉兵無動，親勒騎赴天城，分兵駐右衛葛峪。乞炭列九營於馬肺山，數遣赤食等往來牆下，求撫賞，公諭邊吏曰：「輕言賞斷爾舌。」令牆以內嚴兵待戰，牆以外設哨張疑，復遣裨將，皆張黃蓋列城隅為犄角勢，乞炭望見，驚曰：「各路兵至耶？何總戎之多也？」乃脫歸。異日，乞炭復擁眾求市要賞，公不許，但令先通市，次議賞，乞炭實不挾一貨，因引去。五月，公丁外艱。崑石公於十年秋視公於陽和，二月自陽和歸里，公遣王夫人隨侍，遂終於旅次。時四月十八日也。訃聞，公辟踴投地，幾不欲生。乞大同撫臣（時商邱葉廷桂巡撫大同）題報丁憂。初，東閣大學士楊嗣昌（武陵人，子文弱，見〈鹿忠節公傳〉注）居內憂，服緋至政府，不為正論所容。關寧總監高起潛亦衰絰從戎。及公聞訃奔喪，而共事撫監諸臣俱以奪情為請，公疏凡七上，陳請哀切，始起故宣撫陳新甲（長壽人）於制中，令公席喪候代（《紀實》云：自蜀至宣，裡八千。秋防仍責公），皆武陵志也。七月進公兵部尚書，衰墨防秋，贈公祖父尚書官，贈祖母元配，封母妻皆夫人，予崑石公祭一壇。九月，大清兵從後牆子嶺入，殺總督吳阿衡（裕州人），毀正關至營城石匣，駐於牛欄。時公初與陳新甲交代，及聞警，廷臣交章薦公，於是上使使賜公劍印，命督天下援師，公伏地痛哭，請曰：「臣才非軍旅，愚贛任事，誼不辭難，但自臣父奄

附錄五：《明大司馬盧公年譜》

逝長途，哀亂回惑，五官非復昔時，兼以苦由之身臨三軍上，金鼓不靈，觀瞻不聳，恐非國家之利。」書奏天子，不許。十月三日公統兵屯昌平，時漏下二十刻矣。黎明，天子召見平台，賜公酒食，慰勞良久，次及方略，公奏曰：「臣意主戰不主撫。」上色動，徐曰：「外廷有是言，朕未之許也。」初，遼撫方一藻（歙縣人）誤聽卜者周元忠請款之說，密書以聞，大學士楊嗣昌、總監高起潛力主其說，謀齎金幣請撫。上雖知之而未宣示也，及公入對，發之是日也。黃氣抱日，識者以為輔臣納忠之象，公當之矣。既出，嗣昌要之東廂，仍以講撫為言，公慨然曰：「城下之盟，《春秋》恥之，此語不可使天下聞也。」明日，上命公與嗣昌、起潛會議安定門，兩人仍持前說，公昌言曰：「敵人強來而不能困，使得意去，後日益輕中國，宋事可鑒也。愚意唯以一戰決之。」既罷，上知三人異議，雖頗依違而心是公言。初六日，上以內府金犒師，公至軍，嗣昌送公，屏左右欲有言，良久乃曰：「無浪戰。」夜半，上復遣內臣齎金數萬，銀花三千，幣五百犒師。初八日，又賜御馬百、太僕馬千，銀鐵鞭五百，公歎曰：「聖君神武。紛紛言撫者何為也？庸臣誤國一至此乎？」遂決策議戰。十四日，公誓師翠華，十五日率師至順義，襲牛欄，十七日嗣昌至軍，公責以阻師養禍之罪。嗣昌頳赤曰：「公直以尚方劍加我矣。」公曰：「既不奔喪，又不力戰，身當齒劍何暇加人？」嗣昌以公言為激發己，連恨公，奏令督監復議。十九日再議安定門，嗣昌於是劾奏公不先計而後戰，遇大敵無持重，非廟勝之冊，不可從。上由是不施公議，而督師之權分矣。公之初與議也，起潛欲分兵保郡縣，公曰：「敵若留兵輟我，而分眾南下，則我反在其後，不救不可，救之不及，奈何？」嗣昌曰：「京師重兵所在，敵必不敢越而南。」公曰：「敵既南下，蔓延滋長，為憂方大，京師雖有重兵，不能邀截使不下也。」至是，大清兵果於廿五日從順義開營南向，廿六日發精騎由壩上大馬房直指東直門。公日夜督兵力戰，十一月三日又戰於土城關。是夜，大清兵移兵土城北，初四日又戰於西直門，獲巨

炮十數。大清兵拔營而退,公請乘勝追擊,公卿首鼠兩端,或言追或言守,日中奏上,至初五日晡時始報,從公議。大清兵遂分三道而下:一由淶水略易州,一由新城略雄縣,一由定興俱會於保定。初九日公進據保定。命諸將分道出擊,大戰於慶都,獲級三百。當是時,公自將馬步卒屢戰有功,軍聲甚振。嗣昌以政府兼兵部事數撓公權,有司又希指絕公餉,使不前。編修楊廷麟(雲間王鴻緒《類稿》:廷麟字伯祥,清江人,崇禎四年進士,改庶吉士授編修;寧都魏禧集:廷麟諡文正,乙酉過贛,見虔督萬公元吉,獨支岩城,遂留贛辦軍事。丙戌十月,城破,公死清水塘池中,時遼東賈將軍熊為右軍,親往視屍,召畫工寫其像,趣匠以四門扇為棺,瘞之西門外河上,庚戌公子來求屍,將軍為改葬立碑,公子感賈將軍德,以崇禎皇帝賜公御書酬之。禧在將軍子重儀所作御書記因敘文正顛末,今墓在南門外菱塘)上言曰:「南仲在內,李綱無功;潛善秉政,宗澤殞恨。臣願陛下赫然一怒,專命督臣盧象昇集諸路援師,不從中制,社稷幸甚,天下幸甚。」書奏忤嗣昌,謫兵部主事,贊畫公營,十七日進兵完縣,糧乏。清宛令左其人,饋餉不前,轉戰至真定,真督張其平(偃師人,十二年以罪伏法)閉閘遏餉,公移書兵部告急,不應,時軍中絕糧五日矣,公亦不食,士卒以公素有恩紀,至饑餓不能起,終無叛志。總監方某密疏,公糜餉逗留,撫按守臣爭誣公按兵不救,於是奉召切責公,十二月初六日,大學士劉宇亮視師(《明史》本傳:宇亮綿竹人,萬曆四十七年進士,崇禎十年八月擢禮部尚書,與傅冠、薛國觀同入閣,宇亮性不嗜書,座主錢士升為之援,竟獲大用,明年六月,孔貞運罷歸,遂代為首輔。其冬,都城戒嚴,命閱視京營,戰士及內外諸門皆苟且卒事。大清兵深入,宇亮自請督查軍情,甫至保定,聞象昇戰沒偵者報。大清兵將至,相顧無人色,急趨晉州避之,知州陳弘緒閉門不納,且傳語曰:「督師以禦敵也,今敵且至,奈何避之?」芻糧不繼,責有司欲入城,不敢聞命,宇亮馳疏劾之,有旨逮治州民詣闕訟冤,帝自是疑宇亮不任事,徒擾民

附錄五：《明大司馬盧公年譜》

矣。明年正月宇亮參總兵劉光祚逗留狀，復具疏乞宥，九卿科道僉議宇亮玩弄國憲，大不敬，削籍，卒於家），復擠公，遂奪尚書以侍郎視事，始公督天下兵，繼分其屬隸陳新甲，駐昌平，又以其半分隸高起潛，駐雞澤，及雲晉告警，公所部雲鎮總兵王樸（十五年五月以乏興棄市）徑引兵去，公獨與宣鎮楊國柱、晉鎮虎大威統殘卒五千，次宿三宮野外，畿南三郡父老遮說公曰：「天下匈匈且十年，明公出萬死不顧，一生之計為天下先。乃奸臣在內，孤中見嫉，棲遲絕野，一飽無食，脫巾狂噪，云帥其見告矣。明公誠能移軍廣、順，召集義師，三郡子弟喜公之來，願為公死，勠力同心，一呼而裹糧從者可十萬，孰與隻臂無援立而就死哉。」公泣然流涕曰：「父老意甚厚，雖然，自與賊抗大小數十百戰，未嘗挫衂，今者分疲卒五千，大敵西衝，援師東隔，敗亡立見，若委而去之，貽君父憂吾弗為耳。食竭力盡有死而已，毋徒累父老為也。」眾號泣雷動，各攜床頭斗粟餉軍，或遺棗一升，曰：「公煮為糧。」初十日，遣楊廷麟乞糧於陝撫孫傳庭（振武衛人，時入援，駐兵真定）。進軍鉅鹿賈莊，鉅鹿生員姚東照助糧七百斛，士氣稍振。公聞高起潛所部兵去賈莊五十里，期與旦日合兵並進，起潛得檄，東走臨清。（王鴻緒《類稿本傳》：十一年冬，京師被兵，宣大總督盧象升入援，與兵部尚書楊嗣昌議事不合，起潛比嗣昌亦與象昇左，致象昇孤軍戰沒，起潛又匿不言狀，朝士疾之。十七年闖賊日急，帝仍令督寧前諸軍，中道棄關走。福王立江南，召為京營提督後，降於大清。長洲汪琬、堯峰《文鈔》：總監高起潛駐兵臨清、濟寧間，北兵攻濟南，巡撫御史宋學朱悉力拒守，北兵築長圍困之。十二年正月二日，城陷，御史宋學朱率巡道周之訓死之。起潛既不援濟南，又以失德王胡恐受誅，謀卸罪於宋，其黨遂誣宋不死。於是宋次子德宜伏闕請恤，廷臣徐石麟、沈維炳等皆為宋請於朝，終不報師。儉按宋公與先忠烈事相類，高、楊誤國，其事亦同，故並錄之）大清兵乃得專向賈莊，明日公獨進，與大清兵戰賈莊南，公居中，楊國柱師左，虎大威師右，搏戰一日，

殺傷略當。夜半，公還營。十二日庚子，大清兵益，兵圍賈莊，環三匝，時公兵少援絕，吏士殊無人色，而公氣彌勵，周視整兵，查夷傷，治戰具，易麾幟，為圜陳，外向二鎮當東西別二將，南北中布巨炮，挾以弩矢，隅中開壁迎敵，士皆殊死戰。至日昳，炮盡矢窮，公命去備，以短兵薄戰。大清兵縱精騎夾攻之，士卒多死。大威挽公馬出圍，公按劍曰：「將軍死綏，有前無卻。」遂躍馬馳入陣中，四矢三刃乃僕，掌牧楊陸凱懼眾之殘其屍也，伏公背而死。（陸凱，永年諸生，公為大名道，拔置幕下，從軍捍賊，積功至游擊將軍）裨將張岩與公僕顧顯者殉焉，戲下死者過半。初，公與國柱易旗而戰，及公死，而國柱、大威與副將劉欽皆潰圍出。大清兵乃蓺賈莊，東略威縣，攻山左。十五日，劉欽屭積屍，屍殘缺，血汙不可辨，獨兩屍重累，上負二十四矢，就而視之，則楊陸凱也。伏地一屍，麻衣衷甲衣，有督兵硃篆，欽大慟，舁之新樂縣，楊廷麟聞之，迎入真定東關，為公盥面刮髮，憂怒目瞋視，凜凜如生，其地守臣素識公，佯不辨。廷麟怒，集兵民視之，皆號泣曰：「此我盧公也。」順德知府於穎以狀聞，時大學士楊嗣昌納讒者之言，誣公東降及遁，使旗尉俞振龍等三輩偵之，楊廷麟再疏申辯，坐謫官。振龍等還，白公死事狀，且言公忠精，宜加褒恤，嗣昌聞之不喜，以振龍契勘不實，下於理窮，治死獄中，振龍臨死無一言但，呼「天可欺，盧公不可欺」而絕，聞者皆為隕涕（嘉興高承埏《自靖錄》：公之陣亡也，黨人忌之，議論籍籍，甚有言其實未死者，嗣昌為流言所惑，千總張國棟報至兵部，嗣昌詰公逗留狀，國棟不肯承嗣昌，加之刑，國棟曰：「刑則願刑，死亦願死，忠臣而以為逗留，力戰而以為退卻，上天難欺也！」乃釋之。遂執隨營旗尉俞希龍下東廠，師儉案大興。王世德《崇禎遺錄》亦作俞希龍）。於時公幽閟經五旬，猶未閉也，方事之殷也。公幕客同邑許德士以病留保定，聞公凶問，力疾趨赴，墮馬折指不前。明年（己卯）春，德士扶病至真定，攀公棺而哭之，至不能起。方為公議斂，守臣素憚嗣昌，弗為許，德士慨然曰：「罪我之由國

附錄五：《明大司馬盧公年譜》

家，倘訶請以我說。」乃以二月八日大斂。公弟象晉伏闕上書請恤，不報，是年秋扶柩歸里。又二年（辛巳）嗣昌死，廷臣始為公訟冤。左都御史劉宗周（山陰人）疏尤切至，且謂公死由嗣昌，嗣昌誤國，罪不容誅，宜戮屍都市以為人臣不忠者戒，朝廷乃復公官，贈太子少師。又三年為大清順治元年（甲申），福王在金陵，恤錄愍帝時死節諸臣，謚公忠烈。十七年（庚子）葬公於溧陽惠德區芥字號西窯圲。康熙二十七年（戊辰）奉旨建祠於邑東，以特牢祀。

參考文獻

一、古籍文獻

1. 〔明〕宋濂等：《元史》，北京：中華書局，1976年。
2. 〔清〕張廷玉等：《明史》，北京：中華書局，1974年。
3. 〔民國〕趙爾巽等撰：《清史稿》，北京：中華書局，1977年。
4. 〔清〕查繼佐撰，倪志雲，劉天路點校：：《明書》（《罪唯錄》），濟南：齊魯書社，2014年。
5. 〔清〕傅維鱗：《明書》，清康熙三十四年本誠堂刻本。
6. 《明憲宗實錄》，臺北：中央研究院歷史語言研究所校印本。
7. 《明武宗實錄》，臺北：中央研究院歷史語言研究所校印本。
8. 《明世宗實錄》，臺北：中央研究院歷史語言研究所校印本。
9. 《明神宗實錄》，臺北：中央研究院歷史語言研究所校印本。
10. 《明光宗實錄》，臺北：中央研究院歷史語言研究所校印本。
11. 《明熹宗實錄》，臺北：中央研究院歷史語言研究所校印本。
12. 《崇禎實錄》，《明實錄》附錄2，臺北：中央研究院歷史語言研究所校印本。
13. 《清仁宗實錄》：北京：中華書局，1986年。
14. 國家圖書館出版社：《李朝實錄》，北京：國家圖書館出版社，2011年。
15. 〔明〕王在晉：《三朝遼事實錄》，全國圖書館縮微文獻複製中心，2002年。
16. 〔清〕盧安節、任啟運等：《明大司馬盧公年譜》，北京圖書館編：《北京圖書館藏珍本年譜叢刊》第62冊，北京：北京圖書館出版社，1999年。
17. 〔明〕談遷：《國榷》，北京：中華書局，1958年。
18. 〔清〕夏燮撰，王日根、李一平、李珧、李秉乾等校點：《明通鑒》，長沙：岳麓書社，1999年。
19. 印鸞章、李介人校訂，管巧靈標點：《明鑒綱目》，長沙：岳麓書社，1987年。
20. 〔清〕計六奇著，魏得良、任道斌點校：《明季北略》，北京：中華書局，1984年。
21. 〔明〕李東陽、申時行等：《大明會典》，揚州：廣陵書社，2007年。
22. 〔清〕龍文彬：《明會要》，北京：中華書局，1956年。
23. 〔明〕裴應章、彭遵古等著，潘彥文等校注：《郧臺志》，南京：長江出版社，2006年。

24. 〔清〕王文燾修，〔清〕張志奇續修：《宣化府志》，清乾隆八年修、二十二年訂補重刊本。
25. 〔清〕徐景曾等纂修：《順德府志》，乾隆十五年刻本。
26. 〔清〕阮升基、寧楷等編纂：《增修宜興縣舊志》，嘉慶二年刻本。
27. 〔清〕夏詒鈺纂修：《永年縣志》，清光緒三年刊本。
28. 〔民國〕洪家祿：《大名縣志》，民國二十三年鉛印本。
29. 〔明〕孫傳庭：《孫傳庭疏牘》，杭州：浙江人民出版社，1983年。
30. 〔明〕盧象昇：《忠肅集》，《文淵閣四庫全書》影印本，臺北：商務印書，1983年。
31. 〔明〕盧象昇：《盧象昇疏牘》，杭州：浙江古籍出版社，1985年。
32. 〔明〕盧象昇：《明大司馬盧公奏議十卷》，《四庫未收書輯刊》第2輯，第25冊，影印道光九年刻本，北京：北京出版社，1998年。
33. 〔清〕佚名：《明季烈臣傳（五）》，〈盧象昇傳〉，國家圖書館分館編：《孤本明代人物小傳：8》清抄影印本，北京：全國圖書館文獻縮微中心出版，2003年。
34. 〔明〕楊嗣昌著，梁頌成輯校：《楊嗣昌集》，長沙：岳麓書社，2005年。
35. 〔清〕張岱：《石匱書、石匱書後集》，《續修四庫全書》編委會纂：《續修四庫全書》影印本，上海：上海古籍出版社，2008年。
36. 〔清〕陳鼎：《東林列傳》，揚州：廣陵書社，2007年。
37. 〔清〕朱溶：《忠義錄》，高洪鈞編：《明清遺書五種》，北京：北京圖書館出版社，2006年。
38. 〔清〕徐秉義撰，張金正校點：《明末忠烈紀實》，杭州：浙江古籍出版社，1987年。
39. 〔清〕汪有典：《史外》，周駿富輯：《明代傳記叢刊》，臺北：明文書局，1991年。
40. 〔明〕鄭曉撰，李致忠點校：《今言》，《元明史料筆記叢刊》，北京：中華書局，1984年。
41. 〔明〕魏煥：《皇明九邊考》，明嘉靖刻本影印，王有立主編：《中華文史叢書》第3輯，臺北：華文書局，1968年。
42. 〔明〕文秉：《定陵注略》，北京：北京大學出版社，1984年。
43. 〔明〕文秉：《烈皇小識》（外一種），《明代野史叢書》，北京：北京古籍出版社，2002年。
44. 〔清〕任啟運：《清芬樓遺稿》卷4，〈明大司馬盧公傳〉，嘉慶二十二年刻本。
45. 〔清〕溫睿臨撰：《南疆逸史》，清大興傅氏長恩閣鈔本。
46. 〔明〕李清：《三垣筆記》，北京：中華書局，1982年。
47. 〔明〕陸容：《菽園雜記》，北京：中華書局，1985年。

48. 〔明〕沈德符：《萬曆野獲編》,《元明史料筆記叢刊》,北京：中華書局,1959 年。
49. 〔清〕李遜之：《三朝野紀》,北京：北京古籍出版社,2002 年。
50. 〔明〕楊嗣昌著,梁頌成輯校：《楊嗣昌集》,長沙：岳麓書社,2005 年。
51. 〔明〕姜垓：《流覽堂詩稿殘編》,高洪鈞編：《明清遺書五種》,北京：北京圖書館出版社,2006 年。
52. 〔明〕錢謙益：《牧齋有學集》,《四部叢刊初編集部》涵芬樓縮印本,上海：上海商務印書館,1936 年。
53. 〔春秋〕子思著,東籬子解譯：《中庸全鑒》,北京：中國紡織出版社,2010 年。
54. 陳登原：《國史舊聞》,北京：中華書局,1980 年。
55. 吳恭亨撰,喻岳衡點校：《對聯話》,長沙：岳麓書社,1984 年。
56. 〔清〕谷應泰：《明史紀事本末》,北京：中華書局,1977 年。
57. 〔明〕陳子龍等選輯：《明經世文編》,北京：中華書局,1962 年。
58. 〔民國〕李棪：《東林黨籍考》,北京：人民出版社,1957 年。
59. 〔明〕翁萬達：《翁萬達集》,上海：上海古籍出版社,1992 年。
60. 〔民國〕中國國立中研院歷史語言研究所編：《明清史料·乙編》,上海：商務印書館,1936 年。
61. 〔民國〕中國國立中研院歷史語言研究所編：《明清史料·丙編》,上海：商務印書館,1936 年。
62. 中國國立中研院歷史語言研究所編：《明清史料·辛編》,北京：中華書局,1987 年。
63. 《茗嶺盧氏宗譜》,報本堂影印本,宣統辛亥重修。
64. 〔清〕趙翼：《廿二史札記》,北京：中國書店出版社,1987 年。
65. 遼寧省檔案館：《滿洲實錄》,瀋陽：遼寧教育出版社,2012 年。
66. 〔清〕吳梅村著,李學穎集評標校：《吳梅村全集》,上海：上海古籍出版社,1990 年。

二、研究專著

1. (民國)李岳瑞：《國史讀本》第 9 冊,上海：世界書局,1926 年。
2. 洪煥椿：《明末農民戰爭史略論》,南京：江蘇人民出版社,1962 年。
3. 王毓銓：《明代的軍屯》,北京：中華書局,1965 年。
4. 朱寶炯、謝沛霖：《明清進士提名碑錄索引》,上海：上海古籍出版社,1980 年。
5. 鄭天挺：《明清史資料》,天津：天津人民出版社,1980 年。
6. 丁易：《明代的特務政治》,北京：群眾出版社,1983 年。
7. 中國人民政治協商會議江蘇省宜興縣委員會文史資料研究委員會：《宜興文史資料》

參考文獻

(第 6 輯),《關於盧公祠的回憶和聯想》,宜興:政協宜興文史資料研究委員會出版,1984 年。
8. 《中國軍事史》編寫組:《中國軍事史》卷 3,〈兵制〉,北京:解放軍出版社,1987 年。
9. 臺灣中央圖書館編:《明人傳記資料索引》,北京:中華書局,1987 年。
10. 中國人民政治協商會議江蘇省宜興縣委員會文史資料研究委員會:《宜興文史資料》(第 15 輯),《歷史文化名人研討會徵文選輯》,宜興:政協宜興文史資料研究委員會出版,1988 年。
11. 李小林、李晟文:《明史研究備覽》,天津:天津教育出版社,1988 年。
12. 湯綱、南炳文:《明史》,上海:上海人民出版社,1991 年。
13. (美國)牟復禮、(英)崔瑞德編:《劍橋中國明代史》,張書生等譯,北京:中國社會科學出版社,1992 年。
14. 趙呈元等主編:《中國的脊梁》,濟南:山東大學出版社,1992 年。
15. 周谷城名譽主編,中外名人研究中心編:《中國事典》(上中下三冊),瀋陽:瀋陽出版社,1993 年。
16. 郭海:《陽高縣志》,北京:中國工人出版社,1993 年。
17. 靳潤成:《明朝總督巡撫轄區研究》,上海:上海古籍出版社,1996 年。
18. 李治安:《唐宋元明清中央與地方關係研究》,天津:南開大學出版社,1996 年。
19. 鄭福田、可永雪等:《中國將帥全傳》,《中國帝王將相全傳系列叢書》,北京:工商出版社,1997 年。
20. 王兆春:《中國科學技術史·軍事技術卷》,北京:科學出版社,1998 年。
21. 姚雪垠:《李自成》,北京:中國青年出版社,1999 年。
22. 吳晗:《朱元璋傳》,天津:百花文藝出版社,2000 年。
23. 吳宣德:《中國教育制度通史·明代卷》,濟南:山東教育出版社,2000 年。
24. 阿克頓:《自由與權力》,北京:商務印書館,2001 年。
25. 肖立軍:《明代中後期九邊兵制研究》,長春:吉林人民出版社,2001 年。
26. 李學勤:《中國皇帝皇后百傳·皇太極》,呼和浩特:遠方出版社,2002 年。
27. 趙波:《李自成傳》,北京:京華出版社,2002 年。
28. 謝忠志《明代兵備道制度》,《明史研究叢刊》之五,臺灣明史研究小組印行,2002 年。
29. 齊濤主編,朱亞飛著:《中國政治通史:八》,濟南:泰山出版社,2003 年。
30. 莫日達:《中國古代統計思想史》,北京:中國統計出版社,2004 年。
31. 劉海峰:《科舉制與「科舉學」》,貴陽:貴州教育出版社,2004 年。

32. 冷小平、冷遇春：《鄖陽撫治兩百年》，武漢：湖北出版社，2004 年。
33. 河北省望都縣地方志編纂委員會：《望都縣志》，北京：方志出版社，2004 年。
34. 王凱旋：《明代科舉制度考論》，瀋陽：瀋陽出版社，2005 年。
35. 李曉麗等：《中國名臣全傳》，北京：中國社會科學出版社，2006 年。
36. （美）黃仁宇：《萬曆十五年》（增訂本），北京：中華書局，2006 年。
37. 晁中辰：《崇禎大傳》，北京：九州出版社，2006 年。
38. （日）小野和子：《明季黨社考》，李慶、張榮湄譯，上海：上海古籍出版社，2006 年。
39. 〔清〕孟森：《明史講義》，北京：中華書局，2006 年。
40. 王兆春：《中國古代軍事工程技術史·宋元明清》，太原：山西教育出版社，2007 年。
41. 王兆春：《世界火器史》，北京：軍事科學出版社，2007 年。
42. 樊樹志：《大明王朝的最後十七年》，北京：中華書局，2007 年。
43. 白壽彝主編：《中國通史》，上海：上海人民出版社，2007 年修訂本。
44. 中國科學院心理研究所、中國心理學會：《潘菽全集》，北京：人民教育出版社，2007 年。
45. 王桐齡：《中國史》（下），南昌：江西人民出版社，2008 年。
46. 侯家駒：《中國經濟史》（下冊），北京：新星出版社，2008 年。
47. 王兆春：《中國古代兵書》，北京：藍天出版社，2008 年。
48. 肖立軍：《明代省鎮營兵制與地方秩序》，天津：天津古籍出版社，2010 年。
49. 汗青：《天崩地解 1644 大變局》，太原：山西人民出版社，2010 年。
50. 沈昱主編：《餘杭歷史文化研究叢書》，杭州：西泠印社出版社，2010 年。
51. 楊毅、楊泓：《兵器史話》，北京：社會科學文獻出版社，2011 年。
52. 《中國通史》編委會主編：《中國通史》，北京：中國書店出版社，2011 年。
53. 柳長毅主編，胡玫明總編：《鄖縣八百年》，武漢：湖北人民出版社，2012 年。
54. （日本）稻葉君山：《清朝全史》，西安：三秦出版社，2012 年。
55. 顧誠：《明末農民戰爭史》，北京：光明日報出版社，2012 年。
56. 顧誠：《李岩質疑──明清易代史事探微》，北京：光明日報出版社，2012 年。
57. 呂志勇：《勤勉的昏君崇禎》，武漢：華中科技大學出版社，2013 年。
58. 範軍：《崇禎權力場：大明王朝的最後弈局》，重慶：重慶出版社，2013 年。
59. 傅蒼松：《大明崇禎帝》，合肥：安徽文藝出版社，2013 年。
60. 臺灣三軍大學：《中國歷代戰爭史》第 15 冊，北京：中信出版社，2013 年。
61. 李文治編：《晚明民變》，北京：中國電影出版社，2014 年。
62. 商傳：《走進晚明》，北京：商務印書館，2014 年。

63. 閻崇年：《明亡清興六十年全集》，北京：中華書局 2006 年。
64. 王天有，高壽仙：《明史》，北京：中信出版集團，2017 年。
65. 晁中辰：《李自成大傳》，濟南：山東人民出版社，2000 年。
66. 段超：《明代韜略》，武漢：（長江出版傳媒）崇文書局，2018 年。
67. 趙園：《明清之際士大夫研究》，北京：北京大學出版社，2014 年。
68. 吳思：《血酬定律 潛規則》，北京：中國工人出版社，2007 年。
69. 樊樹志：《晚明大變局》，北京：中華書局，2015 年。
70. 朱東潤：《張居正大傳》，西安：陝西師範大學出版社，2009 年。
71. 當年明月：《明朝那些事兒》，杭州：浙江人民出版社，2017 年。
72. 姚雪垠，俞汝捷《李自成》，武漢：（長江出版傳媒）長江文藝出版社，2016 年。
73. 張鏡淵：《懷安縣志》，臺北：成文出版社，1968 年。
74. 白一瑾：《明清鼎革中的心靈史——吳梅村敘事詩人形象研究》，天津：天津人民出版社，2008 年。
75. 祝勇：《遼寧大歷史：中華文明的抽樣觀察》，北京：東方出版社，2013 年。
76. 路邊：《煙雨龍窯》，北京：團結出版社，2016 年。
77. 張宏傑：《大明王朝的七張面孔》，廣州：廣東人民出版社，2016 年。

三、學位論文

1. 王樟：《明代總河研究》，湘潭大學 2008 年碩士論文。
2. 周敏：《「華夷之辨」與明末清初士人群體的抗清鬥爭》，魯東大學 2009 年碩士論文。
3. 吳櫻：《楊嗣昌研究》，湖南師範大學 2010 年碩士論文。
4. 曹崇岩《明代兵備道研究》，西北師範大學 2010 年碩士論文。
5. 馬靜茹：《明代宣大總督研究》，中央民族大學 2013 年博士論文。
6. 韓帥：《明代宣大總督研究》，東北師範大學 2014 年博士論文。
7. 李奧：《盧忠肅集校注》，湘潭大學 2015 年碩士論文。

四、期刊、論文集、報紙等

1. 趙光賢：《明末農民戰爭史事叢考》，《社會科學輯刊》1981 年第 5 期。
2. 胡德培：《〈李自成〉中盧象昇形象剖析》，《揚州師院學報》（社會科學版）1982 年第 1 期。
3. 張國光、李悔吾：《重評楊嗣昌、盧象昇等關於對清議和問題的政見之爭——明清關係

研究之一》,《社會科學輯刊》1982 年第 1 期。
4. 趙世瑜:《清對明議和二三見》,《社會科學輯刊》1983 年第 1 期。
5. 李龍潛:《明代民屯制度初探》,《暨南學報》1984 年第 1 期。
6. 殷崇浩:《明末宣雲屯田的幾個問題》,《武漢大學學報》(社會科學版) 1986 年第1期。
7. 馬自:《明代兵制初探》下,《東疆學刊》1986 年第 1 期。
8. 邱紫華:《一部驚心動魄的歷史大悲劇—論〈李自成〉的悲劇性》,《華中師範大學學報》(哲學社會科學版) 1987 年第 5 期。
9. 張玉興:《十七世紀前期明清議和述評》,《中國社科院研究生院學報》1990 年第 3 期。
10. 冷東:《也談崇禎年間的宦官》,《學術月刊》1993 年第 3 期。
11. 何忠漢、陳江:《宜興發現盧象昇的一方兩面刻印》,《東南文化》1993 年第 6 期。
12. 羅冬陽:《明代兵備初探》,《東北師大學報》(哲學社會科學版) 1994 年第1期。
13. 肖立軍:《明代的標兵》,《軍事歷史研究》1994 年第 2 期。
14. 李三謀:《明代邊防與邊墾》,《中國邊疆史地研究》1994 年第 4 期。
15. 樊樹志:《帝王心理:明神宗的個案》,《學術月刊》 1995 年 1 期。
16. 蔡敏慧:《明代中後期雲南的貢金》,《雲南民族學院學報》(哲學社會科學版) 1996 年第 4 期。
17. 冷遇春:《鄖陽撫治二百年志略》,《武當學刊》(哲學社會科學版) 1996 年第 2 期。
18. 王克嬰:《明崇禎時期軍隊的衰敗》,《歷史教學》1999 年第 9 期。
19. 孫堯奎:《試論大名府的興衰》,《青海社會科學》2000 年第 4 期。
20. 王昊:《論崇禎帝》,《史學集刊》2001 年第 4 期。
21. 晁中辰:《崇禎帝「君非甚暗」透析》,《文史哲》2001 年第 5 期。
22. 郭培貴:《明代科舉的發展特徵與啟示》,《清華大學學報》(哲學社科版) 2006 年第 6 期。
23. 王樟:《試論明代總河的產生》,《中國水利》2007 年第 4 期。
24. 柏樺:《明代賜尚方劍制度》,《古代文明》2007 年第 4 期。
25. 趙克生:《明代丁憂制度述論》,《中國史研究》2007 年第 2 期。
26. 趙豔霞:《明代軍屯及其私有化》,《長治學院學報》2007 年第 4 期。
27. 張豔芳:《明代總理河道考》,《齊魯學刊》2008 年第 3 期。
28. 張建民:《環境、社會動盪與山區寨堡—明清川陝楚交邊山區寨堡研究之一》,《江漢論壇》2008 年第 12 期。
29. 周勇進:《明末兵備道職掌述論—以明末兵部請敕行稿為基本史料的考察》,《歷史教學》(高校版) 2009 年第 12 期。

參考文獻

30. 周勇進:《明末兵備道的職銜與選任——以明末檔案為基本史料的考察》,《歷史檔案》2010 年第 2 期。
31. 王團偉:《論明代開中鹽法的轉變——以葉淇鹽法改革為例》,《內蒙古農業大學學報》(社會科學版) 2010 年第 1 期。
32. 王兆春:《中國古代軍事工程技術管理機構的演進》,《工程研究》2010 年第 3 期。
33. 謝羽、陳國慶:《略論明清之際火器的使用及其啟》,《理論月刊》2010 年第 8 期。
34. 龍騰:《明季抗清女傑秦良玉傳論》,《蘭臺世界》2011 年第 25 期。
35. 韓帥:《明代的天津兵備道》,《山東行政學院學報》2011 年第 1 期。
36. 鄭曉文:《明代河南兵備道設置概述》,《蘭臺世界》2012 年 12 月下旬刊。
37. 李渡:《明代監軍制度述論》,《文史哲》2012 年第 2 期。
38. 曲、方堯堯:《領導幹部應有大格局——大明督師楊嗣昌飲恨殉職之鑒》,《領導科學》2012 年第 21 期。
39. 向靜:《〈金瓶梅〉喬大戶納義官考》,《明清小說研究》2013 年第 1 期。
40. 徐永安:《鄖陽撫治歷史階段的劃分》,《三峽大學學報》(人文社會科學版) 2013 年第 2 期。
41. 陳寶良:《中國古代鏢局的起源及其興盛——兼及標兵與鏢局之關係》,《西南大學學報》(社會科學版) 2014 年第 5 期。
42. 志軍、賈科:《湖北十堰地區的山寨初探》,《鄖陽高等師範專科學校》2014 年第 2 期。
43. 米智:《從君臣矛盾看萬曆皇帝怠政的原因》,《黑龍江史志》2014 年第 21 期。
44. 肖立軍:《明代中後期邊兵構成考略》,《第七屆明史國際學術討論會論文集》,第七屆明史國際學術討論會,1999 年 5 月。
45. 陳時龍:《論明代社學性質的漸變與明清小學學制的繼承》,《〈教育史研究〉創刊二十週年論文集》(3),《中國教育制度史研究》,2009 年 9 月。
46. 鄧立平:《一部充滿悲劇色彩的歷史小說——評長篇小說〈李自成〉》,《紀念姚雪垠百年誕辰學術研討會暨中國新文學學會第 26 屆年會論文集》,會議時間:2010 年 8 月 1 日。
47. 趙現海:《明代九邊軍事統率制度的變遷》,會議論文集《明史研究論叢》第十輯,會議時間:2012 年 3 月 1 日。
48. 方貴:《明末英傑盧象昇綏靖鄖陽建奇功》,《十堰晚報》2012 年 1 月 1 日第 19 版。
49. 《坐鎮漢江三千里獨領風騷二百年》,《秦楚網——十堰日報》2007 年 3 月 21 日。
50. 閻崇年:《明亡清興六十年》講座之二,《萬曆怠政》,中央電視臺第十頻道,《百家講壇》影片系列節目。
51. 張憲博:《吳應箕實政思想略論》,《安徽史學》2007 年第 1 期。

後記

　　春去秋來，寒冬又至。新書即將付梓，不禁欣喜之情。回想十個月艱辛著書之歷程，感慨頗多。箇中滋味，難以盡訴。

　　出版此專著，是我博士畢業後一直不變的夢想。然而，各種事務纏身，導致身心疲憊，三年未能如願。恰好，我今年上半年有些空閒，出書的史料整理工作也已就緒。所以，我決定今年出版專著。

　　從今年春天開始，我就著手梳理新史料，並在博士論文基礎上，開始整理書稿。為寫新書，我在同學公司的工作室內，青燈黃卷，度過了一百餘個深夜，直至次日凌晨一點後回家。春夏之交，因愛人公司的諸多事情，我中斷了兩個月的寫作。暑假時因為準備社會培訓事宜，延誤了書稿的續寫工作。不久，母親回老家秋收，諸多家務也落到我的身上。同時，我還承擔著每週校內外近30課時的講課任務。因此，直到10月中旬，我的書稿才草草收官。由於個人精力有限，寫作時間也不夠充分，致使書稿品質仍不盡我意。然而，在史料的選取和內容結構等方面，本書稿都比博士論文有所充實。而且，在寫作過程中，我還發現了不少需要深入研究的學術問題。這也算是我寫新書的意外收穫吧。

　　在新書即將付梓之際，我要對曾給予我指導、幫助和鼓勵的老師、領導、同事、同學和親朋好友表示由衷的謝意。

　　我要特別感謝我的研究生導師肖立軍先生和晁中辰先生。我的博士生導師肖老師一直鼓勵我多讀書，以廣搜歷史資料。他對我博士論文的寫作、修改，細心指導，投入了很多精力。肖老師還在百忙之中給我的新書作序，令我十分感動。已逾古稀之年的碩士生導師晁老先生，經常電話裡鼓勵我站穩課堂、做好文章，對我的新書寫作寄予了厚望。

後記

　　我還要感謝公司主管沈大光和郄捍烈。一年來，他們為我的寫作提供了諸多工作上的便利；還頒布了科學研究獎勵新規，這也成為我今年啟動出書計劃的直接動力。

　　高中同學孫晉勇，為我的寫作提供了諸多幫助。他的公司駐址距離我家不遠，我把公司當成了我的工作室。同劉何雁、王旭科、李成燕、李喜蕊幾位博士同學時常交流寫作經驗，我因此受益匪淺。

　　同事宋紅霞，是一位業務精湛的古典文學博士，她向我提供了新書寫作所需要的部分書籍，還提出諸多富有建設性的寫作建議。范子謙、張雨荷、王曼、孫開紅等同事，也給予我不少工作上的幫助，使我順利完成書稿。

　　溫馨和美的大家庭，給了我寫作上的無窮動力，使我無畏於艱難、不惑於困頓。慈祥的父親辭世幾近四年，但他生前對我的殷切期盼，始終激勵著我在困境中堅定地前行。近兩年來，二弟龍啟濤、三弟龍啟峰也給予了我較大的經濟支持。妻子孝春霖包攬了主要的家務，兒子龍翔宇也儘量自己解決生活和學習上的難題，為我提供了較為安靜的寫作環境。兩歲多的女兒小果果很是頑皮，經常纏著我不放。她雖然常給我「搗亂」，但同時也給我枯燥的寫作帶來不少樂趣。

　　在此，我特別要感謝出版社的幾位朋友。對我寫作過程中的每個細小環節都進行耐心的指導，力求作品的完美，著實令我感動！

　　我的新書能順利出版，離不開大家的悉心關愛和幫助。他們的無私相助，匯成了一片愛的海洋，而我，恰如一葉扁舟，正自由地徜徉於其中，並感受其中的溫暖和快樂。在以後的治學征途中，我將再接再厲，以更優秀的成績回報他們。

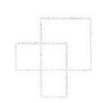

明末名臣盧象昇
被世人所遺忘的抗清英雄

作　　者：龍騰
發 行 人：黃振庭
出 版 者：崧燁文化事業有限公司
發 行 者：崧燁文化事業有限公司
E-mail：sonbookservice@gmail.com
粉 絲 頁：https://www.facebook.com/sonbookss/
網　　址：https://sonbook.net/
地　　址：台北市中正區重慶南路一段六十一號八樓 815 室
Rm. 815, 8F., No.61, Sec. 1, Chongqing S. Rd., Zhongzheng Dist., Taipei City 100, Taiwan (R.O.C)
電　　話：(02)2370-3310
傳　　真：(02) 2388-1990
印　　刷：京峯彩色印刷有限公司（京峰數位）

國家圖書館出版品預行編目資料

明末名臣盧象昇：被世人所遺忘的抗清英雄 / 龍騰著 . -- 第一版 . -- 臺北市：崧燁文化事業有限公司, 2021.08
　面；　公分
ISBN 978-986-516-750-9(平裝)
1.(明) 盧象昇 2. 傳記
782.867　110009950

- 版權聲明 -

本書版權為九州出版社所有授權崧博出版事業有限公司獨家發行電子書及繁體書繁體字版。若有其他相關權利及授權需求請與本公司聯繫。
未經書面許可，不得複製、發行。

定　　價：420 元
發行日期：2021 年 08 月第一版

電子書購買

臉書

蝦皮賣場